"刑事法律论丛"编委会

总顾问 高铭暄 陈光中
主　任 朱孝清
副主任 张智辉
编　委 赵秉志　陈卫东　陈兴良　汪建成
　　　　　樊崇义　陈忠林　龙宗智　陈泽宪

社会救助视野下的犯罪被害人救助实证研究

Empirical Research on Crime Victims Assistance Within the Area of Social Assistance

赵国玲 徐 然 等著

图书在版编目(CIP)数据

社会救助视野下的犯罪被害人救助实证研究/赵国玲等著. —北京：北京大学出版社，2016.10
ISBN 978-7-301-27250-3

Ⅰ.①社… Ⅱ.①赵… Ⅲ.①被害人—法律援助—研究—中国 Ⅳ.①D926

中国版本图书馆 CIP 数据核字(2016)第 148790 号

书　　　名	社会救助视野下的犯罪被害人救助实证研究 SHEHUI JIUZHU SHIYE XIA DE FANZUI BEIHAIREN JIUZHU SHIZHENG YANJIU
著作责任者	赵国玲　徐　然　等著
责 任 编 辑	冯益娜
标 准 书 号	ISBN 978-7-301-27250-3
出 版 发 行	北京大学出版社
地　　　址	北京市海淀区成府路 205 号　100871
网　　　址	http://www.pup.cn
电 子 信 箱	law@pup.pku.edu.cn
新 浪 微 博	@北京大学出版社　@北大出版社法律图书
电　　　话	邮购部 62752015　发行部 62750672　编辑部 62752027
印 刷 者	三河市北燕印装有限公司
经 销 者	新华书店
	965 毫米×1300 毫米　16 开本　29.75 印张　472 千字 2016 年 10 月第 1 版　2016 年 10 月第 1 次印刷
定　　　价	62.00 元

未经许可，不得以任何方式复制或抄袭本书之部分或全部内容。
版权所有，侵权必究
举报电话：010-62752024　电子信箱：fd@pup.pku.edu.cn
图书如有印装质量问题，请与出版部联系，电话：010-62756370

前　言

在传统刑事司法视野中,犯罪的本质是对国家和社会的侵害,正是基于此种意涵,国家运用刑罚惩罚犯罪人才具备了正当性。由此,这种由"国家—犯罪人"为主体形成的二元结构,是以惩罚为导向的。近代启蒙以来,国家作为一种无所不能的利维坦的形象广为人知,限制国家权力、增加犯罪嫌疑人的抗制能力,确保权力和权利平等对抗,以保障犯罪嫌疑人和一般公众的人权,逐渐成为了刑事司法制度中一套"政治正确"的话语体系。然而,这套话语体系的前提是不充分的——犯罪所直接侵害的通常是以个体形式存在的被害人,作为"被害人—国家—犯罪人"中一元主体的被害人,很不幸地在国家垄断刑罚权后成为了被遗忘的群体。

这一局面在经历了十数个世纪后,直到上世纪五六十年代才被打破:英国刑罚改革家玛格丽·弗莱(Margery Fry)发表了《被害人之正义》(Justice for Victims)一文,首开被害人保护之先河。此后,以新西兰和英国为代表的国家,建立起了以物质救助为主要内容的被害人补偿制度。至1985年联合国大会批准《为罪行和滥用权力行为受害者取得公理的基本原则宣言》后,"重新发现并保护被害人"成为了一种世界性潮流,各国在建构被害人补偿制度的同时,也将被害人司法权益保护、被害援助等广义被害人救助制度的建设作为司法改革的重要议程。

我国被害人救助的制度实践起步较晚,首先是在司法权益的保护上实现了突破。1996年全国人大对《刑事诉讼法》进行了重大修改,明确了被害人的诉讼主体地位,赋予了其自诉、提起附带民事诉讼、申请回避等一系列诉讼权利,从而在立法上确认了被害人的主要司法权益。然而,由于诸如诉讼支援、被害援助等制度的滞后,使得相关权利多停留在纸面之上,徒法难以自行——被害人司法权益面临落实和保障的难题。

作为被害人救助重要组成部分的被害人补偿(狭义的被害人救助),则肇始于2004年山东省淄博市的地方实践。及至2009年,中央政法委等八部门出台了《关于开展刑事被害人救助工作的若干意见》,第一次在国家层面上对被害人经济诉求作出规范性回应,被害人补偿工作得以在全国范围内推广。此后,共计20余省、直辖市、自治区以及130余地出台了关于被害人救助的具体文件,其中无锡市、宁夏回族自治区、包头市先后出台了地方性法规。更为重大的变革始自于2013年,中共十八届三中全会对"人权司法保障制度"和"国家司法救助制度"提出了总体要求和宏观部署。次年初,中央政法委等六部门出台了《关于建立完善国家司法救助制度的意见(试行)》,从而极大地加速了我国被害人救助制度的制度化和规范化的进程。截至2015年12月,31个省、自治区、直辖市以及新疆生产建设兵团均结合本地区实际,出台了国家司法救助的具体实施办法,在《关于建立完善国家司法救助制度的意见(试行)》的基础上,进一步明确了救助条件,细化了救助审批发放流程,初步建立起了规范、可操作的国家司法救助工作机制。

理论界早在上世纪八九十年代起,便对被害人救助、尤其是被害人补偿制度产生了学术兴趣,并持续为该制度的引入和建构提供理论论证,不断为相关立法呼吁发声。晚近以来,以被害人救助或者补偿为名的研究著作、期刊文献,硕果累累以至汗牛充栋。应当承认,现有理论研究,在对被害人救助的制度建构与实践指导方面,颇有建树、贡献良多。然而,通过学术史的梳理和分析,我们认为当下的理论研究处于亟待突围的瓶颈期,所面临的主要问题有二:其一,过分倚重比较和思辨的方法,研究范式囿于"比较—引入"。对于法制后发的我国而言,比较并引入各国良善之立法,自无不当,但并不能仅限于此。我国在法制水平、法治理念、经济发展程度、国民对法的信念、制度之间衔接等方面,与各国存在很大差异,因而制度的建构必须对应于"中国问题",以避免"橘生淮北"的水土不服现象。其二,在研究思路上呈现出"碎片化"和"片段式"的特点,主要表现为在宏观层面上忽视被害人救助制度与其他制度的关系;在被害人救助制度的中观层面研究中,被害人补偿立法研究相对较为充分,而对被害人援助和司法权益保护的研究则稍嫌不足;同时在微观层面研究上,更是人为地将被害人补偿理论分割成关系并不紧密的多个部分,无视立法和制度本身的派生性和关联性。事实上,立法制度的构建不是拼凑、堆积、应景的产物,制度与制度之间、制度的内在组成部分之间,存在着明显的有机联系,理论研究者必须要"既见树木,又见森林"。

有鉴于此,本书希冀通过两个方面的转变,实现理论研究的突围,在理

论纵深发展的同时,为被害人救助立法提供妥当的制度方案:

一方面,本书在比较和思辨方法之外,引入实证研究方法,使得我国被害人救助制度建构在国内制度内生需求与域外立法择优选择之上。具体而言,本书从四个方面展开了实证调查:第一,刑事司法数据宏观分析。课题组收集了1981年以来我国历年官方统计数据,据此掌握我国的被害趋势、规模、类型及其现状。第二,典型案件之判决书分析。课题组从北大法意网案例库收集了2000年、2005年、2010年的刑事判决书10292份,其中故意杀人案为1147份,属于全样本收集;故意伤害案件和抢劫案分别为6065份、3080份,以等距抽样的方式,对双月份判决加以收集。通过对判决书信息的分析,旨在了解我国加被害关系、被害原因、被害人责任及其获赔状况等。第三,被害调查报告。课题组有效回收902份被害调查报告,作为对官方统计数据的补充,从而减少犯罪暗数的影响,力图发现被害人及其近亲属遭受严重人身犯罪的真实比例。第四,被害人救助的公众认知调查。课题组有效回收问卷1179份,其中普通社会公众有649份,一般法律从业人员有408份(警察155份、法官112份、检察官86份、律师55份)、专职救助人员122份。通过对公众认知调查,发掘不同群体对被害人救助立法的态度与立场,进而为制度建构寻求社会共识、推动相关立法进程。此外,为了了解犯罪被害人救助实践状况,课题组先后走访多地公安司法机关,与专门负责救助的工作人员进行了交流和访谈。

另一方面,本书试图打破各个理论部分之间的藩篱,倡导一种"全面化"和"一体式"研究思路。首先,本书将被害人救助制度放入更为广泛的社会救助制度体系中,在强调二者之间"特别法"和"一般法"关系的同时,注重被害人救助制度与现行其他社会救助制度的协调与衔接。其次,本书以广义的被害人救助制度为内容,将被害人补偿、被害人司法权益保护、被害人援助视为其发展和完善的"三驾马车",并不偏废其一。再次,本书以被害人补偿根基理论作为主线,突出其对立法定位、立法原则以及立法具体条款所具有的推导性和派生性,进而推崇一种由"立法根基理论"到"立法定位与原则"再到"立法具体条款"的三维度研究体系。这种三维的研究体系框架,既对制度的立法建构具有提纲挈领式的意义,又可以有效地还原理论上的争议,检验各种对策方案的完整性和合逻辑性,检讨各种理论之长短利弊。

本书的体例分为四编十六章：第一编"社会救助与犯罪被害人救助概述"，分为"社会救助法律制度的基本理论""犯罪被害人救助法律制度概述"以及"犯罪被害人救助与社会救助制度的关系"三章。本编的目的在于，将犯罪被害人救助制度定位为社会救助体系中的一种，力图打通"就犯罪被害人救助研究犯罪被害人救助"的理论隔膜，旨在为将来犯罪被害人救助与其他社会救助的衔接配合奠定一般性理论基础。

第二编"犯罪被害人救助制度之域外考察"，分为"亚洲国家或地区犯罪被害人救助制度与实践""普通法系国家犯罪被害人救助制度与实践""大陆法系国家犯罪被害人救助制度与实践"以及"犯罪被害人救助的国际法律制度"四章。本编的目的在于，通过归纳和总结域外犯罪被害人救助制度与最新实践，为我国被害人救助制度的构建提供可资借鉴和参考的域外制度经验。

第三编"犯罪被害人救助制度之中国经验"，分为"我国被害现象的实证分析""我国犯罪被害人国家救助的制度实践""我国犯罪被害人救助典型规范性文件个案研究""犯罪被害人救助立法的公众认知"与"我国犯罪被害人救助双重困境及其突围"五章。本编的目的在于，发掘我国的被害现象，检视我国的救助实践，探知公众的立法认知，从而为制度立法寻求中国本土的实证依据。

第四编"我国犯罪被害人救助制度的建构与完善"，分为"犯罪被害人补偿制度的建构与完善""犯罪被害人诉讼权利制度的建构与完善""犯罪被害援助制度的建构与完善"以及"犯罪被害人救助与社会救助的衔接机制"四章。本编的目的在于，以"犯罪被害人补偿制度"为重点，兼顾"犯罪被害人诉讼权利救助制度"与"犯罪被害人援助制度"，为制度的立法及其完善提供妥当性的方案。同时，确立犯罪被害人救助制度与社会救助制度的衔接保障机制，避免制度之间的掣肘和抵牾。

遭受犯罪侵害的被害人，不是抽象空洞的形象，而是具体鲜活的主体，他（她）们有物质、医疗、诉讼、精神等各方面的需求。任何标榜自身正义的刑事司法体系，不能也不应该忽视来自被害人的诉求，因为正义应当不偏不倚地面向犯罪人和被害人双方。司法机关的侦查、起诉与审判，无法涵盖被害人的全部诉求，因而有专门构建被害人救助制度之必要。令人欣慰的是，关于被害人救助与保护，早已成为了普遍性的世界共识，包括我国在内的世界各国的被害人救助运动正如火如荼地推进着。我们强烈呼吁并积极促成被害人救助制度在我国的构建,因为我们期待且相信一个尊重和保护被害人的时代即将到来。这是本书的写作动机和美好愿景,个中优劣得失,望读者钧鉴臧否。

赵国玲　徐然

2016 年 9 月 8 日

CONTENTS 目 录

第一编　社会救助与犯罪被害人救助概述

第一章　社会救助法律制度的基本理论　3
第一节　社会救助法律制度的基础概述　3
一、社会救助的基础概念　3
二、社会救助的核心理论　6
三、社会救助的基本功能　10
第二节　社会救助法律制度的历史发展　12
一、国外社会救助法律制度的历史发展　12
二、中国社会救助法律制度的历史发展　15
第三节　社会救助法律制度的原则内容　28
一、社会救助法律制度的基本原则　28
二、社会救助法律制度的典型类型　35
三、社会救助法律制度的主要程序　36

第二章　犯罪被害人救助法律制度概述　39
第一节　犯罪被害人救助的含义　39
一、犯罪被害人的概念　39
二、犯罪被害人救助的概念　41
第二节　犯罪被害人救助的历史发展进程　45
一、传统犯罪被害人救助的理念与实践　46
二、现代犯罪被害人救助的理念与实践　47
三、国际社会有关犯罪被害人救助的历史发展　50

第三节　犯罪被害人救助法律制度的基本
　　　　内容　　　　　　　　　　　　　　51
　　一、犯罪被害人救助法律制度的宏观概述　51
　　二、犯罪被害人救助法律制度的主要组成　52

第三章　犯罪被害人救助与社会救助制度的关系　55

第一节　犯罪被害人救助与社会救助法律
　　　　制度的实然关系　　　　　　　　55
　　一、犯罪被害人救助与国家司法救助制度的
　　　　内在关联　　　　　　　　　　　56
　　二、犯罪被害人救助与社会救助法律制度的
　　　　实然关系　　　　　　　　　　　57
　　三、犯罪被害人救助与社会救助法律制度
　　　　分离的原因　　　　　　　　　　60
第二节　犯罪被害人救助与社会救助法律
　　　　制度的应然关系　　　　　　　　62
　　一、犯罪被害人救助属于特殊的社会救助　62
　　二、犯罪被害人救助纳入社会救助体系的
　　　　必要性　　　　　　　　　　　　65

第二编　犯罪被害人救助制度之域外考察

第四章　亚洲国家或地区犯罪被害人救助制度与实践　69

第一节　香港地区　　　　　　　　　　　69
　　一、被害补偿　　　　　　　　　　　70
　　二、被害人的司法权益保护　　　　　80
　　三、被害援助　　　　　　　　　　　84
　　四、小结　　　　　　　　　　　　　87

第二节　台湾地区　　　　　　　　　　88
　　一、被害补偿　　　　　　　　　　　88
　　二、被害人的司法权益保护　　　　100
　　三、被害援助　　　　　　　　　　101
　　四、小结　　　　　　　　　　　　105

第三节　日本　　　　　　　　　　　105
　　一、被害补偿　　　　　　　　　　106
　　二、被害人的司法权益保护　　　　113
　　三、被害援助　　　　　　　　　　119
　　四、小结　　　　　　　　　　　　122

第五章　普通法系国家犯罪被害人救助制度与实践　　123

第一节　英国　　　　　　　　　　　123
　　一、被害补偿　　　　　　　　　　124
　　二、被害人的司法权益保护　　　　129
　　三、被害援助　　　　　　　　　　135
　　四、小结　　　　　　　　　　　　137

第二节　美国　　　　　　　　　　　138
　　一、被害补偿　　　　　　　　　　139
　　二、被害人的司法权益保护　　　　144
　　三、被害援助　　　　　　　　　　147
　　四、小结　　　　　　　　　　　　148

第六章　大陆法系国家犯罪被害人救助制度与实践　　150

第一节　德国　　　　　　　　　　　150
　　一、被害补偿　　　　　　　　　　150
　　二、被害人的司法权益保护　　　　154
　　三、被害援助　　　　　　　　　　157

四、小结 159
第二节　法国 159
　　一、被害补偿 159
　　二、被害人的司法权益保护 162
　　三、被害援助 164
　　四、小结 165

第七章　犯罪被害人救助的国际法律制度 167
第一节　犯罪被害人救助的国际法律制度概述 167
第二节　联合国《为罪行和滥用权力行为受害者取得公理的基本原则宣言》 168
　　一、《宣言》的背景概述 168
　　二、《宣言》的前言内容 169
　　三、《宣言》对被害人的界定 171
　　四、《宣言》有关取得公正和公平待遇的内容 171
　　五、《宣言》有关被害赔偿的内容 172
　　六、《宣言》有关被害补偿的内容 172
　　七、《宣言》有关被害援助的内容 173
第三节　联合国《执行〈为罪行和滥用权力行为受害者取得公理的基本原则宣言〉的决策者指南》 173
　　一、《决策者指南》概述 173
　　二、为执行《宣言》各国所应采取的措施 175
　　三、《决策者指南》有关取得公正和公平待遇的内容 176
　　四、《决策者指南》有关被害赔偿的内容 178
　　五、《决策者指南》有关被害补偿的内容 179
　　六、《决策者指南》有关被害援助的内容 180

第四节　欧盟犯罪被害人救助法律制度　182
　　一、欧盟所制定的犯罪被害人救助法律概述　182
　　二、《欧洲暴力犯罪被害人补偿公约》　182

第三编　犯罪被害人救助制度之中国经验

第八章　我国被害现象的实证分析　187
第一节　被害现象概述　187
　　一、被害现象的基础概念　187
　　二、被害现象的核心理论　191
　　三、被害现象的发现甄别　193
第二节　被害现象的宏观分析
　　　　——基于官方统计数据　196
　　一、本书的数据调查和分析方法　196
　　二、刑事司法数据来源及其说明　197
　　三、刑事司法数据分类及其对比　198
　　四、宏观数据背后的规律与比较　205
第三节　被害现象的中观分析
　　　　——基于三类典型案件　210
　　一、判决书样本选取方法说明　210
　　二、故意杀人案中的被害现象　211
　　三、故意伤害案中的被害现象　228
　　四、抢劫案中的被害现象　243
第四节　被害现象的微观分析
　　　　——基于被害报告问卷　256
　　一、受访者的基础性信息　256
　　二、自我被害报告的类型　260
　　三、他人被害报告的类型　262

第九章　我国犯罪被害人国家救助的制度实践　265

第一节　我国犯罪被害人救助缘起的背景与原因　265
一、被害人相关制度的缺失和限制　265
二、犯罪人赔偿履行的阙如和异化　267
三、被害人生活处境的艰难和逆变　269

第二节　我国犯罪被害人救助发展的路径和阶段　271
一、地方探索试水阶段：发轫与开端　271
二、中央统一部署阶段：呼应与设计　274

第三节　我国犯罪被害人救助演进的理路及逻辑　276
一、我国犯罪被害人救助兴起的三重维度　276
二、从刑事被害人救助到国家司法救助的转向　280
三、国家司法救助制度的内在逻辑与动机　285

第十章　我国犯罪被害人救助典型规范性文件个案研究　289

第一节　代表性的地方规范性文件之文本分析　289
一、《无锡市刑事被害人特困救助条例》　289
二、《宁夏回族自治区刑事被害人救助条例》　292

第二节　代表性的中央规范性文件之文本分析　294
一、《关于开展刑事被害人救助工作的若干意见》　294
二、《关于建立完善国家司法救助制度的意见（试行）》　297

第三节 我国犯罪被害人救助文件之对比
分析 301
一、诸规范性文件异同之鸟瞰 302
二、以犯罪类型限定是否必要 305
三、损害类型的扩张是否合理 305
四、依职权主动救助的利与弊 307
五、代位主动求偿的隐含之意 308
六、被害人可归责事由之规定 309
七、决定不予救助的说明义务 310
八、受理与决定间的分工机制 311

第十一章 犯罪被害人救助立法的公众认知 313
第一节 公众对救助制度立法的态度与
倾向 313
一、研究目的及其调查方法 313
二、三类受访群体基本信息 315
三、民意的具象与多维分析 323
第二节 公众认知的厘清与立法政策的
呼应 334
一、三类群体认知的共识与启示 334
二、三类群体认知的分歧与原因 337
三、三类群体认知对立法的投射 338

第十二章 我国犯罪被害人救助双重困境及其
突围 341
第一节 犯罪被害人救助的实践困局 341
一、犯罪被害人救助存在的问题 341
二、犯罪被害人救助制度的特点 345
三、对当下司法救助制度的检讨 349

第二节　犯罪被害人救助的理论困境　354
　　一、犯罪被害人救助理论研究之现状　354
　　二、犯罪被害人救助理论研究之转向　356
　　三、犯罪被害人救助理论研究之突围　358

第四编　我国犯罪被害人救助制度的建构与完善

第十三章　犯罪被害人补偿制度的建构与完善　363
第一节　犯罪被害人补偿制度的立法模式与选择　363
　　一、各国犯罪被害人补偿立法的主要模式　363
　　二、我国犯罪被害人补偿立法的应然选择　365
第二节　犯罪被害人补偿立法根基的比较与重构　366
　　一、代表性的理论学说及其解构　366
　　二、立法根基理论的多元化重构　374
　　三、多元化立法根基理论的意义　379
第三节　犯罪被害人补偿的制度价值与基本原则　381
　　一、被害人补偿制度价值的阐述　381
　　二、综合理论对基本原则的派生　384
第四节　犯罪被害人补偿立法的具体制度与程序　386
　　一、补偿对象之划定　386
　　二、排除条款之设置　389
　　三、补偿程序之类型　390
　　四、补偿决定之机关　391
　　五、补偿资金之相关　392

第十四章　犯罪被害人诉讼权利制度的建构与完善　394

第一节　我国刑事诉讼法中犯罪被害人的诉讼权利　394
一、1979 年《刑事诉讼法》中被害人的诉讼地位和诉讼权利　394
二、1996 年修订的《刑事诉讼法》中被害人的诉讼地位和诉讼权利　395
三、2012 年修订的《刑事诉讼法》中被害人的诉讼地位和诉讼权利　397

第二节　我国犯罪被害人诉讼权利救助存在的问题　397
一、立法尚未确认被害人的法律援助权　398
二、被害人的诉讼代理权存在立法缺陷　399
三、在被害人知悉权方面存在明显不足　400

第三节　完善我国犯罪被害人诉讼权利的对策建议　401
一、完善被害人法律援助权　401
二、完善被害人诉讼代理权　405
三、完善被害人信息知悉权　406

第十五章　犯罪被害援助制度的建构与完善　409

第一节　被害援助制度概述　409
一、被害援助的概念　409
二、被害援助与相关概念的辨析　411
三、被害援助制度的概念及构成　413

第二节　我国被害援助规则和主体的现状及其完善　413
一、我国被害援助规则的现状及其完善　413
二、我国被害援助主体的现状及其完善　414

第三节　我国被害援助内容的完善　　416
　　一、被害援助的内容　　416
　　二、我国现有被害援助的类型　　424
　　三、我国被害援助内容的完善　　430

第十六章　犯罪被害人救助与社会救助的衔接机制　　433

第一节　衔接机制概述　　433
　　一、衔接机制的概念　　433
　　二、衔接机制的构成要素　　434
第二节　衔接机制构建的基础理论　　436
　　一、机制构建的基础：两种制度的关系　　436
　　二、机制构建的前提：法律竞合的处理　　437
　　三、机制构建的重点：衔接程序的规则　　438
第三节　程序规则和保障机制　　439
　　一、现有规定　　439
　　二、程序机制　　440
　　三、保障机制　　442
　　四、具体建议　　443

主要参考文献　　445

后记　　458

第一编
社会救助与犯罪被害人救助概述

　　本编是全书的第一编,因而主要涉及社会救助制度和犯罪被害人救助制度的基本理论、基础概念、发展概述,以及这两种制度之间的相互关系。其中,第一章为社会救助法律制度的基础性理论,第二章为犯罪被害人救助法律制度的概览性梳理,第三章则为两种救助制度的实然和应然关系的论证性辨析。

第一章 社会救助法律制度的基本理论

第一节 社会救助法律制度的基础概述

一、社会救助的基础概念

(一) 社会救助的定义

社会救助(social assistance)是一项在许多国家都存在的制度,但国际上对社会救助尚没有严格、公认的定义,只有一些国际组织尝试对"社会救助"进行定义。例如,经济合作与发展组织(OECD)的一项研究将社会救助定义为:以家计调查为基础,向处于低收入阶层或低于类似收入门槛线的个人或家庭提供的以现金或实物为支付形式的援助。[①] 再如,亚洲发展银行将社会救助分为广义与狭义两种。广义的社会救助指的是国家和社会向生活困难的公民给予现金或实物的帮助;而狭义的社会救助仅指国家机关(主要是各级行政机关)所提供的现金或实物帮助。[②] 二者的差别主要在于提供救助的主体不同。上述定义虽然表述有所不同,但基本内涵是一致的,即根据家计调查结果,对某些存在生活困难的公民,提供一定的现金、实物或者服务。

在我国,关于社会救助的定义可谓丰富多彩。第一种观点认为,社会救助是指国家和社会向社会脆弱群体提供款物接济和扶助的一种社会保障政策。其中的社会脆弱群体一般是指贫困人口和不幸者。社会救助可以分为灾害救济、贫困救济和其他针对社会脆弱群体的救济等三类扶助措施。根据这种观点,社会救助属于政府的职责,社会救助的方式是非供款制与无偿救助,社会救助的目标在于帮助社会脆弱群体摆脱生存危机,进而维护社

---

① OECD, *The Battle against Exclusion*, Paris: Organization for Economic Cooperation and Development, 1998, p.3.

② Fiona Howell, Social Assistance: Theoretical Background, Isabel Ortiz (Ed.), *Social Protection in Asia and the Pacific*, Manila: Asian Development Bank, 2001, p.157.

稳定。① 第二种观点与亚洲发展银行广义的社会救助定义相似,认为社会救助是指国家和社会向难以维持最低生活水平的公民提供现金、实物或者服务,以保障其基本生活的制度。② 第三种观点强调社会救助是一种对策和行为,具体是指国家和社会利用国民收入再分配的机制,保障贫困公民能够维持最低生活水平。③ 第四种观点强调社会救助权是现代国家通过法律所保障的一种基本公民权利,而社会救助指的是国家和社会按照法定的程序和标准,向难以维持最低生活水平的公民提供保障其最低生活需求的物质援助的社会保障制度。④ 第五种观点指出,个人或团体(家庭)遭遇到不幸事故以及人生过程中所必经之生老病死与无谋生能力之鳏寡孤独等理由,必须由他人来救助,以保障其生活。社会救助就是据此而产生的一种社会福利,即国家或者社会大众向对需要救助者给予救济与扶助的一种制度。⑤ 第六种观点指出,社会救助是政府为了促进社会安全,对于因社会变迁或个人特殊致贫原因的社会成员,针对实际情况和需求,制定社会政策来予以必要适当的协助。据此观点,社会救助除了要维持公民的最低生活水准、解决贫穷问题之外,还应当积极协助改善受助者的生存条件,间接地促进社会的整合与进步。⑥ 尽管我国学者关于社会救助内涵与外延的看法存在不少差别,但在整体上仍然是比较相近的,与前述国际机构的定义相似,学者们均侧重于从向特定群体提供现金、实物与服务的角度来理解社会救助。

从上述不同的定义我们可以发现,社会救助的定义,一般涵盖社会救助的提供主体、社会救助的接受主体和社会救助的内容等三项要素。关于社会救助的提供主体,一种观点认为是国家,另一种观点则强调包括"国家和社会"两个主体。关于接受社会救助的主体,不同定义之间的表述差异较大,但是所指向的都是特定的"弱势群体"。至于"弱势群体"的范围,上述各项定义差别较大。我们认为,郑功成教授将其概括为"贫困人口与不幸者"是比较全面的,其他许多学者的定义基本上仅仅将"弱势群体"的范围限制

---

① 参见郑功成:《社会保障学:理念、制度、实践与思辨》,商务印书馆 2000 年版,第 13—14 页。
② 参见时正新主编:《中国社会救助体系研究》,中国社会科学出版社 2002 年版,第 2—3 页。
③ 曹明睿:《社会救助法律制度研究》,厦门大学出版社 2005 年版,第 28 页。
④ 参见王卫平等:《社会救助学》,群言出版社 2007 年版,第 6 页。
⑤ 江亮演:《社会救助的理论与实务》,台湾桂冠图书公司 1990 年版,第 1 页。
⑥ 参见孙嘉奇:《民生主义意识形态与现行社会救助政策之研究》,台湾正中书局 1992 年版,第 53 页。

第一章 社会救助法律制度的基本理论

在"贫困人口"中，范围过于狭窄。关于救助的方式，则一般都同意包括现金、实物与服务。当然，上述三项要素的具体内容，与各国的社会救助法律制度和实践有关，而并非纯粹理论或者逻辑上的演绎。

我国现行有关法律规定并没有为社会救助提供一个明确的法律定义，只有 2008 年中国政府网发布的《中华人民共和国社会救助法（征求意见稿）》试图予以明确。根据该征求意见稿第 3 条之规定，社会救助是指"国家和社会对依靠自身努力难以满足其生存基本需求的公民给予的物质帮助和服务"。上述定义既囊括了前述三项要素，符合我国目前的社会救助实践，同时也反映出实务部门对社会救助的理解。但是，将接受社会救助的对象局限于"依靠自身努力难以满足其生存基本需求的公民"，范围较狭窄，不利于社会救助法律制度的未来发展，同时概括性不高，不符合定义的逻辑要求。

基于上述考虑，我们认为，社会救助是指国家和社会依照法律规定，向处于某种困难的特定群体无偿提供物质帮助或者特定服务的制度。一方面，与上述各种定义相似，我们同样强调社会救助是国家和社会向公民无偿给予物质帮助、特定服务的制度。另一方面，我们将能够接受社会救助的主体范围，抽象地概括为"处于某种困难的特定群体"。这样概括的原因是：首先，考虑到"救助"而非福利的性质，将救助对象限制在困难群众；其次，为了保证概念的周延性以及未来社会救助对象扩大的可能性，我们没有列举"困难"的具体表现。列举的任务应当交由政策制定者特别是立法者在制定相关政策法律时完成；理论界也可以根据社会的现实状况指出新的需要接受社会救助的群体。

（二）相近概念的辨析

1. 社会救助与社会保障

在国际上，"社会保障"（social security）的概念最早出现在 1935 年美国《社会保障法》中，随后逐渐获得了普遍的认同。如 1948 年联合国《人权宣言》中使用了这一概念；随后，第 35 届国际劳工大会于 1952 年通过了《社会保障公约》，制定了有关社会保障的基本准则。一般认为，社会保障有广义和狭义之分。广义的社会保障是指各种具有经济福利性的、社会化的民生保障措施的总称，包括社会保险、社会福利、社会救助等；而狭义的社会保障仅指社会保险。由此可见，社会救助是广义的社会保障制度中的一个组成部分。目前理论界与实务界一般使用广义的社会保障概念。2004 年中共十六届四中全会通过的《关于加强党的执政能力建设的决定》提出"健全社会保险、社会救助、社会福利和慈善事业相衔接的社会保障体系"。可见,我国实践中同样采用的是广义的社会保障概念,因此社会救助与社会保障在我国是种属关系,即社会救助是社会保障中的一个组成部分。

2. 社会救助与社会救济

在现代社会救助制度产生之前,人们普遍使用的是"社会救济"这一概念。从某种角度来说,社会救济其实是社会救助的初级形态和不完善阶段。或者说,随着人们普遍使用"社会救助"这一概念,"社会救济"逐渐退出了历史舞台。社会救济与社会救助的关键区别在于:第一,社会救济具有比较强的慈善色彩,社会救助在性质上属于"权利",即请求和接受社会救助是公民的一项权利。第二,社会救济侧重于生存和单一的济贫措施,而社会救助制度则包含了更丰富的内涵。从形式上来看,社会救助还包括医疗救助、教育救助等内容;从实施手段上来看,社会救济主要限于现金与实物,社会救助还包括提供服务。① 从这些区别中我们也可看出,社会救助其实是在社会救济的基础上发展而来并取代后者的概念。

二、社会救助的核心理论

社会救助的理论基础,主要是从相关学科、专业视角为社会救助的合理性确定更广阔的理论基石,进而证明社会救助和社会救助法律制度存在的正当性以及实质合法性。现代各国的社会救助基本上已经实现了制度化与法律化,而且政府救助或者说行政救助已经成为社会救助的主要组成部分。因此,有关社会救助的基础理论,必须能够合理说明为什么政府需要成为社会救助的主要责任主体。

(一)国家责任理论

贫困在各国都不同程度地存在着,它是经济、社会、政治和文化等一系列复杂因素相互作用的结果。② 虽然古今中外许多国家都存在缓解贫困的措施或者制度,但从逻辑上来讲,有贫困不一定有反贫困的措施,并不必然产生社会救助。只有树立反贫困的国家责任理念,即认为国家有义务消除

---

① 参见杨思斌:《中国社会救助立法研究》,中国工人出版社2009年版,第14—15页。
② 参见乐章:《社会救助学》,北京大学出版社2008年版,第48页。

贫困或者至少向贫困者提供最低限度的帮助,才为社会救助制度的建立奠定了基础。

首先,反贫困需要国家的介入。在早期,作为缓解贫困的社会救助制度曾经遭受到了不少学者的批评,英国学者马尔萨斯(Thomas Robert Malthus)就是其中的典型代表。马尔萨斯在其《人口原理》中提出著名的"人口陷阱理论"。该理论指出两个"公理":一是食物为人类生存所必要;二是两性间的情欲是必然的,且几乎会保持现状。在这两个"公理"的作用下,人口如果不受到抑制(包括"预防性的抑制"和"积极的抑制"等),便会以几何比率增长,而生活资料则只会以算数比率增长。基于此,马尔萨斯得出结论认为:这个地球上的生命种子如果得到充足的食物和空间,经过几千年的繁殖,会挤满几百万个地球。① 所谓"人口陷阱",即"马尔萨斯均衡陷阱",指的就是在巨大的人口增殖力下,人类始终处于贫困线上,无法摆脱的一种人口与经济的恶性循环。② 据此理论之逻辑,人类的自身繁衍才是产生贫困的根源,贫困与社会制度无关,反贫困的根本办法就是控制人口增长而非为贫困阶层提供制度保障。若据此观点,类似英国济贫法的制度保障就是没有必要的。

根据马尔萨斯的见解,国家似乎并不必要也没有义务为反贫困而采取社会救助措施。然而,这种见解并没有取得支配地位,特别是随着社会经济尤其是工业化的发展,人们开始意识到社会制度是贫困产生的重要因素,不能将贫困简单归结为懒惰等个人因素。"风险社会"概念的提出,更加让人们相信社会救助制度存在的重要价值,以及国家应当承担社会救助的重要责任。原因主要有二:其一,在风险社会中,个人陷入贫困变得难以估计,现代风险产生的途径复杂且不稳定,人类无法依靠个人或者家庭来抵抗社会风险,传统的邻里互助、慈善救助等无法为个人提供足够的帮助,公众只能向国家和政府寻求救助。其二,风险产生贫困,贫困导致社会不稳定,因此风险社会对执政者而言也是一种风险与挑战。为了维护社会稳定,政府不得不加大力度对风险进行管控,改善贫困公民的生活水平,比较常见的社会

---

① 参见〔英〕马尔萨斯:《人口原理》,子箕等译,商务印书馆2001年版,第1—7页。
② 参见吕昭河:《马尔萨斯"两种抑制"的观点及解脱"人口陷阱"的制度条件》,载《人口学刊》2001年第2期。

救助方法就是给付现金等。

其次,国家反贫困需要建立社会救助制度。作为反贫困措施之一的社会救助,其目的在于保障公民享有最低生活水平。所谓"最低生活水平",有两层意义:(1)绝对意义的最低生活水平,即保证维持生命所需要的最低限度的饮食和居住条件;(2)相对意义的最低生活水平,指享有当时当地生产力水平下相对来讲属于数量最少的消费资料和服务。但不可否认的是,国家反贫困的措施有很多。除社会救助外,国家还有许多种反贫困的"战略"可供选择。

20世纪中叶以来,世界各国和有关国际组织提出和实施过多种反贫困战略。其中比较有影响力的战略包括:(1)经济增长战略,即通过促进经济增长来解决贫困问题,如联合国20世纪60年代先后提出并实施的两个发展的"十年计划"。(2)再分配战略,即努力提高贫困人口的收入水平,但这一战略不一定能提高贫困人口的生产能力,可能会违背效率原则。(3)绿色革命战略。"绿色"指代两层含义,一是提高绿色植物——农作物的产量,从而增加农民的收入,减少农村贫困现象;二是利用"无污染"的高科技,包括高产农作物、最新的生物技术等等。(4)社会服务战略,即将救助的资源放在社会服务上,特别是教育、卫生、营养等方面,从而提高人口素质,减少贫困。(5)"双因素"发展战略。世界银行在1990年《世界发展报告》中提出了包括两个同等重要因素的发展战略:第一个因素是促使贫困者将其最丰富的资产即劳动力用于生产性活动;第二个因素是向贫困者提供基本的社会服务,包括教育、初级医疗保障等等。[①]

以上各种反贫困战略各有其侧重点,但从某种角度而言,它们都是"积极"的反贫困政策,都期望通过发展经济、提高收入、提高素质等方法使贫困人口与社会经济同步发展,或者在经济发展中摆脱贫困状态。然而不可否认的事实是,通过这些反贫困措施不能从根本上全面消除贫困,一些贫困公民及其他困难群体由于种种原因总是不能受惠于这些"积极"的反贫困政策,这时便需要相对"消极"的国家干预,即社会救助。之所以说社会救助是"消极"的,是因为这项措施本身不直接追求提高经济发展,不追求贫困人口自身的素质提高,而只是通过单纯地对部分贫困者提供现金或者服务等方

[①] 参见乐章:《社会救助学》,北京大学出版社2008年版,第49—50页。

法,确保其生活能保持在"最低生活水平"之上,维持其生存状态并保障其最基本的发展权。但不能忽视的是,社会救助亦可能会推动个人得到更好的发展,即通过帮助其摆脱贫困状态逐渐得到更好的发展;同时良好的社会救助制度能够为社会经济发展提供强大的保障。

（二）公民权利理论

国家责任理论从国家的角度理解社会救助制度,而公民权利理论则从公民的角度阐释社会救助制度。公民权利理论的主要观点是认为社会救助是基于生存权而发展出来的一项重要权利,是人权保护原则的具体体现。生存权是最基本的人权,是其他人权的基础,因此保障公民生存权是国家保障人权义务中的首要任务。生存权既包括生命安全得到有效保障的权利,也包括基本生活需要得到满足的权利。[①] 社会救助权更多地属于后一种权利的组成部分。作为一项宪法权利,生存权使国家和公民之间确立了救助与被救助的权利义务关系。当然,这项宪法上的权利义务关系需要具体的法律制度即社会救助法律制度来实现。具体而言,我们可以从以下两个方面阐释社会救助与生命权的密切关系：

一方面,社会救助是实现公民生存权的重要保障。从内容上,我们可以将生存权分解为以下三个方面:其一,生存能力和生存权利。即公民自己有生存的能力,其他公民、国家不能非法剥夺他人的生存权利。其二,国家有责任为保护公民生存权提供积极的保障,保证公民享有生命健康保障和良好生活条件。其三,国家有义务积极救助无生存能力的公民,尤其是老弱病残、鳏寡孤独等,以维持弱势群体的生存权利。从实现方式上,公民实现生存权的途径有两种:第一,自我实现的方式:公民通过劳动获得财产,通过财产维持生存,即"劳动—财产—维持生存"模式。第二是国家帮助方式:请求国家予以救助,国家决定给予救助并以此维持生存,即"物质请求—国家帮助—维持生存"模式。[②] 在当今社会中,两种公民生存模式并存着,而在第二种模式中,"国家帮助"的重要方式是向有需要的困难群体提供一定的物质帮助或者服务,而这种物质帮助与服务,就是所谓的"社会救助"。可见,社

[①] 参见王家福、刘海年主编：《中国人权百科全书》,中国大百科全书出版社1998年版,第531页。

[②] 参见韩德培主编：《人权的理论与实践》,武汉大学出版社1995年版,第379页。

会救助在第二种公民生存模式中起到关键性作用,是实现公民生存权的一个重要途径。

另一方面,社会救助权是生存权的一项重要内容。生存权包括尊严权、物质帮助权与劳动权。[①] 其中,我国《宪法》第 45 条规定了"物质帮助权":"中华人民共和国公民在年老、疾病或者丧失劳动能力的情况下,有从国家和社会获得物质帮助的权利。国家发展为公民享受这些权利所需要的社会保险、社会救济和医疗卫生事业。国家和社会保障残废军人的生活,抚恤烈士家属,优待军人家属。国家和社会帮助安排盲、聋、哑和其他有残疾的公民的劳动、生活和教育。"这一规定为我国社会救助工作提供了宪法依据,同时也表明物质救助权是公民的基本权利,而物质帮助权可以理解成是目前我国《宪法》对社会救助权的一种表述。根据《宪法》第 45 条的规定,物质帮助权的权利主体是年老、疾病或者丧失劳动能力的公民。不过需要注意的是,从我国社会救助的实践来看,目前享受物质帮助权的主体已经超越了宪法规定的范围。公民享受物质帮助权,就意味着有相应的主体承担帮助的义务。根据上述的规定,物质帮助权的义务主体是"国家与社会",不过这两个主体都是很抽象的,具体代表"国家与社会"履行义务的,主要是指行政机关。当然,其他非政府机构特别是慈善机构、个人向其他公民提供救助的,也是社会向有需要的公民提供物质帮助的方式之一。

三、社会救助的基本功能

社会救助是保护公民个人基本权利、维护社会稳定、促进社会公平和经济发展的重要制度,具有保护、稳定、整合和发展四项基本功能。

(一)保护功能

作为保护公民生存权等基本人权的制度,社会救助的首要功能表现为保护功能,即保证公民可以过上能够维持其生存的最低水平的生活。在当今社会,每位公民应当首先依靠自己的力量维持自己的生存需要。然而,由于年老、疾病、社会经济衰退、自然灾害等各种原因,总有一部分社会成员陷于贫困或者其他生存困境。这时便需要国家伸出援手,保障他们的生存权

[①] 参见陈泉生:《论现代法律重心的推移——保障生存权》,载《云南大学学报(法学版)》2001 年第 2 期。

第一章　社会救助法律制度的基本理论

利,并为实现其他人权奠定基础、创造条件。因此,社会救助制度并不是单纯的施舍与怜悯的体现,它是国家和政府保障人权、保护公民基本权利的应有之义。

社会救助的保护功能主要是指对贫困者以及其他需要帮助的社会成员的保护,但社会救助对社会而言也是一种保护。贫困阶层的形成会破坏社会的团结,甚至导致社会解组,通过保护贫困者可以保护社会的良性运行。① 通过社会救助制度,可以切实保障公民的基本权利,体现国家和社会对每位公民的尊重,实现以人为本的发展理念,从而为社会系统的正常运转提供必要条件。② 因此,"社会"向部分成员提供救助,也是对社会实现自我保护的重要途径。

(二)稳定功能

社会救助具备维护社会稳定、保障公民安居乐业的功能。稳定的社会秩序和社会环境,是社会经济发展、进步的前提。在市场经济环境下,如果没有社会救助等社会调节政策,高效率的经济发展会带来许多负面效应,其中最主要的就是所谓的"马太效应"——富者更富,穷者更穷,从而影响社会稳定。贫困虽然是一个经济问题,但同时也会导致心理的和社会的不良影响。因为贫困使人精神压抑,从而引发敌对情绪和各种反社会行为。③ 国家通过社会救助制度,可以向贫困者、缺乏生活来源者、遭受不幸者等社会成员提供帮助,消除人民的不安全感,从而维护社会稳定。

在世界各国,包括社会救助在内的社会保障被视为"安全网"。在许多经济发达的国家,即使出现经济周期性危机,失业率较高,仍然能够维护社会的大致稳定,其中很重要的原因就是这些国家具有较为完善的社会救助制度,能够帮助公民渡过难关。

(三)整合功能

社会救助具有推动社会整合的功能。社会整合指的是社会不同的因素、部分结合为一个统一、协调整体的过程及结果,亦称为"社会一体化"。在社会学中,社会整合是与社会解体、社会解组所相对应的范畴。在实践

---

① 参见王卫平等:《社会救助学》,群言出版社2007年版,第31页。
② 参见吴忠民:《社会公正论》,山东人民出版社2004年,第32页。
③ 参见林莉红、孔繁华:《社会救助法研究》,法律出版社2008年版,第70页。

中,贫困者以及遭受其他不幸者可能会逐渐游离于社会之外,进而使社会处于离析的不整合状态,贫困者以及遭受其他不幸者的社会认同感、归属感和责任感也会随之消失,并对社会产生一种强烈的被遗弃感和被剥夺感。为此,国家有必要实施社会救助制度,通过向贫困者以及遭受其他不幸者提供物质援助等帮助,使他们更好地融入社会,并维持对社会的认同感和归属感,不至于使这部分人通过阶层化而阶级化。① 换言之,社会救助制度可以避免贫富两极分化,实现"贫"与"富"二者之间的社会整合。

(四)发展功能

社会救助制度虽然直接作用于个体,但这项制度同时能促进社会经济发展,具有发展的功能。当代社会救助法律制度与经济发展是密切相关的。一方面,经济发展是改善和扩大社会救助的前提条件。社会救助对象的扩大以及救助标准的提高,需要有足够的资金支持,而这有赖于经济的不断增长和发展。另一方面,社会救助有利于市场经济的发展。市场经济运行机制本身是导致贫困的重要原因之一。② 社会救助法律制度对经济发展的促进作用,首先就表现为恢复在市场经济中因贫困等原因而遭受创伤的社会、家庭和个人的生活秩序。其次还表现为对社会发展的积极的促进作用:一是能够促进公民的物质和精神生活的提高,使其能够更加有效地为社会作贡献;二是保障劳动力自由流动,促进人才流动,推动劳动力市场的发展;三是促进遭遇自然灾害、经济衰退等特殊事件的公民重新认识发展变化中的社会环境,进而更好地适应社会生活的发展变化;四是能够促进社会成员与社会的协调发展,使社会生活实现良性循环。③

第二节 社会救助法律制度的历史发展

一、国外社会救助法律制度的历史发展

近代以前,西方国家的社会救助事业并不发达,对贫困者的救助工作主要是由教会、封建行会等机构开展的,特别是教会的慈善事业在救助贫民

---

① 参见王卫平等:《社会救助学》,群言出版社2007年版,第30页。
② 参见林莉红、孔繁华:《社会救助法研究》,法律出版社2008年版,第70页。
③ 参见王卫平等:《社会救助学》,群言出版社2007年版,第32页。

方面起了重要作用。随着资本主义经济的发展,国家介入社会救助事业,社会救助的主要资金来源由慈善捐助转为国家税收,社会救助亦逐渐成为国家的一项责任和义务。在西方国家,如英国这个最老牌的资本主义国家,相对较早地形成了现代社会救助法律制度,从其历史发展过程中我们可以一窥国外社会救助法律制度的历史。

(一)近现代社会救助法律制度的产生

现代社会救助制度发源于英国,1601年英国制定的《伊丽莎白济贫法》(简称《济贫法》),是现代社会救助立法上的重要里程碑。

16、17世纪是英国从封建主义向资本主义过渡的时期。由于圈地运动、农业歉收等原因导致严重的失业和贫困问题,随之而产生了严重的流民问题。为解决流民问题,维护社会稳定,英国政府采取了一系列措施。早期统治者主要采取严刑峻法来迫使流民停止流浪,但经常会激化矛盾,引起游民的反抗与起义。因此统治者不得不改变策略。于16世纪中期,统治者开始尝试采取救助的办法解决流民问题,但由于救助资金不稳定,成效不大。1572年,英国政府正式颁布法令,要求居民交纳济贫税,政府希望借用法律的手段来保证济贫资金有足够稳定的来源。1576年,英国政府继而要求各地为流民提供生产资料,1597年,进一步对救济贫民的方式和地方官员的责任作出规定,从而逐渐形成以救助为主、惩罚为辅的解决流民问题的方法[①],同时也形成了社会救助制度的雏形。

1601年,英国政府在总结已有的济贫措施的基础上制定了《济贫法》,该法通过机构建立、分类救助、财政补贴贫困地区等措施,建构了一套济贫制度。[②]《济贫法》将受助者分为三类:无助者、非自愿失业者及流浪者。无助者是指对自己的困难无能为力的人,包括患病者、有严重的精神或者生理缺陷者、残疾人、孤独及年老体弱者,这些人是最需要帮助的群体。非自愿失业者是指有劳动能力但是没有生活来源的人,包括单亲母亲、多子家庭、火灾受害者及失业者等,这些人对自身问题应当承担一定的责任,与无助者相比,他们被认为是不值得同情的。流浪者是指漂泊不定的人,因为他们对

---

① 参见尹虹:《近代早期英国流民问题及流民政策》,载《历史研究》2001年第2期。
② 参见王卫平等:《社会救助学》,群言出版社2007年版,第84—85页。

社会不负任何责任,因此被认为不值得帮助,而且要遣返原籍。① 至于济贫措施,大致可以分为院外救济和院内救济两种方式。院外救济的主要形式是每月或每周给贫民提供补助金、衣物、住处和燃料等;院内救济针对有劳动能力的贫民,为其提供就业机会,具体做法是要求贫民住入贫民教养院和贫民习艺所等,通过劳动的方式自食其力。②

总的来说,《济贫法》具有历史性的进步意义,奠定了英国甚至欧洲各国现代社会救助制度的基础。只是需要注意的是,该法也有历史局限性,特别是它整体上对流浪乞讨人员持一种道德谴责的态度,以及禁止公民在城市流浪乞讨是立法的重要动机。

(二) 19世纪社会救助法律制度的变革

19世纪,英国对《济贫法》进行了重要改革。该项改革始于皇家委员会1834年针对《济贫法》的调查报告。该调查报告深受埃德温·查德威克(Edwin Chadwick)自由主义思想的影响,建议惩治懒惰贫民,以此从根本上解决贫穷问题;以此为指导思想,查德威克提倡"劣等处置"原则,建议建立"济贫院检验"措施。"劣等处置"是指接受救助的穷人的生活水平必须低于独立的自由劳动者;而"济贫院检验"则是指将接受救助的贫困者收容在济贫院中,并实施准监狱式的严格监管,使贫困者道德完善并使懒惰者勤奋起来。以此报告为理论基础,英国于1834年修改了旧《济贫法》,颁布了新《济贫法》。新《济贫法》遵循所谓的"劣等处置"与"济贫院检验"原则。1834年新《济贫法》有两处重大修正:第一,重新缩小了救济对象的范围,将救济对象严格局限于丧失劳动能力的老弱病残幼者,同时停止对身体健康和游手好闲者的院外救济。第二,实行中央督导制,设立济贫法实施委员会(1848年改为济贫局)管理救济工作,废除以教区为单位的行政救济,提高国家对救济的行政监督管理力度。

(三) 20世纪社会救助法律制度的发展

社会价值观念的变化推动了20世纪社会救助制度的发展。其中,马克思主义、费边社会主义和集体主义价值观念对社会救助制度产生了比较深远的影响。首先是人们对贫困的成因有了不同的见解,贫困不仅仅是个人

---

① 参见乐章:《社会救助学》,北京大学出版社2008年版,第4页。
② 参见尹虹:《论十七、十八世纪英国政府的济贫问题》,载《历史研究》2003年第3期。

第一章　社会救助法律制度的基本理论

的责任成了普遍的共识。其次在制度上,多份调查报告一致建议英国政府废除《济贫法》,提倡建立包括派发现金、免费教育、公费医疗等措施组成的最低生活标准体系。如1908年的《老年年金法》,建立了向70周岁以上公民免费发放年金的制度;1911年通过《国民保险法》,保障患病、失业工人的生活,等等。通过这些法律,英国一方面减少了贫困,另一方面也形成了现代社会救助制度。① 而在第二次世界大战以后,英国逐渐建立起"从摇篮到坟墓"的福利制度,在其全面的社会保障体系当中,社会救助制度继续发挥着保底的功能。②

二、中国社会救助法律制度的历史发展

(一) 中国古代社会救助法律制度

社会救助在我国有着悠久的历史。在古代封建社会中,由于灾害和贫穷历来是影响社会安定和统治稳固的重大问题,因此社会救助主要包括贫困救助和灾害救助。同时由于儒家思想占据着古代中国的正统地位,而儒家思想向来对贫困救助和灾害救助主张国家积极介入,因此在中国古代济贫实践中就充分体现出这种国家积极干预的思想。一般认为,西周时期提出的"保息六政"是古代中国系统的社会保障和社会救助的开端。据《周礼·地官·大司徒》记载,"以保息六养万民:一曰慈幼,二曰养老,三曰振穷,四曰恤贫,五曰宽疾,六曰安富。"其中,"慈幼"是指爱护幼童。"养老"是指尊养高年:一是要尊重年高德劭之人,二是善待鳏寡老人;此外年老之人还享有多种优待。"振穷"是指救助穷困者。"恤贫"是指周济贫苦者。"宽疾"是指宽免残疾之人的徭役。"安富"是指安定富裕之人。③ 而对古代中国社会救助制度的分析,可从贫困救助、灾害救助与民间互助等几个方面进行。

1. 贫困救助

如上所述,早在西周时期的"保息六政"就有关于贫困救助的政策。汉代建立了官办的仓储制度,一般称为"常平仓"。到了隋朝,又有了以地方劝募为主的"义仓"。宋代开始出现了常设的社会性救济机构,使社会救济进一步制度化,创设了居养院、安辑坊、漏泽园等社会救济机构。南宋期间的

---

① 参见刘继同:《英国社会救助制度的历史变迁与核心争论》,载《国外社会科学》2003年第3期。
② 参见王卫平等:《社会救助学》,群言出版社2007年版,第89页。
③ 同上书,第93—94页。

"社仓"主要由民间管理,百姓普遍参与,具有现代社会保险的意义。元朝进一步发展了宋代的济贫政策,设置了养济院、济众院,以救助鳏寡孤独和残疾人,还设有惠民医局等,向贫病、孤残者施医赠药。在明代,粥厂、养济院、惠民药局、漏泽园等更为普遍。清代则在各地设立施粥厂、施医局、清节堂(寡妇堂)、栖流所、埋葬局等救助机构。

2. 灾害救助

我国自古就是一个灾害频发的国家,统治者为安定社会、维护政权,创建了许多救助措施。主要包括:

(1)养恤,包括施粥、施粮、施衣服等,主要是对灾民进行紧急救助,提供食物,以达到养恤灾民,维持其生存的目的。

(2)赈济,包括赈粮、赈银、赈田等,即向灾民发放粮食、衣物或者银钱,帮助灾民度荒和恢复生计。此外,也有的给救助对象一定数量的田地,供其耕种以实现自给自足。

(3)贷赈,指在灾荒时期,对灾情不十分严重、恢复生产条件较好的地区通过放贷生产资料,帮助灾民恢复生产。例如政府向灾民提供耕牛、农具、种子等,灾荒后以低息或者不付息的方式收回本金。

(4)工赈,即"以工代赈"。政府在灾害发生后,通过使用灾民劳力,兴修水利堤防、道路等工程,用付给灾民工钱的方式来达到解救受灾人口、兴修公共工程的双重目的,这是我国历代救灾的传统做法。

(5)蠲缓,主要包括蠲免和停缓,是灾后减免租税,停征地租、宽贷刑罚的辅助性救灾措施,以此来缓解灾民的生存困难,避免社会矛盾过度激化。

(6)调粟,指从没有受灾的丰腴之地征调米粟到受灾之地,并提供给灾民,解决受灾百姓的生活困难,这是古代取有余而补不足的一个典型方法。还有一种方法是把官仓中的米粟低价出卖给灾民,帮助灾民解决温饱问题。

(7)安辑,针对逃荒流离的灾民进行,主要措施包括给田、赍送等,将闲田给流民耕种,并减免租税,或组织流民开荒,耕种自给。

3. 民间互助

互助互济自古以来是中华民族战胜困难的重要措施,在社会救助实践中也产生了很重要的作用。孟子主张"出入相友,守望相助,疾病相扶持"[①]。

---

① 《孟子·滕文公上》。

民间互助的典型代表之一是社仓制度。古代中国历代统治者十分重视"荒政",其主要对策是建立仓储制度,即建仓积谷,在灾荒发生时救济灾民,安定社会。社仓等是以民间力量为主举办的一种互助互济性的备荒仓储。①社仓制度的建立,充分反映了古代人们互相帮助、互相救济的社会救助理念。

(二)中国近代社会救助法律制度

近代以来的中国社会发生了巨大变化,社会救助制度也随之改变。首先,在外国的侵略下,中国沦为半封建半殖民地国家,传统的自然经济土崩瓦解。在新的社会形势下,古代社会救助制度的局限性日益明显,客观上要求社会救助制度需要有所改变。其次,随着与西方国家越来越多的交往,中国开始接触、了解西方先进的社会救助制度,在此基础上加以学习并为我所用,逐步使我国社会救助制度呈现出一些新的特点。

1. 晚清以来的社会救助制度

鸦片战争之后,一些有识之士开始意识到传统社会救助体系的缺陷,他们呼吁借鉴西方国家的做法,对社会救助体系进行改革。其中,著名思想家冯桂芬的《收贫民议》一文在实践中产生了较大的影响。通过介绍荷兰、瑞典等国家收养贫民的经验,冯桂芬提出"收养和教育有机结合"的理念,建议以其理念对中国社会救助工作如"善堂"进行改革。具体来说,冯桂芬建议以法律来惩治游手好闲的人;至于政府收养的游民,应当传授其技艺,给予耕田以保证其能自力更生;在收容救助妓女时,做到"老妇之诚朴者,教之纺织,三年保释"。以上的观念和建议得到许多有识之士特别是思想家、慈善家的赞同,进而在社会上产生了积极的效果,促进了当时社会救助体系的发展,如晚清时期在各地设立了各种工艺厂局。

至于社会救助的实践,自1899年开始,全国各地开始陆陆续续地设立工艺局。直隶、河南、山东、江西、四川等处都有设立。工艺局与粥厂、栖流所相似,都承担救助贫民的功能。但工艺局在收养游民的同时强调提高其生存能力,具体办法则是教授工艺。虽然由于时代的局限,当时的工艺厂局一般规模较小,教授的内容往往局限于简单的手工工艺,实际的功能有限。但是其所体现出来的教养兼施、标本兼治的理念在当时来说是有十分重要

---

① 参见廖益光主编:《社会救助概论》,北京大学出版社2009年版,第19—21页。

的进步意义的。一些地方的工艺局还产生了较大的经济效益。① 从某种意义上来说,晚清时期出现的工艺厂局等社会救助措施是中国现代社会救助制度的萌芽。

2. 民国时期的社会救助法律制度

民国时期,我国社会救助法律制度有了新的发展,主要体现在以下几个方面:

(1) 制定了专门的社会救助法律。古代社会有关社会救助的规定散见于诏谕、典制之中,而民国时期则完成了社会救助的法典化,制定了专门的社会救助法律。北洋政府时期,国家先后颁布一些法规,规定了若干社会救助措施。1928年,南京政府制定并公布了第一部社会救济法规。1943年,我国历史上第一部系统的社会救助法律——《社会救济法》公布实施。此法一共由五部分组成,其具体内容涵盖社会救济的范围、设施、方法、经费等。在救济对象上,该法将应予以救助的"贫穷而无力生活者"分为六类。② 根据不同对象,该法规定了不同的救济措施。如对无劳动能力而又无人抚养的贫民采取留养救济的办法,并给予基本的医疗和丧葬救济;对2岁至12岁的幼儿,附加义务教育;对灾民、难民采取给予钱物救济的办法,等等。在救济经费的来源和使用上,该法规定了分级负担、分级管理和分级使用的原则。③ 除《社会救济法》外,民国政府还制定了其他有关社会救助的法律文件。如1915年参照英国的《伊丽莎白济贫法》颁布了《游民习艺所章程》;1928年制定了《管理地方私利慈善机构的规定》,次年又颁布了《监督慈善团体法》;1944年制定了《社会救济法施行细则》、《救济院规程》等等。④ 可见民国时期,我国政府非常重视运用法律手段来规范社会救济工作。

(2) 救助措施更积极有效。与古代社会救助制度相比,民国时期的社会救助措施有了新的发展与进步。其一,在救济方式上,既有院外救济,也有院内救济。其二,在救济内容上,分为定期救济和临时救济,有现金救济、

---

① 参见王卫平等:《社会救助学》,群言出版社2007年版,第111—113页。
② 这六类对象具体是:一是"年在60岁以上精力衰耗者",二是"未满12岁者",三是"妊妇",四是"因疾病伤害残废或其他精神上身体上之障碍,不能从事劳作者",五是"因水旱或其他天灾事变,致受重大损害,或因而失业者",六是"其他依法令应予救济者"。
③ 参见蔡勤禹:《国家、社会与弱势群体——民国时期的社会救济(1927—1949)》,天津人民出版社2003年版,第95—107页。
④ 参见林莉红、孔繁华:《社会救助法研究》,法律出版社2008年版,第168页。

第一章　社会救助法律制度的基本理论

实物救济、职业介绍、住宅救济、医疗救济等不同种类。其三,设立多种类的社会救济机构。从1928年起,政府将不同种类的社会救济设施统称为"救济院",下设弃婴所、孤独所、施医所、残废所、养老所、贷款所等。与此同时,在一些地方还设置有盲哑学校、妇女教养所等。后来因抗战所需,国民政府又设立了救助难民的运送配置站和执行所、难民收容站、平民工厂、施诊所等等。①

(3) 形成了专门的社会救助行政体制。古代中国没有专门开展社会救助机构的政府部门,因此实践中社会救助工作往往有较大的随意性。在民国时期,国家逐步在全国范围内构建了自上而下的社会救助行政管理机制。

在中央层面,北洋政府与南京国民政府做法有一定的差别。根据北洋政府《内务部官制》,社会救助工作由内务部下的民政局(后更名为民治司)主管,具体负责弃婴、贫民赈济、贫民习艺所、灾荒救济、慈善及卫生等工作职责。南京国民政府在1928年将内务部更名为内政部,由其下属的民政司负责救灾赈灾等社会救助主管工作;1929年,国民政府新创立了独立于内政部的赈灾委员会,负责救助灾民和战争难民等;该委员会后来与赈务处合并成立新的赈务委员会。②

在地方层面,鉴于行政机构设置不稳定,地方社会救助的行政机构名称也时常发生变化。北洋政府曾于1913年要求各省设行政公署,下设内务司,以此作为各省社会救助工作的主管机构。但后来内务司被撤,改由政务厅下的内务科负责有关社会救助事宜。

(4) 民间互助有了新的发展。在民国时期,民间互助仍然是社会救助的一种重要形式。首先,以血缘为纽带的宗族成员之间的互助,在民国时期仍然盛行。其次,在一些大都市中,随着工业的发展,宗族功能开始弱化,而慈善事业则得到了蓬勃发展。除传统的慈善机构外,出现了许多新式的慈善机构,如于1937年成立的上海国际救济会,专门从事难民救济。上海国际救济会的会员分为团体会员与个人会员两种,团体会员包括中国红十字会、上海慈善团体联合救灾会、上海华洋义赈会、上海青年会等8个团体,下

---

① 参见王卫平等:《社会救助学》,群言出版社2007年版,第116页。
② 参见蔡勤禹:《国家、社会与弱势群体——民国时期的社会救济(1927—1949)》,天津人民出版社2003年版,第85—95页。

设总务组、募捐组、救济组、医药组等 10 个组分工负责各个具体的事项,此外还设立了 6 个国民难民收容所。① 可见,当时的慈善机构组织之严密、规模之宏大,是古代社会慈善机构所不能比拟的。

(三) 新中国成立以来社会救助法律制度

新中国成立以后,我国社会经历了多次转型,社会救助制度也随之发生了重大变化。概括起来,新中国成立之后的社会救助制度大致经历了四个发展阶段:

1. 新中国成立初期(1949—1956 年)的社会救助制度

由于国家经历了长期的战争,新中国成立初期面临着十分严峻的安置灾民难民流民的挑战。此外,严重自然灾害频发,灾民难民饥民四处逃亡。在紧急救济城乡灾民的同时,党和政府积极探救灾的方针,设立社会救济管理部门,并开展一系列社会救济工作。

(1) 社会救济方针

1949 年 11 月,针对当时发生的严重灾害,内务部召开各重灾省区救灾汇报会,会上提出一个口号——"不许饿死人"和一个救灾方针——"节约救灾,生产自救,群众互助,以工代赈"。1950 年 2 月 27 日,国家成立中央生产救灾委员会,基于当时政府财政盘子小、社会筹集物资困难等因素,董必武副总理在成立大会上明确指出我国当时救灾工作的基本方针是"生产自救,节约度荒,群众互助,以工代赈,并辅之必要的救济"。同年举行的第一次全国民政工作会议重申了上述救灾工作方针。1950 年 4 月,中央人民政府召开了中国人民救济代表会议,讨论了如何构建社会救济制度、采取什么具体救济措施等问题;该会议提出与救灾工作方针不同的"社会救济工作方针",具体而言,即:"在人民政府领导下,以人民自救自助为基础开展人民大众的救济福利事业。"1953 年,鉴于当时有的地方政府片面强调"以工代赈",将救灾粮款专门用于各种工程等问题,第二次全国民政工作会议把"以工代赈"从救灾工作方针中去掉,明确社会救济的方针是:"依靠集体,群众互助,生产自救,辅之以政府的必要救济。"这一方针基本上沿用至 1983 年。由上可见,在新中国成立初期,由于国家财政力量有限,社会救济更加强调群众

---

① 参见蔡勤禹:《国家、社会与弱势群体——民国时期的社会救济(1927—1949)》,天津人民出版社 2003 年版,第 190—213 页。

第一章　社会救助法律制度的基本理论

互助与生产自救的作用,而政府直接救济仅起到辅助性作用。

(2) 社会救济管理部门

新中国成立初期,国家非常重视社会救济机构的设立。1949年11月成立了中央人民政府机关节约救灾委员会。1950年2月,成立了中央救灾委员会,由董必武任主任,内务部等12个部委参与;4月,中国人民救济总会成立,宋庆龄为执行委员会主席,董必武、谢觉哉等为副主席。

除了上述特设机构外,亦设置了社会救济的行政机构。主管民政工作的内务部的主要业务就是救灾和政权建设。内务部下设办公厅、社会司、干部司等。其中,社会司主管社会福利、游民改造、社团和宗教的登记、公葬公墓、人民褒扬奖励、移民、社会救济等。1953年,内务部增设救济司,将社会司管理的社会福利和社会救济工作中农村部分以及移民工作交由救济司负责;此外将残废儿童教养工作交由救济总会负责。1955年6月,社会司改名为城市救济司,救济司则改为农村救济司。同年11月,中国人民救济总会和中国红十字会合署办公,中国人民救济总会所负责的国内救济工作并入内务部,而国际救济工作则划归中国红十字会。①

(3) 社会救济工作制度

新中国成立初期,开展了一系列社会救济工作,包括城市救济、农村救济、灾民救济等。在此期间,中央公布了一系列文件,如《关于生产救灾的指示》、《关于举行全国救济失业工人运动和筹措救济失业工人基金办法的指示》等。② 这些"指示"均是针对具体事项提出的政策,而并没有制定详细的法律。整体来说,社会救助工作制度化程度不高,许多工作都依靠政策来推动,而农村五保供养、教育救助工作等则有一定程度的制度化,国家为此制定了一些规范性文件。例如,最高国务会议通过的《1956年到1967年全国农村发展纲要》第30条和《高级农业生产合作社示范章程》规定了农村五保制度。③ 此外,为促进高等教育发展,政府采取了针对大学生的教育资助制

---

① 参见米勇生主编:《社会救助》,中国社会出版社2009年版,第13页以下。
② 参见林莉红、孔繁华:《社会救助法研究》,法律出版社2008年版,第169页。
③ 该章程由第一届全国人大第三次会议通过,其中第53条规定:"农业生产合作社对于缺乏劳动力或者完全丧失劳动力、生活没有依靠的老、弱、孤、寡、残疾的社员,在生产上和生活上给以适当的安排和照顾,保证他们的吃、穿和柴火的供应,保证年幼的受到教育和年老的死后安葬,使他们生养死葬都有依靠。"此即当时的农村五保制度。

度。1958年颁布的《全国高等学校一般学生人民助学金实施办法》,规定高等师范学校学生全部享受人民助学金,而其他院校大学生则部分享受人民助学金。

在这一时期,最具有亮点的法律规定应该是1954年《宪法》第93条,该条规定了公民获得物质帮助权,即"中华人民共和国劳动者在年老、疾病或者丧失劳动能力的时候,有获得物质帮助的权利。国家举办社会保险、社会救济和群众卫生事业,并且逐步扩大这些设施,以保证劳动者享受这种权利。"此条规定为我国日后的社会救助事业提供了法律基础。不过需要注意的是,根据1954年《宪法》,获得物质帮助权的主体是"劳动者",而非全体公民。

2. 计划经济时期(1956—1978年)的社会救助制度

随着社会主义改造的完成,我国进入了计划经济时代,社会救助、社会保障制度也具有浓厚的计划经济色彩。

首先,城市中社会保障相对完备,并有"单位保障"的特点。城市先后建立起各种各样的企事业单位,绝大部分就业人口在单位里工作,单位之外就没有正式的就业者。作为社会基层组织,"单位"不仅提供工资,还提供养老、医疗、住房、生育、工作等社会保障。

其次,在农村,国营农场采用与城市相似的社会保障措施,其他地方则普遍采用"集体保障"的模式,社会福利仅有教育福利,社会保险仅有合作医疗,社会救济则主要依靠农村集体提供。如果遇到灾害、农村集体物资不足等特殊情况国家可以采取"贷款"、"返销粮"等方法帮助社员度过饥荒。

最后,由于城市单位保障和农村集体保障已经覆盖了绝大多数的人口,因此社会救济的范围较少,包括单位、农村公社不能解决的特殊困难人员,以及遭受重大自然灾害的灾民,或者有特殊社会身份的贫困者等。从某种意义上来说,社会救济工作被边缘化并采取了所谓的"剩余社会福利模式"。

在"文革"时期,社会救济、社会保障制度受到严重的打击。中央社会救济行政管理机构受到冲击,内务部于1969年被撤销,其业务被分解到财政部、卫生部、公安部和国务院政工组。在这种背景下,社会救济工作无法正常开展,基本上处于停顿、瘫痪的状态。大量福利院和福利工厂被关闭,甚至出现灾民因得不到救助而成群结队外出乞讨的现象。

第一章 社会救助法律制度的基本理论

3. 改革开放前期(1978—1993年)的社会救助制度

改革开放后,我国社会进入一个特殊的转型期。在改革开放前期,我国社会救助工作在旧制度的基础上进行了局部改革。其中,城市救济工作的方针在中共十一届三中全会后修改为"依靠集体,依靠基层,生产自救,群众互助,辅之以政府必要的救济",指明救灾救济工作的核心和基础是恢复发展生产,解决群众生产生活困难。而在农村,为了配合联产承包责任制、适应扶贫工作的新发展,1983年第8次全国民政会议将救灾工作方针修改为"依靠群众,依靠集体,生产自救,互助互济,辅之以国家必需的救济和扶持",其中增加了"互助互济"与"国家扶持"等新内容。① 可见,在这一时期,社会救助的方针没有发生重大改变,国家救济仍处于辅助性地位。同时,虽然社会救助工作取得一定进步,社会救济力度有所加强,但在这一时期,社会救助的法制化水平并没有明显提高,仅出台了少量的有关社会救助的规范性文件。

4. 市场经济体制建设时期(1993年至今)的社会救助制度

1992年10月召开的中共十四大将我国经济体制改革的目标明确为"建立社会主义市场经济体制",由此我国社会进入了一个新的发展时期。社会救助制度在这一大环境下也不得不面对改革的命运。近二十多年来社会救助制度呈现出一个明显的特征或者趋势:从点到面,从完善具体救助制度到制定统一的社会救助法。

(1) 社会救助具体措施的发展和完善

社会救助包括多项具体的措施,每一种措施都需要完善的法律法规作为保障。下文简要介绍若干种重要的社会救助制度在这个时期的发展情况:

第一,城市最低生活保障制度。该制度的发展大概经历了以下五个阶段:

首先,试点阶段(1993—1995年)。1993年5月7日,上海市公布《关于本市城镇居民最低生活保障线的通知》②。根据该《通知》,上海从当年的6月1日起全面施行低保制度。这一创新性举动具有重要的历史意义,标志

---

① 参见米勇生主编:《社会救助》,中国社会出版社2009年版,第21页以下。
② 该《通知》由上海市民政局、财政局、劳动局、人事局、社会保险局、市总工会联合发布。

着我们城市社会救助制度的改革正式开启。此后上海经验得到中央的充分肯定,民政部在第十次全国民政工作会议上,提出了"对城市社会救济对象逐步实行按当地最低生活保障线标准进行救济"的改革目标,同时决定在东部沿海地区进行改革的试点。

其次,推广阶段(1995—1997年)。为进一步推广城市居民最低生活保障线的经验,民政部于1995年5月召开了两场全国城市最低生活保障线工作座谈会。1995年6月之前,上海、厦门、青岛、大连、福州、广州等6个城市先后施行城市居民最低生活保障制度。至1995年底,共有12个城市建立此制度。

再次,普及阶段(1997—1999年)。1997年城市最低生活保障制度进入全面普及的阶段。其标志是1997年国务院制定并公布的《关于在全国建立城市居民最低生活保障制度的通知》。该《通知》分阶段提出城市居民最低生活保障制度的建构目标和任务。具体而言,1997年的任务是:尚未建立居民最低生活保障制度的城市要抓紧做好准备工作,已经建立的则要不断完善;1998年的任务是:地级以上城市均有居民最低生活保障制度;1999年的任务是:县级市和县政府所在地的镇要建立起居民最低生活保障制度。实践中,截至1998年底,已经建立居民最低生活保障制度的,共有600个城市与1242个县区。

又次,定型阶段(1999—2003年)。以《城市居民最低生活保障条例》(1999年国务院颁行)这一行政法规为标志,城市居民最低生活保障工作实现了制度化与法制化。到1999年9月,全国所有城市和有建制镇的县人民政府所在地,均已建立此项制度。

最后,完善拓展阶段(2003年至今)。在完善拓展阶段,城市最低生活保障制度的重点在于"配套措施"和"分类救助"。其中,"配套措施"旨在解决低保群众除最低生活保障以外的其他问题,包括医疗、教育、住房等等涉及生活发展的各个方面。例如,2003年民政部的《关于建立城市医疗救助制度有关事项的通知》以及2004年民政部、建设部等联合发布的《城镇最低收入家庭廉租住房管理办法》。"分类救助"则旨在解决低保家庭中的特殊困难问题,如老人、残疾人、重病人等。总的来看,这一阶段已经突破了低保制度的范畴,实际上,以城市低保制度为主体,以优惠政策和临时救助制度为补充,以医疗救助、教育救助、住房救助等相配套的综合性社会救助体系逐步形成。①

第二,农村最低生活保障制度。相对于城市最低生活保障制度,农村最低生活保障制度的发展较为缓慢。20世纪90年代,我国开始探索建立农村最低生活保障制度。1994年第10次全国民政会议号召有条件的地方率先进行农村最低生活保障制度的试点工作。1996年民政部颁布了《关于加快农村社会保障体系建设的意见》和《农村社会保障制度建设方案》,对建立农村低保制度提出了原则要求和基本意见,并把建立农村最低生活保障制度作为农村社会保障体系建设的重点,在全国进行试点工作。1996年2月,广西武鸣县在全县实施了最低生活保障制度;同年11月,上海市政府发布了《上海市社会救助办法》,决定从1997年1月1日起施行农村生活保障制度;1997年1月14日广西壮族自治区发布了《广西壮族自治区农村社会保障制度暂行办法》;同年河南、青海等省也建立了省级农村低保制度。② 到2006年12月,中央农村工作会议上首次明确提出,将积极探索建立覆盖城乡居民的社会保障体系,在全国范围建立农村最低生活保障制度。2007年7月,根据国务院《关于在全国建立农村最低生活保障制度的通知》的要求,2007年要在全国范围内建立农村最低生活保障制度,该通知还就建立农村最低生活保障制度的目标和总体要求、保障标准和对象范围、管理制度、保障资金等问题进行了原则性规定。

第三,法律援助制度。1994年,司法部提出了建立和实施法律援助制度的设想。在1994年年初至1996年年初期间,广州、武汉、北京、郑州等大城市进行了法律援助的试点,并按三种运行模式试行;各地根据实际情况,摸索出符合当地实际情况的法律援助操作程序,为制定相关法律援助的法律法规奠定基础。我国现行《刑事诉讼法》和《律师法》第六章对法律援助进行了专门规定,标志着我国法律援助制度正式建立。同年,司法部下发了《关于迅速建立法律援助机构开展法律援助工作的通知》,并设立了司法部法律援助中心,其后一些大型城市也相继设立了法律援助中心。此后,最高

---

① 参见王劲松、吴妍:《中国城市居民最低生活保障制度的发展》,载《中国城市发展报告2009》,中国城市发展网发布,http://www.chinacity.org.cn/cstj/fzbg/53188.html,最后访问时间:2014年3月13日。

② 参见米勇生主编:《社会救助》,中国社会出版社2009年版,第42页;苏琳:《农村社会保障体系正逐步形成》,载《经济日报》2007年10月11日。

第一编 社会救助与犯罪被害人救助概述

人民法院、最高人民检察院、司法部和公安部单独或者联合制定了多项规范性文件①,许多地方也制定了地方性法规或者其他规范性文件,进一步完善了法律援助制度,同时规定了各部门的具体职责,有利于刑事法律援助工作的顺利开展。我国现行《刑事诉讼法》,规定了依申请提供法律援助和依职权提供法律援助两种情形。② 2003 年 7 月 16 日国务院通过了《法律援助条例》,首次以行政法规的方式对法律援助进行了详细规定,具体内容包括法律援助的责任原则和监督管理、法律援助的范围、法律援助的申请和审查、法律援助实施以及法律责任等;标志着法律援助的法律化、制度化水平向前迈进一大步。

第四,城乡住房救助和医疗救助制度。住房难、看病难是伴随市场经济转型和发展而产生的社会问题。对此,国家在 20 世纪末开始陆续出台一系列的政策。

为解决住房难问题,1998 年 7 月,国家提出了根据家庭收入而施行廉租住房、经济适用房和商品住房等三种不同的住房供应政策。其中廉租住房是具有社会救助性质的措施,并通过国务院和中央有关部门陆续出台的规范性文件而得以不断完善。③

为解决农民看病难问题,2001 年的《关于进一步加强农村卫生工作的决定》提出要建立和完善农村医疗救助制度,对农村贫困家庭实行医疗救助。2003 年的《关于实施农村医疗救助的意见》进一步详细规定了具体的

---

① 这些文件包括:1997 年 4 月 9 日,最高人民法院与司法部联合下发的《关于刑事法律援助工作的联合通知》;1997 年 5 月 20 日,司法部发布的《关于开展法律援助工作的通知》;1999 年 4 月,最高人民法院与司法部联合下发的《关于民事法律援助工作若干问题的联合通知》;2000 年 4 月,最高人民检察院和司法部联合下发的《关于在刑事诉讼活动中开展法律援助工作的联合通知》;2001 年 4 月,司法部和公安部联合下发的《关于在刑事诉讼活动中开展法律援助工作的联合通知》;2014 年 1 月,最高人民法院、司法部联合下发的《关于加强国家赔偿法律援助工作的意见》等。

② 我国 2012 年修订的现行《刑事诉讼法》第 34 条规定:"犯罪嫌疑人、被告人因经济困难或者其他原因没有委托辩护人的,本人及其近亲属可以向法律援助机构提出申请。对符合法律援助条件的,法律援助机构应当指派律师为其提供辩护。犯罪嫌疑人、被告人是盲、聋、哑人,或者是尚未完全丧失辨认或者控制自己行为能力的精神病人,没有委托辩护人的,人民法院、人民检察院和公安机关应当通知法律援助机构指派律师为其提供辩护。犯罪嫌疑人、被告人可能被判处无期徒刑、死刑,没有委托辩护人的,人民法院、人民检察院和公安机关应当通知法律援助机构指派律师为其提供辩护。"

③ 例如,1999 年,建设部公布《城市廉租住房管理办法》;2003 年 12 月,建设部、财政部、民政部、国土资源部、国家税务总局联合发布《城镇最低收入家庭廉租住房管理办法》;2007 年 8 月,国务院公布《关于解决城市低收入家庭住房困难的若干意见》。

救助工作制度。到2005年的《关于加快推进农村医疗救助工作的通知》则明确提出了在全国范围内普及农村医疗救助的目标。而为了解决地市看病难问题,2005年的《关于建立城市医疗救助制度试点工作的意见》提出试点的要求和在全国范围内建立起"管理制度化、操作规范化的城市医疗救助制度"的目标。截至2008年年底,我国基本上建成覆盖城乡的医疗救助制度。2009年的《关于进一步完善城乡医疗救助制度的意见》,就城乡医疗救助制度建设提出了新的要求,即:"进一步完善医疗救助制度,筑牢医疗保障底线。用3年左右时间,在全国基本建立起资金来源稳定,管理运行规范,救助效果明显,能够为困难群众提供方便、快捷服务的医疗救助制度。"该《意见》就健全制度、简化程序、做好医疗救助与相关基本医疗保障制度的衔接、加大资金投入力度、强化基金的管理等问题进行了规定。

第五,临时救助制度。临时救助是一种非定期性的救助制度,主要是针对基本生活出现短暂困难的家庭,提供非定量的生活救助。如果短暂的困难得不到帮助,容易造成长远的生活困难,增加最低生活保障工作等长期性社会救助的负担,因此临时救助制度具有重要的意义。而在实践中,临时救助制度长期也发挥着解决困难家庭特殊困难的重要功能。在第十二次全国民政会议上,时任副总理回良玉指出,要"完善临时救助制度,帮助低保边缘群体、低收入群体解决特殊困难"。之后,民政部发布了《关于进一步建立健全临时救助制度的通知》(2007年),就建立健全临时救助制度作出要求,明确指出开展临时救助工作是地方人民政府的重要职责,并要求地方政府因地制宜,制定或者完善有关临时救助的地方性规范性文件。

(2) 社会救助专门立法工作

随着不同社会救助措施的不断完善和发展,我国社会救助的覆盖面不断扩大,法规等规范性文件数量亦持续增加。困难公民在得到越来越完善的社会保障的同时,社会救助法律制度存在的一些问题也逐渐显现,如制度化程度不高,规范性文件层次不高且呈现碎片化特征,各种社会救助之间的关系没有理顺等等。同时,资金困难等老大难问题亟须一部高规格的法律予以解决。因此,制定一部社会救助的法典被提上议程。

2008年,主要由民政部起草的《中华人民共和国社会救助法(征求意见稿)》公布,向社会公开征求意见。然而《社会救助法》立法进展似乎并不十分顺利,时至今日仍没有审议通过。到2014年,国务院法制办公室公布《社会救助暂行办法(征求意见稿)》,向社会公开征求意见。由此,社会救助立法的方向由"法律"转变为"行政法规"。不久后,国务院通过了《社会救助暂行办法》①,规定了社会救助的基本原则,系统规定了各项救助措施,标志着我国社会救助法律制度建设迈上了一个新台阶。

第三节 社会救助法律制度的原则内容

一、社会救助法律制度的基本原则

虽然我国社会救助法律制度仍然处于发展的初级阶段,但实践中已经形成一些基本原则。当然不可否认的是,这些基本原则往往体现出初级阶段的特色,因此整体上还没有完全定型,未来也有修改的可能性。2008年《社会救助法(征求意见稿)》曾经将社会救助法律制度的基本原则概括为以下五项:社会救助遵循与经济社会发展水平相适应,与其他社会保障制度相衔接,保障基本生活,鼓励劳动自救,公开、公平、公正、及时原则。2014年《社会救助暂行办法》在此基础上进行了调整,并规定:"社会救助制度坚持托底线、救急难、可持续,与其他社会保障制度相衔接,社会救助水平与经济社会发展水平相适应。社会救助工作应当遵循公开、公平、公正、及时的原则。"与《社会救助法(征求意见稿)》相比,《社会救助暂行办法》将保障基本生活修改为"托底线、救急难、可持续",强调社会救助的可持续性;同时该原则在条文表述顺序上提前至首位,说明其地位亦有所上升。另一方面,《社会救助暂行办法》并没有规定"鼓励劳动自救",这既表现了社会救助理念的变化,也确保社会救助的基本原则更加科学,毕竟"劳动自救"作为一种社会政策尚属可以,但与社会救助的性质不符,或者说不属于社会救助的范畴,不宜作为社会救助的基本原则。

诚然,上述有关基本原则的条文表述较为繁琐,从理论上我们应当进一步概括凝练。具体而言,"与经济社会发展水平相适应、与其他社会保障制度相衔接、保障基本生活、鼓励劳动自救、托底线、救急难、可持续"等可以用

---

① 该办法于2014年5月1日起施行,分总则、最低生活保障、特困人员供养、受灾人员救助、医疗救助、教育救助、住房救助、就业救助、临时救助、社会力量参与、监督管理、法律责任、附则13章70条。

"辅助性原则"加以概括;"公开、公平、公正、及时"虽然是一般的法律原则,但其在社会救助法律制度中有着一些特别之体现。除此之外,"国家责任原则"是现代各国社会救助法律制度所普遍遵循的基本原则,也是构建社会救助法律制度的基石。

(一)国家责任原则

国家责任原则是指社会救助是国家不可推卸的义务与责任。这一义务是法定义务而非道德义务。具体来说,国家应当采取积极措施大力发展社会救助事业,具体措施可以分为制度建设、财政保障、监督管理等几大类,保证社会救助事业的可持续发展,实现公民的社会救助权利。

国家责任原则首先体现为国家承担具体的社会救助责任。包括:第一,制度供给责任,即国家有义务建立和完善社会救助法律制度以及社会救助工作运行机制,并通过法律的实施推动社会救助工作的开展。国务院通过的《社会救助暂行办法》,就是国家履行制度供给责任的表现;其第5条[①]明确规定了中央和地方政府、政府各有关部门均具有相应的制度供给责任(主要包括有关国民经济和社会发展规划的制定和工作协调机制的建立)。第二,财政责任,即提供社会救助资金、经费的责任。社会救助制度实际上是国家实施的一种强制性的权利和利益分配机制。[②] 这种分配机制有效运行的关键问题就是资金问题。如果没有资金支持,社会救助制度就成为无源之水而无法运行。国家责任原则的确立,意味着国家财政作为社会救助经费的主要来源甚至是唯一来源。西方国家的社会保障法或者财政预算法一般都在财政总支出中将社会救助支出作为一个专门科目列支,从而保证社会救助财政责任的落实。《社会救助暂行办法》第5条同时也是国家财政责任的具体体现。第三,实施与监督管理责任,即国家应当开展具体的社会救助工作并对有关方面进行监督管理。实施责任具体包括提供组织保障,开展具体的社会救助业务,构建社会救助实施机构,提供有关服务,构建社会

---

① 我国《社会救助暂行办法》第5条规定:"县级以上人民政府应当将社会救助纳入国民经济和社会发展规划,建立健全政府领导、民政部门牵头、有关部门配合、社会力量参与的社会救助工作协调机制,完善社会救助资金、物资保障机制,将政府安排的社会救助资金和社会救助工作经费纳入财政预算。社会救助资金实行专项管理,分账核算,专款专用,任何单位或者个人不得挤占挪用。社会救助资金的支付,按照财政国库管理的有关规定执行。"

② 参见王伟奇:《最低生活保障制度的实践》,法律出版社2008年版,第12页。

工作专业制度,等等。① 监督管理责任则是指对具体的社会救助工作进行监督,保证其依法顺利进行,同时对于工作中的失误进行纠正,还包括对社会救助资金的发放和使用等方面的工作的监管。

国家责任原则其次表现为社会救助的非义务性。② 即国家和社会对特定对象提供物质帮助和服务、帮助他们摆脱生活困境,是不附带任何条件的。根据法律规定属于社会救助范围内的公民,国家和社会都应该予以救助,有关公民在接受救助时,不需要给付对价或者履行其他特定义务。

国家责任原则最后还体现为社会力量在社会救助中的补充作用。国家责任原则意味着国家是社会救助的最终责任主体,但国家并非唯一的工作主体。中外社会救助经验均表明,社会力量的参与有利于充分发挥社会救助的功能,社会力量参与社会救助有资源丰富、专业性强、贴近基层等优点,因此应当鼓励社会力量参与社会救助工作,使困难群体得到更好的帮助。我国《社会救助暂行办法》第7条规定:"国家鼓励、支持社会力量参与社会救助。"为了更好地发挥社会力量的作用,《社会救助暂行办法》第十章专章规定了社会力量参与的方法以及政府鼓励社会力量参与的措施。

(二) 辅助性原则

辅助性原则是指社会救助属于最后一道社会保障网,是用尽其他办法仍不能保证公民生存必需时的辅助手段。辅助性原则是现代国家社会救助法所普遍遵循的原则。如在德国,有所谓的三层次救助责任体系:个人自救是个体自负其责的体现,处于第一位阶;国家的救助责任是次级的、辅助性的,处于最后位阶;处于中间层次的是家庭成员和社会共同体的团结互助责任。③ 我国《社会救助法(征求意见稿)》所规定的"社会救助与经济社会发展水平相适应、与其他社会保障制度相衔接、保障基本生活、鼓励劳动自救"以及《社会救助暂行办法》所规定的"社会救助制度坚持托底线、救急难、可持续,与其他社会保障制度相衔接,社会救助水平与经济社会发展水平相适应"等,都是辅助性原则的体现。

首先,辅助性原则主要体现为社会救助的兜底性,即社会救助仅仅保障

---

① 参见杨思斌:《论社会救助法中的国家责任原则》,载《山东社会科学》2010年第1期。
② 参见任振兴:《社会救助的概念及原则》,载《社会福利》2003年第3期。
③ 参见喻文光:《德国社会救助法律制度及其启示》,载《行政法学研究》2013年第1期。

第一章 社会救助法律制度的基本理论

公民最基本的生活。社会救助并不旨在提高公民的生活质量,而仅旨在帮助陷入生活困境的公民,以满足其最低或基本生活需求,并使已经陷入贫困的社会成员能够休养生息,逐步摆脱贫困。① 因此,我国社会救助制度与实践一直以来都坚持"托底线"。

其次,辅助性原则意味着社会救助法律制度是建立在"鼓励劳动自救"的理念基础上的,即要求公民自力更生,并希望透过社会救助制度帮助有关公民提高谋生能力。在当今社会生活中,个人始终是作为一个独立的法律主体,而非社会共同体救助的客体而存在的。正如康德哲学人的主体性强调的那样,人作为经济上和法律上的主体,享有个性发展的自由,是个人意思自治的责任承担者;因此个人需要通过自己的劳动维持个人和家庭的生活,只有在例外的情况下,才能请求国家救助,以维持其生存。② 虽然我国《社会救助暂行办法》没有规定"鼓励劳动自救",但是从辅助性原则我们也可出得出相似的结论或者要求。

辅助性原则还要求国家根据社会经济发展水平,合理确定社会救助范围。社会救助范围不能过广,否则国家财政将不堪重负。同理,法律要规定严格的资格认定程序,特别是要透过家庭经济状况调查,核实申请者是否符合接受社会救助的条件。③ 但不能忽视的是,随着经济水平以及国家财政能力的上升,国家有义务合理地扩大救助范围或者救助标准,让更多的贫困公民共同享受发展的成果。

最后,辅助性原则还要求社会救助制度与其他社会保障制度相衔接。根据发达国家的经验,一个国家完备的社会保障制度是由社会保险、社会救助、社会促进和社会补偿等构成的多层次的、相互衔接的体系。在我国,《社会保险法》已经于2011年7月1日起施行,如何衔接好社会救助与社会保险,是社会救助立法时需要特别注意的问题。一般而言,社会救助是最后一道社会保障防线,只有当社会保险等制度不能满足其生存需要时,才能实施社会救助。因此,一方面,国家应当建立健全其他社会保障制度,使公民得到更多的保障而不需要依靠社会救助;另一方面,社会救助制度应当与其他

---

① 参见任振兴:《社会救助的概念及原则》,载《社会福利》2003年第3期。
② 参见喻文光:《德国社会救助法律制度及其启示》,载《行政法学研究》2013年第1期。
③ 参见任振兴:《社会救助的概念及原则》,载《社会福利》2003年第3期。

社会保障制度相互衔接。例如,我国《社会救助暂行办法》第29条就是有关医疗救助与社会保险之间相互衔接的规定:"医疗救助采取下列方式:(一)对救助对象参加城镇居民基本医疗保险或者新型农村合作医疗的个人缴费部分,给予补贴;(二)对救助对象经基本医疗保险、大病保险和其他补充医疗保险支付后,个人及其家庭难以承担的符合规定的基本医疗自负费用,给予补助。"其中,第1项规定是通过社会救助制度来保证公民能够享受基本的医疗保险;第2项规定则是通过社会救助弥补社会保险制度的不足。

(三)公开、公平、公正原则

公开、公平、公正原则是现代行政法的一项基本原则,社会救助法同样需要遵循该项原则。

公开是指政府行为应一律公开进行,除非有法律明文的例外性规定。[①]为落实公开原则,我国《社会救助暂行办法》第62条规定:"县级以上人民政府及其社会救助管理部门应当通过报刊、广播、电视、互联网等媒体,宣传社会救助法律、法规和政策。县级人民政府及其社会救助管理部门应当通过公共查阅室、资料索取点、信息公告栏等便于公众知晓的途径,及时公开社会救助资金、物资的管理和使用等情况,接受社会监督。"实践中可能出现问题的是,公开原则与公民个人隐私权的冲突。这就需要在公民个人隐私权与公民的知情权之间进行衡量。对此,首先应该明确是否存在值得保护的隐私利益,如果没有,则有关信息必须公开;其次要明确是否有公共利益的存在,如果没有,个人信息就应当受到保护。如果两种利益并存,就需要在知情权与隐私权之间进行平衡。[②]对此,我国《社会救助暂行办法》第61条规定:"履行社会救助职责的工作人员对在社会救助工作中知悉的公民个人信息,除按照规定应当公示的信息外,应当予以保密。"也就是说,对于为了公共利益而公开的个人信息的类别,需要事先明确予以规定,在法无规定的情况下,不得公开公民个人信息。

公平原则,是指行政救助主体特别是行政机关应该平等对待每位申请或者接受社会救助的公民。当公民符合法定的救助条件时,行政机关应当

[①] 姜明安主编:《行政法与行政诉讼法》,北京大学出版社、高等教育出版社1999年版,第51页。

[②] 参见周汉华主编:《外国政府信息公开制度比较》,中国法制出版社2003年版,第64页。

同等对待,不得选择性地给予救助。在我国社会救助立法与执法过程中贯彻公平原则,最大的问题可能是城乡二元体制问题。由于历史的原因,我国许多项社会救助措施都呈现城乡二元体制,而且一般而言,城市的社会救助水平较高,而农村的社会救助水平则较低。诚然,打破城乡二元体制面临着许多困难,但不可否认的是,这将是未来社会救助法律制度发展完善的方向。

公正原则要求在实施社会救助时,合理考虑相关的因素,合理、合法地作出相关决定。在社会救助中,为了体现实质公正,应当从受助者的实际需要出发,实行分类救助和差额救助。如我国《社会救助暂行办法》第12条规定:"对批准获得最低生活保障的家庭,县级人民政府民政部门按照共同生活的家庭成员人均收入低于当地最低生活保障标准的差额,按月发给最低生活保障金。对获得最低生活保障后生活仍有困难的老年人、未成年人、重度残疾人和重病患者,县级以上地方人民政府应当采取必要措施给予生活保障。"因此,虽然同样是"最低生活保障",但是不同公民获得的救助金额是不一样的;而对于老年人、未成年人、重度残疾人和重病患者等特殊人群,还需要提供其他额外形式的社会救助。

(四)及时原则

及时原则是行政法的效率原则在社会救助中的特殊体现。所谓效率原则,是指"行政程序中的各种行为方式、步骤、时限、顺序的设置都必须有助于确保基本的行政效率,并在不损害相对人合法权益的前提下适当提高效率"[1]。社会救助直接影响公民的生存利益,因此更应强调效率原则,及时向有困难的社会成员提供必要之帮助。更有观点指出,为了落实及时原则,应当在社会救助法律中明确规定行政时限制度、简易程序制度与先予执行制度。[2]

1. 行政时效制度

行政时效制度是指行政法律关系主体如果在法律规定的期限内不作出某种行为就会产生特定法律后果。行政时效制度是落实及时原则的重要途径。在社会救助制度中,行政机关在接到公民救助申请之后,应当在法定的

---

[1] 姜明安主编:《行政法与行政诉讼法》,北京大学出版社、高等教育出版社1999年版,第51页。

[2] 参见林莉红、孔繁华:《社会救助法研究》,法律出版社2008年版,第102—106页。

期限内作出是否救助的决定,并在法定期间内给付相应的金钱、实物或者提供服务。我国《城市居民最低生活保障条例》规定:"管理审批机关应当自接到申请人提出申请之日起的30日内办结审批手续。"但我国《社会救助暂行办法》既没有规定统一的行政时效,也没有针对每项社会救助措施分别规定行政时效,因此未来社会救助立法中也需要在这方面作出完善。

2. 简易程序制度

行政程序是现代行政法控制行政权的重要方法之一。完善的社会救助法律程序,既可以监督行政机关依法行政,也可以维护公民的合法权益。然而,一些社会救助措施往往带有"救急"的性质,如果程序过于繁琐,不利于公民得到及时的救助。因此,社会救助法应当针对一些特殊情况,设立简易程序制度。我国《社会救助暂行办法》第48条规定:"申请临时救助的,应当向乡镇人民政府、街道办事处提出,经审核、公示后,由县级人民政府民政部门审批;救助金额较小的,县级人民政府民政部门可以委托乡镇人民政府、街道办事处审批。情况紧急的,可以按照规定简化审批手续。"但是"按照规定"的规定比较模糊,容易造成执法上的困难或者加大执法的随意性,因此未来社会救助法立法应当予以明确简易程序的具体做法。

3. 先予执行制度

先予执行制度,是指人民法院为了满足权利人生活或者生产经营的急需,在判决之前经当事人申请或者依照职权作出裁定,强制一方当事人先履行一定的义务,并且立即执行。在过去经验①的基础上,2014年修订的《行政诉讼法》第57条规定,人民法院对起诉行政机关没有依法支付最低生活保障金的案件,权利义务关系明确、不先予执行将严重影响原告生活的,可以根据原告的申请,裁定先予执行。据此,对于除最低生活保障金以外的社会救助案件,似乎不能适用先予执行的规定。然而,先予执行制度是落实及时原则的重要保障,将来社会救助立法时应当将其推广适用至所有社会救助的行政诉讼案件。

---

① 2000年最高人民法院《关于执行〈中华人民共和国行政诉讼法〉若干问题的解释》第48条第2款规定:"人民法院审理起诉行政机关没有依法发给抚恤金、社会保险金、最低生活保障费等案件,可以根据原告的申请,依法书面裁定先予执行。"

二、社会救助法律制度的典型类型

社会救助法律制度的主要内容是,针对不同群体的不同需要所制定出来的多种类社会救助措施。根据《社会救助暂行办法》的规定,目前我国主要有以下八种社会救助:

(1)最低生活保障是国家保障公民生活达到最低标准的措施。公民获得最低生活保障的条件有二:一是有关家庭财产状况符合法律的规定,即家庭财产低于一定标准才能获得最低生活保障;二是共同生活的家庭成员人均收入低于最低生活保障标准,此标准由法律来确定。最低生活保障的具体方法是发放最低生活保障金,使家庭成员人均收入达到最低生活保障标准。

(2)特困人员供养是国家对特别困难的公民采取特殊供养的制度。"特困人员"主要是某些有特殊困难的老年人、残疾人或者未满16周岁的未成年人。所谓"特殊",意指并非所有的"三类人"都可以获得供养,而仅仅指他们由于没有劳动能力、没有生活来源又缺乏事实上的赡养、抚养、扶养人(既包括没有相应的法定义务主体的情形,也包括法定义务主体没有能力履行义务的情形)。特困人员供养的具体方式较为多样,包括提供基本生活条件、生活照料、疾病治疗与办理丧葬事宜等。

(3)受灾人员救助是国家在自然灾害发生后向基本生活受到严重影响的公民提供生活救助的措施。国家救助受灾人员的方法是多样的:一是应急救助,例如给予必要的食品、饮用水、衣被、取暖、临时住所、医疗防疫等;二是过渡性安置,救助的对象主要是住房损毁严重的公民;三是恢复重建,主要手段是提供现金、物资等;四是基本生活救助,重点是救助因当年冬寒或者次年春荒遇到生活困难的受灾公民。

(4)医疗救助是国家保障公民获得基本医疗卫生服务的措施。医疗救助与医疗保险不同,它的对象是特定的,具体包括最低生活保障家庭成员、特困供养人员和其他特殊困难人员。医疗救助的形式主要是提供补贴。具体的情形有两种:第一是确保获得基本的医疗保障,主要方式是补贴保险费用,包括城镇居民基本医疗保险的个人缴费部分以及新型农村合作医疗的个人缴费部分;第二是自负医疗费用的补助,即上述公民如果难以承担基本医疗自负费用的,依法予以补助。

(5)教育救助是国家保障特定学生群体的基本学习和生活需求的救助措施。救助的主要对象是在义务教育阶段就学的最低生活保障家庭成员、特困供养人员。但对于不能入学接受义务教育的残疾儿童,以及在非义务教育阶段学习的最低生活保障家庭成员、特困供养人员,国家仍然根据实际情况给予适当教育救助。教育救助的方式包括发放助学金、减免相关费用、给予生活补助、安排勤工助学等。

(6)住房救助是指国家为保障公民有生活的住房而提供的救助。住房救助并不是指免费提供住房,其具体的方式包括配租公共租赁住房、发放住房租赁补贴、农村危房改造等。

(7)就业救助是对有劳动能力的失业公民提供的救助措施。救助的对象一般是最低生活保障家庭成员。就业救助的形式包括贷款贴息、社会保险补贴、岗位补贴、培训补贴、费用减免、公益性岗位安置等。

(8)临时救助是国家对有临时困难的公民采取的临时性救助措施。存在临时困难,是获得临时救助的前提。所谓临时困难,指以下三种情形:一是获得最低生活保障家庭的基本生活暂时出现严重困难,其原因主要是生活的必需支出突然增加超出其承受能力;二是因为意外事件(如火灾、交通事故等)或者突发重大疾病,基本生活暂时陷入严重困难;三是其他特殊困难。此外,国家向生活无着的流浪乞讨人员给予的临时食宿、急病救治、协助返回等措施在性质上同样属于临时救助。

不过需要指出的是,目前各地实践中的社会救助并不仅限于前述八类救助,而且随着社会救助制度的发展,将来亦可能出现新的社会救助类型。

三、社会救助法律制度的主要程序

(一)申请程序

大部分社会救助都需要由公民向国家有关机关提出申请,只有少部分是国家主动给予社会救助。根据我国《社会救助暂行办法》,各项社会救助措施的申请程序如下表所示:

第一章　社会救助法律制度的基本理论

表 1-3-1　社会救助的具体措施类型表

社会救助类型	申请程序
最低生活保障	申请人：共同生活的家庭成员，如果有困难的，可委托村民委员会、居民委员会代为申请 受理申请的单位：户籍所在地的乡镇人民政府、街道办事处
特困人员供养	申请人：共同生活的家庭成员，如果有困难的，可委托村民委员会、居民委员会代为申请 受理申请的单位：户籍所在地的乡镇人民政府、街道办事处
受灾人员救助	国家主动救助
医疗救助	由有需要的公民向乡镇人民政府、街道办事处提出
教育救助	按照国家有关规定向就读学校提出
住房救助	城镇家庭申请：经由乡镇人民政府、街道办事处或者直接向县级人民政府住房保障部门提出 农村家庭申请：按照县级以上人民政府有关规定执行
就业救助	向住所地街道、社区公共就业服务机构提出
临时救助	向乡镇人民政府、街道办事处提出

（二）审核程序

审核，主要是指国家机关根据法律规定，对申请人或者拟救助对象是否符合接受社会救助的条件或标准进行审查，并在此基础上作出是否予以救助的决定。社会救助的标准一般是有关家庭收入或者财产总额的规定，在实践中对此进行审查有一定的困难。为此，需要有相关的制度来保障审核的顺利进行。

1. 财产申报制度

财产申报，是社会救助的申请人或者获得者，向有关国家机关如实报告其家庭收入状况、财产状况的制度。许多社会救助措施是以家庭生活困难为前提的，财产申报对于获得社会救助而言具有重要的意义。财产申报[①]有两种方式，一是有关公民亲自进行申报；二是有关公民委托国家机关代为查

---

① 我国《社会救助暂行办法》第58条规定："申请或者已获得社会救助的家庭，应当按照规定如实申报家庭收入状况、财产状况。县级以上人民政府民政部门根据申请或者已获得社会救助家庭的请求、委托，可以通过户籍管理、税务、社会保险、不动产登记、工商登记、住房公积金管理、车船管理等单位和银行、保险、证券等金融机构，代为查询、核对其家庭收入状况、财产状况；有关单位和金融机构应当予以配合。县级以上人民政府民政部门应当建立申请和已获得社会救助家庭经济状况信息核对平台，为审核认定社会救助对象提供依据。"

询。无论是哪种方式,有关国家机关都有职责予以核实,同时也有权力请求税务机关、金融机构等单位予以协助。

2. 家计调查制度

家计调查是行政调查的一种,是指对申请人的家庭收入、财产状况进行的调查。我国《社会救助暂时办法》为最低生活保障等救助措施规定了家计调查制度。根据该《办法》第11条第2项的规定,家计调查主要分为初步调查、公示和审批三个阶段。初步调查由乡镇人民政府、街道办事处进行,主要通过入户调查、邻里访问、信函索证、群众评议、信息核查等手段,调查核实申请人及其家庭的财产状况和收入状况,在此基础上提出初审意见。此初审意见需要在申请人所在村、社区公示。公示后再报给县级人民政府民政部门审批。此外,为保证家计调查等工作的顺利进行,我国《社会救助暂时办法》第59条①授权有关社会救助管理部门查阅社会救助相关资料以及询问相关单位或者个人。

(三) 救济程序

社会救助工作中的发生争议的情形,主要包括行政机关不予受理社会救助申请、不批准救助申请、不按照规定发放社会救助资金、物资或者提供有关服务等。发生争议后,申请人维护自身合法权益的主要途径是提起行政复议或者行政诉讼。② 此外,在我国实践中,信访是解决社会救助纠纷的重要途径之一。如果有关社会救助工作人员的行为涉嫌违法,公民也可以通过举报、投诉等方法维护社会救助权。③

---

① 我国《社会救助暂时办法》第59条规定:"县级以上人民政府社会救助管理部门和乡镇人民政府、街道办事处在履行社会救助职责过程中,可以查阅、记录、复制与社会救助事项有关的资料,询问与社会救助事项有关的单位、个人,要求其对相关情况作出说明,提供相关证明材料。有关单位、个人应当如实提供。"

② 我国《社会救助暂时办法》第65条规定:"申请或者已获得社会救助的家庭或者人员,对社会救助管理部门作出的具体行政行为不服的,可以依法申请行政复议或者提起行政诉讼。"

③ 我国《社会救助暂时办法》第63条规定:"任何单位、个人有权对履行社会救助职责的工作人员在社会救助工作中的违法行为进行举报、投诉。受理举报、投诉的机关应当及时核实、处理。"

第二章 犯罪被害人救助法律制度概述

第一节 犯罪被害人救助的含义

一、犯罪被害人的概念

一般认为,被害人(victim)的概念最早可以追溯到上古初民时代,指向的是对神祇所进献的牺牲品,因而其原始含义是指在宗教仪式中,为了满足一种超能力或者神证之欲求所致之人或者动物。① 而现代之被害人,早已不再具有宗教意义,而被世俗化为"一切经历了痛苦和压迫,承受了非正义的不幸结果的人"②。在此基础上,所谓的犯罪被害人是指合法权益遭受犯罪行为侵害之人。

进一步而言,根据概念所处的学科的不同,可以分为犯罪被害人和刑事被害人;根据受害主体的不同,可以分为自然人被害人、法人被害人和国家被害人等;根据被害是否发生,又存在着已然被害人和潜在被害人之分。根据本书的研究目的,我们认为:

(1)被害人是犯罪被害人。由于刑法学、刑事诉讼法学和犯罪学、犯罪被害人学的研究目不同,学科间"犯罪"概念的内涵和外延有所区别:在犯罪学、犯罪被害人学中的被害人是以犯罪学中的犯罪为前提,其被害人包括刑事被害人、侵权被害人、战争、恐怖主义等违反有关人权的国际公认规范的行为的被害人。③ 在刑法学、刑事诉讼法学中,被害人以刑事犯罪为前提,这两门学科的被害人仅指刑事被害人。因此,从概念的包容关系上看,刑事被害人一定是犯罪被害人,而犯罪被害人未必全是刑事被害人。在我国被害人救助实践中,刑事被害人往往是主要救助对象。但随着 2014 年中央政法

---

① 张平吾:《被害者学》,台湾三民书局 1996 年版,第 5 页。
② 〔德〕汉斯·施奈德主编:《国际范围内的被害人》,许章润等译,中国人民公安大学出版社 1992 年版,第 19—20 页。
③ 李伟主编:《犯罪被害人学》,中国人民公安大学出版社 2010 年版,第 27 页。

委等六部门《关于建立完善国家司法救助制度的意见(试行)》①的出台,部分民事权利人、侵权案件被害人也成了国家司法救助的对象。可以看出在当下实践中被害人外延的扩张,从而将被害人定位为"犯罪被害人"更为妥当。当然,需要特别说明的是,在我国被害人救助的实践中,以"刑事被害人"为名的规范性文件所在多有,其在事实上并未严格界分这两个概念,因此在本书部分章节的论述中,依循相关规范性文件的规定,会出现使用"刑事被害人"的情况,而这并不意味着本书混淆了二者的区别,从而在论述上前后矛盾。

(2) 犯罪被害人仅指自然人。本书的犯罪被害人仅指自然人,而不包括法人和国家。首先国家不可能成为援助对象,国家自身不可能援助自身,社会组织、个人也不可能在国家遭受犯罪侵害后,向国家提供援助,于理不通,实践中也无法操作。其次,在犯罪被害人救助内容中,有心理援助、医疗援助等部分,这些援助项目只能适用于自然人,无法对法人实施。至于被害救助是否适用于法人中的自然人,在理论上可能成立,在实践中,目前以我们所掌握的资料这种情况也还未见先例。

(3) 犯罪被害人仅指已然被害人。犯罪被害人救助是对犯罪后被害人权益的保护,此处的被害人只能是已经遭受犯罪侵害之人即已然被害人,而对尚未遭受犯罪行为侵害,但具备被害性的被害人则不属于救助的对象。后者属于潜在被害人,属于(事前)被害预防所作用的对象,而非(事后)被害救助所对应的主体。

(4) 犯罪被害人包括直接被害人和间接被害人。直接被害人是直接遭受犯罪侵害的人,间接被害人是指没有遭到犯罪行为的直接侵害,但同样会因犯罪而承受精神或物质上损失的人,这些人一般包括与直接被害人有抚养、赡养、扶养等亲属关系的人,以及在现场为防止犯罪发生或者援助被害人而遭受损害的人。犯罪被害人救助是为了帮助因犯罪而陷入困境的人们,帮助他们走出困境,过上正常生活,间接被害人同样因犯罪承受了痛苦,他们中有许多人没有社会、他人的帮助,无法摆脱困境,理应成为救助对象。实践中,遗属救助似乎已成为世界各国的共识,在我国的被害赔偿制度和补

---

① 《关于建立完善国家司法救助制度的意见(试行)》,参见贵州司法行政网,http://www.gzsft.gov.cn/contents/38/4438.html,最后访问时间:2014 年 12 月 15 日。

偿实践中,遗属就属于赔偿和补偿的对象。但对在第一时间目睹犯罪现场的旁观者、警察和救护人员是否也应是救助对象,各国规定不一,美国持肯定态度。联合国《为罪行和滥用权力行为受害者取得公理的基本原则宣言》也对此予以了认可,该《宣言》第2条指出:"被害人一词视情况也包括直接被害人的直系亲属或其受养人以及出面干预以援助遭难的被害人或防止被害情况而蒙受损害的人。"

二、犯罪被害人救助的概念

(一)犯罪被害人救助的三重视角

目前,理论与实践部门对于犯罪被害人救助的理解可分为狭义、中义和广义三种观点。其中,狭义的犯罪被害人救助是指因犯罪而遭受损失的被害人没有得到法定的赔偿或者赔偿明显不足时,由国家所给予的经济补偿、经济救助或经济资助。中义的犯罪被害人救助不仅包括被害的经济补偿,还包括被害人心理援助、法律援助、医疗援助等救助内容。广义的被害人救助认为不仅有被害补偿、被害援助,还包括为被害人提供人身保护或者被害赔偿等更为广泛的内容。

由此可见,犯罪被害人救助的具体内涵,随着视角的不同的存在广狭之别,具有语义上的多变性。同时,由于其每一重视角均对应有不同的规范概念,例如狭义的被害人救助等同于犯罪被害人补偿,中义的被害人救助还包括被害援助,而广义的被害人救助更是涉及被害赔偿、被害保护等语词,因而有一一界定区别之必要。

(二)相关概念的区别

1. 被害赔偿与国家赔偿

被害人会因犯罪在物质和精神上遭受一定的损失,该损失需要通过金钱、或其他形式赔付予以弥补,为此,被害赔偿是指犯罪人给予被害人因犯罪损害的经济赔偿,这种赔偿义务来源于犯罪人的不法行为。此处的犯罪人不仅包括犯罪行为的直接实施者,而且还包括其他赔偿义务主体,如未成年人的父母。

被害赔偿主体除了犯罪人外,是否还包括国家,对此我国立法与实践予以了肯定。最高人民法院《关于行政机关工作人员执行职务致人伤亡构成犯罪的赔偿诉讼程序问题的批复》(法释[2002]28号)指出在行政机关工作人员执行职务中致人伤亡构成犯罪的案件中,被害人或其亲属有权提出国家赔偿。

由此可见,行政机关工作人员执行职务致人伤亡构成犯罪的赔偿属国家赔偿,国家是被害赔偿的主体。除此之外,我国《国家赔偿法》对刑事司法机关工作人员执行职务构成犯罪的国家赔偿责任也予以了确定。当然,国家机关及其工作人员的行为没有构成犯罪,但造成被害人损失,符合《国家赔偿法》赔偿范围的也应赔偿。可见,国家赔偿是指国家机关及其工作人员因行使职权给公民、法人及其他组织的人身、财产造成损害,依法应给予的赔偿,源于对被害人所造成的损害的责任承担。国家赔偿的主体是侵权的国家机关。综上所述,被害赔偿的主体有犯罪人、其他具有赔偿义务的主体、国家;国家赔偿的主体为国家机关;赔偿形式均为金钱给付。

2. 被害补偿与被害援助

刑事赔偿虽然已经成为各国普遍的法律制度,但该制度在执行中常常存在没有发现或抓获犯罪人,以及犯罪人无钱赔偿的现象,有学者根据对我国立案数和破案率的比较指出,在我国"每年至少有 200 万起案件不能进入刑事诉讼程序"[①],这也就意味着社会中存在着庞大的被害人群体无法从加害方获得赔偿。该学者进一步指出我国"刑事附带民事诉讼中实际获得赔偿的不足 20%,有的地方甚至不足 10%"[②]。为了使遭受损失、而没有得到刑事赔偿或者赔偿明显无以补偿后果的犯罪被害人不至于独自承担痛苦,因此而陷入生活困境,各国政府先后承担起弥补被害人损失的责任,建立被害补偿制度。被害补偿是指国家对未从犯罪人或其他渠道得到赔偿或赔偿明显不足的被害人所给予的金钱救济。根据 2009 年中央政法委等八机关印发的《关于开展刑事被害人救助工作的若干意见》,所谓犯罪被害人救助是在被害人或其近亲属无法及时从被告人及其他赔偿义务人处获得有效赔偿的情况下,由国家给予的适当经济资助。[③] 换言之,这里犯罪被害人救助是狭义的,指的就是被害人补偿。

尽管被害补偿与国家赔偿都是国家给予被害人金钱的制度,但二者建

---

① 吕曰东:《犯罪被害人救助的法经济学分析》,载《广东商学院学报》2010 年第 3 期。
② 同上。
③ 《关于开展刑事被害人救助工作的若干意见》,参见湖南省人民检察院网站,http://www.hn.jcy.gov.cn/scqs/scfljx/2012/content_30945.html,最后访问时间:2014 年 12 月 15 日。

立的缘由不同,前者是因为被害人理应得到被害赔偿而没有得到或得到的明显不足;后者则是因为国家机关和机关工作人员执行职务给被害人造成了损害。前者的性质虽然也有一定程度的责任承担,但主要是救济、帮助和福利;后者则是损害责任的承担。前者的给付金额不一定与损害相当;后者则与损害相当。

虽然犯罪人惩罚、赔偿、补偿在一定程度上弥补了被害人的损失,但被害人还有许多痛苦和困难需要解决,需要相应的支持与帮助,这些支持和帮助无法再通过司法救济、而是需要依靠社会其他资源实现,如针对被害人身心损害的医疗帮助、心理帮助;被害人日常、家庭生活的照料;法律援助;经济上的帮助等等,这些支持和帮助可能由国家有关部门、社区给予,也可能由社会组织,甚至个人提供。所以,被害援助是国家有关部门、社区、社会组织或个人向被害人提供的经济、医疗、心理、法律和其他方面的社会支持与帮助。它是社会、个人基于良心、同情、公正、福利等道义而建立的制度和采取的方法,也是对司法救济很好的补充。

3. 被害人救济与被害人保护

从词义学来看,"救济"是指用金钱或物资帮助生活困难的人。法学界有句名言:"无救济即无权利,有权利必有救济",这也就意味着在法律上,救济是相对于权利而言的概念。"《布莱克法律词典》将救济解释为是用以实现权利或防止、纠正及补偿权利之侵害的方法。"[①]根据不同的标准,救济有不同的分类。依据所依靠的力量,救济分为公力救济和私力救济。公力救济依靠的是国家权力,通过国家机关及其法定程序实现权利救济。其中最常见的就是法律救济。私力救济依靠的是私人力量,而非国家公力。根据救济措施所发生的阶段,救济分为事先救济和事后救济。事后救济即权利的事后弥补,如对侵权责任的追究;事先救济,是为预防权利的可能受损而事先采取的措施,如采取被害防范措施防止被害。由此可见,被害人救济是被害人权利实现的手段,以预防尚未发生或纠正、补偿已经发生的权利侵害。它既可能是公力救济,如通过刑事诉讼追究犯罪人的刑事责任,获得赔偿;也可能是私力救济,如个人对生活困难者的被害人的金钱帮助,被害后被害人个人、家庭采取的自救措施,而法律救济是其主要形式。被害人救济

---

① 许少波:《民事诉讼当事人诉讼权利的法律救济》,载《河北法学》2005年第1期。

既可能是事后救济,也可能是事先救济,以事后救济为主。具体而言,被害人救济包括对犯罪人的刑事追究、诉讼程序中被害人的权利保护、被害赔偿、被害补偿、被害援助及潜在被害人保护等。由此可以看出,被害人救济是以犯罪被害人权利为视角提出的概念,是被害人权利的全方位实现。

被害人保护也称为被害人权益保护,它是基于20世纪四五十年代被害人运动而提出的概念,在理论上,它既包括犯罪前的被害预防,也包括被害后的司法权益保护、被害援助。而实践中,它更多的是指被害后的司法权益保护和被害援助。换言之,在理论意义上,被害人保护更接近被害人救济,是针对犯罪行为所侵害之人而采取的各种救助措施的总称。相对地,在实践意义上,被害人保护较多的是与被害人补偿并行的概念,前者着重的是诉讼支持和心理干预等,后者则以物质救助为核心。

(三) 本书之犯罪被害人救助界定

因不同学者基于不同的理解和研究目的,而导致了各种概念表述的不同。通过上文的梳理,我们认为:狭义被害人救助=被害人补偿;广义被害人救助=被害人补偿+被害人援助+被害人司法权益保护;最广义被害人救助=被害人救济=被害人保护(理论上)=(事前)被害预防+(事后)被害救助。换言之,狭义和广义的犯罪被害人救助,关注的是遭受损害的已然被害人,其中前者侧重经济补偿,而后者则是包括经济补偿、诉讼支持、减轻被害人精神痛苦、增强被害人康复能力在内的所有事后救助措施的总和。而最广义的被害人救助概念,则不仅包括事后的被害人救助(中义),而且包含犯罪行为实施前的被害预防。

根据救助的本意和本书的研究目的,本书倾向于在广义视角的层面使用犯罪被害人救助这一概念。"救助"的含义是指拯救和援助,是指对陷于困境的人提供帮助,以使其摆脱困境,恢复正常生活。可见,它是在困境发生后所采取的措施,而非事先的预防,因而否定了犯罪被害人救助的最广义观。同时,本书以被害后被害人权利的保护为主要内容,因此既包括被害人诉讼权益的支持,例如保障被害人及时控告、提起自诉等权利;也包括人身财产权益的维护,例如通过物质补偿被害人、对被害人心理加以干预治疗、通过医疗恢复被害人健康等。综上所述,本书的犯罪被害人救助是指国家、社会组织、个人为因犯罪侵害而陷入困境的被害人提供的帮助的总称,具体包括被害补偿、被害援助及其他有关被害人司法权益的保护措施;同时,将犯罪被害人国家补偿,定位为狭义的被害人救助。

犯罪被害人救助除了具有事后保护的特征外,还具有以下特性:

(1)救助主体的广泛性。在犯罪被害人救助的主体中,包括国家、社会组织和个人,救助的主体非常广泛。国家通过法律的制定、制度的运作帮助被害人从困境中走出。此处的社会组织是指除具有法定救助职责的国家机关、政府部门、属官方性质的社团组织外的社会组织,具体包括企事业单位、非政府组织等。个人既是指被害人外的第三方自然人,也包括被害人的亲属以及被害人自身,如其自救行为。广泛的救助主体既可以发挥社会的多方力量,促进公民社会道义责任的承担,减轻国家的负担,也可提高救助的科学性、有效性并防止腐败发生。

(2)救助形式内容的多元性。犯罪被害人救助的形式和内容是非常广泛的,有金钱补偿和赔偿、被害人司法权益的保护、心理支持和治疗、医疗帮助、法律援助、安置收容、生活重建、访视慰问、救援协助、安全保护、辅导教育、帮助就业等等,不一而足。

(3)救助对象的特定性。刑事被害人救助的特定性意味着:一方面,只有遭受了犯罪侵害的被害人才能申请国家进行救助;另一方面,并非所有的刑事被害人都可申请所有的救助,比如狭义的被害人救助(补偿)的申请,必须符合一定条件,包括损害严重的被害人或其遗属、索赔无门等等。对于满足相关条件的刑事被害人进行救助,才能最大化被害人救助的力量和功能,实现构建刑事被害人救助法律制度的宗旨和目的。

第二节 犯罪被害人救助的历史发展进程

纵观犯罪被害人救助的历史发展进程,一方面,我们会发现犯罪被害人救助的历史源远流长,几乎随着人类社会纠纷解决机制的产生而产生。另一方面,在司法制度中由于犯罪被害人的地位存在一个逐渐丧失主体地位、渐趋遗忘,而后又被重新发现的过程,当代社会的犯罪被害人救助无论是理念、实践、完整性都不同于以往,因此,我们将犯罪被害人救助的历史划分为当代犯罪被害人救助产生前和当代犯罪被害人救助产生后两个阶段,其分界是20世纪五六十年代的被害人保护运动。

第一编　社会救助与犯罪被害人救助概述

一、传统犯罪被害人救助的理念与实践

无论是被害赔偿,还是被害补偿在人类社会早期就已存在。原始社会时,当一方损害了另一方的利益,加害方首先会向被害方提议,用道歉和赠送厚礼的方式了结冲突,这就是原始社会的损害赔偿。如果被害方接受其提议,问题就通过加害人对被害人的物质赔偿得以解决。[①] 即使由国家掌握了刑罚权,被害赔偿制度仍然存在。11世纪的英国,如果一个人被谋杀,那么谋害者就要付出一笔赔偿金。法庭的任务就是确定这笔金额。被害人家属有权要求强制执行赔偿。[②]

被害补偿制度的历史起源可追溯至公元前2250年左右的巴比伦王所颁布的《汉谟拉比法典》,该《法典》中的第23项及第24项规定"在强盗犯或杀人犯未被逮捕的情况下,犯罪行为发生的所在城镇及该城镇长对于犯罪被害人负有赔偿义务"。[③]

边沁、菲利等刑事古典学派和刑事实证学派的代表人物对被害赔偿或被害补偿予以了肯定。边沁认为,补偿方法是犯罪预防的途径之一,补偿应当和惩罚一样,与犯罪形影相随。如果对犯罪只适用惩罚,而不采用补偿措施,惩罚的效果就会甚微,而且还给社会增加很大的负担。补偿方法包括赔偿和保障,以保护那些遭受犯罪侵害的人。当给予的补偿与犯罪所造成的损害相等时,补偿就是完整的。补偿包括两个方面或两个部分,即过去的补偿和将来的补偿。前者称作损害赔偿,后者则在于抑制罪恶。而且,不同的犯罪需要不同的补偿方法,包括:金钱补偿、实物返还、宣誓补偿、名誉补偿、惩罚补偿和替代补偿等。[④] 加罗法洛在其《犯罪学》一书中设专章论述了被害赔偿问题。

随着阶级矛盾的日益深化,统治阶级为了维护自身利益,在奴隶社会后期、封建社会时期国家日益成为刑罚执行的主角,被害人逐步式微;近现代刑事诉讼制度也只是强化了犯罪人权益的保护,并未重视被害人的权利。

[①] 赵可主编:《犯罪被害人及其补偿立法》,群众出版社2009年版,第130页。
[②] 杨正万:《犯罪被害人问题研究——从诉讼角度的观察》,中国人民公安大学出版社2002年版,第22页。
[③] 韩东:《人文关怀视野中的犯罪被害人救助制度》,载《民主与法制》2008年第4期。
[④] 李伟主编:《犯罪被害人学》,中国人民公安大学出版社2010年版,第16页。

即使如此,被害赔偿制度依然存在,从 20 世纪 20 年代开始,西方各国开始在刑事法律中赋予被害人及其亲属对损害赔偿的民事请求权。① 少数国家也曾短暂建立过被害补偿制度,墨西哥在 1929 年、古巴在 1936 年曾率先对犯罪被害人实行被害补偿,但遗憾的是均因资金不足而以失败告终。②

二、现代犯罪被害人救助的理念与实践

20 世纪五六十年代开始,随着犯罪被害人学研究的发展、被害人亲属的呐喊、媒体的呼吁以及政治运动、民权运动的引导,社会公众逐渐认识到犯罪被害人权益被严重忽视的现象。1957 年,英国女性刑罚改革运动家玛格丽·弗莱(Margery Fry)发表了《为了被害人的正义》一文,提出了对被害人因犯罪行为遭受的损害国家应予补偿的观点,引起了社会各界人士的关注,产生了积极的影响。在此之后不到六年,第一部《犯罪被害人补偿法》就于 1963 年在新西兰通过,犯罪被害人救助制度的建立随之展开。事实上,诚如法国学者马蒂所言,尽管政府并不怎么乐意,但刑事政策的运动是客观存在的,而且趋势是将保护受害人放在首位,而并非将惩罚犯罪人放在首位。③ 以保护被害人和救助被害人为主要内容的被害人复兴运动,在晚近数十年来逐渐勃兴,并在某种意义上形成了世界性的潮流。通过对被害人救助制度发展历程的梳理,我们可将之分成以下几条主线:

(一)被害补偿制度的建立

英国是现代犯罪被害人救助理论的发源地,1957 年玛格丽·弗莱的观点对英国社会产生了较大影响。在此情况下英国议会讨论了被害人补偿制度的问题,由此,继 1963 年新西兰率先制定当代社会第一部《犯罪被害人补偿法》之后,英国于 1964 年制定了《刑事伤害补偿方案》。新西兰和英国的被害补偿立法现象很快扩散到西方国家。1965 年,美国加利福尼亚州率先设立了被害人补偿方案,至 1998 年,美国全国 50 个州都有了被害人补偿方案。与此同时,美国联邦政府也开始着手被害补偿制度的建立。1984 年,

---

① 赵可主编:《犯罪被害人及其补偿立法》,群众出版社 2009 年版,第 131 页。
② 参见柳建华、李炳烁:《权利视野下的基层司法实践——犯罪被害人救助制度研究》,江苏大学出版社 2010 年版,第 36 页。
③ 〔法〕米海依尔·戴尔马斯—马蒂:《刑事政策的主要体系》,卢建平译,法律出版社 2000 年版,第 242 页。

国会通过了《犯罪被害人法》，该法确立了国家被害人补偿制度，建立了国家犯罪被害补偿基金，为犯罪被害人提供国家补偿。加拿大和澳大利亚也分别于1967年和1968年建立了国家被害补偿制度，法国于1977年在其刑事诉讼法典中增设了被害补偿制度。亚洲国家也在西方国家被害补偿立法的影响下，开始建立被害补偿制度。日本于1980年制定了《犯罪被害者等给付金支给法》，该法于第二年开始实施，同年创设了犯罪被害救援基金。① 此外，韩国、菲律宾、泰国以及我国的香港和台湾等国家或地区都通过了有关被害人补偿的立法。

（二）被害人司法权益的保护

20世纪70年代后，各国的被害人救助开始体现在被害人司法权益的保护上，西方国家通过司法改革，提高被害人的诉讼地位、诉讼的参与度，尤其是对定罪与量刑的影响。1976年，美国加利福尼亚州建立了第一个被害人影响陈述制度。1982年，美国国会通过了《犯罪被害人和证人保护法》，明确了被害救助工作的三大宗旨：(1)减低被害人心理伤害的程度；(2)节省执法的经济成本和时间流程；(3)鼓励被害人报案，并促进与司法机关合作。② 1983年，美国司法部又对该法案提出了许多附加规定，主要有：向被害人提供法律咨询顾问；告知被害人医疗援助、被害补偿以及如何获得法律援助等方面的信息；向被害人提供教育援助；为被害人提供财产安全保护、参加庭审时有专门的等候室等内容。1983年，犯罪被害人总统行动小组建议为了保障犯罪被害人的权利，修改宪法、联邦及各州的法律；1996年，美国总统克林顿更是提交了一个《被害人权利宪法修正案》。③ 重视被害人的隐私保护是德国犯罪被害人司法权益保护的一大特色。1986年，德国通过了《被害人保护法》，这是德国第一部改善被害人刑事诉讼地位和提高其人格保护力度的法律，该法规定，在案件审判中，除为查明案件之必需，不得对被害人个人隐私问题进行提问，提高了被害赔偿可能性，其规定也更有利于被害人参与审判。该法还规定，在刑事案件的审判中，除检察官外，凡受犯

---

① 英国、美国、法国、日本等国家的补偿立法与制度，详见本书第二编。
② 刘贵萍、许永强：《对被害人的社会援助需进一步完善》，载《重庆工学院学报》2003年第2期。
③ 李伟主编：《犯罪被害人学》，中国人民公安大学出版社2010年版，第20页。

罪侵害的被害人均可作为共同原告出庭。① 法国被害人司法权益保护的一个显著特点是支持被害人的精神损害赔偿。法国的《刑事诉讼法》规定,刑事诉讼应包括作为起诉对象的罪行所造成的物质的、肉体的和精神的全部损失。在加拿大,有四种国家所提供的被害人有效参与诉讼项目。日本警察系统于1996年制定了《被害人对策纲要》;检察厅又于1999年4月开始执行《被害人等通知制度》;此后,日本国会于2000年通过了《刑事诉讼法及检察审查法一部改正之立法》和《犯罪被害人者等保护有关刑事手续相关措置之法律》等两部犯罪被害人保护法。②

(三) 被害援助运动的开展

被害援助开始于20世纪60年代末,在英国,第一个针对被害人的民间援助团体成立于1969年,之后各地纷纷效仿。1970年60多个被害人援助团体组成了全英被害人支持协会(The National Association of Victim Support Schemes,NAVSS)。到1980年,全英国已有256个被害人服务机构,到1991年,这个数字上升到350个。③ 1972年,美国最早的三个被害人辅助计划分别在圣路易、旧金山及华盛顿开始;1974年,美国第一个全国被害人援助组织(National Organization of Victim Assistance,NOVA)建立。为了让全社会重视对被害人权益的保护,1981年,美国总统罗纳德·里根宣布每年的4月8—14日为被害人权利周。到1994年,全美有一千多个被害人援助机构。④ 在美国和英国的影响下,世界上其他一些国家也于20世纪70年代末80年代初开始从事被害人援助运动。例如20世纪70年代末德国和奥地利等国相继建立了被害人社会援助组织,称为"白环"或者"白圈"组织,意思是清白的、无过错的被害人所组成的团体。德国的"白环"组织成立于1977年,该组织现已有400个分支机构,遍布德国全境。法国则于20世纪80年代以后,也在全国各地建立了一些民间的被害援助组织,并于1986年成立被害人国家救助中心。⑤ 在日本,20世纪80—90年代先后

---

① 刘洁辉:《对犯罪被害人诉讼地位的再认识》,载《社会科学》2005年第2期。
② 英国、美国、德国、法国、日本等有关被害人司法权益的规定,详见本书第二编。
③ 刘贵萍、许永强:《对被害人的社会援助需进一步完善》,载《重庆工学院学报》2003年第2期。
④ 麻国安:《被害人援助论》,上海财经大学出版社2002年版,第111页。
⑤ 许永强:《刑事法治视野中的被害人》,中国检察出版社2003年版,第178—179页。

成立了强奸犯罪被害人援助中心、犯罪被害人咨询室等被害人援助中心。这些组织为受害人及其亲属被害人提供了不同方面的帮助和保护,维护了被害人的合法权益。

三、国际社会有关犯罪被害人救助的历史发展

随着世界各国对被害人权利保护的重视,国际社会也开始发挥其应有的力量,加强被害人权益保护。国际社会主要是通过学术探讨、信息交流和颁布国际文件等形式体现对被害人权益的关注。在学术交流方面,各国从20世纪70年代开始就已经通过国际性的学术会议进行相关学术探讨和经验交流。1973年,"首届被害人学国际研讨会"在以色列的耶路撒冷召开,大会讨论了犯罪被害人及被害人学的概念、犯罪人和被害人的关系和社会对犯罪和被害人的态度等问题。1975年,第一届国际被害人学讲习班在意大利的贝拉奇奥举行,讨论了被害人学的研究方法、被害人待遇及被害人在刑事司法中的地位等问题。1979年,在德国学者施耐德(Hans Joachim Schneider)的主持下第三届被害人学国际研讨会在德国明斯特召开,大会决定成立世界被害人学学会(World Society of Victimology,WSV),国际犯罪被害人学研究进入有组织发展阶段。1990年,欧洲建立了所有国家参加的"欧洲被害人服务论坛"(the European Forum for Victim Services),该论坛为欧盟和联合国在被害人政策方面提供信息和咨询。

在国际性文件的颁布上,有地区性和联合国两个层面。在欧洲,欧洲理事会在1983年通过了《欧洲暴力犯罪被害人补偿公约》,目前已有12个国家签署了该公约,14个国家批准了该公约。1989年,欧洲理事会通过了《关于暴力被害人的决议》,1998年通过了《维也纳行动计划》,2001年通过了《欧盟犯罪被害人决议》。① 在联合国层面,1985年第七届预防犯罪和罪犯待遇大会上通过了《为罪行和滥用权力行为受害者取得公理的基本原则宣言》(Declaration of Basic Principles for Victims of Crime and Abuse of Power)(以下简称为《宣言》),这是犯罪被害人救助发展的一个最明显的标志,这一文件被誉为"被害人的大宪章",为犯罪被害人救助提供了基本依据

---

① 陈彬等:《刑事犯罪被害人救济制度研究》,法律出版社2009年版,第37—38页。

和保障,是犯罪被害人救助史上的一座里程碑。为了了解《宣言》的执行情况,联合国于1994年进行了问卷调查,调查问卷涉及会员国关于被害人的刑事司法救济、赔偿、补偿及援助、滥用权力被害人的救济等五大问题。在此基础上,于1998年颁布了《执行〈宣言〉的决策人员指南》和《使用和适用〈宣言〉手册》。

其他与犯罪被害人救助相关的联合国文件和活动还有:1998年7月,联合国建立了国际刑事法院,刑事法院全权代表外交会议制定了《国际刑事法院罗马规约》,该《规约》对被害人保护和参与诉讼问题作了具体规定,国际刑事法院成立了"被害人信托基金"(The Victims Trust Fund),该基金为经受战争伤害的被害人提供帮助和补偿,帮助他们恢复正常的生活;2000年,联合国通过了《犯罪者和受害者:司法程序中的责任和公正问题》决议,指出刑事司法程序必须对犯罪人和被害人都是公正的,刑事司法系统应当设法平衡社会、被害人和犯罪人之间的合法权益,为此,恢复性司法模式是一种可行的替代方式。[①] 2003年,联合国委员会对19个开展《宣言》试点项目进行了资助;2005年,联合国通过了有关儿童被害人和证人的司法指南,联合国大会采纳了关于公然违反国际人权法和严重违反国际人权法的行为的被害人给予救济、权利恢复的基本准则和原则,联合国预防犯罪和刑事司法大会在《曼谷宣言》中,增加了专门针对被害人的条款。[②] 2005年,在联合国预防犯罪和刑事司法大会第十届大会上,世界被害人学研究会向大会提交了一份关注妇女、儿童、有组织犯罪、恐怖犯罪等特殊被害人问题的报告。

第三节 犯罪被害人救助法律制度的基本内容

一、犯罪被害人救助法律制度的宏观概述

犯罪被害人救助法律制度,是指运用法律规范犯罪被害人救助所形成的各种制度。犯罪被害人救助法律制度是一个系统,它是由各种不同规范

[①]《犯罪者和受害者:司法程序中的责任和公正问题》,http://www.un.org/chinese/events/10thCrimeCong/187_8.html,最后访问时间:2014年12月29日。

[②] 赵国玲:《犯罪被害人补偿:国际最新动态与国内制度构建》,载《人民检察》2006年第17期。

构成的体系,这个体系由不同的子系统构成。这一体系可以从不同角度予以分类,不同分类下的子系统内容有所不同。

从制度构成看,犯罪被害人救助法律制度可分为理论体系、组织体系、规则体系以及救助内容和救助对象等。

犯罪被害人救助法律制度的理论体系,是指犯罪被害人救助法律制度的理论基础。它分为两个层次,一是与社会救助法律制度所共有的理论,由于犯罪被害人救助法律制度是社会救助法律制度的组成部分,二者必然有着一些共同的理论,这些理论是建构任何社会救助法律制度的理念、原则和标准。二是犯罪被害人救助法律制度所特有的基础理论,它是犯罪被害人救助法律制度不同于其他社会救助制度的理念、原则和指导思想。犯罪被害人救助法律制度的组织体系是指由犯罪被害人救助法律制度的构建和运行主体所组成的系统,此处的组织既包括国家机关、企事业单位、其他社会组织,也包括社会组织中的工作人员以及公民个人。具体指创建犯罪被害人救助法律制度的主体、实施犯罪被害人救助工作的主体、监督犯罪被害人救助运行的主体以及这些组织间的关系。犯罪被害人救助法律制度的规则体系,是指规范犯罪被害人救助的法律、法规所组成的系统,包括组织规则、实体规则和程序规则。

理论体系、组织体系、规则体系以及救助内容与对象之间是相辅相成、彼此联系的。理论体系指导组织体系、规则体系以及救助内容和对象,组织体系、规则体系以及救助内容和对象是理论体系的具体体现。组织体系、救助内容和对象将通过规则予以展现,并以法律规范的形式加以确定。换言之,组织体系、救助内容和对象是规则体系的重要内容。各部分彼此联系共同构成完整的犯罪被害人救助法律制度。

从救助的内容看,犯罪被害人救助法律制度可主要分为被害补偿、被害人的司法权益保护以及被害援助。下文我们将以救助的内容为视角,阐述犯罪被害人救助法律制度的基本内容。

二、犯罪被害人救助法律制度的主要组成

(一) 被害补偿

被害补偿是指国家给予特定被害人金钱救济的法律制度。此处的特定

被害人是指:(1)遭受犯罪行为侵害的自然人或其遗属;(2)这些被害人未能从犯罪人或其他渠道得到赔偿或赔偿明显不足;(3)部分犯罪类型被害人,例如被害补偿的被害人仅限于严重暴力犯罪的被害人或者经济困难的被害人。被害补偿制度包括被害补偿的基础理论、补偿的资金来源、补偿对象、补偿范围、补偿金额标准、补偿机构和补偿程序。从语义学和逻辑上看,被害补偿制度本应属于被害人司法权益保护制度的内容,然而由于其在犯罪被害人救助中的突出地位,以及世界范围内多数国家专门制定被害补偿法的缘故,被害补偿得以区别于其他司法权益类型,进而单列为犯罪被害人救助法律制度的重要组成部分。

(二)被害人的司法权益保护

被害人的司法权益保护制度,是指保护被害人在参与诉讼活动中的各项权利的法律制度。被害人的司法权益保护制度内容广泛,不仅涉及刑事诉讼,还可能是民事诉讼、行政诉讼。在我国,刑事赔偿通常以刑事附带民事诉讼的形式解决,但在有碍刑事案件的处理时,也可由被害人独立提起民事诉讼,但无论是刑事附带民事诉讼,还是独立提起民事诉讼,案件性质都是民事案件,应依据民事诉讼的相关规定处理。而在美国,则完全将刑事赔偿独立于刑事诉讼,通过独立的民事诉讼解决。如果被害人所遭受的侵害是由国家机关工作人员执行职务造成的,此时侵权诉讼的性质就为行政诉讼。可见,被害人的司法权益保护包括刑事司法权益的保护、民事司法权益的保护以及行政司法权益的保护三方面的内容,当然其重点在于刑事司法权益的保护。被害人的刑事司法权利也是非常丰富的,在侦查、起诉、审判、执行等不同刑事诉讼阶段都有相关内容。我国《刑事诉讼法》明确了被害人的诉讼主体地位,赋予了其自诉、提起附带民事诉讼、申请回避等一系列诉讼权利,从而在立法上确认了被害人的主要司法权益。就此而言,我国被害人司法权利的规定并没有落后于域外的相关立法。然而,由于诸如诉讼支援、被害援助等制度的滞后,使得这一较为先进的立法往往停留在纸面,徒法难以自行——被害人司法权益仍然面临落实和保障的难题。

(三)被害援助

国家有关部门、社区、社会组织或个人给予遭受犯罪侵害的被害人正式司法程序以外的经济、心理、医疗、法律和社会方面的支持与帮助,由此所形成的制度被称为被害援助制度。它是独立于正式司法程序之外的被害人救助制度。该制度的组成包括援助规则、援助主体、援助对象、援助内容和援助方式。在援助内容中,有干预援助、诉讼援助、经济援助、医疗援助、心理援助、公共教育等部分。

第三章　犯罪被害人救助与社会救助制度的关系

仅从字面而言,犯罪被害人救助与社会救助同属于救助制度。然而,对两种制度关系的认识,必须要还原到"实然"和"应然"两个层面加以考察,方能有清晰的认识。一方面,我们可以从实然的视角,探讨在当前的法律、政策规定下,被害人救助制度与社会救助制度之间是一种什么样的关系。另一方面,在目前我国被害人救助工作仍处在"初级阶段"的今天,我们也需要从应然的视角,为了构建合理的制度而从逻辑上、理论上对二者应当属于什么关系这一问题展开研究。若从时间的维度来看,"实然"研究的是现状,"应然"则是对未来的展望。至于犯罪被害人救助与社会救助制度的关系,整体上可以进行这样的概括:在犯罪被害人救助制度建立之前,社会救助制度是犯罪被害人获得国家救助的主要途径;在犯罪被害人救助制度正在"试点"的今天,社会救助与犯罪被害人国家救助处于分离且缺乏有效衔接的状态;在未来的立法过程中,应当理顺犯罪被害人国家救助与社会救助法律制度的关系,将犯罪被害人国家救助纳入社会救助体系中。

第一节　犯罪被害人救助与社会救助法律制度的实然关系

目前,我国被害人救助工作的规范化与制度化程度不高,有关被害人救助的中央级别的规范性文件主要有二:一是 2009 年 3 月中央政法委员会、最高人民法院、最高人民检察院、公安部、民政部、司法部、财政部、人力资源和社会保障部等联合发布的《关于开展刑事被害人救助工作的若干意见》①(下文简称为《被害人救助意见》)。二是 2014 年 1 月中央政法委员会、财政部、最高人民法院、最高人民检察院、公安部、司法部等中央六部委联合发布

---

① 《关于开展刑事被害人救助工作的若干意见》,参见湖南省人民检察院网站,http://www.hn.jcy.gov.cn/scqs/scfljx/2012/content_30945.html,最后访问时间:2014 年 12 月 15 日。

第一编 社会救助与犯罪被害人救助概述

的《关于建立完善国家司法救助制度的意见(试行)》①(下文简称为《司法救助意见》)。从两个意见的内容来看,可以认为,《司法救助意见》的许多内容是继承和发展了《被害人救助意见》的有关规定。全国许多地方政法机关及政府有关部门根据两个意见的要求,结合各地实际,先后制定了有关被害人救助或者司法救助的规范性文件。因此,基于我国被害人救助规范性文件的发展历史,在探讨被害人救助制度与社会救助法律制度之间的关系之前,有必要厘清被害人救助与司法救助的关系,以及对目前我国被害人救助制度进行概括性的介绍。

一、犯罪被害人救助与国家司法救助制度的内在关联

较早出现"司法救助"这一概念的规范性文件是 2000 年最高人民法院《关于对经济确有困难的当事人提供司法救助的规定》②。根据该《规定》,司法救助是人民法院对于当事人为维护自己的合法权益,向人民法院提起民事、行政诉讼,但经济确有困难的,实行诉讼费用的缓交、减交、免交。据此,被害人救助与司法救助之间没有关系。此外,有学者将司法救助视为社会救助法中"专项救助"的一种类型。③

但随着司法过程中救助工作越来越多,"司法救助"概念发生了变化。如根据 2008 年 8 月 15 日起施行的《北京市实施司法救助制度管理办法(试行)》,司法救助指的是在办理执行或者涉法涉诉案件过程中,人民法院向生活确实困难、迫切需要救助的当事人提供一定金额的救助金的救助措施。虽然内容有所扩展,但司法救助的主体仍然限于人民法院。

2013 年中共十八届三中全会通过的《关于全面深化改革若干重大问题的决定》提出"健全国家司法救助制度"的要求。与之前的表述相比,"司法救助"之前多了"国家"二字。"国家司法救助"概念也有了新的内涵,具体是指国家对因无法获得有效赔偿而生活困难的遭受犯罪侵害或民事侵权的当

---

① 《关于建立完善国家司法救助制度的意见(试行)》,参见贵州司法行政网,http://www.gzsft.gov.cn/contents/38/4438.html,最后访问时间:2014 年 12 月 15 日。
② 该规定于 2000 年 7 月 12 日最高人民法院审判委员会第 1124 次会议通过,2005 年 4 月 5 日最高人民法院审判委员会第 1347 次会议通过修订。
③ 参见杨思斌:《中国社会救助法立法研究》,中国工人出版社 2009 年版,第 210 页。

事人予以一次性救助的制度,它是体现国家关怀的抚慰性、救济性措施。①"国家司法救助"虽然也是"司法救助",但它的实施主体已经不仅仅限于人民法院,而是所有"政法机关"——包括政法委、人民法院、人民检察院、公安机关与司法行政机关。前述的《司法救助意见》就是有关部委为落实中共十八届三中全会决定而制定的规范性文件。

由此,我国目前存在不同意义的"司法救助"制度。当然,从规范性文件的级别来看,目前《关于全面深化改革若干重大问题的决定》与《司法救助意见》最具有权威性。因此下文所讨论的司法救助基本上以《司法救助意见》为依据。但为了与之前的仅由人民法院实施的"司法救助"相区别,下文遵从有关规范性文件的表述,将《司法救助意见》中的"司法救助"称为"国家司法救助"。

根据《司法救助意见》,被害人救助属于国家司法救助的一个部分;国家司法救助则是在总结前期犯罪被害人救助、涉法涉诉信访救助等救助工作的基础上建立起来的一项综合性的救助制度。

国家司法救助制度中的"司法",有以下几层意义:首先,正如《司法救助意见》所规定的那样,"开展国家司法救助是中国特色社会主义司法制度的内在要求"。可见,在国家决策者看来,国家司法救助制度本身是完善司法制度的重要举措。其次,有关救助工作发生在司法活动中,尤其是刑事案件、民事侵权案件和涉法涉诉信访案件的办理过程中。因此国家司法救助制度具有维护办案正常秩序,维护司法权威、司法公信的功能。再次,有关救助工作的实施主体主要是司法部门。即司法部门在办案过程中,应当告知有困难的群众申请救助,以及对有关申请作出决定并发放救助金。需要注意的是,这里的"司法部门"是广义的,包括人民法院、人民检察院、公安机关与司法行政机关。而各地政法委,一般是居于各司法部门之上,并起组织、决策与协调的作用。

二、犯罪被害人救助与社会救助法律制度的实然关系

根据前文的介绍可以发现,当前犯罪被害人救助与社会救助法律制度

---

① 参见姜伟:《完美人权司法保障制度》,载《〈中共中央关于全面深化改革若干重大问题的决定〉辅导读本》,人民出版社2013年版,第227页。

存在较大的区别,我们可以从以下几个方面探讨二者的实然关系:

(1) 犯罪被害人救助与社会救助均属于国家主导下的救助。

犯罪被害人救助与社会救助不仅是对特定群体在经济等方面的救助,而且均是国家所主导的救助。即国家运用其财政资源对特定群体实施救助,以帮助其渡过难关。但从现状来看,由于社会救助工作的制度化水平较高,社会救助目前有较强的财政保障。特别是我国《社会救助暂行办法》第5条明确规定了县级以下各级人民政府在社会救助工作中的责任,建立了财政保障机制。① 比较而言,现阶段财政对犯罪被害人救助的保障水平还比较弱,《司法救助意见》亦承认犯罪被害人救助工作存在"总体上仍处于起步阶段,发展还不平衡,救助资金保障不到位"的问题。同时《司法救助意见》也规定:"坚持政府主导、社会广泛参与的资金筹措方式。各地国家司法救助资金由地方各级政府财政部门列入预算,统筹安排,并建立动态调整机制。已经建立的犯罪被害人救助资金、涉法涉诉信访救助资金等专项资金,统一合并为国家司法救助资金。中央财政通过政法转移支付,对地方所需国家司法救助资金予以适当补助。同时,各地要采取切实有效的政策措施,积极拓宽救助资金来源渠道,鼓励个人、企业和社会组织捐助国家司法救助资金。"由此规定可知,犯罪被害人救助基本上取决于地方政府的财政保障,中央政府在此并不承担主要的财政义务。而由于《司法救助意见》的规格毕竟不是很高,有关规定对于地方政府而言并不具有很强的强制性,因此目前犯罪被害人救助的国家财政保障水平仍然处于较低的水平。

(2) 犯罪被害人救助在现行法上不属于社会救助组成部分。

首先,从我国现行法律规范和立法趋势来看,犯罪被害人救助并没有进入社会救助立法的视野中。无论是已经通过并生效的《社会救助暂行办法》,还是《社会救助法》草案,都没有犯罪被害人救助的具体内容。由此我们可以有两种不同的解读:一是认为犯罪被害人不属于社会救助的范畴;二是认为犯罪被害人不具有特殊性,没有必要在社会救助立法中予以特别规

---

① 该条规定:"县级以上人民政府应当将社会救助纳入国民经济和社会发展规划,建立健全政府领导、民政部门牵头、有关部门配合、社会力量参与的社会救助工作协调机制,完善社会救助资金、物资保障机制,将政府安排的社会救助资金和社会救助工作经费纳入财政预算。社会救助资金实行专项管理,分账核算,专款专用,任何单位或者个人不得挤占挪用。社会救助资金的支付,按照财政国库管理的有关规定执行。"

定。但从被害人社会救助实践来看,前一种解读似乎更符合立法原意与现实状况,否则政法机关也没有必要单独开展犯罪被害人的救助工作。

其次,《被害人救助意见》将被害人救助与社会救助的关系定位为并列关系,而非从属关系。例如,在政策目的中指出:"开展犯罪被害人救助工作是在当前相关法律制度尚未建立的特殊时期,为解决犯罪被害人特殊困难而采取的一种过渡性安排,既不同于国家赔偿,也有别于现行其他社会救助。"在制度衔接中指出:"各地要将开展犯罪被害人救助工作与落实其他社会保障制度结合起来。对于暂时未纳入救助范围的犯罪被害人或者实施救助后仍然面临生活困难的,要通过社会救助途径解决其生活困难;符合城乡低保、农村五保条件的犯罪被害人,犯罪被害人户籍所在地的民政部门要及时将其纳入低保、农村五保范围;对于参加社会养老、工伤、医疗保险的犯罪被害人,犯罪被害人参保地的社会保险经办机构要按规定及时向其支付社会保险待遇。"由此可见,在《被害人救助意见》看来,犯罪被害人救助并不同于现行的社会救助。

最后,《司法救助意见》明确提出:"对于未纳入国家司法救助范围或者实施国家司法救助后仍然面临生活困难的当事人,符合社会救助条件的,办案机关协调其户籍所在地有关部门,纳入社会救助范围。"可见,国家司法救助与社会救助制度是两项并列的制度,因此属于国家司法救助一部分的被害人救助,就不属于社会救助法律制度的调整范围。

(3) 犯罪被害人救助在运行机制方面与社会救助有所不同。

目前,犯罪被害人救助与社会救助程序一般都包括申请、受理、审批与发放等步骤。但是代表国家实施犯罪被害人救助工作的主要是政法机关,其中政法委员会发挥着重要的作用;而在社会救助中,代表国家实施救助工作的是政府,具体由民政部门主导。由于主管部门的不同,决定了被害人救助机制与社会救助机制属于不同的机制,决定了目前我国并行不悖地运行着两项国家救助机制,这同时也决定了被害人救助制度与社会救助制度目前是两项独立的制度。

(4) 犯罪被害人救助并不承认犯罪被害人享有社会救助权。

虽然理论上我们可以承认"自然权利",即可以承认法律没有规定的权利,但在实践中,法律所没有规定的权利,往往难以得到保障。在社会救助领域中尤其如此,因为社会救助依赖国家财政的保障,法律若不承认公民有被救助的权利,那么国家就没有救助的义务。因此社会救助法律制度与社会救助权是紧密相连的,即社会救助权的落实,需要社会救助法律制度作为保障,而社会救助法律制度的建立,从一个侧面来说也意味着国家对社会救助权的正式承认。

在犯罪被害人救助领域,虽然有关的救助工作已经开展了一段较长的时间,但是"犯罪被害人救助权"的概念并没有被广泛地承认。《被害人救助意见》指出:"开展犯罪被害人救助工作,在犯罪被害人遭受犯罪行为侵害,无法及时获得有效赔偿的情况下,由国家给予适当的经济资助,既彰显党和政府的关怀,又有利于化解矛盾纠纷,促进社会和谐稳定。"由此也可看出,目前我国实践中与法律并没有承认"犯罪被害人救助权"是公民的一项权利,国家对犯罪被害人进行救助并非出于履行义务的需要,而只是一种"恩惠",也因此,犯罪被害人尚不具有权利主体的地位,从而与社会救助制度中公民所享有的社会救助权相区别。

(5)决策者强调被害人救助与社会救助的合理衔接与配合。

虽然二者现实中有较大的区别,但从目前的有关规定来看,决策者一再强调要建立被害人救助与社会救助之间的合理衔接机制。如《被害人救助意见》要求:"对于暂时未纳入救助范围的犯罪被害人或者实施救助后仍然面临生活困难的,要通过社会救助途径解决其生活困难;符合城乡低保、农村五保条件的犯罪被害人,犯罪被害人户籍所在地的民政部门要及时将其纳入低保、农村五保范围;对于参加社会养老、工伤、医疗保险的犯罪被害人,犯罪被害人参保地的社会保险经办机构要按规定及时向其支付社会保险待遇。"《司法救助意见》也要求,国家司法救助(包括犯罪被害人救助)要与其他社会救助相衔接。至于具体的衔接机制,《司法救助意见》要求,办案机关协调有关被害人户籍所在地有关部门,将符合条件的犯罪被害人纳入社会救助范围。

三、犯罪被害人救助与社会救助法律制度分离的原因

如上所述,被害人救助制度与社会救助制度相分离,是目前我国法律制度的现状。造成这一局面的原因,我们认为有以下几个:

首先,犯罪被害人救助工作指导思想仍然比较滞后。社会救助制度是建立在国家责任理念的基础上的,而犯罪被害人救助则还带有国家关怀性

第三章 犯罪被害人救助与社会救助制度的关系

质与"维稳"目的。如前文所述,随着社会的发展,社会救助权已经成为公民的一项基本权利,因此社会救助也成为了国家不可推卸的责任。我国刑事救助制度发展较晚,一开始是出于预防"恶性报复事件或者久访不息"事件的目的,国家并没有承认自己有承担救助犯罪被害人的责任,而仅将被害人救助视为一种关怀性质的抚慰措施。这就造成实践中,许多地方的救助机关在认识上过于功利,把救助作为息诉罢访的工具,甚至以息诉罢访或者接受调解结案为给予救助金的"潜规则"[①],而并没有在犯罪被害人救助工作中树立起国家责任的理念,也因此使犯罪被害人救助游离于社会救助法律之外。

其次,社会救助是一项具有普遍适用性质的制度,而犯罪被害人救助则仅适用专门领域(刑事犯罪)。因此,从制度的需求角度看,承担社会救助的主体(主要是民政部门)并没有特别关注犯罪被害人的需求,而将其与其他生活困难群体等同看待,因此也不会主动追求建立一套独特的被害人社会救助制度。承担被害人救助的主体(主要是司法部门)由于在其本职工作即办案过程中经常遇到陷入困境且可能造成社会不稳定的被害人,所以最早提出要建立犯罪被害人救助制度。从而,两项制度按照不同的轨迹各行其道。

再次,被害人救助一般采用属地救助的原则,不论申请人的户籍所在,原则上都由案件管辖地实施救助工作;而社会救助一般由公民户口所在地国家机关进行。实践中,许多案件的管辖地与被害人户口所在地属于不同的两个地方,这就造成被害人户口所在地的社会救助机构难以及时有效地帮助被害人度过困境,而只能依靠不同于社会救助的制度——被害人救助制度对被害人予以救助。

最后,在理论研究上,存在社会救助研究与被害人救助研究的隔阂。研究被害人救助的多为刑法学、犯罪学等从事刑事法学研究的学者,他们从一开始关注被害人国家补偿,逐渐地拓展研究领域至"被害人救助"。这些学者很少从事社会救助研究,以至于一些学者将社会救助理解为社会力量(如

[①] 参见李科:《犯罪被害人国家救助制度在我国的构建——以无锡、宁夏实践模式为视角》,载《法治研究》2013年第5期。

慈善组织)的救助①,而非国家与社会力量共同救助的总称。另一方面,长期以来,关注社会救助的多为社会学或者经济法学、社会法学的专家,他们很少关注被害人救助问题。目前有关社会救助的著作、论文等理论文献基本上都没有在社会救助法律框架内探讨犯罪被害人救助问题。这种理论研究的隔阂客观上为制度的分离打下了理论基础。

第二节 犯罪被害人救助与社会救助法律制度的应然关系

被害人救助与社会救助两项制度相分离的现状是由于目前被害人救助指导思想的偏差、被害人救助工作处于初级阶段以及理论研究的不足等原因所导致的。但从应然的层面进行分析,被害人救助属于社会救助的一种,因此未来在制度构建以及立法上,应当实现被害人救助与社会救助的整合。

一、犯罪被害人救助属于特殊的社会救助

(一)犯罪被害人救助符合社会救助的核心"定义"

犯罪被害人救助是国家与社会力量向犯罪被害人无偿提供物质帮助或者服务的制度。而如上文所述,社会救助是指国家与社会力量依照法律规定,向处于某种困难的特定群体无偿提供物质帮助或者特定服务的制度。可见,两项救助措施的主体都是国家与社会力量,且主要主体是国家;内容都是向有关人员提供物质帮助与服务;救助的性质都具有非义务性,接受救助的公民无需支付对价;犯罪被害人救助的对象——犯罪被害人,属于社会救助的对象——"处于某种困难的特定群体"之一。因此,从逻辑的角度来看,被害人救助完全属于社会救助的外延之内,被害人救助属于一种具体的社会救助措施。

(二)犯罪被害人救助权是社会救助权的有机组成部分

首先,社会救助权是一项综合性的开放的权利体系,可以也应当随着经济社会的发展而吸纳新的权利类型。相对而言,被害人救助权是较新的权利,但目前已经得到国际社会的普遍认可。联合国大会1985年11月29日通过了《为罪行和滥用权力行为受害者取得公理的基本原则宣言》,通常也

---

① 参见周世雄等:《犯罪被害人救助机制研究》,载《湖南社会科学》2010年第2期。

第三章 犯罪被害人救助与社会救助制度的关系

称之为联合国《被害人人权宣言》,该《宣言》强调了被害人人权的重要性,强调国家有补偿、救助被害人的义务。由此可见,从国际法的角度来看,被害人享有的社会救助权是被害人人权的重要内容。作为一项新的权利类型,我们固然要加以重视,但并不意味着这是一项全新的、单独存在的权利。事实上,作为一个权利体系的社会救助权,完全可以将被害人救助权纳入其中。换言之,被害人社会救助权的产生,既是被害人人权得到保障的标志,也是社会救助权不断发展的体现之一。

其次,从社会救助权的内涵来看,社会救助权指的是,当公民因遭受到自然危险或者社会危险而陷入基本生存需要无法满足的状态时,有从国家和社会获得生存保障、享受福利救助的权利。而犯罪正是公民所不能预见的一种重大社会危险。根据平等原则,因这种危险而受到伤害的被害人,也应当有从国家和社会获得生存保障、享受福利救助的权利。

最后,社会救助权的根据在于保障公民生存与发展权的现实需要;社会救助权的逻辑存在于现代国家与公民的关系之中。国家是制度的供给者,是正义的守护人,当公民处于贫困和危难之中,国家有责任予以救助,最终体现和促成制度正义。① 当犯罪被害人通过刑事司法制度无法实现正义,尤其是无法得到有效赔偿而陷入生存困境时,国家有责任予以救助,以弥补刑事司法制度的缺陷,实现实质正义,保障公民受到犯罪侵害后的生存权以及犯罪后能够重新适应社会进而实现个人的发展。可见,社会救助权与被害人救助权的内在根据和逻辑是一致的,被害人救助权是社会救助权在刑事司法领域的具体体现。

(三)犯罪被害人救助与其他社会救助措施有相似或者相同之处

由于被害人救助与一些具体的社会救助工作具有相类似甚至是相同之处,因而必须将犯罪被害人救助置于整个社会救助体系中加以理解,从而为制度的革新和完善确定框架和方向,而不应人为地割裂制度和制度之间的关联。下文选择几种与被害人救助有较大相似之处的规定在我国《社会救助暂行办法》中的社会救助措施加以说明。

(1)当前的被害人救助工作与最低生活保障有着共同的旨趣。当前向被害人提供的经济救助,一般以被害人或其家庭陷入生活困难为前提。可

---

① 参见占美柏:《论社会救助权》,载《暨南学报》2012年第8期。

见,被害人救助更多地旨在维持被害人的基本生活,而这正是最低生活保障的目的所在。这与国际通行的被害人国家补偿制度有所不同。《为罪行和滥用权力行为受害者取得公理的基本原则宣言》第12条规定:"当无法从罪犯或其他来源得到充分的赔偿时,会员国应设法向下列人等提供金钱上的补偿:(a)遭受严重罪行造成的重大身体伤害或身心健康损害的受害者;(b)由于这种受害情况致使受害者死亡或身心残障,其家属、特别是受扶养人。"可见,被害人国家补偿并不以被害人或者其家庭陷入生活困境为前提。如果我国建立起这种被害人救助制度的话,它与最低生活保障就有较明显的区别。不过这不意味着被害人国家补偿已经突破了社会救助的辅助性原则,因为得到补偿的也只是犯罪被害人中的一小部分,而且往往是陷入某种困境如重伤、残疾的被害人。换言之,被害人国家补偿仍然可以视为社会救助措施之一。

(2)被害人救助与"受灾人员救助"有相似之处。第一,被害与自然灾害一样具有突发性和偶然性,这也决定被害救助与受灾救助工作具有紧急性。第二,两种救助的方式均具有多样性。受灾人员救助不仅包括灾难发生时、发生后的救助以帮助受灾人员渡过难关,而且包括帮助受灾人员回复正常的生活,即灾害重建工作。被害人救助也具有类似的特征,即既包括提供紧急救助以帮助被害人度过因犯罪而造成的生活困境,也包括协助被害人走出受害阴影,恢复正常的生活方式。

(3)从某种角度来看,被害人救助属于一种临时救助,可以适用有关临时救助的法律规定。根据我国《社会救助暂行办法》的规定,临时救助的对象是"国家对因火灾、交通事故等意外事件,家庭成员突发重大疾病等原因,导致基本生活暂时出现严重困难的家庭,或者因生活必需支出突然增加超出家庭承受能力,导致基本生活暂时出现严重困难的最低生活保障家庭,以及遭遇其他特殊困难的家庭"。而根据目前被害人救助的实践,接受救助的被害人的家庭一般都属于"基本生活暂时出现严重困难的家庭"或者"遭遇其他特殊困难的家庭"。至于犯罪是否属于上述规定的"因火灾、交通事故等意外事件"的一种,在解释上可能存在争议。不过将因犯罪而陷入生活困境的被害人解释为"遭遇其他特殊困难的家庭"之一,在理论上应当是没有争论的,只不过在临时救助制度建立之初,似乎没有考虑过这种情形。同时,从临时救助制度的功能来看,它本身就属于一种兜底性的救助措施,因此,在被害人救助还没有被规定为一项独立的社会救助措施之前,在临时救助的框架内实施被害人救助,应该是一个可行的方法。

总之,社会救助体系具有开放性的特征,我们不能囿于社会救助制度的现有条条框框,将被害人救助排除在外。正如学者指出的那样:"作为社会保障制度体系的一个子系统,社会救助制度必须随着系统内外大环境的变化而变化,对自己的目标、对象、范围和标准适时地进行调整。……社会救助实际上是一个持续的过程。"①随着我国经济、社会、法治的发展,被害人人权保障观念深入人心,国家责任理念不断加强,我国应明确承认被害人有获得社会救助之权利,并将被害人救助纳入到社会救助法律的调整范围之内。

二、犯罪被害人救助纳入社会救助体系的必要性

将被害人救助纳入社会救助法律制度,不仅仅是理论上、逻辑上的要求,同时也具有很重要的现实意义:

首先,将明确犯罪被害人权利地位,从而为国家救助被害人提供法律上的正当性基础。如上文所述,社会救助法律体系的正当性基础在于——国家责任和公民权利理论,从而公民在特定情形下具有向国家申请救助的权利。而在实然层面中,犯罪被害人救助游离于社会救助法律体系之外,从而导致被害人的权利处在"或有或无"的境地之中,救助与否完全出于国家及救助机关的意愿。这种没有"权利"而只有"恩恤"的犯罪被害人救助制度,无法给予犯罪被害人确定的获救预期,极有可能导致"高兴而来扫兴而归",进而在制度层面上导致被害人"二次伤害",从效果上制约了被害人救助制度的发展和完善。因此,将该制度纳入成熟的社会救助法律制度之中,则为犯罪被害人权利地位的确定扫除观念和制度上的障碍。

其次,将为犯罪被害人救助制度寻求可资参照的制度。相对而言,社会救助法律制度更为成熟,其程序设计更为完善,其救助机制更为齐备。将犯罪被害人救助制度与社会救助法律制度相分离,则前者不免丧失了可以参照改进的模板。从被害人救助的启动,到被害人救助的审查决定,再到被害人救助的具体实施,最后到被害人救助权的救济和保障,都可以从社会救助法律体系中寻求现成的方案和变革的灵感。

---

① 参见杨思斌:《中国社会救助法立法研究》,中国工人出版社 2009 年版,第 155 页。

再次,将同时促进社会救助法律体系的完善。将被害人救助纳入社会救助法律制度之中,一方面可以丰富社会救助的体系,使社会救助体系更加符合社会的需要,更为全面地实现公民的社会救助权。另一方面由于处于同一体系内,被害人救助与其他社会救助措施的衔接机制将能更好地建立起来。例如,犯罪被害人救助的制度定位为"救急",即对犯罪人赔偿的补充以及对被害人心理、诉讼的支持,但以此并不能保证被害人恢复到一般公民的生活水准,其他社会救助机制此时便应启动,从而形成为被害人的无缝隙的全面保护。

需要注意的是,将犯罪被害人救助制度纳入社会救助体系之中,并非意味着取消犯罪被害人救助制度的独立性,而采取一种统一的社会救助制度。事实上,犯罪被害人救助制度与社会救助制度之间,属于一种"特别法"和"一般法"的区别:前者共享了后者的一般原理,但同时区别于后者,在适用上前者更为优先。换言之,犯罪被害人救助制度不仅仅具有社会法的制度特性,而且具有刑事法的制度特性。无论是救助对象还是救助场合,都具有专门性和专业性,是负责一般社会救助工作的民政部门所不能承受之重。另外,从各国制度来看,犯罪被害人救助制度,尤其是狭义的被害人救助制度——被害人补偿制度,通常是专门立法,从而与一般社会救助制度立法相区别。因此,本书虽强调犯罪被害人救助与社会救助的共性,但同时也不忽略二者在适用上的差异。

第二编

犯罪被害人救助制度之域外考察

本编试图通过梳理和总结世界各国的犯罪被害人救助制度及其实践经验,为我国犯罪被害人救助制度的建构提供参考。本篇分为以下四章:第四章"亚洲国家或地区犯罪被害人救助制度与实践",第五章"普通法系国家犯罪被害人救助制度与实践",第六章"大陆法系国家犯罪被害人救助制度与实践",第七章"犯罪被害人救助的国际法律制度"。前三章均从具有代表性的国家和地区的被害补偿制度、被害人司法权益保护和被害援助等三个方面,对世界主要国家和地区的犯罪被害人救助加以归纳性介绍。最后一章主要通过介绍具有代表性的国际和区域范围内的有关犯罪被害人救助的宣言及条约等文件,以展现在这一议题上的世界性共识。

第四章　亚洲国家或地区犯罪被害人救助制度与实践

亚洲地区的被害人救助起步较晚,确立被害人相关制度的国家或地区并不多,主要有我国香港和台湾地区以及日本、韩国、泰国、印度等。① 其中,我国香港、台湾地区以及日本具有一定的代表性。香港地区由于其法律及行政制度与英国一脉相承,故被害人救助制度的确立较早,发展也较为成熟;台湾地区被害人救助制度的确立虽较晚但发展迅速,其发展过程和模式极富借鉴意义;日本自上世纪80年代以来在被害人救助方面积累了丰富的立法经验,其被害人救助制度发展甚为全面。

第一节　香港地区

根据我国《香港特别行政区基本法》第8条规定,香港原有法律,即普通法、衡平法、条例、附属立法和习惯法,除同本法相抵触或经香港特别行政区的立法机关作出修改者外,予以保留。作为曾经的英国殖民地,香港的法律体系和制度均沿袭自英国,其被害人补偿计划与英国的类似计划几乎如出一辙,被害人在刑事司法中的地位也与英国类似,均不是诉讼当事人的地位。虽然没有建立统一的被害人援助机构,不过其被害人援助的综合性和多样性也体现英国式的特征。总体而言,香港的被害人救助制度发展较为全面,积累了较为丰富和成熟的实践经验。

香港被害人救助的相关内容系由法例、政府规章和条例加以确定,如《暴力及执法伤亡补偿计划》(Criminal and Law Enforcement Injuries Com-

---

① 参见美国刑事司法信息服务网站,https://www.ncjrs.gov/ovc_archives/reports/intdir2005/alphaindex.html#k,最后访问时间:2014年12月7日。

第二编 犯罪被害人救助制度之域外考察

pensation Scheme)①、《罪行受害者约章》(The Victims Charter)②、《罪案受害者及证人的权利通知书》(Rights of Victims and Witnesses of Crime)③、《对待受害者及证人陈述书》(The Statement on the Treatment of Victims and the Witnesses)④等。此外,香港《刑事诉讼程序条例》(Criminal Procedure Ordinance)⑤也对被害人的司法权益有所涉及。

一、被害补偿

香港社会福利署(Social Welfare Department)于 1973 年 5 月 23 日发布了《暴力及执法伤亡补偿计划》,从而使香港率先成为了亚洲首个对被害人给予补偿的地区。该计划全称为《暴力及执法伤亡补偿计划——为因暴力罪行或因执法人员使用武器执行以致无辜受伤人士或遗属提供经济援助》(Criminal and Law Enforcement Injuries Compensation Scheme——Provides financial assistance to innocent victims(or to their dependants in cases or death) who are injured as a result of crime of violence, or by a law enforcement officer using weapon in the execution of his duties),至今历经十四次修订,最近一次为 2009 年 3 月 24 日。该计划的文件版本既有官方行政文件,也有针对民众发放的小册子。官方行政文件详细规定了被害人补偿的各项内容,并附有以表格形式详列各补偿项目及其金额条件的细则⑥与上诉规则。⑦ 小册子则简略地载明经济援助的目的、申请资格、申请手续、

---

① 法规来源为香港社会福利署官方网站,http://www.swd.gov.hk/sc/index/site_download/page_document/,最后访问时间:2014 年 12 月 18 日。该文件标题的官方中文文本为《暴力及执法伤亡赔偿计划行政文件》,不过"compensation"一词译为"补偿"更妥,为避免词义混淆且保持前后行文一致,本书均作《暴力及执法伤亡补偿计划》。
② 法规来源为香港警务处官方网站,http://www.police.gov.hk/ppp_sc/04_crime_matters/vic_charter.html,最后访问时间:2014 年 12 月 18 日。
③ 法规来源为香港警务处官方网站,http://www.police.gov.hk/ppp_sc/04_crime_matters/rvwc.html,最后访问时间:2014 年 12 月 18 日。官方文件称谓仅作《罪案受害者及证人的权利》,不过社会福利署称之为《罪案受害者和证人的权利单张》,http://www.swd.gov.hk/vs/text_sc/police.html,本书为方便叙述,统一称之为《罪案受害者及证人的权利通知书》。
④ 法规来源为香港律政司官方网站,http://www.doj.gov.hk/eng/public/victimsandwitnesses.html,最后访问时间:2014 年 12 月 18 日。
⑤ 法规来源为香港律政司官方网站,http://translate.legislation.gov.hk/gb/www.legislation.gov.hk/chi/home.htm,最后访问时间:2014 年 12 月 18 日。
⑥ 该细则几乎年年更新,最后一次修改时间为 2014 年 4 月 1 日。
⑦ 该规则的最后一次修改时间为 1997 年 11 月 10 日。

第四章　亚洲国家或地区犯罪被害人救助制度与实践

补偿金额的计算和支付方法、上诉程序等。香港被害人补偿制度推行至今已逾四十年，其发展可谓成熟。

（一）香港地区被害补偿制度的具体内容

以下主要根据补偿计划的官方行政文件，从被害人补偿的负责机构、资金来源、补偿对象、补偿条件、补偿范围和标准、补偿机构和程序等六个方面予以介绍：

1. 负责机构

《暴力及执法伤亡补偿计划行政文件》（以下简称《行政文件》）第 1 条规定，该项补偿计划由暴力伤亡补偿委员会和执法伤亡补偿委员会①管理，二委员会的文书和行政支援工作均由社会福利署派员处理，行政费用也由社会福利署支付。委员会全权决定向个案发放的补偿金额。

2. 资金来源

《行政文件》第 2 条规定，该补偿基金来源于香港立法会的拨款。

3. 补偿对象

补偿对象包括：受害人；在受害人死亡的情形下，为其受养人。根据《罪行受害者约章》规定，受害人是直接因刑事罪行而遭受肉体或精神伤害，或遭受财物损失或损害的人，不仅指有关犯罪所针对的人，也包括任何直接因该犯罪而受害的人，举例来说，包括遭性侵犯的儿童的父母或遭谋杀的被害人的直系家人。故补偿对象的范围包括直接受害人和间接受害人。

（1）受养人的范围

补偿计划并未直接规定受养人的范围，但明确该受养人与受害人的关系包括因男女共同生活形成的事实婚姻关系（《行政文件》第 7 条）。根据《香港法例》第 22 章《致命意外条例》（Fatal Accidents Ordinance）②，"受养人"的范围如下：

(a) 死者的妻子、丈夫、前妻或前夫，以及与死者所缔结的婚姻已经作废或遭宣布无效的人；

(b) 死者在 1971 年 10 月 7 日以前合法纳娶的妾侍；

---

① 《行政文件》中作"暴力伤亡赔偿委员会"和"执法伤亡赔偿委员会"，为避免词义混淆，保持前后行文一致，本书均写作"暴力伤亡补偿委员会"和"执法伤亡补偿委员会"。

② 法规来源为香港律政司官方网站，http://www.legislation.gov.hk/eng/home.htm，最后访问时间：2014 年 12 月 18 日。

(c) 符合下列条件的人——

(i) 在紧接死者死亡的日期之前,与死者在同一住户内生活,如同夫妻;及

(ii) 在该日期的前2年或更长时间内,一直与死者在同一住户内生活,如同夫妻;

(d) 死者的父母或祖先;

(e) 任何在有婚姻关系的期间,视死者为该段婚姻的家庭的子女的人(不包括死者的父母);

(f) 死者的子女或后裔;

(g) 于任何时间死者在有婚姻关系的期间内,死者视之为属于该段婚姻的家庭的子女的人(不包括死者的子女);

(h) 死者的兄弟姊妹、伯父母、叔父母、舅父母、姑丈、姑母、姨丈、姨母,或其后嗣;

(i) 死者的祖父母的兄弟姊妹或其后嗣,或死者的外祖父母的兄弟姊妹或其后嗣;

(j) 根据中国风俗是死者的谊父母或谊子女①的人。

(2) 受害人与加害人的关系

补偿计划对受害人与加害人有亲属关系的情形作出特别规定。当受害人与使受害人受伤的罪犯为同一家庭的成员并居于同一住所,需要具备以下条件才可获得补偿:一是罪犯已因有关罪行被检控②,委员会认为有理由不检控的除外;二是发放补偿符合申请人或代其提出申请的未成人或其他人士的利益。

(3) 受害人或受养人的个人因素

补偿的发放并不考虑受害人或其受养人的经济能力,但是会考虑其他因素,如申请人的个人品性。《行政文件》第12条以及第22条均规定,若委

---

① 即通过俗称"认干亲"的"结谊"方式所确立的身份关系,该身份关系在粤语文化圈(包括香港)较为盛行,谊父母对谊子女通常要负起一定的管教和照顾之责,详见维基百科网站,http://zh.wikipedia.org/wiki/%E4%B9%BE%E8%A6%AA#.E8.AA.BC.E7.88.B6.E6.AF.8D.E5.92.8C.E8.AA.BC.E5.AD.90.E5.A5.B3,最后访问时间:2014年12月21日。

② 相当于我国内地的"提起公诉",在香港,检控业务由律政司的检控人员负责,参见香港律政司网站,http://www.doj.gov.hk/sc/public/pubsoppapcon.html,最后访问时间:2014年12月21日。

第四章　亚洲国家或地区犯罪被害人救助制度与实践

员会在考虑受害人的品行(包括引致补偿申请的事件之前和之后的品行)、性格和生活方式后,认为向受害人发放全数补偿或任何补偿并不恰当,可削减补偿金额或否决受害人的申请。

(4) 受害人或受养人的居留权

受害人必须是根据《香港法例》第 115 章《入境条例》(Immigration Ordinance)①的规定,有权在香港居留的,或获准在香港逗留且在事件发生时未违反逗留期限的。若受害人在入境后才获准在香港居留或受害人在逾期留港后其留港期限获延长,而事件在准许生效日期当日或之后发生,受害人亦可能会获得补偿。

4. 补偿条件

(1) 伤亡原因

补偿计划区分暴力伤亡补偿与执法伤亡补偿。

第一类,暴力伤亡补偿:指在刑事罪行中遭凶徒用暴力袭击以致伤亡的受害人或其遗属可通过该计划申请补偿。其所指事件为:① 暴力罪行(包括纵火及下毒);② 逮捕或试图逮捕罪犯或疑犯;③ 防止或试图防止罪行发生;④ 协助警务人员或任何人士逮捕或试图逮捕罪犯或疑犯,或防止或试图防止罪行发生。

对于暴力罪行的认定应注意以下两点:一是该罪行的判断标准要宽于刑事程序,不考虑法律基于罪犯年龄精神状况或其他情况而赋予的豁免(《行政文件》第 5 条);二是交通意外受害人除非被人蓄意用车撞倒,否则不在补偿计划范围之内。②

第二类,执法伤亡补偿:如因执法人员(即任何正在执勤的警务人员或公职人员)使用武器执行职务而伤亡,受害人或其遗属均可通过该计划申请补偿。其所指事件为:① 逮捕或试图逮捕罪犯或疑犯;② 防止或试图防止罪行发生;③ 协助警务人员或任何人士逮捕或试图逮捕罪犯或疑犯,或防

---

① 法规来源为香港律政司官方网站,http://www.legislation.gov.hk/eng/home.htm,最后访问时间:2014 年 12 月 18 日。
② 香港另有《交通意外伤亡援助计划》,该项计划根据《香港法例》第 229 章《交通意外伤亡者条例》成立。该计划旨在向道路交通意外受害人或这些人士的受养人(如受害人死亡)迅速提供经济援助。此计划无需考虑受惠人的经济状况,或有关交通意外系因谁人的过失而造成。援助金按受害人的伤亡情况支付;至于财物损失,则不在援助范围内。

止或试图防止罪行发生。

(2) 限制条件

《行政文件》第6条、第17条还规定了其他的限制条件：第一，(伤亡程度要求)该伤亡事件所引致的伤势令受害人至少损失三天入息或工作能力，但不包括引致死亡或伤残的个案；第二，(程序要求及报案义务)引致受害人受伤或死亡的事件，已成为刑事诉讼案件，或已在合理时间内向警方报告；第三，(申请人的积极协助义务)申请人已尽力协助委员会，并向委员会提供有关资料，特别是提供可能需要的医疗报告；第四，(申请时间限制)对于新提出的申请，申请人已在事件发生当日起计的3年之内提出补偿申请；第五，(重新申请时间限制)至于重新提出的申请，首次补偿申请于事件发生当日起计3年之内提出，但该申请个案因自行撤销或失去联络而结束；申请人第二次或以后的申请须于事件发生当日起计的3年之内提出，或在自行撤销或失去联络后1年之内提出，以较后日期为准；第六，(受害人的居留权限制)受害人根据《香港法例》第115章《入境条例》的规定，有权在香港居留或获准在香港逗留，对于逗留香港是有条件限制的受害人，须在事件发生时，并无违反逗留期限。若受害人在入境后才获准在香港居留或受害人在逾期留港后其留港期限获延长，而事件在准许生效日期当日或之后发生，受害人亦可能会获得补偿。

5. 补偿范围和标准

(1) 补偿范围和项目

根据补偿计划所附细则，补偿范围包括：殓葬补助、死亡补助、伤残补助、受伤补助和临时生活补助五项。虽然《罪行受害者约章》中将受害者定义为"直接因刑事罪行而遭受肉体或精神伤害，或遭受财物损失或损害的人"，但以上补偿项目中并不特别包括精神伤害补偿。不过，在评估伤残程度时，性犯罪受害人的精神受创程度是考虑在内的；其他受害人在医生认为有需要时也可以接受同样的评估。

(2) 补偿金额和标准

暴力伤亡补偿依照补偿计划所附细则发放，执法伤亡补偿则根据普通法补偿损失的方式或补偿计划所附细则评定，以二者中金额较高者为准。

在具体标准设置上，除殓葬补助为固定金额(1.32万港元)外，其他补助项目均采用浮动付款金额，并设置限额。死亡补助视受害人在家庭中是否为谋生者或是否为唯一谋生者分三类情况确定金额,最高补偿金额为19万港元;伤残补助标准根据《香港法例》第282章《雇员补偿条例》(Employees' Compensation Ordinance)①而定,补偿金额从161港元起最高可达16.092万港元,60岁及以上者只获补偿金额的2/3;受伤补助及临时生活补助则根据病假或住院日数(最高180天)确定,受伤补助还与受伤的严重程度有关,补偿金额由632港元起至5.259万港元,临时生活补助的金额由373港元起最高可达6.708万港元。因此,在受害人死亡的情形下,申请人最高可获得32.287万港元的补偿;在受害人伤残的情形下,则可获最高29.379万港元。

值得注意的是,若受害人死亡原因非与受伤有关,若委员会认为不发放补偿,受养人会陷入困境的,不论受害人去世前是否已就受伤事件提出补偿申请,对于暴力伤亡事件委员会可以就受害人去世前因受伤而损失的收入发放补偿(《行政文件》第11条);对于执法伤亡事件委员会甚至可以就受害人去世前因受伤而损失的收入、开支和债务发放补偿(《行政文件》第21条)。

(3)提高或削减补偿数额的情形(《行政文件》第14条)

暴力及执法伤亡补偿委员会有权根据个别情况,提高或削减补偿款额,甚至否决申请。在下列情况下,委员会可根据补偿计划所附细则,提高受害人的补偿总额,最高可增加一倍:第一,受害人曾逮捕或试图逮捕罪犯或疑犯,或采取或试图采取行动防止罪行发生,或协助警务人员或其他人士进行上述行动;第二,受害人在引致补偿申请的事故发生后,不避个人危难,甘冒危险,奋力协助警方拘捕或控告罪犯或疑犯;第三,受害人在引致补偿申请的警匪枪战中被非警务人员所枪伤或枪杀,而其情况值得以恩恤理由酌情考虑。如果同时符合第一种情形,则受害人或其受养人所可以获得的补偿数额,最高可增加至两倍。

委员会还可酌情将强奸罪行受害人的伤残补助、受伤补助及临时生活补助提高,最高可增加一倍。但如受害人的品行、性格及生活方式是构成伤人事件的因素,则委员会可削减补偿款项,或拒绝给予补偿。

---

① 法规来源为香港律政司官方网站,http://www.legislation.gov.hk/eng/home.htm,最后访问时间:2014年12月18日。

第二编 犯罪被害人救助制度之域外考察

(4) 与其他所获赔偿或补偿的竞合(《行政文件》第 32 条)

该计划坚持"不可获得双重补偿"的原则,申请人通过其他途径就同一事故申请损害赔偿或其他补偿的权利虽不会受该计划影响,但需退还该计划所发放的款项或其他赔款,二者以金额较低者为准。比如,委员会会在评定的补偿金额中扣除申请人就同一伤亡事件收到法院发出的赔偿判令或其他方面的补偿,也会考虑扣除申请人因同一伤亡事件所获发的退休金或雇员补偿。

不过考虑到对见义勇为行为的激励,在受害人曾逮捕或试图逮捕罪犯或疑犯,或采取或试图采取行动防止罪行发生,或协助警务人员或其他人士进行上述行动;受害人在引致补偿申请的事故发生后,不避个人危难,甘冒危险,奋力协助警方拘捕或控告罪犯或疑犯的情形下,申请人因其英勇行为而获增加发放的款项则无需退还。

6. 补偿机构和程序

受害人或受养人可向委员会办事处、各区警署、民政事务处、社会福利署属下各区医务社会服务部及各社会保障办事处索取申请表格。申请表格内必须填报有关事故发生的简略情形,以及申请人的资料,并由申请人签署,然后邮寄或送交暴力及执法伤亡补偿委员会秘书处。该申请表内所填报的事件,必须由警方证实已经报案才会受理。每宗申请会先由委员会秘书处的职员搜集一切有关资料,包括事件的实情、医疗报告及受害人的生活及工作状况,然后呈交委员会参考。委员会所作的决定,即申请合格与否,以及申请人获得的补偿款额,会以书面形式通知申请人。委员会在参考所有材料之后,作出决定的时间一般在 14 天内。①

申请人如不满意委员会所作的决定(不论是不予发放补偿金或是补偿金数额不足),可于通知书发出日期后 1 个月内提出上诉,要求上诉委员会重新考虑其申请。在聆讯时,申请人可亲自讲述事件经过,并可带同其他人士或亲友出席,以便从旁协助。如属特别个案并获上诉委员会批准,申请人亦可自费延聘律师代表出席。

---

① 暴力及执法伤亡赔偿委员会主席郭栋明发表的第 40 年度报告书,来源为香港社会福利署官方网站,http://www.swd.gov.hk/sc/index/site_download/page_otherinfor/,最后访问时间:2014 年 12 月 18 日。

第四章 亚洲国家或地区犯罪被害人救助制度与实践

(二)香港地区被害补偿制度的实施状况

从1973年5月23日起至2014年年底,香港共受理20734件申请个案,年均505件,以下以表格形式呈现其具体实际施行情况。①

1. 被害补偿计划总体实施情况

下表展示香港自1973年5月起至2013年3月每年受理的补偿申请案件数量及发放的补偿金额。

表4-1-1 香港1973—2013年度被害补偿计划实施情况表②

年度	总申请个案	年度	总申请个案	金额(万港元)
1973/1974(10个月)	282	1993/1994	869	
1974/1975	722	1994/1995	979	
1975/1976	856	1995/1996	761	
1976/1977	623	1996/1997	800	
1977/1978	582	1997/1998	663	1820
1978/1979	546	1998/1999	760	1250
1979/1980	711	1999/2000	756	1030
1980/1981	901	2000/2001	679	1107
1981/1982	997	2001/2002	589	960
1982/1983	1300	2002/2003	759	968
1983/1984	1328	2003/2004	637	1167
1984/1985	1195	2004/2005	563	1058
1985/1986	1329	2005/2006	436	641
1986/1987	1117	2006/2007	442	663

---

① 该部分数据(包括表格内数据)均来自香港年报资料库网站,www.yearbook.gov.hk;以及暴力及执法伤亡赔偿委员会主席郭栋明发表的第41年度报告书,http://www.swd.gov.hk/doc_sc/social-sec/41st%20CLEIC%20Boards%20Annual%20Report_Chi.pdf,最后访问时间:2014年12月21日。

② 制表说明:(1)香港的财政年度为每年的4月初至次年的3月底,表中的年度均指财政年度。由于香港被害人补偿计划从1973年5月23日开始推行,故首年度实际时间约为10个月份。(2)自1997年起,被害补偿计划明确统计了补偿金总额。

(续表)

年度	总申请个案	年度	总申请个案	金额(万港元)
1987/1988	1206	2007/2008	393	468
1988/1989	1139	2008/2009	409	649
1989/1990	1028	2009/2010	393	606
1990/1991	1097	2010/2011	332	563
1991/1992	932	2011/2012	332	486
1992/1993	769	2012/2013	285	535

上表可以看出,无论被害人补偿申请的案件数量抑或补偿金额,近年来总体都呈下降趋势。被害补偿申请的案件数量在补偿计划推行后的10年内迅速攀升,之后偶有回升,但大体仍在下降;到2012/2013年度,更是萎缩至285件,与最初1973/1974年度的282件相差无几,大致仅为最高年度1985/1986(1329件)的1/5。

2. 被害人补偿案件及补偿金数额双降的原因分析

笔者认为,申请案件数的下降和补偿金额削减,主要原因有三:一是补偿申请的审查较为严格;二是出于隐私等方面的原因,被害人不愿意接受严格的调查;三是委员会在确认补偿金额时态度谨慎。

(1) 审查严格

表 4-1-2　香港 2012/2013 年补偿申请首次审查情况表

首次审查决定	申请个案	百分比(%)
发放补偿	146	71.2
押后决定	43	21
否决申请	16	7.8

上表显示,2012/2013年度香港暴力及执法伤亡补偿委员会首次审查的个案申请共205件,其中押后决定的有43件,否决申请的有16件,二者占总数的近30%。其中16件被否决申请,主要是基于被害人自身因素,如下表所示。

表 4-1-3 香港 2012/2013 年度补偿申请之否决事由统计表①

否决原因	个案数量	百分比(%)
受害人对案情的陈述不尽可靠	4(6)	25.0(40.0)
受害人的性格、品行和生活方式是构成伤人事件的因素	4(2)	25.0(13.3)
个案未列为暴力罪行	3(3)	18.8(20.0)
受害人并非因暴力罪行引致受伤	2(1)	12.5(6.7)
不符合居港规定	2(0)	12.5(0)
获发的雇员补偿金额较本计划补偿金额高	1(2)	6.2(13.3)
病假少于规定的最低日数	0(1)	0(6.7)
总数	16(15)	100(100)

(2) 被害人不愿意接受调查

受害人并非不愿意接受补偿,而是不愿意接受补偿所附随的案件调查。2012/2013 年度一共有 22 例个案的被害人因不愿接受调查的案件自动撤销补偿申请,接近全部自动撤销案件总数(49 件)的一半。而 2011/2012 年度自动撤销的补偿申请一共 92 件,因不愿接受调查而撤销的案件有 44 例,同样接近总数的一半。

表 4-1-4 2012/2013 年度补偿申请个案撤销原因统计表②

撤销原因	个案数量	百分比(%)
不愿接受调查	22(44)	44.9(47.8)
获发的雇员补偿金额较本计划补偿金额高	13(24)	26.5(26.1)
病假少于规定的最低日数	11(17)	22.5(18.5)
自觉不符合资格	2(7)	4.1(7.6)
未提供理由	1(0)	2.0(0)
总数	49(92)	100(100)

---

① 制表说明:括号内为前一年的数据。
② 制表说明:括号内为前一年的数据。

(3) 确定补偿金额态度审慎

根据《暴力与执法伤亡补偿计划》所附的补偿细则,2013年4月1日公布的补偿细则规定申请人最高可获补偿金额为29.03万港元,然而该年度委员会所发放的补偿金最高数额仅为14.983万港元(该案件申请人为一宗谋杀案的被害人),仅为法定最高限额的1/2。同时,该年度没有一件根据《行政文件》第14条酌情增加补偿额的个案,却有27件削减补偿金额的个案,削减理由是委员会认为受害人的性格、品行和生活方式是伤人事件的因素。27件个案中,减幅从5%—74%不等,其中有8件个案的减幅超过50%。由此可见,委员会在给予被害人补偿金时,通常较为保守谨慎,倾向于在法定额度的中间线以下给付。

二、被害人的司法权益保护

作为普通法系地区,香港将被害人定位为证人的角色,不过当下立法趋势显示出重视和加强被害人权利保护的倾向,权利的内容涵盖诉讼权利、人身安全保障和财产权利。香港刑事程序法(主要指《刑事诉讼程序条例》与《证人保护条例》)中对被害人司法权益规定较少,不过将律政司、警察署等制定的有关规章文件纳入,被害人所具有的司法权益则较为齐备。香港律政司自1996年发布《罪行被害者约章》(The Victims Charter,2003年修订)后,又于2004年公布《对待受害者及证人陈述书》(The Statement on the Treatment of Victims and the Witnesses,2009年修订),警务处则制作题为"罪案受害者及证人的权利"(Rights of Victims and Witnesses of Crime)的通知书并将其与《罪行被害者约章》一并向被害人发放,表达对被害人的关切。细究关切的背后,一方面是对被害人权利的尊重和对正义诉求的赞许,另一方面有效地满足了刑事司法制度运行的需求,因为"有赖受害者及证人全力支持和通力合作,刑事司法制度才能行之有效,而受害者及证人必须对刑事司法制度具有信心"。[①]

(一) 代表性的被害人司法权益保护法例

《罪行受害者约章》和《罪案受害者及证人的权利通知书》两份文件涵盖了《香港法例》第221章《刑事诉讼程序条例》(Criminal Procedure Ordinance)

---

① 参见《对待受害者及证人陈述书》。

第四章 亚洲国家或地区犯罪被害人救助制度与实践

和第564章《证人保护条例》(Witness Protection Ordinance)中关于被害人和证人权利及保护的内容,以简明和易懂的方式让被害人和证人快速便捷地知悉自己的权利。《对待受害者及证人陈述书》则在香港现有法例规定的基础上制定,是检控人员在处理案件中对待受害人及证人的行为基准。以下是对该三份文件的介绍:

1.《罪行被害者约章》

该约章规定被害人的定义、责任和权利。

(1) 被害人的定义

被害人是指直接因刑事犯罪而遭受肉体或精神伤害或遭受财物损失或损毁的人,不仅指有关犯罪所针对的人,也包括任何直接因该犯罪而受害的人,比如遭性侵犯的儿童的父母或遭谋杀的被害人的直系家人。

(2) 被害人的责任

《约章》简略地提及被害人的责任,即协助维护法纪。《约章》特意说明并不要求被害人冒险对抗凶悍的罪犯,但是要求被害人:① 遵守法律;② 采取适当措施预防罪案发生,如确保家居和个人财物安全;③ 举报罪案、贪污和任何可疑情况,如有人在建筑物附近游荡;④ 应警方或其他执法机关要求提供合理的协助;⑤ 挺身作证。

(3) 被害人的权利

《约章》一共规定了被害人权利十一项,涉及以下四方面:一是人身尊严与安全,包括有权受到礼貌对待和尊重、有权要求有关当局的保护、有权享有隐私权和保密权等;二是诉求传达,包括举报犯罪有权得到适当及时处理、有权获得提供适当的法庭设施而不处于尴尬、有权陈词表达意见;三是信息获取,包括有权在举报犯罪时获得案件主管人员信息和相关文件、有权得悉包括侦查、检控、审判、执行等案件进展状况;四是被害恢复,包括有权迅速取回财产、有权寻求司法赔偿或政府补偿、有权得到支援服务和善后辅导等。

2.《罪案受害者及证人的权利通知书》

由于被害人在普通法系的刑事诉讼中居于证人的地位,被害人的许多权利是通过对证人的保护措施得以保障的,比如人身安全。《罪案受害者及证人的权利通知书》中明列受害者/证人在面对警方时享有的各项权利。

对作为证人的被害人而言,有权:(1) 受到礼貌、同情和细心的对待,个人尊严和隐私亦得到尊重;(2)在可行的情况下,获警方安排在其认为方便的地点和时间接受会面;(3)由其代表律师陪同接受警方会面;(4)在罪案发生时受伤或感到不适时,即时获得治疗;(5)要求自行付款取得食物及饮品;(6)保密其与调查工作无关的个人资料,而警方应按照《个人资料(私隐)条例》处理其所提供的资料;(7)在任何性犯罪案件中,无需提出要求即获安排由性别相同的人员接见;(8)要求警方考虑使用单向观察镜进行认人手续;(9)要求取得向警方所提供的任何书面口供的复本(或记录会面过程的录影带);(10)获发一张报案资料卡,上面载有该案件的编号、案件主管及一名调查人员的姓名、职级、职员编号及电话号码;(11)尽早取回属于自己而无需用作调查用途的个人财物;(12)要求警方提供有关警方及法庭程序的资料,并尽快告知调查工作的进展及结果;(13)获悉检控过程的程序及其在当中所扮演的角色;(14)获悉案件的审讯日期及地点;(15)在有需要时寻求保护,警方需根据危险性评估向其提供保护措施并考虑将其纳入保护证人计划;(16)获悉可取得协助的适当机构,例如社会福利署、法律援助署及消费者委员会;(17)在出庭作证时获得证人津贴。

对于儿童被害人或证人,还要求其需由父母或监护人陪同接受会面或协助警方调查,但该陪同者必须与案件无关且不会妨碍调查。儿童被害人或证人的父母或监护人可要求警方考虑摄录会面过程,或要求通过法庭的闭路电视联系系统作供①,或由与案件无关的支援人员陪同在法庭作供。

对于被害人而言,通知书则明确:(1)警方对违法者作出的决定一般不会影响被害人日后向违法者提出民事诉讼;(2)被害人可以向任何警署的值日官索取有关暴力伤亡补偿计划及法律意见的资料。

3.《对待受害者及证人陈述书》

该《陈述书》以被害人和证人为重心,围绕检控人员在司法程序各个阶段应当如何对待被害人和证人,制定检控人员的行为准则,展现检控人员在保障被害人权益时可以使用的方法,亦是向被害人和证人告知其可以在司法程序中享有的权利和获得的服务。

---

① 根据2005年修订的《刑事诉讼程序条例》中《电视直播联系及录影纪录证据规则》(《香港法例》第221J章),视频证词被适用于弱势的被害证人,即儿童及性犯罪被害人。为此香港特区已经在各警察局以外设立"弱势(家居)被害人会见室"。

陈述书的内容包括四部分：律政司的宗旨、政策陈述、服务水平和结语。"律政司的宗旨"和"结语"部分阐述主要原则（致力秉公行义）和目的（提高司法透明度，加强对被害人的援助，增强被害人对司法的信心）。"政策陈述"部分具体规定检控人员在司法程序中应当遵从的行为基准或可采取的举措，包括如何作出检控决定、如何处理与被害人和证人相关的资料、如何帮助被害人获得补偿和恢复财产损失、如何保证被害人和证人的人身安全以及如何处理被害人和证人出庭作证的事宜。"服务水平"部分从被害人和证人的立场出发，载明从案件审讯前到判刑乃至审结后其所能得到的服务，服务内容主要与人身安全、财产恢复、信息获取等相关。

（二）被害人在刑事诉讼程序中的权利

以上主要介绍的都是被害人面对警方或者检控人员时享有的权益，被害人在参与诉讼程序中的权利也是其司法权益的重要组成部分。被害人在诉讼程序中的权利可大致划分为三类：与起诉有关的权利、与证据\庭审有关的权利以及与财产有关的权利。以下根据香港《刑事诉讼程序条例》（2005年修订）等法例进行叙述，可以看出香港地区被害人的诉讼权利较为有限。

1. 与起诉有关的权利

香港没有明确规定"自诉案件"或"刑事附带民事诉讼"，但被害人有权在裁判法院就其申诉或告发的罪行进行检控。在被害人进行私人检控期间，除非律政司已介入或另有决定，可自愿撤销案件。而对于执法机关不追究被告人刑事责任的案件，被害人可以在裁判法庭提出检控，但没有进行申诉的权利。原因在于香港遵循司法独立原则，律政司独立行使检控权，不受包括法院在内的任何力量干涉。

2. 与证据/庭审有关的权利

在证据方面，被害人认为执法机关应当立案侦查的案件而执法机关不立案侦查的，被害人可以向法院提出申请司法复核，要求有关执法机关立案侦查。除法庭另有命令外，辩护律师可向被害人取证，在惯例上会告知控方律师。反过来，被害人也可要求控方律师，申请通知新证人到庭或/及出示相关证物。控方可以要求出庭作证的被害人辨认物证。

在庭审方面，被害人可以申请陪审团成员回避，也可以陈词表达意见，检控官可以适时促请法院考虑被害人意见。在庭审中，被害人可被传召为证人,向法庭作出口头证言。在上诉审中,法庭一般不会再听取被害人的证言,但被害人仍可以陈词表达意见,检控官可以适时促请法院考虑被害人意见。除法庭规定以外,法庭审讯一般是公开的。被害人即使无需被传召作供,亦可出席法庭旁听审讯。

3. 与财产有关的权利

执法机关和法院扣押、冻结的犯罪嫌疑人、被告人的财物,证明属于被害人的,在诉讼程序(包括上诉)完毕后,被害人可以向执法机关或法院申请返还。被害人可以向警方提出申索①,检控官据此向法院请求判处赔偿令。按照英美法系的传统,香港没有刑事附带民事诉讼制度,不过被害人也可以另行提起民事诉讼程序。

三、被害援助

香港除民间私人援助组织如瑞恩·李立、和谐之居以及宁静庭院②等之外,官方也积极参与被害人援助。香港境内并无对被害人进行援助的综合性援助机构,其一般性的社会援助计划如综合援助、就业援助、康复服务、法律援助、老年人关爱、家庭救助等都可以涵盖被害人援助的一部分工作。香港重视援助特殊犯罪诸如虐待儿童、家庭暴力、性犯罪的被害人,其在社会福利署下设保护家庭和儿童服务科(课),成立家庭暴力及受虐儿童被害人救助中心,专门从事家庭及儿童保护。对于家庭暴力、虐待儿童和性犯罪被害人,被害援助工作主要包括以下五个方面:福利服务、医疗及卫生服务、警方介入、法律援助和法律保障。③

(一)福利服务

香港社会福利署提供一系列由政府资助或非政府资助以支援虐儿、虐

---

① 在香港,被害人可以就犯罪对其造成的伤害或损失申索赔偿或申请返还财产,警方应该将该被害人申索的详情及/或被害人蒙受的金钱损失详载于档案之内。否则,律政司在提出检控时,会要求警方提供有关详情或解释无须提供该资料的原因。检控人员将有关申索事项告知法庭,如法庭认为有关申索恰当,就会做出赔偿令或返还财产令。参见香港律政司:《对待受害者及证人的陈述书》(2009)。
② 〔日〕太田达也:《刑事被害人救助与刑事被害人权利在亚洲地区的发展进程》,武小凤译,载《环球法律评论》2009 年第 3 期。
③ 参见香港社会福利署官方网站,http://www.swd.gov.hk/vs/still_tc.html,最后访问时间:2014 年 12 月 18 日。

待配偶/同居情侣和性暴力被害人的福利服务。该服务主要由社会福利署下设的保护家庭及儿童服务科承担。该科接收经验丰富的社会工作者,由后者负责直接申请或由任何机构转介的虐儿和虐待配偶/同居情侣案件的个案。社工们会为虐儿和虐待配偶/同居情侣个案的被害人、施虐者及其家人提供一系列一站式的服务,包括背景调查、危机介入、法律保护和小组治疗等。如有需要,社工还会安排各项服务转介,例如法律援助、学校和住宿安排等。

(二) 医疗及卫生服务

该项服务通过医院管理局推行。除自行前往外,家庭暴力、性暴力被害人和受虐儿童进入医院或诊所的渠道还包括经由警方、社工或其他医生等转介。因此,医院管理局会采用由防止虐待儿童委员会/关注暴力工作小组制订的跨专业个案程序指引和跨专业模式,与其他机构合作,以期为暴力被害人提供更全面和及时的照顾。

针对不同类型的被害人,医院的援助方案也不同。医院的急症室通常是被害人接触到的第一个地方。对于性暴力被害人,急症室为性暴力被害人提供紧急的医疗服务,且会尽量指派一名护理人员作为个案的联络人。该名联络人负责协助安排一个可以保障被害人私隐的地方,为被害人进行体检或与其面谈,统筹和协调医院内的工作和各机构之间的沟通。此外,医院管理局亦有专门的诊所,为被害人提供跟进医疗服务。对于受虐儿童,医院设有虐儿个案统筹医生以照顾被害人,急症室提供即时的身体检查和治疗,视情况建议受虐儿童入住儿科病房,以便让受害儿童获得全面的住院服务,例如详细体检和持续照顾。对于有特别需要的病人,急症室则会转介给临床心理学家或精神科医生,使其继续得到照顾。除医疗服务外,院方/急症室还会向被害人介绍现有的福利服务,使被害人可尽早获得援助。

(三) 警方介入

香港警务处负责处理及调查所有有关虐儿、家庭暴力和性暴力案件的投诉或举报。在紧急情况下,市民通过热线报案;在其他情况下,市民则可致电任一警署、通过警察热线或向任何警务人员报案。香港要求警务人员以关怀和同情的态度对待被害人,采取一切措施保障被害人的隐私,被害人和报案人的资料都会保密。

对于符合虐儿案件调查组工作约章的虐待儿童个案,警方虐儿案件调查组的警务人员和社会福利署保护家庭及儿童服务科的社工会组成保护儿童特别调查组,联合调查严重的虐儿个案。如有需要,临床心理学家也会参与调查工作。为减轻受害儿童的忧虑,警方还特别设计"家居录影会见室"进行与受害儿童的录影会面。

对于虐待配偶/同居情侣案件,警方将被害人及其子女的安全放在首位,为被害人提供社会/法律服务的各个政府部门及非政府机构的资料,并在被害人有需要时或视乎情况在未得被害人的同意下将他们转介至合适的庇护中心或社会福利署。

对于性暴力案件,警方的调查工作以不会令被害人受到二次伤害为原则,向被害人介绍社署及非政府机构所提供的辅导和支援服务,并在他们的同意下安排转介他们接受合适的跟进服务。

为使被害人了解其作为被害人的权利,警方会在被害人报案时即向被害人提供一份由律政司编印的《罪行受害者约章》及警方编印的《罪案受害者及证人的权利通知书》,并向其解释警方进行调查时其所享有的权利。若被害人需要出庭作证,警方则会向被害人提供《法庭上证人须知》。当被害人是儿童或精神上无行为能力的人时,警方会主动向法庭申请以电视直播联系的方式作供词,并为被害人安排支援者。

(四)法律援助

虐儿、虐待配偶/同居情侣和性暴力的被害人还可到法律援助署申请法律援助,以便提出民事法律诉讼。被虐待的配偶或同居情侣,在适当情况下,可向法庭申请不准骚扰令、驱逐令或禁制令。如被虐待的配偶决定离婚,亦可同时办理离婚程序。虐儿或性暴力个案的被害人或被虐待的同居情侣,在适当情况下,可提起民事法律诉讼、申请禁制令或其他法律的补救/补偿措施。

不过,法律援助计划中,被害人必须接受资格审查后,方能获得法律援助。资格审查包括:(1) 经济审查,即被害人的财务资源不超过规定的限额,一般是财务资源(即扣除法定豁免额及某些可扣除项目后所得的每年可动用收入及总资产的总和)不超过 26 万港元[①](折合人民币约 21 万元);

---

① 《香港年报 2012》,http://www.yearbook.gov.hk/2012/sc/index.html,最后访问时间:2014 年 12 月 18 日。

(2) 案情审查,即必须有合理理由可提出民事法律诉讼(除离婚案件以外,法律援助署须考虑是否知道将被起诉的被告人/答辩人的下落,以及是否很大可能申索得直①和成功追讨损失补偿等)。当然,法律援助署还会考虑个案申请的情理,酌情决定受理。申请紧急法律援助时,例如被害人希望申请禁止骚扰令、驱逐令或禁制令等,法律援助署会尽快安排约见,以便为被害人进行经济审查和录取陈述。

若被害人已通过经济审查和案情审查,并获法律援助署发出的法律援助证书,受委派的律师便会根据因应被害人的指示,建议应采取适当的行动,以保障被害人的法律权利。在有需要时,法律援助署可为被害人安排紧急约见律师。同时,被害人还可以获得关于法律程序的进展详情等信息的通知。

(五)法律保障

香港已通过多部有关保障受虐儿童、家庭暴力和性暴力被害人的法律,比如《香港法例》第8章《证据条例》、第57章《雇佣条例》、第136章《精神健康条例》、第189章《家庭及同居关系暴力条例》、第200章《刑事罪行条例》、第212章《侵害人身罪条例》、第213章《保护儿童及少年条例》、第221章《刑事诉讼程序条例》、第279章《教育条例》、第290章《领养条例》、第512章《掳拐和管养儿童条例》、第579章《防止儿童色情物品条例》,等等。

四、小结

综上所述,香港被害人救助可供借鉴之处有四:

一是单独订立被害人补偿发放细则。香港的发放细则即是规定被害人补偿具体项目的价目表,其通过附加于被害补偿制度的行政文件之后,从而保持了体例上的相对独立。这种附属规定的形式,可以根据社会发展状况随时补充更新,从而既避免过于繁琐的法律修订程序,也有利于保持立法文本的稳定有效。

二是通过侦查、司法机关发布行政规章的形式落实并扩大被害人在实践中的权益。虽然香港立法对被害人权益的规定数量不多且较为分散,但律政司和警务署通过发布专门针对被害人的规范文件,实现了有益的补充,

---

① "得直"一词多见于港澳地区的诉讼程序中,意思类于"得到法院支持"。

对整合和充实被害人权益发挥着重要的作用。例如,律政司具有前瞻性地发布了检控人员对待被害人的行为准则,从而事实上扩大了很多被害人的司法权益类型。

三是确保被害人知悉其权利和可获救助的渠道。权利及救济手段若无法被知悉,则如同虚设。香港规定警务人员和检控人员负有主动告知并解释有关被害人重要权利的义务,警务人员在被害人报案伊始即得向其发放有关被害人权利和可获救助渠道的资料。

四是重视多部门之间的工作协调和衔接。被害人救助工程浩大、涉及面广,需要多部门的通力合作。香港建立了从警方、检控人员、医疗机构、援助组织、学校等多个部门之间的联系网,确保根据被害人的需求,便捷且迅速地将其转介到有关机构部门。

第二节 台湾地区

我国台湾地区的被害人救助制度颇有特色,即一方面制定以"保护法"为名的被害人专门立法及其细则,由专门机构负责施行,另一方面保留刑事附带民事诉讼,并由官方组织运行的被害人保护机构为被害人提供援助服务;此外,还有一系列针对被害人的贷款补助、子女上学扶助等方面的相关规定。台湾地区有关被害人救助的重要立法有《犯罪被害人保护法》及其施行细则、《犯罪被害人保护机构组织及监督办法》《犯罪被害人保护志工志愿服务奖励办法》《家庭暴力被害人创业贷款补助办法》等,此外台湾《刑事诉讼法》中亦涉及被害人相关规定。①

一、被害补偿

台湾被害人补偿制度确立于1998年,其具体内容规定于《犯罪被害人保护法》(以下简称《保护法》)及《犯罪被害人保护法施行细则》(以下简称

---

① 除特别注明外,本节法规均来源于台湾法规资料库,http://law.moj.gov.tw/,最后访问时间:2014年12月22日。

第四章　亚洲国家或地区犯罪被害人救助制度与实践

《施行细则》)。① 《保护法》可分为两部分,一是有关被害补偿的内容,二是其他有关被害救助的内容。该法在草拟阶段,原定为《犯罪被害人补偿法》,后因立法者考虑到除对犯罪被害人支付经济补偿外,也应考虑被害人其他方面的需求,故又将犯罪被害人保护机构以及相关保护业务的内容纳入。②

（一）台湾地区被害补偿制度的具体内容

1. 资金来源

根据《保护法》第 4 条,设犯罪被害补偿金,其经费来源可包括五部分:(1)"法务部"编列预算;(2) 监所作业者的劳作金总额提拨部分金额;(3) 犯罪行为人因犯罪所得或其财产经依法没收变卖者;(4) 犯罪行为人因宣告缓刑、缓起诉处分或协商判决而应支付之金额总额提拨部分金额;(5) 其他。可以看出台湾的犯罪被害补偿金构成中有多种来源于犯罪行为人的渠道,但来源于犯罪行为人的部分并不直接由犯罪行为人向被害人支付,而是在上缴后统一由地方法院或其分院检察署③支付。倘若直接由犯罪行为人支付,则与犯罪赔偿(刑事赔偿)无实质分别,从而也无法克服支付迟滞甚至是拒绝支付的问题。

2. 补偿对象

《保护法》第 4 条规定因犯罪行为被害而死亡者之遗属、受重伤者及性侵害犯罪行为被害人可以申请补偿金。

（1）遗属的范围

对于死亡被害人的遗属,依《保护法》第 6 条确定申请顺序:① 父母、配偶及子女;② 祖父母;③ 孙子女;④ 兄弟姊妹。因为被害补偿金基于被害人具有特定身份关系,不能被视为可继承的财产,而父母的扶养顺序先于配

---

① 台湾于 1998 年 5 月 27 日公布《犯罪被害人保护法》,并于同年 10 月 1 日施行该法,前后历经五次修订,现行法为 2013 年 5 月 22 日最新修订。《犯罪被害人保护法施行细则》则由"法务部"于 1998 年 9 月 28 日发布,经历四次修正,最后一次更新为 2013 年 11 月 20 日。
② 许福生等:《犯罪被害人保护之政策与法制》,台湾新学林出版公司 2013 年版,第 200—201 页。
③ 法院检察署是台湾的检察机关,台湾曾经一度法院与检察院不分,1980 年二者分隶,1989 年台湾《法院组织法》确认分隶制,检察署虽仍"配置"于法院,但行政上隶属"法务部",因而与隶属"司法院"的法院是两个不同的机关。

偶和子女,其申请顺序也先于后者。①

(2) 被害人与犯罪行为人的关系

《保护法》第 10 条规定,若被害人或其遗属与犯罪行为人有特别关系和存在其他情事,按照一般社会观念若认为支付补偿金欠妥的可以斟酌不予补偿或者只补偿一部分。不过,对这种所谓的"关系"或"其他情事",《保护法》及其细则并未作出明确列举。

(3) 被害人或遗属的个人因素

除被害人或遗属与犯罪行为人之间的关系外,《保护法》也对被害人或遗属的个人品行提出要求,如不得作假,对以虚伪或其他不正当方法申领补偿金的,不仅要求悉数归还,还要求返还利息(《保护法》第 13 条)。此外,还对被害人或遗属各提出要求。《保护法》特别强调在被害人对被害事实有可归责事由的情形下,不予补偿或减少补偿(《保护法》第 10 条)。所谓可归责事由包括:被害人以强暴、胁迫、侮辱等不正当行为引起该犯罪行为者;被害人承诺或教唆、帮助该犯罪行为者;被害人对其被害发生有过失者(《施行细则》第 7 条)。针对遗属,则要求不能是以下情形,否则不能申请补偿金:故意或过失使被害人死亡者;被害人死亡前,故意使因被害人死亡而得申请遗属补偿金的先顺序或同顺序的遗属死亡者;被害人死亡后,故意使得申请遗属补偿金的先顺序或同顺序的遗属死亡者(《保护法》第 8 条)。

(4) 被害人或遗属的居留权

台湾的被害人补偿制度采属地原则,即将不论被害人是否在台湾地区永久居住权或合法入境,只要被侵害事实发生在台湾,因故意或过失的"犯罪行为"所导致的生命丧失或身体重伤,或因性侵害犯罪的被害者即可申请被害补偿(《保护法》第 3 条)。不过,为公平和保护本地区居民的权益,对于台湾居民在台湾境外被害死亡的遗属,《保护法》另外设立被害扶助金(《保护法》第 34 条之一至之六)。

---

① 《保护法》立法沿革说明》,来源于台湾"立法院"网站,http://lis.ly.gov.tw/lgcgi/lglaw?@47;1804289383;f;NO%3DE01834*%20OR%20NO%3DB01834$%10$$NO-PD,最后访问时间:2014 年 12 月 22 日。

3. 补偿条件

（1）伤亡原因

台湾并不将可以申请补偿的原因限于某类犯罪，而是宽泛地规定为"因犯罪行为被害"，但"被害"限于身体的物理伤亡，且限于生命丧失或受重伤的情形，故伤亡的原因原则上只涉及人身性质的犯罪；例外情形则是性犯罪中被害人没有因犯罪而死亡或者重伤的场合（《保护法》第3、4条）。对于犯罪行为，《保护法》特别说明其包括因无刑事责任能力和紧急避难而被豁免的加害行为；而对于性犯罪，除确定其对应的法规条文外，还特别说明包括未遂犯之被害人。

（2）限制条件

《保护法》第16条对申请时效作出了规定，被害人或遗属在自知有犯罪被害时起已逾2年或自犯罪被害发生时起已逾5年后不得提出申请。故台湾的申请补偿要件包括：被害人受到生命法益的侵害或身体重伤程度的伤害，或者被害人是因性侵害犯罪而受害；应自知有犯罪被害时2年内或自犯罪被害发生时起5年内提出申请。

4. 补偿范围和标准

（1）补偿范围和项目

《保护法》第5条将犯罪被害补偿金依不同对象划分为以下不同种类：第一，遗属补偿金：支付给因犯罪行为被害而死亡者的遗属；第二，重伤害或性侵害补偿金：支付给因犯罪行为被害而重伤者或因性侵害犯罪行为而被害者。值得注意的是，虽然《保护法》对于一般伤亡的程度限于物理性的重伤或死亡，却在补偿范围中规定了精神补偿金。包括精神补偿金在内，《保护法》第9条规定了五项补偿金，根据不同种类的补偿金分别申请不同项目：第一，医疗费，即因被害人受伤所支出的医疗费，最高金额不得逾新台币40万元(折合人民币约8.3万元[①])；第二，殡葬费，即因被害人死亡所支出的殡葬费，最高金额不得逾新台币30万元(折合人民币6.2万元)，但申请殡葬费于20万元(折合人民币4.1万元)以内者，可以不用出具凭证即直接核准，并优先于其他申请项目核发予遗属；第三，扶养费，即因被害人死亡致无法履行法定扶养义务，最高金额不得逾新台币100万元(折合人民币20.8

---

① 根据2014年12月底汇率换算，以下均同。

万元),若申请人是被害人的祖父母、孙子女或兄弟姐妹,则需是依赖被害人扶养维持生活者才可申请该项补偿金;第四,伤残及劳动补助费,即受重伤或性侵害犯罪行为之被害人所丧失或减少之劳动能力或增加之生活上需要,最高金额不得逾新台币100万元(折合人民币20.8万元);第五,精神抚慰金,最高金额不得逾新台币40万元(折合人民币20.8万元)。根据不同种类的补偿金,分别得以申请不同项目的具体补偿费用。以下加以详细说明。

(2) 补偿金额和标准

根据《保护法》第9条规定,两类补偿金的具体包含项目和额度如下:第一,遗属补偿金,包括医疗费、殡葬费、抚养费及精神抚慰金,若可申请补偿金的遗属有数人时,同一顺序的每一遗属均得分别申请除殡葬费外其余各项补偿费用,最高金额为210万新台币(折合人民币43.6万元);第二,重伤害或性侵害补偿金,包括医疗费、伤残劳动补助及精神抚慰金,最高金额为180万新台币(折合人民币37.4万元)。

(3) 提高或削减补偿数额的情形

根据《保护法》第10条规定,凡是被害人对其被害有可归责事由者,或者斟酌被害人或其遗属与犯罪行为人的关系及其他事由,依一般社会观念,认为支付补偿金有失妥当者,则可以不予补偿被害人损失的全部或部分。

(4) 与其他所获赔偿或补偿的竞合

根据《保护法》第11条,因犯罪行为被害人已经获得损害赔偿给付、依《强制汽车责任保险法》或其他法律规定得受的金钱给付,应从犯罪被害补偿金中减除。《保护法》第13条规定:"受领之犯罪被害补偿金有下列情形之一者,应予返还:① 有第11条所规定减除之情形或复受损害赔偿者,于其所受或得受之金额内返还之;② 经查明其系不得申请犯罪受害补偿金者,全部返还之;③ 以虚伪或其他不正当方法受领犯罪被害补偿金者,全部返还之,并加计自受领之日起计算之利息。"

(5) 关于台湾居民在台湾境外被害的遗属扶助金

如前所述,为保障公平,台湾另行设立扶助金。该扶助金发放给台湾境

第四章 亚洲国家或地区犯罪被害人救助制度与实践

外因他人故意行为而被害死亡者的遗属,相较一般补偿金的发放有更多的限制。根据《保护法》第 34 条之一,台湾居民在台湾地区以外因他人故意行为而遭受侵害,在 2011 年 12 月 9 日①以后死亡,且符合下列条件者,其遗属得申请扶助金:第一,被害人于台湾地区设有户籍,且未进行迁出境外的登记;第二,被害人无非法出境或因案件遭到台湾当局通缉;第三,他人的故意行为依行为时台湾地区法律有刑罚规定。不同于一般补偿金的申请遗属可以各自申请,申请扶助金的遗属则需均分,且总额不超过新台币 20 万元(折合人民币 4.1 万元)。在被害人已经获得损害赔偿或境外犯罪被害补偿时,不得再申请遗属扶助金。其余的规定类于补偿金的发放。

5. 补偿机构和程序

《保护法》第 14 条至第 25 条对于补偿机构和具体申请程序作出了详细的规定。受理补偿申请的机构为地方法院及其分院的检察署所设立的犯罪被害人补偿审议委员会,以及在高等法院及其分院的检察署所设置的复审委员会。根据《保护法》第 14 条,被害人或遗属应该向地方法院及其分院检察署所设犯罪被害人补偿审议委员会(以下简称审议委员会)申请补偿,若不服审议委员会决定,可向高等法院及其分院的检察署设置的复审委员会提出复议。其中,补偿金申请需向犯罪地审议委员会书面提出,扶助金则是向户籍地审议委员会申请。此外,依《保护法》第 19 条的规定,申请人不服复审委员会决定的,还可以在规定的期间内提起行政诉讼。为满足被害人的迫切需要,《保护法》第 21 条还规定了暂时补偿金:"复审委员会或审议委员会对于补偿之申请未决定前,于申请人因犯罪行为被害致有急迫需要者,得先为支付暂时补偿金之决定。关于暂时补偿金之决定,不得申请复议或提起行政诉讼。"如果获得的暂时补偿金数额超过后来决定补偿的金额,或申请的补偿被驳回,则申请人必须返还差额或全数返还。此外,根据《保护法》第 24 条规定的补偿金的领取期限,要求犯罪被害补偿金及暂时补偿金的领取须在通知受领之日 2 年内。下图 4-2-1 是详细的申请流程示意图:

---

① 即《保护法》第四次修订生效日期的前一日。

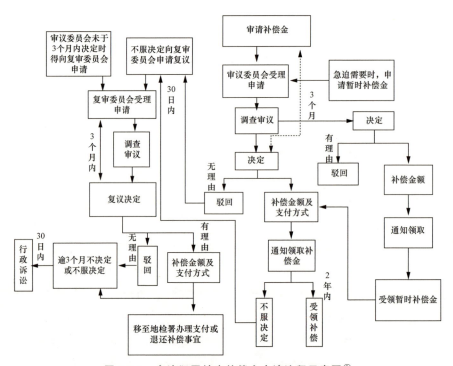

图 4-2-1 台湾犯罪被害补偿金申请流程示意图[①]

6. 求偿权

《保护法》第 12 条对追偿作出了详细规定,台湾于支付犯罪被害补偿金后,在补偿金额范围内对犯罪行为人或依法应付补偿责任之人有求偿权。求偿权由支付补偿金的地方法院或其分院检察署行使,必要时可以报请上级法院检察署指定其他地方法院或其分院检察署行使。求偿权的法定行使期间为两年,若在支付补偿金时犯罪行为人或应付补偿责任之人不明的,两年期间自得知犯罪行为人或应付补偿责任之人时起算。为保障求偿权的行使,《保护法》第 12 条之一还规定,地方法院或其分院检察署行使求偿权时,可以向税务及其他有关机关、团体,调查犯罪行为人或依法应负补偿责任之人之财产状况,受调查者不得拒绝。

[①] 来源为台湾犯罪被害人保护协会网站,http://donation.avs.org.tw/PJ_VPL/21.htm,最后访问时间:2014 年 12 月 22 日。

第四章 亚洲国家或地区犯罪被害人救助制度与实践

(二)台湾地区被害补偿制度的实施状况

台湾从 1998 年 10 月 1 日开始实施《犯罪被害人保护法》,迄今已十几年。以下即针对台湾被害补偿的申请和终结、犯罪被害补偿金实际决定和执行情况和求偿权的实际成效三个方面,对台湾地区实施被害人补偿制度以来的运作现况分别以表呈现。①

1. 被害补偿的申请与终结

根据统计,台湾从 1998 年 10 月至 2012 年 12 月底止,共计决定补偿 3888 件、5265 人,决定补偿金额达 16.38447 亿新台币元。

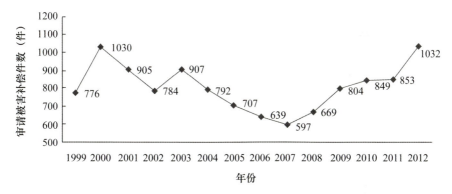

图 4-2-2 台湾 1999—2012 年新收被害补偿申请状况趋势图

根据上图,台湾历年新收的被害补偿申请案件的平均数量为 810 件,个别年份有一定波动。不过自 2007 年之后,案件数量就呈攀升态势,到 2012 年激增至 1032 件。据台湾"法务部"统计,2007 年至 2012 年总计新收申请犯罪被害补偿金事件 4804 件,依其申请类别来看,以遗属补偿金申请 3040 件最多,其次为重伤补偿金申请 995 件,而自 2009 年修法后,性侵害补偿金申请由 200 年(8—12 月)之 18 件,逐年增至 2012 年的 350 件,较上年度增加 63 件(22.0%)。

---

① 除特别注明外,本部分的数据来源均为台湾"法务部"统计资料,http://www.moj.gov.tw/public/Attachment/33221541348.pdf,以 及 http://www.moj.gov.tw/public/Attachment/05131758202.pdf,最后访问时间:2014 年 12 月 12 日。

第二编　犯罪被害人救助制度之域外考察

表 4-2-1　台湾 1998—2013 年被害补偿审核状况表[①]

年度	申请件数（新收）	申请件数（审结）	决定补偿件数		驳回件数		撤回件数	其他件数
			件数	比例（%）	件数	比例（%）		
1998 年 10—12 月	8	8	—	—	8	—	—	—
1999 年	776	490	215	43.8	217	44.2	45	13
2000 年	1030	853	410	48	323	37.8	102	18
2001 年	905	701	258	36.8	341	48.6	80	22
2002 年	784	912	291	31.9	478	52.4	95	48
2003 年	907	928	348	37.5	465	50.1	87	28
2004 年	792	817	294	36.6	397	46.3	78	48
2005 年	707	739	271	29.5	368	49.7	74	26
2006 年	639	730	216	27.5	385	52.7	108	21
2007 年	597	603	167	31.8	291	48.2	130	15
2008 年	669	615	196	25.5	255	41.4	139	25
2009 年	804	796	203	25.5	377	47.3	175	43
2010 年	849	817	243	29.7	392	47.9	151	31
合计	9467	9009	3112	34.5	4297	54.6	1264	336

表 4-2-2　台湾 2004—2008 年被害补偿申请案件审决期限统计表[②]

年度 时间	2004 年 件数（%）	2005 年 件数（%）	2006 年 件数（%）	2007 年 件数（%）	2008 年 件数（%）
1 个月未满	20（2.4%）	19（2.6%）	36（4.9%）	36（6.0%）	55（8.9%）
1 至 2 个月未满	80（9.8%）	40（5.4%）	72（9.9%）	34（5.6%）	55（8.9%）
2 至 3 个月未满	74（9.1%）	63（8.5%）	70（9.6%）	87（14.4%）	60（9.8%）
3 至 4 个月未满	107（13.1%）	84（11.4%）	94（12.9%）	65（10.8%）	59（9.6%）

[①] 许福生等：《犯罪被害人保护之政策与法制》，台湾新学林出版公司 2013 年版，第 208—213 页。
[②] 同上书，第 208—213 页。

第四章　亚洲国家或地区犯罪被害人救助制度与实践

(续表)

年度 时间	2004 年 件数(%)	2005 年 件数(%)	2006 年 件数(%)	2007 年 件数(%)	2008 年 件数(%)
4 至 6 个月未满	162 (19.8%)	178 (24.1%)	164 (22.5%)	116 (19.2%)	119 (19.3%)
6 至 8 个月未满	101 (12.4%)	117 (15.8%)	101 (13.8%)	76 (12.6%)	87 (14.1%)
8 至 10 个月未满	63 (7.7%)	74 (10.0%)	60 (8.2%)	52 (8.6%)	37 (6.0%)
10 至 12 个月未满	70 (8.6%)	50 (6.8%)	37 (5.1%)	47 (7.8%)	38 (6.2%)
1 年以上	140 (17.1%)	114 (15.4%)	96 (13.2%)	90 (14.9%)	105 (17.1%)
总件数	817 (100%)	739 (100%)	730 (100%)	603 (100%)	615 (100%)

表 4-2-1 显示,台湾历年审结的案件数量除开始 3 年明显少于申请件数,之后每年则与后者大抵相当。究其原因,在于案件审议期间的拖延。根据《犯罪被害人保护法》第 17 条,"审议委员会对于补偿申请之决定,应参酌司法机关调查所得资料,自收受申请书之日起 3 个月内,以书面为之"。然而,从表 4-2-2 中可以看出,在 2004—2008 年间,在 3 个月内作出决定的案件并不多,大致仅为全部案件的 20%—30%。审议期间拖延的原因可能是:案件复杂;或者因申请材料不齐全或并未完全符合规定,故审核机构令其补正。

审核之后决定予以补偿的件数占全部新收案件的不足 1/3,占全部审结案件的 34.5%;相较而言,决定驳回案件则占全部审结案件的超过 1/2 (54.6%)。这种态势在 2010 年后仍未改变,根据统计,2007 年至 2012 年审结 4615 件,但其中决定补偿 1585 件也仅占审结总件数之 34.3%,决定驳回 1995 件占 43.2%,撤回者 864 件占 18.7%。

在此 6 年中共有 1995 件申请被驳回,驳回原因以有《犯罪被害人保护法》第 11 条情形(社会保险或其他金钱赔偿给付大于或等于应补偿金额)致驳回者之 874 件为最多,占 43.8%;其次为不符合《犯罪被害人保护法》第 4 条 1 项(非因犯罪行为被害之遗属或被害人)情形者,计 393 件,占 19.7%;再次为有《犯罪被害人保护法》第 10 条(被害人对其被害有可归责之事由或依社会观念认为支付有失妥当)情形者,计 202 件占 10.1%,其余原因所占比率皆不足 5%。

2. 犯罪被害补偿金实际决定和执行情况

据统计,从施行《犯罪被害人保护法》起至 2012 年,一共决定补偿金额达新台币 16.38447 亿元(折合人民币约 3388.3 万元),年均新台币 1.17031571 亿元(折合人民币约 2421 万元),以 2007 年至 2012 年为例,该 6 年决定补偿的 1585 件申请犯罪被害补偿金事件,其决定补偿金额计新台币 6.6764 亿万元,平均每件约 42.1 万元(折合人民币 8.7 万元)。就决定补偿类别分,以遗属补偿金 4.3351 亿元为最多,占 64.9%,另自 2009 年 8 月增订性侵害补偿金后,该类事件补偿金逐年增加,2010 年 369 万元,2011 年增至 3355 万元,2012 年更达 4987 万元,其增幅为三类补偿金中最高。

表 4-2-3　台湾 1999—2010 年犯罪被害补偿金的预算及执行状况统计表[①]

(单位:新台币元)

会计年度	预算数	决定补偿金额	实际补偿金额 A=B+C	预算支出金额 B	劳作金支出金额 C
1999 年度	46900000	25393000	20948768	20948768	0
1999 下半年度及 2000 年度	514468000	274931000	240156448	240156448	0
2001 年度	202673000	146511000	148757116	148757116	0
2002 年度	100000000	143093000	129990342	99989941	30000401
2003 年度	100000000	126048000	128372457	99989828	28382629
2004 年度	97000000	106021000	117437040	96989716	20447324
2005 年度	97000000	87271000	94927528	94927528	0
2006 年度	61000000	61544000	63142393	60957504	2184889
2007 年度	31000000	63671000	60327518	30917655	29319863
2008 年度	0	83667000	83618930	0	83618930
2009 年度	0	80824000	77934775	0	77934775
2010 年度	481175000	112548000	94263152	37000127	57263025
合计	1731216000	1311522000	1259786467	930634631	329151836

---

① 许福生等:《犯罪被害人保护之政策与法制》,台湾新学林出版公司 2013 年版,第 208—213 页。

第四章 亚洲国家或地区犯罪被害人救助制度与实践

上表可以看出,从 2001 年开始至 2006 年,决定补偿金额逐年下降(从 1.46511 亿新台币元到 6154.4 万新台币元,缩减超过 1/2),但 2006 年之后又开始回升。据统计,2011 年台湾地区决定补偿金额达到新台币 1.4957 亿元,已经超过 2001 年的金额,2012 年更是达到新台币 1.7735 亿元。

此外,上表显示,历年的实际补偿金额与决定补偿金额相差不大。而监所作业劳作金在支付补偿金额时起很大作用,2007 年度与预算金额不相上下,2008 年度、2009 年度更是取代预算金额完全支付实际补偿金额,2010 年虽恢复预算金额仍远不及监所作业劳作金所占比例。由此可见,监所作业劳作金在政府财政预算日益吃紧的今天,发挥功用将越来越大。

3. 求偿权的实际成效

根据《犯罪被害人保护法》第 12 条的规定,检察官于支付犯罪被害补偿金后,在补偿金额范围内对犯罪行为人或依法应付补偿责任之人有求偿权。

表 4-2-4　台湾 1999—2010 年被害补偿金的检察官求偿状况统计表①

(单位:新台币千元)

会计年度	决定补偿金额	实际补偿金额	年度求偿金额	年度取得债权凭证金额	备注
1999 年度	25393	20949	0	0	
1999 下半年度及 2000 年度	274931	240156	2064	19170	
2001 年度	146511	148757	4393	60056	
2002 年度	143093	129990	7501	100011	含劳作金
2003 年度	126048	128372	8937	101241	含劳作金
2004 年度	106021	117473	12404	101195	含劳作金
2005 年度	87271	94928	16010	106956	
2006 年度	61544	63142	14893	73426	含劳作金
2007 年度	63671	60238	9100	37754	含劳作金
2008 年度	83667	83619	9839	50968	含劳作金
2009 年度	80824	77935	5847	73526	含劳作金
2010 年度	112548	94263	9624	188393	含劳作金
合计	1311522	1259786	100162	911696	

① 许福生等:《犯罪被害人保护之政策与法制》,台湾新学林出版公司 2013 年版,第 208—213 页。

然而从上表可以发现,该项求偿权的行使并不充分,年度求偿金额占实际补偿金额的比例平均大致在十分之一,这主要是因大量的犯罪人不具有赔偿能力所致。因此,国家对被害人求偿权的代位获得,更多地具有象征意义,即国家不是侵害行为的直接责任主体,国家补偿仅仅是犯罪人赔偿的补充而已。

二、被害人的司法权益保护

尽管台湾十分重视被害人保护立法,不过并没有专门针对被害人司法权利的立法;被害人的权利主要规定于刑事诉讼法中,以下主要根据台湾地区的刑事诉讼法进行阐述。

(一) 与起诉有关的权利

我国台湾地区的被害人不仅能对检察官的起诉活动产生影响,还享有独立的自诉权、提起刑事附带民事权以及上诉权。

1. 与检察官起诉有关的权利

台湾刑事诉讼法规定一特殊类别"告诉乃论之罪",可理解为"亲告罪"。检察官或司法警察官在实施侦查,发现犯罪事实之全部或一部属于该类别而被害人或其他得为告诉之人未告诉时,于其到案陈述时应询问其是否告诉,记明笔录;当被害人或其他得为告诉之人明确不告诉后,检察官对该犯罪事实即不能予以追诉。

另外,检察官为不起诉、缓起诉或撤销缓起诉或因其他法定理由为不起诉处分者,应制作处分书叙述其处分之理由,且送达被害人处;还得令被告人向被害人道歉悔过、补偿损害等。

2. 被害人独立的起诉权利

台湾规定被害人的自诉权,且不限定自诉案件的范围,除非法律特殊规定,否则犯罪被害人都可以提起自诉,不过要受到"公诉优先"的限制。在自诉案件和刑事附带民事诉讼案件中,被害人行使当事人的权利,还可以请求检察官协助自诉,检察官有协助自诉的义务。法定情形下,经法院通知检察官担当自诉,自诉案件则改为公诉案件。被害人进行自诉期间,除非检察署介入或另有决定,可自愿撤销案件。

台湾规定刑事附带民事诉讼制度,规定因犯罪而受损害之人,可以于刑事诉讼程序得附带提起民事诉讼,对被告及依民法负补偿责任之人请求恢

第四章 亚洲国家或地区犯罪被害人救助制度与实践

复其损害。该诉讼依民事诉讼法进行,可以上诉。此外,对于附带民事诉讼之判决声请再审者,应依民事诉讼法向原判决法院之民事庭提起再审之诉。

被害人对于下级法院之判决有不服者,亦得具备理由,请求检察官上诉。自诉案件中,对于下级法院之判决有不服者,得上诉于上级法院。自诉人于辩论终结后丧失行为能力或死亡者,得由具备资格的被害人上诉。被害人作为自诉人或附带民事诉讼原告人可以委托代理人。

(二)与证据/庭审有关的权利

被害人于侦查中受讯问时,得由其法定代理人、配偶、直系或三亲等内旁系血亲、家长、家属、医师或社工人员陪同在场,并得陈述意见。于司法警察官或司法警察调查时,亦同。

审判时,庭审推事(法官)在法定回避的场合需自行回避。在审判期日,法院应传唤被害人或其家属并予陈述意见之机会。一般被害人均可以出席法庭陈述意见,但法院认为不必要或不适宜在场的除外。此外,法官在免除刑罚、检察官在被告人表示愿意受刑为其求刑或求缓刑时,均需征询被害人之意见。

(三)与财产有关的权利

台湾地区规定被害人的返还财产请求权:扣押物其系赃物而无第三人主张权利者,应发还被害人。扣押物因所有人、持有人或保管人之请求,得命其负保管之责,暂行发还。扣押之赃物,属应发还被害人者,应不待其请求即行发还。台湾还允许通过刑事附带民事诉讼程序或者另行提起民事诉讼要求被告人补偿其损失。此外刑事诉讼法还规定检察官决定缓起诉或者法院决定免除刑罚时,都得要求被告人向被害人支付一定数额的抚慰金。

三、被害援助

台湾十分重视被害人援助活动,在其被害人专门立法即《犯罪被害人保护法》中规定由"法务部"会同"内政部"设立被害人保护机构,又颁布专门法规《犯罪被害人保护机构组织及监督办法》《犯罪被害人保护志工志愿服务奖励办法》,从而规范、鼓励和引导台湾犯罪被害人保护机构和保护志工。另外,台湾地区还制定一系列政策支援被害人,帮助其重建生活,典型的政策规章为《家庭暴力被害人创业贷款补助办法》《犯罪被害人及其子女就学(托)补助要点》等。

（一）犯罪被害人保护协会

台湾地区在《犯罪被害人保护法》及其施行细则①生效之后，又于1999年颁布《财团法人犯罪被害人保护协会捐助及组织章程》②，细化《保护法》及其对于设立专门的被害人援助机构的规定。据此三部法规，成立（财团法人）犯罪被害人保护协会③。这种由官方依据法律成立的专门性的被害人援助机构，在世界范围内都是少见的。

犯罪被害人保护协会是一个遍布台湾地区的组织。根据相关法规，协会为财团法人，受"法务部"指挥监督，登记前应经"法务部"许可。协会筹设时由"法务部"捐助新台币4000万元整作为创立基金，其执行业务经费的来源包括："法务部"与"卫生福利部"编列预算、私人或团体捐赠、基金孳息及财产运用收益之收入以及其他收入。1999年1月21日在"法务部"核准后，犯罪被害人保护协会于翌日正式设立登记。

2002年11月1日，台湾地区"法务部"发布《犯罪被害人保护机构组织及监督办法》（2013年4月19日最后修订），详细规范犯罪被害人保护协会的组织和运营。协会设有总部，其下共设有21个分部，提供各种各样且高质量的被害人援助项目。《犯罪被害人保护机构组织及监督办法》第3条规定，犯罪被害人保护机构应办理下列业务：(1)紧急之生理、心理医疗及安置之协助。(2)侦查、审判中及审判后之协助。(3)申请补偿、社会救助及民事求偿等之协助。(4)调查犯罪行为人或依法应负补偿责任人财产之协助。(5)安全保护之协助。(6)生理、心理治疗及生活重建之协助。(7)被害人保护之倡导。(8)其他之协助。具体保护服务项目包括④：

(1)安置收容。保护协会对遭到重大变故致无家可归而需紧急安置收容者，协助安排其前往政府、社会福利机构设立的适当处所。

---

① 最初该法案提交给台湾地区立法机构时，其目标仅仅是建立起一项被害人补偿制度，然而在对条款进行讨论期间，却增加了某些与被害人救助组织的设立相关的规定，后在《犯罪被害人保护法实施细则》中，又对保护协会的具体组织建构作出了详细的规定。参见《保护法》立法沿革说明，来源为台湾"立法院"法律系统，http://lis.ly.gov.tw/lgcgi/lglaw？@47:1804289383:f:NO％3DE01834＊％20OR％20NO％3DB01834＄＄10＄＄NO-PD，最后访问时间：2014年12月22日。

② 来源为台湾（财团法人）犯罪被害人保护协会官方网站，http://www.avs.org.tw/html/？main=8&content=1&acttype=detail&id=A20120100001，最后访问时间：2014年12月12日。

③ 参见台湾（财团法人）犯罪被害人保护协会官方网站，http://www.avs.org.tw/html/？main=2&content=3，最后访问时间：2014年12月12日。

④ 参见台湾"法务部"网站，http://www.moj.gov.tw/，最后访问时间：2014年12月12日。

第四章 亚洲国家或地区犯罪被害人救助制度与实践

（2）医疗服务。保护协会对因家境贫困无力支付医疗费，也未获得其他社会福利机构资助的被害人，依医疗实际自付额并扣除其他机构补助部分资助其医疗费。

（3）法律协助。该服务内容涵盖法律咨询、撰写法律文书、委任律师、代理调解、诉讼费用补助等方面。保护协会为被害人提供免费的律师咨询，同时与法律扶助基金会合作为被害人提供补助，以减轻受保护人讼诉程序中的费用负担，进而使被害人享有专业务实的法律协助。保护协会致力于不断完善免费的法律协助，陪伴被害人面对各种法律程序以减低其对司法的恐惧，切实维护被害人权益。

（4）申请补偿。保护协会协助受保护人依法向地方法院及其分院检察署申请犯罪被害补偿金、暂时补偿金及其相关事项。

（5）社会救助。对家境贫困无法生活的被害人，保护协会帮助其向社政机关或社会福利机构申请急难救助事宜。

（6）调查协助。为确保被害人的受偿权益，保护协会为其免费行文，配合财税机关调查犯罪行为人或依法应负补偿责任人之所得、财产状况。

（7）安全保护。在被保护人有更受迫害之虞时，保护协会还承担协调、协助警察机关等单位实施适当保护措施的工作。

（8）心理辅导。保护协会以个别或团体方式，给予受保护人支持陪伴，或予专业的心理辅导或咨商；并举办户外关怀活动，透过活动中的交流让心扉敞开，重新建构家庭生活，积极面对未来人生。

（9）生活重建。为帮助被害人重建生活，保护协会支持受保护人本人或其遗属子女就学（提供自托儿所到研究所的奖助学金及学杂费补助）、就业、技艺训练、生涯规划及心理辅导，并为其提供相关信息、转介服务等。

（10）信托管理。为保障未成年受保护人权益，依被害补偿审议委员会决议，保护协会在被害人成年前代为信托管理补偿金，并分期或以其孳息按月支给其生活费用。

（11）紧急资助。在被害人因犯罪行为案件致生活顿陷困境、情况紧急时，保护协会为其提供急难救助或协助寻求救助，以解决燃眉之急及短期经济困难。

（12）出具保证书。当被害人向加害人请求被害补偿因无资力支付担保费用且非显无胜诉之望时，保护协会可以应被害人请求向法院出具保证书替代担保费用。

（13）访视慰问。当被害案件社会影响较大，或接到其他相关单位的转介时，保护协会的专任人员或保护志工会以主动出击的方式，为被害人及其遗属实时提供心灵安抚和咨询关怀。

（14）查询谘商。保护协会还为被害人及社会大众提供关于犯罪被害人保护相关事项及疑难问题的解说谘商。

（15）其他服务。保护协会还负责办理其他犯罪被害人保护相关事项服务。

（二）被害人援助鼓励和支持政策

2005年10月14日台湾发布《犯罪被害人保护志工志愿服务奖励办法》，旨在设立常态化的奖励和表扬机制，鼓励和支持被害人保护志愿者。根据该《办法》，台湾设每年的犯罪被害人保护周；对服务时数达到一定程度且绩效优良者，或在辅导个案或推展犯罪被害人保护业务方面具有优良事迹者，政府予以颁发奖牌和证书的鼓励；"法务部"在犯罪被害人保护周对被害人保护志愿者予以公开表扬。对于其他非保护志工的个人和团体，如果在被害人保护业务上存在特殊事迹，同样予以表扬。

2007年9月29日台湾发布《家庭暴力被害人创业贷款补助办法》，旨在帮助家庭暴力的被害人重建生活。根据该《办法》，政府为其设置创业贷款补助，即微型创业凤凰贷款及青年创业贷款利息补贴。凡20岁以上、65岁以下的家庭暴力被害人都可以申请创业贷款补助。补助以新台币100万元贷款额度为限，贷款人前3年不需负担利息，第四年起负担年息1.5％，补贴期间最长达7年。

2009年1月17日，为照顾犯罪被害人及其子女就学（托），台湾发布《犯罪被害人及其子女就学（托）补助要点》。补助的经费来源为"法务部"监所作业基金、财团法人犯罪被害人保护协会及所属分会接收的缓起诉处分金或其他捐助款。补助对象是2岁以上25岁以下，在政府立案的公私立幼稚园（托儿所）至大专院校（不含硕、博士班）就学（托）的犯罪被害人及其子女。根据该文件，本人或其家长、监护人、最近亲属、教师（教保人员）或其他实际照顾者都可以为犯罪被害人或其子女申请就学（托）补助。补助金额根据补助对象所在学校（公立或私立、小学或中学等）不同而异，最高补助金额是3.58万新台币。

四、小结

台湾地区的被害人救助制度颇具地方特色,总结其值得借鉴之处有三:

一是被害人补偿资金来源的多元化。台湾被害人补偿基金除政府财政预算之外,也将犯罪所得、监所作业劳作金、缓刑(缓起诉)处分金等纳入其中,使得被害人补偿资金来源更具弹性。资金来源的设计上体现被害人补偿资金由犯罪人承担的原则,不仅符合社会公义观念,也具有对犯罪人的惩罚矫正意义。

二是被害人援助机构的官方性和统一性。台湾的犯罪被害人保护协会是由政府设立且由政府财政支持的官方性质的被害人援助机构。由官方统筹被害人援助工作的好处在于,可最大限度地利用社会公共资源,在机构支援和人员调配方面得到及时协调,同时不存在财力不济、难以为继的问题。此外,官方设立的被害人援助机构较易获得被害人的信任,这对于开展被害人援助工作至关重要。

三是被害人支持和援助政策的多样性。由于台湾地区立法倾向于对被害人进行全面保护,即不仅对被害人进行经济补偿,而且还通过各类政策,为被害人提供贷款补助、求学补助,鼓励被害人援助的志愿者等等,从而多方位地支持和援助被害人走出困境、重建生活。

第三节 日 本

日本于 1980 年通过了《犯罪被害人给付金支付法》,因而是亚洲地区首个为被害人补偿事项进行正式专门立法的国家。① 日本以被害人为名而通过的各种法规、政令多达 91 部,可见该国对被害人保护之立法相当全面。其中重要者有《犯罪被害人给付金支付法》②及其实施细则、《刑事程序中保护被害人等附随措施法》及其实施细则、《防止家庭暴力及被害人保护法》《犯罪被害人早期救助团体规则》《防止配偶暴力侵害援助法》《犯罪被害人

---

① 〔日〕大谷实:《犯罪被害人及其补偿》,黎宏译,载《中国刑事法杂志》2000 年第 2 期。
② 该法律在 2001 年的修订中改为《犯罪被害人给付金支付和被害人援助法》,为方便叙述,本书仍作《犯罪被害人给付金支付法》。

基本法》《犯罪损害财产恢复及被害赔偿支付法》及其实施细则等。①

一、被害补偿

日本于1980年5月1日公布《犯罪被害人给付金支付法》（以下简称《支付法》），并于1980年12月19日公布该法的实施细则，二者对补偿对象、补偿条件、不支付或减额支付的情形、补偿程序、裁定机关等问题作出了具体规定，由此确立日本的被害人补偿制度。除此之外，《支付法》还规定警察等机关支援被害人的职责，并设立了"犯罪被害者等早期援助团体"。《支付法》实施二十年来，其间经过多次修订②，包括对补偿对象范围的不断扩大、给付金项目的增设以及给付金额上限的提升等，因而始终对日本犯罪被害人救助发挥了重要的作用。以下围绕《犯罪被害人给付金支付法》及其实施细则对日本的被害人补偿制度进行介绍。

（一）日本被害补偿制度的具体内容

1. 经费来源

根据《支付法》第1条规定，补偿经费由国家给付。被害人补偿制度所需经费以一般税收为财源，全额由国家国库负担。

2. 补偿对象

（1）被害人的范围

日本补偿制度的补偿对象包括犯罪直接被害人与间接被害人，间接被害人指死亡被害人的遗属，据《支付法》第5条，按照以下顺位对遗属支付补偿金：① 被害人的配偶（含未登记而有事实婚姻关系者）；② 靠被害人的收入而维持生计的被害人的子女、父母、孙子、祖父母及兄弟姐妹；③ 不属于第二类的被害人的子女、父母、孙子、祖父母及兄弟姐妹。被害人死亡时，其子女为胎儿者，如果胎儿的母亲依赖被害人的收入维持生活，则视为第二类顺位的子女，否则视为第三类；养父母的顺位优先于亲生父母。

（2）被害人与加害人的关系

《支付法》还规定，当被害人或第一顺位遗属与加害人之间具有夫妇、直

---

① 除特别注明，本节法规来源均为日本电子政府综合窗口，http://law.e-gov.go.jp/cgi-bin/idxsearch.cgi，最后访问时间：2014年12月21日。
② 最近一次修订为2014年6月13日。

系血亲、兄弟姐妹的亲属关系时，得拒绝补偿；具有其他亲属关系时视亲疏减除三分之一或三分之二。

（3）被害人的个人因素

日本同样规定，当被害人或第一顺位遗属对犯罪行为的发生有诱发行为或有其他不合适行为时，得拒绝补偿或减少补偿。

3. 补偿条件

（1）伤亡原因

《支付法》第 2 条规定，犯罪造成的人身损害的被害人可以申请给付金。所谓"犯罪"，是指在日本国内及日本国外的日本船舶、飞行器内所实施的，属于伤害自然人的生命、身体的犯罪行为，其中包括由于紧急避险、精神失常、未达到刑事责任年龄（不满 14 岁）而不处罚该行为的场合。但正当行为、由于正当防卫而不受处罚的行为，以及由于过失而引起的行为除外。

（2）限制条件（申请时效）

该法还规定，申请给付金需在自得知该犯罪被害发生之日起的 2 年之内及该犯罪被害发生之日起的 7 年之内申请。

故而日本被害人补偿的条件为：第一，因出于对他人的生命、身体进行伤害的故意而实施的犯罪行为产生死亡、重伤以及伤残等结果；第二，在自得知该犯罪被害发生之日起的 2 年之内及该犯罪被害发生之日起的 7 年之内申请补偿。

4. 补偿范围和标准

（1）补偿范围和金额

日本的被害补偿金分为三类：遗属补偿金和残障补偿金，以及在该两类补偿金的基础上，均可能获得的重伤病补偿金。补偿金的发放均采用一次性的给付方式。

① 遗属补偿金

支付给因犯罪行为被害的死者遗属。具体的补偿金额，根据扶养人数及被害人死亡时年龄的不同而定。补偿金的金额，先以死亡被害人的日工资收入为基数（具体为被害人死亡前 3 个月平均日薪之七成定）计算出遗属补偿金的基数，再根据需要被害人扶养的遗属人数确定倍数计算总额。遗属补偿金的基数，视被害人的年龄而定，即使犯罪被害人没有收入，也要支付一定的数额。倍数的具体设定上，单身者为 1000，扶养人数 1 人者为

1530,扶养人数 2 人者为 2010,扶养人数 3 人者为 2230,扶养人数 4 人者倍数为 2450。其最高支付金额为 3000 万日元(320 万至 2964.5 万日元之间),折合人民币约 170 万元。

此外,犯罪被害人至死亡前所需治疗和休养的费用也予以补偿,治疗休养费是其受伤或患病之日起 1 年内的医疗保险个人承担部分和误工损失二者的合计额,在一定限度内计数。

② 残障补偿金

该补偿金支付给因犯罪被害而导致残障的被害人本人。《支付法》在其后附表划分残障程度,共分为 1—14 级,从 1 至 14 级每个等级残疾逐渐减轻,第 1 级最重,如双目失明等,第 14 级为最轻,如男性的脸上留有伤痕、3 颗以上牙齿脱落等;该残障的程度是根据日常需要护理的时间来划定的,由非常重度残障到"局部神经性后遗症"十分广泛的范围。计算方式为基础数额乘以倍数,基础数额以被害人事发前平均日薪之八成定,倍数则根据残障程度确定,如残障 1 级且须经常护理的倍数为 2880,最轻的残障 14 级倍数为 50。该类补偿金的最高支付金额为 4000 万日元(18 万至 37974.4 万日元之间),折合人民币约 230 万元。

③ 重伤病补偿金

伤病治愈后即便没有留下后遗症,没有给被害人将来的生活造成障碍,但对于需疗养 1 个月以上并在伤病后 3 个月内住院 3 日以上的(重伤或疾病)病人,以 3 个月的医疗保险费的个人负担部分为上限,支给重伤病给付金。对于精神疾病来说,住院治疗的情况较少,因此规定的条件是需要 1 个月以上治疗且 3 日以上无法正常工作的程度。该补偿金的计算方法是自重伤病发生之日起 1 年内的医疗保险个人承担部分[①]加上误工损失合算数额。但最高支付金额不超过 120 万日元(折合人民币约 7 万元)。当被害人重伤病给付金的支给裁定作出后,被害人因发现其伤病留有后遗症,而又进一步申请残疾给付金时,该两种给付金可以分别计算,合并支付。

(2)拒绝或减少支付的情形

根据《犯罪被害人给付金支付法》第 6 条以及实施细则第 4 条至第 10 条规定,在下述情况下,不予支付或减额支付:① 对故意使被害人死亡,或

[①] 在日本的医疗保险制度下,比如成年的公司职员等,其个人的负担比例为 30%。

第四章 亚洲国家或地区犯罪被害人救助制度与实践

者在被害人死亡之前,故意使遗属补偿金的优先顺位或同一顺位的领取人死亡的遗属,不支付其遗属补偿金;② 被害人和加害人之间具有亲属关系的,不支付或减额支付;③ 被害人挑衅犯罪的,或被害人对遭受被害负有一定责任的,不支付或减额支付;④ 从社会的一般观念来看不宜支付的场合,不支付或减额支付。

(3) 与其他所获赔偿或补偿的关系

依《犯罪被害人给付金支付法》第 7 条规定,对依《劳动者灾害补偿保险法》应为补偿的部分,在补偿金限度内直接扣除不予支付。第 8 条第 1 项则规定犯罪被害者或其遗属已受领损害赔偿时,在该损害赔偿数额的范围内,亦不予支付犯罪被害者等补偿金。

5. 补偿机构和程序

(1) 补偿机构

日本没有另外设置单独或专门的补偿机构,有关给付金的支付由日本都道府县的公安委员会裁定。被害人等自知道该犯罪被害发生之日起的两年之内,或者该犯罪被害发生之日起的 7 年之内,有权向其住所所在地的公安委员会提出申请,由公安委员会审查并裁定。公安委员会是独立机关,采合议制机关,主要职责是监督、指导警察厅。其委员构成多为社会人士,如大学教授、公司董事长、律师等。委员由各都道府县的知事提名,经议会同意后任命,任期 3 年,可以连任两次。

(2) 补偿程序

申请人填写补偿申请书并附上如死亡证明书、户籍复印件等相关证明文件材料后,可以向公安委员会直接申请,或者向所在地警察署署长提出再由其转送。公安委员会因调查事实必要,可以通知申请人或有关人员到场陈述、提交文书等其他必要相关材料或接受医师诊断,调查过程可以请有关机关或团体协助。若申请人没有正当理由拒绝配合以上事宜,公安委员会可以直接驳回申请。通常公安委员会在申请人提交补偿申请后有 6 个月左右的审查期间,申请人对裁定无异议,递交补偿金领取书,等待补偿金汇入自己的指定账户。申请人不服裁定可申请公安委员会进行审查,不可以直接提起行政诉讼要求撤销原裁定。

此外,日本还规定有暂时补偿金,对因不知犯罪行为的加害人或被害人残障程度不明等原因不能及时进行补偿裁定时,公安委员会可以为申请人在法定数额内支付暂时补偿金。等正式裁定支付犯罪被害人补偿金时,扣减申请人已获暂时补偿金后才予支付;若该裁定金额低于暂时补偿金额时,申请人还应返还差额。

6. 国家求偿权

《犯罪被害人给付金支付法》第8条第2项规定,国家已支付犯罪被害者等补偿金时,于该补偿金额的限度内,取得已受领补偿金的损害赔偿请求权。

(二) 日本被害补偿制度的实施状况

总的来说,日本被害人补偿实务呈历年扩张的态势。截至2013年年底,日本一共受理补偿申请9972件,对其中9538件经过审查并作出裁定(包括裁定支付和不支付),裁定支付金额达274亿日元。以下图表反映了日本自制定《犯罪被害人给付金支给法》并推行被害人补偿制度以来的具体实施状况。①

表 4-3-1　日本补偿制度施行被害人补偿案件申请与裁定状况统计表②

(裁定额单位:百万日元)

年份	申请(件数)	裁定(件数)	裁定额	年份	申请	裁定	裁定额
1981年以前	146	95	308	1998	187	178	629
1982	211	167	493	1999	217	151	587
1983	211	179	569	2000	333	179	655
1984	171	169	555	2001	276	438	1497
1985	193	178	519	2002	425	411	1127
1986	179	164	521	2003	505	456	1258
1987	156	160	551	2004	458	465	1247
1988	135	157	556	2005	465	412	1133

---

① 本部分数据来源均为日本警察厅网站,http://www.npa.go.jp/higaisya/higaisya13/H25jyoukyou.pdf,最后访问时间:2014年12月27日。

② 制表说明:由于可能出现申请案件的核准推移到下一年份的情形,每年最终裁定予以支付补偿金额的数量可能比该年份申请的数量为多。

(续表)

年份	申请（件数）	裁定（件数）	裁定额	年份	申请	裁定	裁定额
1989	140	181	549	2006	491	458	1272
1990	143	130	416	2007	448	445	932
1991	131	144	529	2008	462	407	907
1992	145	140	545	2009	589	566	1277
1993	133	137	545	2010	585	563	1311
1994	125	128	503	2011	652	715	2065
1995	160	121	523	2012	619	573	1509
1996	151	136	522	2013	558	571	1233
1997	172	164	597	累计	9972	9538	

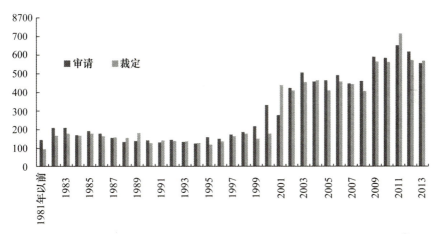

图 4-3-1　日本补偿制度施行以来被害人补偿案件申请与裁定状况统计图①

上表与上图可以看出，2001 年是日本被害人补偿制度实施情况的一个分界点，在此之前无论是申请（裁定）件数还是裁定补偿金额都较少，后者则保持在 7 亿日元以下；然而到 2001 年裁定补偿金额迅猛地翻了一番，往后的各项指标普遍维持在先前的两倍左右。单从数据上看，虽然 2001 年的申

---

① 制表说明：纵轴为申请人数。

请件数(276件)不如上一年(333件),裁定件数(438件)却达到此前(179件)的大约3倍。推测2001年后补偿状况的发展原因可能与2000年后出现的被害人立法浪潮有关,该立法浪潮体现日本政府对被害人救助的重视,公安委员会在2001年大幅度提高申请案件的审结效率,由此刺激了被害人的申请积极性,将日本被害人补偿实务提升到一个新台阶。

表 4-3-2 日本 2011—2013 年被害补偿申请类型及裁定状况统计表

类别	2011 年	2012 年	2013 年	前年度比
申请被害者数(人)	652	619	558	−61
(申请件数)	(810)	(729)	(645)	(−84)
遗属补偿金	224	174	141	−33
(申请件数)	(382)	(284)	(228)	(−56)
重伤病补偿金	263	280	252	−28
残障补偿金	165	165	165	0
裁定被害者数(人)	715	573	571	−2
(裁定件数)	(896)	(690)	(662)	(−28)
支给裁定被害者数	663	517	516	−1
(裁定件数)	(835)	(621)	(597)	(−24)
遗属补偿金	236	169	133	−36
(裁定件数)	(408)	(273)	(214)	(−59)
重伤病补偿金	261	215	228	13
残障补偿金	166	133	155	22
不支付裁定被害者数	52	56	55	−1
(裁定件数)	(61)	(69)	(65)	(−4)
暂时补偿决定被害者数(人)	4	3	2	−1
裁定金额(百万日元)	2065	1509	1233	−276

上表可以看出,日本每年申请被害补偿的人数和件数徘徊在五六百人之间,相较其总人口,实在不多。近几年,各项数量均有下降。从申请的具体类型上看,以重伤病补偿金最多,遗属补偿金次之,但二者相差不多。还

第四章 亚洲国家或地区犯罪被害人救助制度与实践

可看出,暂时补偿金制度在实践中运用很少,近年来均为个位数。

表 4-3-3 日本 2013 年犯罪被害者补偿金裁定情况统计表

(单位:万日元)

区分	平均裁定额	前年度比	最高额
统计	238.9	−52.9	2534.4
遗属补偿金	541.7	3.7	1759.5
能维持生计(被害者数 37 人)	947.3	−144.6	1759.5
不能维持生计(被害者数 96 人)	385.4	48.4	878.0
重伤病补偿金	23.4	1.3	120.0
残障补偿金	296.2	−118.6	2534.4
等级 1—3 级(被害者数 14 人)	1650.6	9.3	2534.4
等级 4—14 级(被害者数 141 人)	161.7	16.9	604.6

反观补偿金裁定额,则以遗属补偿金为最高。日本 2013 年的遗嘱补偿金的平均裁定额(541.7 万日元,折合人民币约 27.7 万人民币),远远高于残障补偿金(296.2 万日元)及重伤病补偿金(23.4 万日元)。最后统计的被害补偿金平均裁定额大概与残障补偿金持平,为 238.9 万日元(折合人民币约 12.2 万人民币),约为最高裁定额(2,534.4 万日元)的 1/10。

二、被害人的司法权益保护

日本对于被害人的司法权益保护主通过专门立法以及刑事诉讼法予以规定。除《犯罪被害人给付金支付法》外,日本还通过多部有关被害人的专门立法以及行政规章,其中许多重要法律的制定和修改多见于 2000 年以后。[1]

(一)代表性的被害人司法权益保护法例

2000 年 5 月日本通过《刑事程序中保护被害人等附随措施法》(该法在日本被称为《犯罪被害人保护法》,本书将此作为下文之简称)以及《对部分

---

[1] 除特别注明外,以下内容主要参见《日本刑事诉讼法》,宋英辉译,中国政法大学出版社 2000 年版;〔日〕川出敏裕:《关于日本犯罪被害人对策的变迁与展望》及佐藤淳:《在日本刑事程序和少年保护程序中的被害人参与》,均收录于 2012 年 11 月《第五届中日犯罪学学术研讨会论文集》。

刑事诉讼法及检察审查会法进行修改的法律》,以上两部法律并称为"犯罪被害人保护二法"。2013年则通过《刑事程序中保护被害人等附随措施法实施细则》。2007年通过《为保护犯罪被害人权益而对刑事诉讼法进行部分修改的法律》,规定包括被害人参加诉讼制度、损害补偿令等具体的刑事诉讼程序。该法与《犯罪被害人保护法》《对部分刑事诉讼法及检察审查会法进行修改的法律》都不是单一的立法,而是为保护被害人权益,对日本《刑事诉讼法》等相关法律进行修订的法案。

以上法律明确规定了以下内容:(1)被害人作为证人时受到保护的权利,如采用录像链接的方式进行证人询问、在向证人询问时对证人进行遮蔽、设证人辅助人;(2)被害人参与诉讼过程中的权利,如废除对性犯罪的告发期限,从为被害人等的旁听提供方便到创设被害人参加制度,并允许被害人等对公审记录进行阅览和复印,在公审程序中允许被害人等对其心情及其他意见进行陈述;(3)被害人财产恢复的权利,如创设损害赔偿命令制度。

除立法机关的立法活动外,日本政府及相关机构也都相继推出针对被害人的重要政策,如警察厅于1996年制定《犯罪被害人对策纲要》,重申被害人权利受到侵害的现实状况,并提出着眼于被害人权益的各种政策、方针。2005年,基于《犯罪被害人基本法》,日本国会内阁又通过《犯罪被害人基本计划》,确立了基本方针、重点课题及具体政策。该《计划》着眼于四个基本方针:一是保障被害人的个人尊严;二是针对不同情况进行区别对待并切实处理;三是不半途而废,要有始有终;四是在实施过程中形成国民的整体性意见。在方针指导下,提出研究以下五个重点课题:(1)被害人损害恢复和经济援助;(2)被害人身体与精神的被害恢复;(3)被害人在刑事程序中的扩大参与;(4)被害人援助机制的整体完善;(5)被害人的公众理解与援助。在此基础上明确规定中央各部局应当实施250个项目以上的具体政策,同时明确各政策付诸实现的期限。

(二)被害人在刑事诉讼程序中的权利

因第二次世界大战后受美国托管的原因,日本的法治也发生极大变动,美国式的宪政在日本盛行,而在美国法律思想的主导下,日本原有的许多法国及德国等大陆法系规定的内容被删除。如1946年日本制定的《宪法》新增了许多有关刑事审理程序的规定,包括正当程序的原则;强制处分的令状

第四章 亚洲国家或地区犯罪被害人救助制度与实践

主义;禁止拷问及残酷虐待的刑罚;拘留、拘禁的有关保障;法院举行公正、迅速的开庭审理;保障证人审问权和辩护人委托权;承认沉默权;限制口供的证据能力、证明力;一事不再审;刑事补偿等等,几乎都与美国《宪法》的规定相类似。《宪法》修改的结果就是全面修改《刑事诉讼法》。1948年制定的《刑事诉讼法》废除了原有的极富大陆法系色彩的自诉和附带民事诉讼制度,其后又紧随美国脚步规定强制赔偿令。然而后来日本本土又开始摇摆,试图回归原先的诉讼体制。① 总的来说,被害人在日本目前虽然并没有诉讼当事人的地位,但其在刑事程序中的参与程度正在不断地扩大。以下分别从被害人的受保护权、程序参与权、信息知悉权以及财产恢复权四个方面加以介绍。

1. 被害人的受保护权

由于被害人在诉讼中同时具有证人的身份,因此作为证人所应获得的司法保护同样适用于被害人,该类规定包括证人陪伴、遮蔽和视频询问等。日本《刑事诉讼法》第157条之二规定,当被害人或未成年人,作为证人在法庭作证时,可以找合适的人陪伴他们进行审判。《刑事诉讼法》第157条之三规定,为避免被害人或未成年人在接受作证时承受巨大的心理压力,在作证过程中,应在证人和被告人之间采取一定的遮蔽措施。日本《刑事诉讼法》第157条之四规定,为舒缓被害人在接受作证过程中可能遇到的巨大精神压力,法院准许该证人在其他场所一边观看电视监控所显示的证人画面一边接受询问,法院还可以通过视频连接或视频录像方式询问证人。②

此外,出于对犯罪行为直接相对人的保护和关切,日本刑事司法建立了针对被害人特定事项的隐匿制度。根据日本《刑事诉讼法》第290条之二,除强制猥亵罪、强奸罪等性犯罪以外,法院可以根据犯罪行为的样态、被害的状况等判断,在公开审理的法庭上公开被害人特定事项是否可能导致被害人及其亲属的身体和财产受到伤害。因此,当被害人及其委托的律师提出申请时,法院认为合理的,可以决定不在公开的法庭上显示被害人的姓名、住所及其他被害人特定事项。该申请应当事先向检察官提出,检察官附

---

① 〔日〕松尾浩也:《日本刑事诉讼法的发展和现状》,载〔日〕西原春夫主编:《日本刑事法的形成与特色——日本法学家论日本刑事法》,李海东等译,法律出版社、日本成文堂1997年版。
② 视频连接方式与视频录像方式的区别在于,前者是实时的,后者则是提前录制的。

上意见后,通知法院。另外,《刑事诉讼法》第 299 条之三规定,检察官在公示证据时,因公开被害人特定事项可能严重侵害被害人的名誉或社会生活的平稳时,除被告人特殊需要场合,可以不向被告人告知被害人特定事项。

此外,根据日本《犯罪被害人保护法》第 3 条和《刑事确定诉讼记录法》第 4 条第 2 款第 5 项,为保护被害人的名誉和隐私,在刑事案件生效后,有必要限制阅览生效判决记录等。对于检察官保管的生效记录,如果认为阅览该记录可能会严重侵害相关人员的名誉或生活平稳时,可以禁止阅览。

2. 被害人的程序参与权

在侦查阶段,根据日本《刑事诉讼法》第 230 条和第 231 条,被害人和被害人的法定代理人、被害人死亡情况下其配偶、直系亲属或兄弟姐妹均可以向侦查机关直接提出告诉。日本的《刑事诉讼法》区分亲告罪和非亲告罪,强奸、名誉损毁等罪由于其特殊性质,需要尊重被害人的意思,因此对于该类犯罪,如果没有被害人的告诉就不能提起公诉。侦查机关进行侦查时,被害人作为参考人接受询问、说明被害状况等,一般也可以对被害感情和处罚要求等陈述意见,有时被害人还可以作为现场勘查的见证人参与侦查。

在起诉阶段,被害人主要享有对不起诉决定的申诉权。如前所述,日本取消被害人自诉制度,因此犯罪一律交由检察官提起公诉。为保障被害人的权益,法律赋予被害人在检察官不起诉时的救济权利:一是请求有管辖权的法院直接审判的权利。根据日本《刑事诉讼法》第 262 条,对于公务员滥用职权等部分公务员犯罪,控告人对不起诉处分决定不服时,可以向有管辖权的地方法院提出直接审判的请求。日本《刑事诉讼法》第 266 条规定,法院认为请求有理由的,可以作出直接交付审判的决定;第 267 条赋予直接交付审判案件等同与公诉案件的地位,规定根据该决定交付审判的案件被认为是已经被提起公诉的案件。二是向检察审查会提出申诉的权利。根据日本《检察审查会法》第 2 条,对于检察官作出的不起诉处分,与该处分有关的被害人或控告人,可以请求检察审查会对不起诉处分是否公诉权妥当进行审查。长期以来,检察审查会的决议并不具有法律拘束力,检察官只是参考决议,对于是否提起公诉,最终由检察官自行判断。2009 年 5 月,《检察审查会法》修改后引进新的制度,即"起诉决议制度",规定在一定条件下,根据检察审查会的决议,由法院指定的律师提起公诉的制度。根据该法第 41 条,即如若检察审查会的检察审查员共 11 人中有 8 人以上多数作出"起诉

第四章 亚洲国家或地区犯罪被害人救助制度与实践

相当"的决议后,检察官再次作出不起诉处分时,检察审查会必须进行再次审查;如果检察审查会经再次审查,检察审查会11人中8人以上多数作出"应当起诉的决议"时,对于有关起诉决议的案件,应当由指定律师提起并支持公诉。①

在审判阶段,日本确立被害人意见陈述制度和被害人参加制度,扩大被害人在诉讼程序中的活动范围。(1)被害人意见陈述制度。根据日本《刑事诉讼法》第143条,被害人陈述意见,是被害人对被害事实、状况以及对犯罪人处罚的态度等陈述意见,法院可以将被害人陈述意见作为量刑考虑因素。日本《刑事诉讼法》第293条之二规定,被害人(主要是指被害人本人,被害人的法定代理人,被害人死亡或身心有重大障碍时的配偶、直系亲属及兄弟姐妹)希望陈述有关被害的心情及其他与被告案件有关的意见时,可以在审判时当场陈述意见。法院在被害人提出申请时,原则上应当允许其陈述意见,但考虑到审理状况等因素,认为不恰当时,被害人可以用提交书面记载意见的形式代替陈述意见。(2)被害人参加制度。根据日本《刑事诉讼法》第316条之三十三规定,因故意犯罪行为致他人死伤的犯罪、强制猥亵以及强奸等犯罪、业务上过失致人死伤以及驾驶机动车过失致人死伤的犯罪等,被害人及其委托的律师提出参加刑事裁判的请求时,法院根据犯罪的性质、与被告人的关系等,认为合理的,可以许可被害人参加诉讼程序。该"参加诉讼程序"的活动范围主要包括对检察官行使职权阐述意见、对被告人进行质问以及对事实认定或法律适用陈述意见。根据日本《刑事诉讼法》第316条,被害人参加审判的申请必须事先提交给检察官,检察官签署意见后通知法院;"被害者参加人"及受其委托的律师②,可以在审判期间出席法庭,对检察官行使职权阐述意见,检察官决定行使职权或者不行使职权时,应当向陈述意见者说明理由;"被害者参加人"及受其委托的律师经法院许可,还可以就案情情节询问证人,必要时还可质问被告人,甚至还可以对

---

① 该制度与上述直接交付审判制度截然不同的是,判断检察官不起诉决定是否正当的权利交由另一个独立的第三方机构即"检察审查会",并且保留作为两造之一的起诉人;虽然起诉人从检察官变成法院指定的律师,但法官还是牢牢地守在中立裁判者的阵地上。

② 2008年4月日本《犯罪被害人等基本法》和《综合法律支援法》进行了修改,还赋予被害人请求指定"国选律师"的权利。

事实或适用法律陈述意见。①

3. 被害人的信息知悉权

日本规定被害人对刑事程序中的进展等特定信息具有知悉权,相关人员应当主动告知。根据日本《刑事诉讼法》第 261 条规定,检察官对于有告诉的案件作出不起诉处分时,告诉人提出请求的,应当告知理由。对于被害人死亡等重大事件或者检察官向被害人进行询问的案件,被害人申请时,检察官应当通知其案件的处理结果。检察官通知的内容大致包括:(1) 案件处理结果(审判请求、略式请求、不起诉、移送家庭法院等);(2) 审判日期(审理案件的法院及审判日期和时间);(3) 刑事审判的结果(主文、裁判的年月日、生效及上诉);(4) 公诉事实的要旨、不起诉裁定的主文、理由的要点、逮捕及保释等涉及本人状况的情况以及审判经过;(5) 有罪判决确定后有关加害者的事项(服刑人员刑罚执行结束的预定时期、在刑事设施中的处遇状况、刑罚缓期执行宣告的撤销)。

为保障被害人的知悉权,法律承认被害人对于案件记录的阅览、誊写权。日本《犯罪被害人保护法》第 3 条规定,当被害人等提出申请时,原则上应当许可阅览、誊写审判记录。内容包括:(1) 因被害人提起民事诉讼等情况,有必要在刑事审判确定前使用刑事案件记录的;(2) 在审判中提出的证据,经法院确认具有证据能力且已在公开法庭上经过调查的;(3) 被害人想知悉案件的内容而希望阅览、誊写审判记录的,法律上也应当充分尊重。但是,请求阅览、誊写没有正当理由的、因犯罪的性质及审理等状况不适宜的,在例外情况下不许可阅览、誊写审判记录。另外,该法第 4 条还规定在所谓同种余罪的被害人中,被告人或共犯以与被告案件的犯罪行为相同的形态继续或反复实施的同一或者同种之罪时,当该案件被害人提出申请时,认为被害人有必要行使损害补偿请求权的,考虑到犯罪的性质、审理的状况等情况认为具有相当性,可以允许其阅览、誊写审判记录。

4. 被害人的财产恢复权

日本犯罪被害人可以通过民事诉讼、损害赔偿令和被害给付金制度获

---

① 被害人参加制度扩大了被害人在刑事审判程序中的活动范围和诉讼权利,但是这种参加与所谓的自诉制度有所不同,被害人没有起诉、设定诉因、请求调查证据、上诉等权限,被害人只有在法院许可的情况下才能参加一定的诉讼活动。

第四章　亚洲国家或地区犯罪被害人救助制度与实践

得损害赔偿。

根据日本《刑事诉讼法》，损害补偿令根据被害人申请作出。由法律规定的一些特定暴力犯罪被害人及其一般继承人，向承办此类刑事犯罪案件的法院提出基于该暴力犯罪不法行为进行损害补偿的申请；在刑事审判作出有罪判决后，由同一法院自动开始对申请事项进行审理。审理的结果即是由法院下达损害补偿命令，当对此命令没有合法异议时，责令损害补偿的审判决定即与生效判决具有同等法律效力。反之，当被告人对此提出合法的异议时，将视为其向民事法院提起诉讼。

被害给付金制度则是日本通过《犯罪损害财产恢复及被害赔偿支付法》（2006年6月21日法律第87号）及其实施细则逐渐确立的。该法规定对犯罪收益进行广泛没收和追缴的制度措施，在此基础上，将这些被没收和追缴的犯罪被害财产，作为被害恢复给付金支付给被害人。在此制度下的给付金，是将被没收和追缴的财产作为资金来源由国家支付给被害人，而不是国家以没收和追缴这种形式，代替被害人从加害人处征缴相当于被害额的金额再来支付给被害人。对于申报总额超出没收和追缴总额的，将根据被害额来分配给付资金，因此支付额并不一定与被害人的被害额相一致，有时会产生低于被害额的情形。

三、被害援助

日本《犯罪被害人给付金支付法》第22条中明确规定警察有对犯罪被害人采取援助措施的责任和义务，如提供有关案件进度等信息、为被害人提供建议指导，在被害人需要时派遣警察前往等必要的援助；第23条则设立公安委员会可以指定某些"犯罪被害人支援团体"为"犯罪被害人早期支援团体"的制度。该制度的设立是为进一步促进民间被害人支援团体的活动。早期支援团体具有相应的权利和义务，如经被害人同意，可以得到公安委员会提供的被害人以及犯罪被害概况的情报，但同时亦有保密的义务。日本的国家公安委员会于2002年1月31日制定发布《犯罪被害人早期救助团体规则》，为犯罪被害人早期救助团体的设立、运营等进行指导规范。

除官方的犯罪被害人援助外，日本民间犯罪被害人保护活动也异常活跃，如1992年在东京医科齿科大学开设的"犯罪被害咨询室"，1995年在水户常磐大学设立的"水户被害人援助中心"，1996年4月在大阪YWCA专门学校内以及此后在金泽、札幌、和歌山、广岛、爱知、静冈、京都等十几个城市相继开设的"犯罪被害人咨询室"。另外,日本民间还有专门针对某类犯罪被害人的被害人援助机构,如以性犯罪被害人的电话咨询为目的的"东京强奸中心"和"性暴力救援会",以家庭暴力咨询为目的的"东京都女性咨询中心"。值得一提的是,1999年4月由多家被害人援助组织共同成立"全国被害人支援网"[①]。可以说,日本的被害人援助工作是由政府(主要是警方和公安委员会)与民间机构共同维持的。[②]

(一)日本官方的被害援助工作

日本官方的被害人救助工作主要由警方和公安委员会承担,公安委员会更侧重于被害人补偿以及指导被害人援助机构,警方则利用其在侦查活动中密切接触被害人的优势,直接参与被害人援助。

日本警察机关除负责 1981 年实施的犯罪被害人给付制度以外,还于 1996 年发布《被害人对策纲要》,该《纲要》将被害人救助制度定位为"保护个人的权利和自由",在实践中承担着日本警察对待被害人行为准则的角色。依据《被害人对策纲要》,日本警察开始对犯罪被害人进行综合性保护工作,于警察厅和各都道府县的警察机关设置被害人支援室,致力于帮助被害人从被害中恢复和防止被害人遭遇二度伤害。根据《被害人对策纲要》,日本警察于 1996 年建立"被害人联络制度",旨就侦查情况等方面与犯罪被害人加强沟通和联络,规定对于涉及侵害生命和健康的犯罪以及重大交通事故的案件,由负责案件侦查工作的警员就刑事案件处理手续、侦查状况、抓捕状况以及可以提供的被害人救助与被害人进行沟通说明。该沟通和说明是连续性的,如在被害人死亡且犯罪嫌疑人未被抓捕的案件中,从受理报案之日起大约在 2 个月、6 个月和 1 年的时间点,都要就侦查情况与被害人遗属进行沟通说明,此后至少每年沟通一次。

此外,为更方便被害人理解刑事案件处理程序及被害人救助相关制度,各都道府县的警察机关均制作了《被害人指南宣传手册》,并向被害人发放。该《宣传手册》除普及"刑事程序概要""刑事程序的内容"等司法程序外,还

---

① 参见日本全国被害人支援网,http://www.nnvs.org/network/index.html,最后访问时间:2014 年 12 月 21 日。

② 参见〔日〕龙泽依子:《日本警察对犯罪受害人支援的现状和课题》,载 2012 年 11 月《第五届中日犯罪学学术研讨会论文集》。

第四章　亚洲国家或地区犯罪被害人救助制度与实践

对"由警察负责实施的被害人支援制度"和"民事损害赔偿请求"等被害人可以获得的救渠道进行说明;考虑到照顾外国籍犯罪被害人,其还特别制作了英文、中文等宣传手册。

(二) 日本民间的被害援助机构

民间团体因其自身的灵活性和亲和性,在接受被害人的咨询、陪同被害人等方面颇具优势,对减轻被害人的精神负担可以起到很大作用。日本民间的被害人援助机构发展迅猛,截至 2012 年 7 月,全日本共有犯罪被害人早期支援团体 41 家、准备升级为犯罪被害人早期援助团体的民间机构组织 48 家。2001 年根据修订后的《犯罪被害人给付金支付法》,日本各都道府县公安委员会指定设立"犯罪被害人早期支援团体",犯罪被害人早期支援团体的主要任务是:(1) 接受犯罪被害人的咨询;(2) 协助被害人通过裁定申请被害人救助给付金;(3) 为被害人无偿提供或借与物品;(4) 为被害人提供劳务帮助等。[①] 警察机关也会在得到被害人同意的前提下,将案件的犯罪被害概况提供给犯罪被害人早期支援团体。

1999 年 4 月日本多家被害人援助组织共同成立了全国性团体组织——(NPO 法人)全国被害人支援网。该被害人支援网络通过召开全国犯罪被害人支援论坛和全国培训会议等活动开展犯罪被害人救助的调查与研究。该支援网于 1999 年 5 月 15 日发表《犯罪被害人的权利宣言》。《犯罪被害人的权利宣言》言明犯罪被害人的权利如下:(1) 接受公正待遇的权利;(2) 接受情报提供的权利;(3) 被害恢复的权利;(4) 陈述意见的权利;(5) 接受支援的权利;(6) 再被害的被保护的权利;(7) 安定而安全的生活的权利。

为切实地满足被害人的需求,各被害人援助机构包括民间援助组织和警察机关、司法机关、医疗部门、行政部门等机关、团体的通力协作是必不可少的。因此,日本在各都道府县均设置由有关机关、团体组成的"被害人支援联络协议会",该协会成员对各自应发挥的作用达成共识,以生活支援为中心扩展到医疗、裁判程序等多个领域,合作开展被害人援助工作。

[①] 参见日本电子政府综合窗口,http://law.e-gov.go.jp/cgi-bin/idxsearch.cgi,最后访问时间:2014 年 12 月 21 日。

四、小结

日本在被害人救助方面的努力可谓不遗余力,其制度文本、立法形式以及实践模式,都有值得借鉴之处。

在制度层面,日本通过了多部专门立法,其立法内容几乎完全涵盖被害人救助的方方面面。为保障被害人的司法权利,日本多次就被害人权益对刑事程序法进行修订,不断扩大被害人在诉讼中的权利并保障其得到行使。在被害人财产恢复问题上,日本由于历史原因采普通法系的损害赔偿令,之后又为被害人专门制定了财产恢复制度。

实践层面上,日本官方机构尤其是警方对于被害人援助的投入,值得赞赏和参考。对被害人而言,警察机关往往是其在案件发生后接触到的第一个国家机关乃至社会力量。从警察开始即给予被害人精神支持并为其提供尽可能全面地帮助,告知其需要且希望得知的信息,这对被害人来说十分重要。被害人不仅能因此更为便捷地获得救助,早日从被害困境中恢复并重建生活,而且对司法制度更加信赖,对参与司法程序更为积极,从而有利司法诉讼的推进。另外,日本从民间被害人援助组织中指定"犯罪被害人早期援助团体"的做法同样值得借鉴,通过设立全国被害人支援网,实现各援助组织和团体之间的交流和协助,这对于被害人救助经验的传播和扩散,意义重大。

第五章　普通法系国家犯罪被害人救助制度与实践

以英美为代表的普通法系国家的被害人救助实践起步甚早,可谓各国被害人救助之先驱。英国是全世界继新西兰之后实行现代被害人补偿制度的第二个国家,而美国则是世界范围内较早就被害人保护的相关内容进行专门立法的国家之一。当然,由于英美等国刑事司法传统中,被害人的角色一向被定位为证人,因而这些国家并未大力提倡被害人诉讼权利方面的司法改革,而是更多地侧重于被害补偿和被害援助。

第一节　英　　国

英国自11世纪确立陪审制以及1215年颁布大宪章以来,其刑事诉讼制度主要侧重于犯罪嫌疑人在刑事诉讼程序中的地位提升和权利保障,至于被害人的保护则一直未引起相应的重视。在刑事诉讼程序中,除犯罪被害人因为特殊事由而被传唤到庭予以作证外,在大部分场合下,犯罪被害人都是作为程序外的旁观者参与着刑事审判过程。犯罪被害人被动地卷入刑事司法程序,不仅得不到应有的关注和保护,而且可能受到刑事司法机关的冷漠和粗暴对待,从而经历"二次伤害"。此外,犯罪嫌疑人即便在刑事程序中被追诉乃至获刑,犯罪被害人仍然常因犯罪嫌疑人根本无可供执行的财产而无法获得经济上和精神上的赔偿。上个世纪60年代初,犯罪被害人在法律上的弱势地位,逐渐得到了学界、政界和法律界的重视,一场要求完善相关法律制度的被害人保护运动在英国兴起。

因其普通法传统,英国有关被害人权益的相关规定,除《刑事伤害补偿法》(Criminal Injury Compensation Act 1995)和《家庭暴力、犯罪及被害人法》(Domestic Violence, Crime and Victim Act 2004)等专项立法外,其余散见于《刑事司法法》(Criminal Justice Act)的多次修订案以及《刑事法庭(量刑)权限法》(Powers of Criminal Courts (Sentencing) Act 2000)中。同

时，英国先后公布了多份行政规章文件作为被害人救助的实务依据，重要的行政文件有《刑事伤害补偿方案》(Criminal Injuries Compensation Scheme)、《被害人章程》(The Victim's Charter)、《犯罪被害人实务准则》(The Code of Practice for Victims of Crime)、《被害人救助承诺》(Our Commitment to Victims)等。[①]

一、被害补偿

英国被害人补偿制度的确立是典型的行政规章模式。英国内政部(Home Office)于1964年6月24日在上议院和下议院公布《刑事伤害补偿方案》(Criminal Injuries Compensation Scheme)，并于同年8月1日正式实施该项补偿方案。直到1995年，英国议会才通过了《刑事伤害补偿法》，将被害人补偿方案纳入法律体系，建立起现行的犯罪被害人补偿制度，从而填补了英国在被害人补偿正式立法方面的空白。尽管英国正式补偿立法较晚，但其被害人补偿制度的实际施行时间已经有50年，发展已臻成熟。

(一) 英国被害补偿制度的具体内容

英国的《刑事伤害补偿法》是对《刑事伤害补偿方案》(以下简称《补偿方案》)的成文化，其授权《补偿方案》制定具体补偿事项和内容，并对其他成文法作出相应的修改。故英国被害人补偿制度的内容实际上是由《补偿方案》规定的，该方案附伤害程度价目表(tarrif of injuries)详列各补偿项目及其标准。以下主要根据《补偿方案》的最新修订版本即2012年《刑事伤害补偿方案》[②]对英国的被害人补偿制度予以介绍。

1. 负责机构

法务部(Ministry of Justice)下设刑事伤害补偿管理局(Criminal Injuries Compensation Authority, CICA)[③]，负责执行《补偿方案》。

[①] 除特别注明，英国的法规来源均为英国立法网站，www.legislation.gov.uk，最后访问时间：2014年12月12日。

[②] 参见英国政府网站，https://www.gov.uk/government/publications/criminal-injuries-compensation-scheme—2012，最后访问时间：2014年12月12日。

[③] 参见英国政府网站，http://www.justice.gov.uk/about/criminal-injuries-compensation-authority/index.htm，最后访问时间：2014年12月12日。

2. 资金来源

英国被害人补偿经费由国家承担,其所需经费由议会决定。

3. 补偿对象

根据《补偿方案》,因暴力犯罪或其他特定情形造成刑事伤害的被害人或死亡被害人的亲属可获得国家补偿。该被害人包括被害人和其他适格的人。被害人包括暴力犯罪的直接被害或在其他特定情形下遭受刑事伤害的被害人。其他适格的人包括两类:一是因在场或目击案件而被犯罪行为波及造成刑事伤害的人;二是其所爱者是直接被害人而其因此也即刻受到刑事伤害的人。

根据《刑事司法法》(Criminal Justice Act 1988)第109条第1项明文规定,"个人身体上的伤害涵盖疾病、生理、心理或怀孕等情形的伤害"。因此这里的刑事伤害(criminal injury)包括物理性的身体伤害,也包括精神伤害,还包括遭遇性犯罪而怀孕的情形。

但是《补偿方案》还明确,对于单纯的精神伤害只有符合下列情形才可以给予补偿:(1)申请人处于针对其本人的可能即刻发生身体伤害的合理的恐惧之中;(2)申请人与遭受身体伤害的被害人具有密切关系,这种关系一直保持,并且申请人在伤害发生时目睹此事或深受伤害结果的影响;(3)申请人是性犯罪的非自愿被害人;(4)申请人从事铁路运输工作,并且目睹穿越铁路犯罪或者深受伤害结果的影响。

(1) 亲属的范围

亲属的范围包括:第一,共同居住的配偶或同性伴侣(civil partner);第二,以伴侣身份共同居住超过两年的同居者;第三,因一方生理缺陷或疾病而无法共同居住的配偶、同性伴侣或第二项规定的伴侣;第四,经济独立于死亡被害人的配偶、同性伴侣或前任配偶、同性伴侣;第五,父母;第六,子女。

(2) 申请人的国籍

英国不要求申请补偿的被害人或其亲属为英国国籍,但要求申请人在事件发生时在英国居住且具有一定居留权,同时要求事件发生在相关地方,主要包括英国境内或拟制境内等。对于在英国境外遭遇刑事伤害的持有英国国籍的被害人,则主要由公民服务局(Citizens Advice Bureau)协助其向国外相应机构提出申请。

4. 补偿条件

(1) 伤亡原因

伤亡原因包括暴力犯罪或其他特定情形。《补偿方案》附录界定了暴力犯罪的范围,其包括故意的或过失的能引起身体伤害的具有物理性袭击属性的犯罪,能引起被害人恐慌并因该恐慌致伤害的威胁行为,性犯罪以及纵火行为,另外还包括未成年人或精神病人的类似行为。其他特定情形则是指在例外和合理的风险(exceptional and justified risk)下协助抓捕犯罪人或犯罪嫌疑人、阻止犯罪或犯罪结果发生等情形。

(2) 限制条件

英国对补偿申请设置了以下一些条件:第一,因暴力犯罪所受伤害损失达 1000 英镑(折合人民币约 9800 元)以上;第二,暴力事件发生在英格兰、苏格兰以及威尔士且向警方报案,但暴力犯罪人被起诉或定罪不是必要条件;第三,在事件发生后两年内必须提出申请,超过两年时若有特殊情况能证明在两年内无法提出申请者,仍接受申请。

5. 补偿项目与标准

从 1964 年到 1996 年,英国都是按照普通法上的损害赔偿标准(即通过民事诉讼可能获得的赔偿金额)对被害人进行补偿,但是,在 1995 年《犯罪伤害补偿法》颁布之后,即根据《补偿方案》所附伤害程度价目表进行补偿[1],该价目表最近一次修订在 2012 年的 12 月。

(1) 补偿范围和项目

英国被害人补偿项目一共有八项,其范围覆盖了丧葬费、医疗费、误工费、交通费、残障复健费用(若保险未能给付)、精神损害费用、扶养费、抚养费等。该八项包括因身体伤害支出的费用、丧失劳动报酬的费用、协助被害人活动的特别支出费用(看护费、因受伤而需要进行居家装修工程的费用、购买特殊装备的费用等等)、死亡抚慰金(bereavement payments)、抚养费、扶养费、殓葬费以及其他被害人死亡情形下的必要支出。

---

[1] 《英国刑事伤害补偿局 2013—2014 年度报告》(CICA annual report and accounts 2013—14),来源为英国政府网站,https://www.gov.uk/government/uploads/system/uploads/attachment_data/file/324359/cica_ar_2013—14_final.pdf,最后访问时间:2014 年 12 月 23 日。

第五章　普通法系国家犯罪被害人救助制度与实践

（2）补偿金额和标准

视被害人死亡与否可将英国的被害人补偿金分为两类，即个人伤害补偿金（personal injury awards）和死亡补偿金（fatal injury awards），并视情况决定其包括的补偿项目。此二者所能获得的最高补偿金额均为50万英镑，折合人民币约490万元。[①]

对个人伤害补偿金而言，其包括标准补偿金（standard amount of compensation or tariff award）、劳动报酬损失及特别支出费用等。伤害程度价目表将各类伤害划分为25个等级，最低等级的补偿金额为1000英镑（折合人民币约9800元），最高等级的补偿金额可获25万英镑（折合人民币约245万元）。当被害人遭遇不止一项伤害时，除获得数额最高的该项伤害补偿之外，还可按规定比例获得其他项的伤害补偿（最高伤害对应的全部数额加上次重伤害对应数额的30%再加上再次重伤害对应数额的15%）。若被害人在受伤后超过28周无法工作，还可申请获得劳动报酬损失补偿。

死亡补偿金则包括死亡抚慰金、抚养费、扶养费、丧葬费等。其中死亡抚慰金由被害人的配偶或伴侣（不含前任）、父母、子女申领，总金额是1.1万英镑（折合人民币约10.8万元）；若申请人为两人以上，则每人定额5500英镑。当申请人是仰赖被害人抚养的未成年人时，还可申请每年2000英镑（折合人民币约1.97万元）的抚养费用。

（3）拒绝或减少补偿的情形

该情形包括加害人可能从补偿金中受益、申请人与加害人同属一个家庭、被害人对事件发生存在诱发行为、申请人具有前科记录（unspent convictions）、在司法程序中不配合或拒绝向管理局提供相关信息等。

（4）与其他所获赔偿或补偿的竞合

对申请人已获得或可能获得类似补偿、损害赔偿（包括在民事程序或刑事强制赔偿令获得或的赔偿）或与加害人达成赔偿协议的，补偿金将不予发放或扣除补偿数额。另外，对于通过《社会保险法》（Social Security (Recovery of Benefits) Act 1997）等相关法律所能获得的补助（benefits）也予以

[①] 《英国刑事伤害补偿局2013—2014年度报告》（CICA annual report and accounts 2013—14），来源为英国政府网站，https://www.gov.uk/government/uploads/system/uploads/attachment_data/file/324359/cica_ar_2013—14_final.pdf，最后访问时间：2014年12月23日。

扣除。

6. 补偿程序

申请人可以通过网络、被害人支持协会（Victim Support）或律师（需自行负责律师费）等方式向刑事伤害补偿管理局提出补偿申请。一般情况下，管理局须于56天内作出决定。申请人若对该决定不服，可以先要求管理局复审；若对该复审决定不服的，还可以在90天内向刑事伤害补偿审议会（First-tier Tribunal）[1]提出申诉。

（二）英国被害补偿制度的实施状况

英国的被害人补偿制度由来已久。从1964年设立第一个被害人补偿方案截至2013年3月31日，英国共计对大约125万人发放超过48亿英镑的补偿金。以下是对1999年以来历个财政年度[2]补偿申请和补偿金发放情况进行的统计。[3]

表5-1-1 英国1999年至2014年各财政年度被害补偿实施状况统计表

年度	申请人数	核准补偿人数（括号内为驳回人数）	发放补偿总额（单位：亿英镑）	人均获发补偿金额（单位：万英镑）
1999/2000	约78000	约40000（约38000）	1.16	0.29
2000/2001	约76000	约37000（约39000）	1.13	0.31
2001/2002	约78000	约41000（约37000）	2.7	0.66
2002/2003	81167	42283（38884）	1.32	0.31
2003/2004	79206	41354（37852）	1.32	0.32
2004/2005	69283	35446（33837）	1.21	0.34
2005/2006	62073	33792（28281）	1.655	0.49

---

[1] 刑事伤害补偿审议会的前身为刑事伤害补偿申诉小组（Criminal Injuries Compensation Appeals Panel），同样隶属法务部，其成员由兼职审议法官和社会人士构成，一共70名。参见英国政府网站，http://www.justice.gov.uk/guidance/courts-and-tribunals/tribunals/criminal-injuries-compensation/index.htm，最后访问时间：2014年12月12日。

[2] 即每年4月1日到次年3月31日。

[3] 《英国刑事伤害补偿管理局历年年度报告》(Criminal Injuries Compensation Authority. Annual Report and Accounts.)，来源为英国政府官方网站，https://www.gov.uk/government/publications?keywords=&publication_filter_option=all&topics[]=all&departments[]=criminal-injuries-compensation-authority&official_document_status=all&world_locations[]=all&from_date=&to_date=，最后访问时间：2014年12月15日。

(续表)

年度	申请人数	核准补偿人数 （括号内为驳回人数）	发放补偿总额 （单位：亿英镑）	人均获发补偿金额 （单位：万英镑）
2006/2007	59096	31523(27573)	1.81	0.57
2007/2008	65248	39183(26065)	2.26	0.58
2008/2009	64506	28800(35706)	2.346	0.81
2009/2010	67597	38546(29051)	2.09	0.54
2010/2011	64768	31581(33187)	2.8	0.89
2011/2012	57480	30219(27261)	4.49	1.49
2012/2013	53821	25455(28366)	—	
2013/2014	42859	—	2.429	

表中可以看出英国历年申请被害补偿的人数所在多有，从2000年以后每年申请人数均在7万人左右，但近年来数量有所下降。核准补偿与驳回申请的案件数量大概持平，在2007/2008年以前，核准补偿的案件数量均略高于后者，不过此后情况开始发生改变。根据2009/2010年刑事伤害补偿管理局的年度报告，该年度驳回申请的原因依次为伤害所致损失未超过1000英镑、拒绝跟警察合作、存在前科记录、伤害不是暴力犯罪的直接结果、事件前中后的行为有可议之处、拒绝与管理局合作、未及时向警察报案、申请时间已超过申请时效等等。虽然补偿方案规定刑事伤害补偿管理局对申请进行审议的期限一般是56天，但实践中多有延期。根据管理局年度报告显示，平均等待补偿决定的时间于2007年达14个月之久，经过一番努力，2013年降为8.8个月。此外，表中显示英国每年人均获发补偿金额并不高，多数年份尚不足其50万英镑最高限额的1/50。

二、被害人的司法权益保护

（一）代表性的被害人司法权益保护法例

从1990年的《被害人章程》开始，英国发布了不少专门规定被害人权益的法律或规章，其中，《家庭暴力、犯罪及被害人法》是正式立法，其余则是内务部或法务部制定的行政文件。

1. 《被害人章程》①

《被害人章程》全称为《被害人章程——犯罪被害人服务标准声明》(The Victim's Charter—A statement of service standards for victims of crime)，于1990年发布，1996年更新。作为英国第一份专门就被害人权益进行规范的文件，其要求刑事司法机构必须注重保护被害人的权益，从而为促进英国被害人救助发展发挥重要作用。在《犯罪被害人实务准则》公布以后，逐渐被后者取代。②

根据1996年更新文本，《被害人章程》载明了被害人可获得的服务标准、与被害人相关的刑事司法程序、申诉途径及诸如被害人支持协会、刑事伤害补偿管理局等相关部门的信息和服务内容等信息。

2. 《家庭暴力、犯罪及被害人法》

英国于2004年通过《家庭暴力、犯罪及被害人法》（2012年最新修订），该法在第三部分专门规定与被害人有关的内容，涵盖范围极广，从被害人的程序性权利到被害人补偿、被害人实务均有涉及。

在被害人权利方面，主要包括：(1) 被害人在罪犯被判刑入狱后以及可能保外就医、转移服刑地等影响其行刑的情形下，向当地假释委员会（local probation board）到场陈述意见，并知悉有关罪犯的刑罚执行情况；(2) 加大保护被害人（证人）的力度，扩张反骚扰法中禁制令的适用，并将违反禁止骚扰令的行为犯罪化。

在被害人补偿方面，规定刑事伤害补偿管理局可以在其决定补偿之后，向加害人求偿，正式确立被害补偿金的国家追偿权。

在被害人实务方面包括：(1) 设立有关机构，要求设立被害人事务委员（victims' commissioner）和被害人事务咨询小组（victims' advisory panel），前者负责促进刑事司法和服务的发展以更好地支持被害人，后者则负责向国务大臣（Secretary of State）就被害人事务提供意见；(2) 要求订立《犯罪被害人实务准则》(The Code of Practice for Victims of Crime)，规范各部门所应提供给被害人的服务，且要求制定对上述服务不满的申诉途径；(3) 设

---

① 参见英国国家档案馆官方网站，http://webarchive.nationalarchives.gov.uk/+/http://www.homeoffice.gov.uk/documents/victims-charter.html，最后访问时间：2014年12月24日。
② 同上。

第五章 普通法系国家犯罪被害人救助制度与实践

立基金,用于支持与被害人援助有关的人员或机构。

3.《犯罪被害人实务准则》[①]

《犯罪被害人实务准则》于 2005 年发布,其根据 2004 年的《家庭暴力、犯罪及被害人法》订立,而内容则主要参照《被害人章程》。[②]《犯罪被害人实务准则》规定犯罪被害人所应受的最低限度的服务,将其分为被害人权益和相应服务部门的职责,并规范申诉制度。若被害人认为在刑事司法流程中有实务工作者未能遵守该准则原则的话,可向有关部门提出申诉。和《被害人章程》不同的是,此《实务准则》虽仅以公权力部门为主,规定 11 个相关部门的法定职责与服务标准,但其涉及范围颇广,几乎囊括了包括侦查机关、检察机关、审判机关、被害人补偿部门、刑罚执行部门及各自对应的申诉部门在内的与被害人救助相关的所有官方机构。

此外,英国十分重视该《准则》的实际效用,除在《准则》中规定被害人的申诉途径外,还运用司法部的调查项目了解各部门是否遵循该准则。调查项目包括影响极大的英国犯罪调查(British Crime Survey)和证人及被害人体验调查(Witness and Victim Experience, WAVE)。前者与此有关的具体项目是被害人满意度调查,侧重于了解被害人对警察满意程度,后者则考察被害人与证人在刑事司法系统中的经历与感受。[③]

4.《被害人救助承诺》[④]

2014 年 9 月英国发布《被害人救助承诺》(Our Commitment to Victims),承诺在将来一定时间内赋予被害人更广泛的权利,从而更加积极全面地保障被害人各方面权益。该文件倡导司法体系更为积极地帮助犯罪被害人获得信息、满足被害人需求、保护易受伤害者和出庭证人、保障其法律上的权利,其主要内容包括:(1) 在 2015 年 3 月建立新的遍布全国范围的被

[①] 法规来源为英国政府网站,于 2013 年 10 月修正,https://www.gov.uk/government/publications/the-code-of-practice-for-victims-of-crime,最后访问时间:2014 年 12 月 14 日。

[②] 参见英国国家档案馆官方网站,http://webarchive.nationalarchives.gov.uk/+/http://www.homeoffice.gov.uk/documents/victims-charter.html,最后访问时间:2014 年 12 月 24 日。

[③] Joanna Shapland, Victims and Criminal Justice in Europe, In S. G. Shoham, P. Knepper & M. Kett (Eds.), *International Handbook of Victimology*, Boca Raton: Taylor & Francis Group, 2010, pp. 347—372.

[④] 法规来源为英国政府网站,https://www.gov.uk/government/publications/our-commitment-to-victims-september-2014,最后访问时间:2014 年 12 月 20 日。

害人信息服务制度,并将其发展成为允许被害人获得信息和支持的综合性服务;(2)改善被害人的法庭经历,从而更好地保护那些易受伤害的被害人(主要是性犯罪被害人);(3)增加被害人保护工作的透明度,强化刑事司法机构在被害人保护工作中的责任;(4)制定被害人专门法律,以确立被害人的重要基本权利;(5)制定能够提前补偿被害人而不是让被害人等待的计划。

(二)被害人在刑事诉讼程序中的权利

总体而言,随着司法改革的进行,尤其是《刑事司法法》的历次修订,英国不断扩大被害人在司法程序中的参与程度,从而逐步加强了对被害人权益的保护。以下根据《刑事司法法》和《犯罪被害人实务准则》以及其他相关法令,将被害人的司法权益分为四部分加以阐述。

1. 被害人的受保护权

被害人的受保护权体现在两方面,一是其作为证人所应得到的保护,二是其作为犯罪人的加害对象所应得到的保护。

在被害人/证人保护方面,除英国的证人保护计划外,《刑事司法法》还致力于改善其在司法程序中的处境,规定允许证人远距离提供证据、在作证时可以引用其之前的陈述、允许在严重犯罪案件中使用证人的录像陈述作为证据等等。英国专门成立证人保护组(witness care unit),协助被害人和证人参与刑事司法程序。①

在被害人保护方面,早在 1990 年的《被害人章程》中即要求,被判处无期徒刑的犯罪人释放之前应该听取被害人的意见,假释委员会应在考虑被害人的需求和利益后再进行决定。而《犯罪被害人实务准则》进一步作出了详细规定,如被害人可以从特别入口进入法庭以避免与犯罪人正面接触,在可能情况下拥有独立的等待室;对犯罪人被判处 12 个月有期徒刑以上的严重犯罪或性犯罪被害人,还可以加入被害人联络计划(victim contact scheme,VCS),在犯罪人假释、转移服刑地等听证会上向假释委员会(parole board)陈述意见,并获得有关犯罪人释放或转移服刑地等行刑信息的正式通知。

---

① 参见英国皇家检控服务网站,http://www.cps.gov.uk/thames_chiltern/victim_and_witness_care/witness_care_units,最后访问时间:2014 年 12 月 24 日。

2. 被害人的知悉权

《犯罪被害人实务准则》除规定被害人有权知道其获得被害人救助的各项渠道外,还赋予被害人对整个刑事司法程序的各个阶段的信息知悉权:(1)在侦查阶段,被害人有权知悉案件的侦查情况以及犯罪人在该阶段的人身状态如是否被保释等,当案件的证据不足以起诉嫌疑人时,警察应在5天内通知被害人,若被害人处于弱势(vulnerable)或是遭恐吓时,则应在1日内通知;(2)在起诉阶段,被害人应该被告知案件是否被起诉或不被法院受理及其原因,如果不起诉,还应告知被害人可以要求皇家检控服务①复审;(3)在审判阶段,有权知道有关案件开庭审理和判决的相关信息;(4)在行刑阶段,严重犯罪被害人还有权获知犯罪人的具体服刑信息。若被害人参与犯罪人的假释听证会并发表被害人影响陈述,国家犯罪人管理服务部门②则需向被害人提供相关听证会之结论。

3. 被害人的意见表达权

被害人的审判的地位和角色在英国司法传统中并不突出,其在自侦查至审判的期间一直是被动地被询问,而很少有机会能主动地表达意见。反观犯罪嫌疑人,其在刑事司法程序中的表达权一直得到极大重视。正是在这种背景下,英国建立并施行了被害人意见陈述制度,试图改变刑事司法中被害人与犯罪人话语不对等的状况。

英国的被害人意见陈述制度通过被害人在司法程序中适时发表被害人个人陈述,扩大被害人对司法程序的积极参与。被害人个人陈述,是被害人及死亡被害人的近亲属向有关司法部门陈述犯罪对其造成的包括人身伤害、财产损失、精神伤害等各方面影响的制度。③ 根据《犯罪被害人实务准则》,在侦查阶段,警察制作笔录时应告知被害人有权作出被害人个人陈述,该陈述将在审判阶段呈交法官;不过该陈述只是作为法官审理的参考,并不具有强制性。在起诉(审前)阶段,死亡被害人的至亲家属有权在起诉决定

---

① 参见英国皇家检控服务网站,http://www.cps.gov.uk/,最后访问时间:2012年12月24日。
② 参见英国法务部网站,http://www.cps.gov.uk/legal/v_to_z/victim_personal_statements/,最后访问时间:2012年12月24日。
③ 参见英国皇家检控服务网站,http://www.cps.gov.uk/,最后访问时间:2012年12月24日。

作出前或作出后与检察官进行会面,明确其被害人个人陈述是否已经作出,检察官将与其讨论其需求并协定后期会面。在审判阶段,当有罪判决被作出时,被害人可以选择在法庭当庭或通过录像宣读该陈述书。在刑罚执行阶段,加入被害人联络计划的被害人还有权在被害人假释听证会上陈述意见。

此外,英国于2006年4月开始在五个高等法院进行为期两年的试行方案,该方案试行家人影响陈述制度。根据该制度,死亡被害人(死亡原因包括谋杀、一般杀人以及危险驾驶)的至亲家属还被允许在宣判之前,亲身以口头或书面方式、或者由律师、检察官或其他公民向法庭表达犯罪对被害人家人的影响。试行方案还包括申请支持方案,即让至亲家属与检察官会面、为其提供15个小时的免费法律咨询。① 之后,从2007年10月开始,英国在全国范围实行审前支持以及家人影响陈述制度,而在高等法院则由检察官来诵读家人影响陈述。②

4. 被害人的损害赔偿权

因英国的普通法传统,被害人因犯罪导致的损害可以通过民事诉讼程序或刑事诉讼程序中的刑事赔偿令获得赔偿或得到恢复。然而,单独的民事诉讼意味着被害人需付出高昂的成本,包括时间、诉讼费用、精神负担及因此可能产生的劳动报酬损失等等。而在漫长的程序之后,即使法院判决被告支付赔偿,也可能无法实际执行。为改变这种状况,英国创设了刑事赔偿令(compensation order),该赔偿令是普通法中罕见的要求法官依职权作出司法决定的规定。

这里所说的刑事赔偿令类似于美国的强制赔偿令(下文将具体介绍)。值得注意的是,英国还有另一相关制度即损害恢复令(restitution order)。英国的《窃贼法》(Theft Act 1968)、《刑事司法法》(Criminal Justice Act 1972)和《刑事法庭(量刑)权限法》[Powers of Criminal Courts (Sentencing) Act 2000]都先后规定并完善损害恢复令,针对盗窃犯罪规定在判决时可以命令有罪被告人向被害人返还被盗财物及其孳息,或给付与前者等

---

① 此两种办法在2013年的《犯罪被害人实务准则》文本中均可看到。
② J. V. Roberts & M. Manikis, Victim Personal Statements in England and Wales: Latest (and last) Trends from the Witness and Victim Experience Survey, *Criminology and Criminal Justice*, Vol. 13(3), 2013, pp. 245-261.

价的金钱。

1988年《刑事司法法》明确法院有权下令处分犯罪罚没财产出售后的收益,将其用于赔偿被害人因一般犯罪遭受的损害,损害包括人身伤害、损失和财产损害。此可视为损害赔偿命令的雏形。

根据2000年《刑事法庭(量刑)权限法》〔Powers of Criminal Courts (Sentencing) Act〕,法庭在宣告有罪判决的同时作出刑事赔偿令,要求被告人向被害人或亲属赔偿其因一般犯罪所遭受的人身伤害、财产损失及因死亡产生的丧葬费用等。法庭对于所有可以宣告刑事赔偿令的刑事案件均负有审查的义务,如果判决时不作出该命令则须说明理由(包括被告人无力偿还、损害金额过大以致刑事司法程序无法认定等)。该法还规定刑事赔偿令的金额应该考虑检察官意见、被告人的主张、经法庭认定的证据、被告人的偿还能力等。因此刑事赔偿令所决定的金额与经民事诉讼程序确定的金额未必一致,被害人也可就刑事赔偿令未能覆盖的数额部分另行提起民事诉讼。此外,刑事赔偿令除与自由刑、罚金刑等刑罚共同宣告以外,还可作为独立的判决。当法庭同时作出赔偿令并处以罚金刑而被告人无法同时支付二者时,赔偿令应优先得到执行。

三、被害援助

英国所有的被害人援助组织或机构都是非营利性质的,且与官方无行政上的关联。而官方则并不直接参与被害人援助,其主要通过财政支持以及转介被害人的方式与被害人援助组织发生联系。根据英国政府的财政预算,司法部与内政部用于被害人援助的预算约占总数的3.5%。根据英国被害人支援协会的年度报告,自2009年开始,政府每年为其提供800万英镑(折合人民币约7800万元)的经费用于从事被害人援助和服务工作。截至2009年,英国的被害人支援协会在各地共有1500名员工以及6500名活动志愿者,年度预算达约为4900万英镑(折合人民币约4.83亿元)。[1]

---

[1] 《英国被害人支援协会2010年度报告》(Victim Support. 2010. Trustees' Annual Report and Financial Statement for the Year Ended, 31 March 2010), http://www.victimsupport.com/About%20us/Publications/~/media/Files/Publications/AboutOurCharity/TAR%20Acc%20-%20Final%20(041110),最后访问时间:2014年10月20日。

（一）被害援助机构的发展与壮大

英国的民间被害人援助发展十分成熟，其分布最广和影响最大的援助机构为被害人支援协会（Victim Support）[1]，该组织的雏形由犯罪人援助机构建立。英国的"布里斯托尔犯罪者关注和重建联盟"（Bristol Association for the Care and Resettlement of Offenders）在1969年开始一项以犯罪被害人为研究对象的调查研究计划，该计划被称作"被害人支援计划"（Victim Support Scheme），其对犯罪被害人进行深入的调查和研究，得出的结论是，犯罪被害人在精神上受到的伤害远远超过其在身体上受到的伤害。大量的犯罪被害人不仅不能得到家庭的温暖，而且，在法庭程序上也无法得到应有的司法协助和人格尊重。因此，"布里斯托尔犯罪者关注和重建联盟"便于1974年在当地设立以被害人援助机构，与此同时，英国各地设立了几十个犯罪被害人救助机构。其后在警察的后援和帮助下，这些被害人救助团体得以在英国全国逐渐地发展，于1979年建立起全国的联网组织"犯罪被害人支持计划联盟"（The National Association of Victims Support Schemes，NAVSS），简称被害人支援协会（Victim Support）。被害人支援协会到1997年在伦敦拥有本部，并建立470个地方组织，有约900人的从业人员，以及约1.6万人次受过培训的志愿者。[2]

当然，被害人支援协会并非英国境内唯一的被害人援助机构。英国还有专门针对特殊犯罪被害人的援助机构，如独立家庭暴力顾问（Independent Domestic Violence Advisors，IDVAs）、独立性暴力顾问（Independent Sexual Violence Advisors，ISVAs）、强奸紧急援助中心（rape crisis centers）[3]和妇女救助所（women's refuges）[4]等同样在英国全境内提供类似咨询、支援服务等援助机构。不过由于被害人因案件特殊性（如性犯罪）而不

---

[1] 参见英国被害人支援协会网站，http://www.victimsupport.com/，最后访问时间：2014年12月25日。

[2] Marth Wright, *Justice for Victims and Offenders*, U.K.：Open University Press, 1991, p.18.

[3] 参见英国强奸紧急援助中心网站，www.rapecrisis.org.uk/，最后访问时间：2014年12月20日。

[4] 参见英国救助所网站，www.refuge.org.uk/，最后访问时间：2014年12月20日。

第五章　普通法系国家犯罪被害人救助制度与实践

愿意接受支援等原因,其接收的案件较之普通援助机构甚少,影响也较小。①

(二)被害援助机构的服务与成效

被害人支援协会的服务内容包括:被害事件发生后的危机介入、恳谈、被害预防辅导、心理咨询转介、刑事程序进展状况的情报提供、刑事伤害补偿协助申请、陪同出庭等等。特别值得一提的是,其所处理的95%以上的案件来自于警察的转介,警察将姓名、住所等有关犯罪被害人信息提供给被害人支援协会,由其对犯罪被害人予以援助。②

据英国犯罪调查所得数据,被害人支援协会的服务尤其是同刑事司法程序紧密关联的被害人援助措施,有利于增强被害人乃至社会公众对整个刑事司法系统的信心。被害人支援协会的积极介入,让被害人感受到关切,并可以及时向其诉说,遭遇犯罪所产生的精神负担由此得以减轻;而支援协会所提供的出庭陪同等法律援助措施,使得被害人能够较为轻松且积极地参与司法程序,并提高其对司法部门侦查、起诉等活动的配合程度。③

四、小结

在英国,无论是政府还是民间,都对犯罪被害人的保护十分重视,也因此积累了非常丰富的救助被害人的实务经验。其中,最具有特色的救助经验可以总结为以下四方面:

一是被害人补偿金的标准化。英国对被害人补偿金的具体标准所作出的细化努力,令人叹为观止。在其刑事伤害价目表(tariff of injuries)中,确立不同情形下的伤亡补偿标准,对五官、四肢乃至脏器都规定有详细的伤害等级并确定相应补偿数额,为被害人补偿的实践操作提供了很大的便利,也极大提高了补偿申请的审议透明度。

---

① B. Bradford, Voice, Neutrality and Respect: Use of Victim Support Services, Procedural Fairness and Confidence in the Criminal Justice System, *Criminology and Criminal Justice*, Vol. 11(4), 2011, pp. 345—366.
② 《英国被害人支持协会2010年度报告》(Victim Support. 2010. Trustees' Annual Report and Financial Statement for the Year Ended, 31 March 2010), http://www.victimsupport.com/About%20us/Publications/~/media/Files/Publications/AboutOurCharity/TAR%20Acc%20-%20Final%20(041110),最后访问时间:2014年12月20日。
③ B. Bradford, Voice, Neutrality and Respect: Use of Victim Support Services, Procedural Fairness and Confidence in the Criminal Justice System, *Criminology and Criminal Justice*, Vol. 11(4), 2011, pp. 345—366.

二是被害人申诉系统的强化。英国极为重视被害人的申诉权利,几乎为其每项权益都规定了对应的申诉机制。该做法意义重大:其一,它切实保障了被害人的权益,从而符合了"有救济才有权利"的应有之义;其二,它督促与被害人工作相关部门履行职责,避免官方机构的官僚主义和尸位素餐现象;其三,它为被害人提供了更多表达心声的机会,帮助纾解被害人的不满和精神压力,增强其对刑事司法系统的信心。

三是被害人意见陈述的广泛应用。虽然被害人在英国无法直接对犯罪人提起告诉,但被害人个人陈述制度在很大程度上可以弥补该遗憾。在法庭上以被害人而不是自诉人的身份出现,利于减轻被害人与犯罪人直接对抗的各种忧虑。司法部门在此则以保护者和倾听者的姿态出现,潜移默化地消融了被害人与司法部门之间因各种可能出现的紧张和对抗。由此可以反思,程序正义绝不只体现在单纯的"出席"权,其内在核心是对诉讼参与人需要与诉求的关切和重视。

四是民间被害人援助机构的蓬勃发展。不同于其他国家(地区)被害人援助的官方主导模式,英国走出了迥异的发展道路。民间力量所蕴藏的惊人潜力,在英国的被害人援助机构上得到彻底的体现,被害人救助或许可以尝试打开另一巨大的发展空间。

第二节 美 国

自 1965 年加利福尼亚州制定犯罪被害人补偿计划之后,美国掀起了被害人保护运动的高潮。至 20 世纪 80 年代,美国及各州已出台一系列有关被害人保护的法规,并成立了多家被害人援助机构。经过多年的理论和实践的发展,美国建立起了包括被害人补偿、被害人司法权益保护以及被害人援助等内容的较为完备的被害人救助制度。由于美国特殊的联邦国家体制,各州的被害人救助存在较大差异,本节主要介绍联邦的立法和实践,间或涉及各州。根据统计,截至 2013 年,美国联邦通过的有关被害人重要立法就达 32 部之多[①],各法内容涉及被害人补偿、被害人司法权益、被害人援

---

① 参见美国犯罪被害人网站,https://www.victimsofcrime.org/docs/ncvrw2013/2013ncvrw_5_landmarks.pdf? sfvrsn=0,最后访问时间:2014 年 12 月 25 日。

第五章　普通法系国家犯罪被害人救助制度与实践

助不等,所针对的具体对象各异,从一般被害人到人口贩运、性犯罪、儿童犯罪、家庭暴力、醉驾等各类特殊犯罪被害人均有涉及。

本书仅就其中最具代表性的法规加以介绍和分析。这些法规有:《被害人与证人保护法》(Victim and Witness Protection Act 1982)、《犯罪被害人法》(Victims of Crime Act 1984)、《司法援助法》(Justice Assistance Act 1984)、《被害人权利与恢复法》(Victims' Rights and Restitution Act 1990)、《被害人强制赔偿法》(Mandatory Victims' Restitution Act 1996)、《被害人权利澄清法》(Victims' Rights Clarification Act 1997)、《普适公正法》(Justice for all act 2004)等。[①]

一、被害补偿

1965年,美国加利福尼亚州首开补偿立法的先河,通过暴力犯罪被害人补偿专门立法《州暴力犯罪无辜被害人补偿法》(State Compensation for Innocent Victims of Violent Crime Statute)。纽约州和马萨诸塞州紧随其后分别于1966年和1967年成立补偿机构,各州也随之纷纷效仿成立被害人补偿计划或通过补偿立法。1983年,超过三分之二州实施了犯罪被害人补偿计划,至1992年,各州均建立起犯罪被害人补偿制度。[②] 1984年美国联邦迈出了立法的第一步,通过《犯罪被害人法》(Victims of Crime Act 1984,VOCA),该法旨在设立专门的被害人基金(crime victims fund),并规定联邦负有对各州和地方的被害人补偿方案予以财政支持的义务。

(一) 美国被害补偿制度的具体内容

美国成立了隶属于司法部的犯罪被害人署(The Office for Victims of Crime,OVC)对补偿事务负责,并在财政部内设立被害人基金,用于帮助各州实施被害人补偿和援助计划。[③]

1.《犯罪被害人法》

《犯罪被害人法》对各州被害人补偿计划所应包含的内容或标准作出了

[①] 除特别注明外,本节法规均来源于律商联讯(LexisNexis),http://www.lexisnexis.com.cn/zh-cn/home.page,最后访问时间:2014年12月25日。

[②] 参见王瑞君:《美国犯罪被害人政府补偿制度介评》,载《环球法律评论》2009年第3期。

[③] 参见美国犯罪被害人署官方网站,http://www.ovc.gov/,最后访问时间:2014年12月25日。

最低限度的规定。

(1) 资金来源。根据《犯罪被害人法》,在美国财政部建立一个基金专门账户,资金来源于犯罪罚款(criminal fines)、罚金和没收的保释金(bond forfeitures)等。该基金由司法部长管理,用以资助各州的被害人补偿计划、被害人援助项目、联邦犯罪被害人补偿和犯罪被害人法律援助拨款等。

(2) 补偿对象。根据该法规定,补偿对象主要为暴力犯罪的被害人和被害人遗属。

(3) 补偿原因。经1988年法案修订,补偿原因由最初的暴力犯罪逐步扩大到包括醉酒驾驶和家庭暴力在内的各种暴力犯罪。

(4) 补偿范围。补偿范围包括医疗费、误工费以及丧葬费等。其中,医疗费包括因暴力犯罪所致身体伤害的治疗费用以及精神健康咨询和服务费用。

(5) 其他补偿计划。《犯罪被害人法》除资助暴力犯罪被害人补偿计划之外,还资助恐怖活动或群体暴力、国际恐怖活动等其他被害人补偿计划。

(6) 被害人援助。《犯罪被害人法》还规定联邦对各州的被害人援助计划进行财政支持。

2. 各州的被害人补偿计划

美国各州被害人补偿计划大致相当,但由于美国的联邦制度以及各州在法律、政策、人口、资源等方面存在的差异,各州对被害人实施补偿方案时不可能做到步伐统一和规范一致。[①] 比如,开展政府补偿最早的州是加利福尼亚州,最具有代表性的是纽约州,规模最大和该项活动开展最活跃的是马里兰州,马萨诸塞州特别限定仅对陷于入不敷出困境的被害人进行补偿,少数州如明尼苏达州的补偿包括对受害人精神损害的补偿,弗吉尼亚州则是第一个尝试仅用对犯罪人判处的罚金来支付犯罪被害人补偿的州。[②]

(1) 资金来源。除联邦《犯罪被害人法》提供的补偿基金支持外,大多数州的资金主要从向加害人收取的费用中征取,有一些州从政府一般收入亦即税收中拨款。根据修订后的《犯罪被害人法》(VOCA),该犯罪被害人

---

① 参见美国犯罪被害人署档案,https://www.ncjrs.gov/ovc_archives/reports/intdir2005/unitedstates.html,最后访问时间:2014年12月26日。
② 参见王瑞君:《美国犯罪被害人政府补偿制度介评》,载《环球法律评论》2009年第3期。

第五章　普通法系国家犯罪被害人救助制度与实践

基金于 2002 财政年度向各州适格的犯罪被害人补偿方案拨付 40％的年度拨款,其后各财政年度应予拨款所占的比例升至 60％。联邦拨款主要用于补偿而非管理性开支,各州最多能够将 5％的拨款用于管理性开支,其余则由各州自行承担。①

(2) 补偿对象。大多数州的适格申请人包括犯罪的直接被害人、依赖因他杀死亡被害人生活的人和犯罪被害人的亲属,一般不限制外国公民申请补偿。

多数州对财产犯罪损失不予补偿,但有 8 个州例外,如纽约州、宾夕法尼亚州等。其中,纽约州的财产犯罪损失补偿包括以下三类情形:一是被害人受伤或者死亡却又未能通过其他途径获得赔偿的财产损失,但该类补偿限于被害人生活必需品;二是被害人系老年人或者残疾人,即使本人未受到身体伤害,其遭受的财产性损失也属于补偿范围;三是见义勇为者,如其已受伤或者死亡,对其在见义勇为过程中的财产损失也予补偿。此外,特拉华州、罗得岛州、弗吉尼亚州、明尼苏达州、田纳西州等还对被害人予以精神损害补偿。②

(3) 补偿条件。绝大多数州要求被害人负报告义务,一般要求在案件发生的 72 小时内向警察报告,在具备正当理由时可以例外。

对案件发生后申请补偿的期限,以规定一年期限者为多,在具备正当理由时可以例外。

各州立法进一步将不属于"无辜的被害人"或者不被列入补偿范围的被害人分为三类:有罪责的被害人、不与官方合作的被害人以及经济实力雄厚的被害人。③

(4) 补偿限额和范围。多数州限定了对每个被害人补偿的最高数额,通常从 1 万美元到 2.5 万美元不等。④

补偿范围均包括:医疗支出、精神健康咨询费、因伤残所致劳动报酬损失、扶养费(依赖因他杀死亡被害人生活的人所丧失的经济支持)、丧葬费。

---

① 参见王瑞君:《美国犯罪被害人政府补偿制度介评》,载《环球法律评论》2009 年第 3 期。
② 同上。
③ 同上。
④ Peggy M. Tobolowsky, *Crime Victim Rights and Remedies*, Carolina Academic Press, 2001, p. 151, 转引自同上。

许多州还包括:前往接受医疗的交通支出、因被害换工作支出的服务费、清理犯罪现场的支出、搬家费用、个人基础医疗装备费用(如假肢、眼镜)、康复费和律师费等。

(5)补偿程序。一般而言各州均为被害人申请补偿设定了时间限制,从事件发生后48小时到1年不等,也有州只要求在合理时间内提交申请而不规定具体时间,另有州规定了可以突破时间限制的合理事由。①

各州均要求申请须向犯罪发生地的补偿机构提出,补偿机构根据申请人提交的资料进行审核。绝大多数州规定对于驳回或扣除补偿金的决定可提出申诉。一些州还规定当被害人急需经济支援时,可以先行支付紧急补偿金或加快补偿审理程序。

(二)美国被害补偿制度的实施状况

目前,包括哥伦比亚特区、维尔京群岛、关岛和波多黎各在内的美国各州均建立其犯罪被害人补偿计划,为暴力或人身犯罪被害人提供经济援助。各州根据各自的州立法情况,管理各自的补偿计划。联邦司法部根据《犯罪被害人法》为各州提供部分补偿基金并对各州进行技术上的支持。②

1. 补偿基金的筹备与分配情况

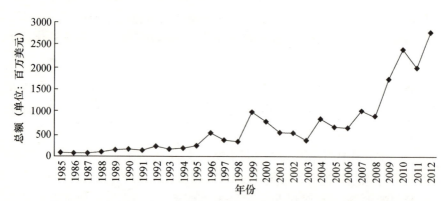

图 5-2-1 美国犯罪被害人基金的历年规模趋势图③(金额:百万美元)

---

① 参见王瑞君:《美国犯罪被害人政府补偿制度介评》,载《环球法律评论》2009年第3期。
② 参见美国司法部网站,https://www.ncjrs.gov/ovc_archives/reports/intdir2005/united-states.html,最后访问时间:2014年12月25日。
③ 图中源数据参见美国犯罪被害人网站,https://www.victimsofcrime.org/docs/ncvrw2013/2013ncvrw_5_landmarks.pdf?sfvrsn=0,最后访问时间:2014年12月23日。

第五章　普通法系国家犯罪被害人救助制度与实践

从上图可以看出，美国被害人基金的增长十分迅猛，从 1985 年的 6800 万美元激增至 2012 年的 27.9 亿美元，增加 40 倍，在 2007 年被害人基金首次超过 10 亿，截至 2012 年底共储备被害人基金 188.96 亿美元。另外，根据犯罪被害人署统计，从 1986 年至 2001 年，该基金共向各州被害人补偿计划支援（以下简称被害人补偿基金）约 9.4 亿美元，此间被害人基金的筹备总额为 49.4 亿美元，亦即该基金用于支持各州被害人补偿计划的花费约占总额的 1/5。[①] 换言之，被害人实际补偿金总额，并未随着被害人基金的高速增长而增长。一个重要的原因在于，自 2000 年始议会对被害人补偿基金的分配明确规定了最高限额。[②]

2. 补偿计划的具体实施状况

美国被害人补偿计划的功利性价值十分明显。1979 年，美国已有 28 个州制定了被害人补偿计划，其中绝大多数并非出于社会福利目的而是将其作为实现刑事政策目的的措施，希望通过被害人补偿提高被害人的报案率和司法配合程度，因此被害人补偿计划的实施初衷并非是满足被害人得到经济补偿的需要。[③] 这种司法导向一以贯之，故绝大多数州被害人补偿的发放都要求被害人在合法的期限内向警察机关陈述所遭受的犯罪事实，并且需在刑事司法体系内配合警察机关和检察机关的工作[④]

另外，美国被害人补偿案件的申请数量相较其犯罪案件的总数甚少。当然这种状况在各国都存在，这与被害人补偿申请的条件尤其是犯罪类型的限制是分不开的。尽管美国历年申请补偿的数目一直在增加，但是与其犯罪总数相比，始终只占其中很小一部分。[⑤] 个中原因，本书认为主要有二：

[①] Lisa Newmark, et al., The National Evaluation of State Victims of Crime Act Compensation and Assistance Programs: Findings and Recommendations From a National Survey of State Administrators, http://www.pde.state.pa.us/portal/server.pt/document/1037751/doc18_newmark_2003_pdf，最后访问时间：2014 年 12 月 26 日。

[②] 同上。

[③] Dr. Marlene Young & John Stein, The History of the Crime Victims' Movement in the United States, https://www.ncjrs.gov/ovc_archives/ncvrw/2005/pg4c.html，最后访问时间：2014 年 12 月 25 日。

[④] Susan Herman & Michelle Waul, Preparing the Harm: A New Vision for Crime Victim Compensation in America, https://www.victimsofcrime.org/docs/Comp%20Roundtable/Repairing%20the%20Harm%20FINAL.pdf?sfvrsn=0，最后访问时间：2014 年 12 月 26 日。

[⑤] F.S. Danis, Domestic Violence and Crime Victim Compensation: A Research Agenda, *Violence Against Women*, Vol.9(3), 2003, pp. 374—390.

一是大量被害人无法知悉被害人补偿项目的存在,从而无法进行申请;二是大量被害人无从得知具体的补偿申请条件、程序以及负责机构等,从而难以进行申请。

二、被害人的司法权益保护

根据美国犯罪被害人署的统计,截至 2010 年,美国联邦和各州共制定了超过 2.7 万部有关被害人成文法例,另有 32 个州通过宪法修正案确立了被害人权利。① 由此可见,美国非常关注并极力推动被害人司法权益方面的立法。

(一)代表性的被害人司法权益保护法例

首先需提及的是美国对被害人权利入宪的努力。早在里根时代,美国就曾试图通过旨在保证被害人出席审判的权利和要求在各司法程序中听取被害人意见的宪法修正案,不过未能成型。不难发现,一个旨在保护被害人的宪法修正案的提出和通过,比起一部被害人法案的新制度,要难上许多。不过美国各州就被害人权利通过宪法修正案的也不少见,但绝大多数已通过修正案的州的修宪模式都是先制定专门法案,后通过宪法修正案。② 联邦虽未顺利通过旨在赋予被害人权利的宪法修正案,但却通过了很多重要立法。

1. 各州的权利法案和宪法修正案

美国的威斯康星州于 1980 年通过全美第一部关于被害人的权利法案《被害人与证人基本权利法案》(The Basic Bill of Rights for Victims and Witnesses),加利福尼亚州则于 1982 年通过全美第一部宪法修正案,确立了被害人获得赔偿的权利。此后美国各州纷纷制定专门的被害人权利法案或在宪法中直接赋予被害人权利。上述权利法案和宪法修正案主要赋予被害人如下权利:(1)有权受到公正、尊重和有尊严的对待;(2)在重要的诉讼阶段中享有知悉权、参与权和陈述权;(3)有权尽快索回被作为证据的被盗

---

① The National Center for Victims of Crime, The 2010 Victims' Rights Week Resource Guide, https://www.ncjrs.gov/ovc_archives/ncvrw/2010/pdf/2010ResourceGuide.pdf,最后访问时间:2014 年 12 月 26 日。

② Frank J. Weed, *Certainty of Justice——Reform in the Crime Victim Movement*, NY: Aldine De Gruyter, 1995, p. 22.

财产;(4) 有权获得司法保护以免遭威胁或骚扰;(5) 有权获得赔偿或补偿。①

2.《被害人与证人保护法》(Victim and Witness Protection Act 1982)

该法旨在为被害人或证人提供更好的司法环境,规定被害人或证人在联邦刑事司法系统中所应获得的体现公正的各项待遇标准。

3.《司法援助法》(Justice Assistance Act 1984)

该法为各州或地方提供经济支持,成立紧急联邦执法援助方案(Emergency Federal Law Enforcement Assistance Program),该方案的内容包括为被害人提供援助。在该方案的支持下,各州成立了近二百个新的被害人援助(服务)计划组织。②

4.《被害人权利与恢复法》(Victims' Rights and Restitution Act 1990)

该法规定联邦犯罪的被害人刑事司法程序所应有的权利和应受到的待遇,诸如受到尊重、有权知悉案件进展状况、有权获得赔偿、避免二次伤害等。该法后被2004年的《犯罪被害人权利法》取代。

5.《被害人强制赔偿法》(Mandatory Victims' Restitution Act 1996)

该法规定法院在量刑程序中作出刑事赔偿令,要求无论财产犯罪还是人身犯罪的被告人都需向被害人作出赔偿(恢复)。该刑事赔偿令是强制性的,对此,法官并不具有自由裁量权。在具体的数额确定上,仅需按照被害人损害数额加以确定,而不需要考虑犯罪人的经济状况或者实际给付能力。

6.《被害人权利澄清法》(Victims' Rights Clarification Act 1997)

该法旨在赋予被害人在审判中出席的权利,并规定被害人在(包括死刑和非死刑案件)量刑程序中得以"影响证人"(impact witnesses)的角色出席法庭。

7.《普适公正法》(Justice For all Act 2004)

该法包括《犯罪被害人权利法》(Crime Victims' Rights Act),意在为被害人提供一系列实体性权利,包括:享有尊严、隐私和安全被公正和尊重对待的权利;享有与检察官就案件起诉交换意见的权利;享有诉讼程序被告知

---

① Frank J. Weed, *Certainty of Justice—Reform in the Crime Victim Movement*, NY: Aldine De Gruyter, 1995, pp.22—23.

② 参见美国犯罪被害人网站,https://www.victimsofcrime.org/docs/ncvrw2013/2013ncvrw_5_landmarks.pdf?sfvrsn=0,最后访问时间:2015年2月9日。

的权利;享有知晓案件辩诉交易和量刑情况以及被告人被释放的权利;享有在量刑、假释等程序中被听取意见的权利;享有充分而及时的获赔权利。该法还授权配置大量的经费,用于充分保障被害人权利和建立被害人服务机制,以及在5年内为联邦和州被害人援助计划提供1.55亿美元的支持。另外,法案还要求司法部成立项目以受理被害人权利申诉。

(二)被害人在刑事诉讼程序中的权利

根据上述法例,美国被害人的司法权益与英国大同小异,其在刑事司法中的地位亦相当于"证人"。由于其充当的是被保护者的角色,故法律倾向于赋予其知悉权而不是参与权,以下根据上述法例,对被害人的权益分为四方面介绍。

1. 被害人的受保护权

当被害人报案之后,就有获得人身保护的权利。出庭时,有权被提供与被告、其他证人及观众相隔离的法庭等候席。

为保证被害人的正常生活秩序,法律还规定检察官有向雇主或债权人解释说明的责任:要求雇主不得解雇因参与诉讼而耽误工作的被害人;说明被害人因被害损失可以推迟向银行、房东等债权人偿付债务。

2. 被害人的知悉权

被害人的知悉权贯穿刑事程序的各个阶段,从被害人开始报案到罪犯出狱,被害人都有权获悉有关案件进展的信息,具体包括:(1)被害人所享有的权利,包括可以得到的相关保护、服务或援助的途径;(2)案件进入何阶段以及案件处理结果的信息,包括辩诉交易、审判阶段、审判或上诉结果等信息;(3)有关嫌疑人/被告人/罪犯的信息,如是否被保释或逮捕、是否被假释、赦免或刑满释放或逃狱等信息。

3. 被害人的意见表达权

不同于英国,美国并未通过法律规定类似被害人个人陈述制度,只是确认被害人在诸如保释、辩诉交易、量刑或假释等重要程序中有被听取意见的权利。不过,继1976年加利福尼亚州首创被害人影响陈述(victim impact statement,VIS)判例之后,该制度就得以确立并出现在联邦法院的判决中。被害人影响陈述制度允许被害人或者被害人亲属在量刑阶段向法院陈述其因犯罪所遭受的身体上、精神上及经济上的损害。为避免对陪审员产生影响,陈述不在定罪过程进行。①

4. 被害人损害获得恢复及赔偿权

首先,法律要求警察或检察官应及时向被害人归还其被当作证据的被盗财产。其次,对于加害人,被害人可以通过民事诉讼程序或刑事程序中的强制赔偿令获得侵权赔偿。据统计,1996 年《被害人强制赔偿法》实施后,被害人获得的赔偿数额由 1995 年的 3.27 亿美元上升至 2007 年的 10.77 亿美元。② 截至 2003 年,美国各个州都规定有刑事赔偿令,其中联邦法院和超过三分之一州法院实行强制赔偿令制度。③ 然而,一项在四个州进行的调查表明,受理的案子中只有 22% 的被害人获得了赔偿,而该项发现与在宾州法尼亚州的两项研究结果相一致,后者分别只有 26% 和 38%。影响赔偿的八个因素中,受害者的个人因素与其受到的伤害程度是两个关键性因素,接下来依次是犯罪类型、判决结果、犯罪人职业、犯罪人赔偿能力、犯罪人家属的义务和犯罪人前科记录。④

三、被害援助

美国政府十分重视包括被害人援助在内的各项被害人保护工作,1981 年 4 月里根总统宣布成立第一个"犯罪被害人周"并举办各种为被害人权益呼吁的活动。美国被害人援助除民间活动外,政府承担并实施很多被害人援助/服务计划。美国被害人援助的特点在于法律对援助计划的支持力度,其前后通过多个法案为被害人援助计划提供资金、行政等支持。其中,最重要的法案应是 1984 年的《犯罪被害人法》。

根据《犯罪被害人法》,美国还成立了犯罪被害人署(Office for Victims of Crime,OVC)。该署致力于提升国家在保护和救助犯罪被害人方面的能

---

① M. L. Schuster, A. Propen, Degrees of Emotion: Judicial Responses to Victim Impact Statements, *Law, Culture and the Humanities*, Vol. 6(1), 2010, pp. 75—104.

② Matthew Dickman, Should Crime Pay? A Critical Assessment of the Mandatory Victims Restitution Act of 1996, *California Law Review*, Vol. 97(6), 2009, pp. 1687—1718.

③ Susan Herman & Michelle Waul, Preparing the Harm: A New Vision for Crime Victim Compensation in America, https://www.victimsofcrime.org/docs/Comp%20Roundtable/Repairing%20the%20Harm%20FINAL.pdf?sfvrsn=0,最后访问时间:2014 年 12 月 26 日。

④ R. Barry Ruback & Jennifer N. Shaffer, The Role of Victim-Related Factors in Victim Restitution: A Multi-Method Analysis of Restitution in Pennsylvania, *Law and Human Behavior*, Vol. 29(6), 2005, pp. 657—681.

力,并推进被害人理论、政策及实务措施变革,以保障被害人权益并确保其得到有效救济,同时负责将犯罪被害人基金分配给各州的被害人补偿及被害人援助/服务计划。

《犯罪被害人法》规定各州援助计划的项目应包括:危机干预服务(对发生犯罪所造成的危机进行咨询服务以提供情感支持)、短期儿童看护服务、提供到法院交通、临时居住和安全措施、协助参与刑事诉法程序以及在无其他救助途径下支付被害人法医医学检查的全部合理费用。联邦被害人服务计划则包括:培训为被害人服务的执法人员、制作出版分发有关被害人服务信息的材料以及为被害人服务人员提供报酬等。

被害人援助计划涉及很多执行机构,包括各州的司法、医务、财政、基金管理等多部门。

当然,理论上也有质疑被害人援助计划实效的声音,其认为援助计划不能真正满足被害人的需求。由于各州的被害人援助计划一般都侧重咨询服务,尤其是精神或心理支持。而这些支持,被害人往往可以从其家人或朋友处获得,而无必要一定要求诸援助部门或服务人员。前往寻求援助的被害人需要的往往不是咨询服务,而是与刑事司法系统相关的法律服务。[①] 换言之,美国被害人援助计划绝非尽善尽美,其中为被害人提供更为基础的法律相关服务,是其未来变革的重点。

四、小结

美国的被害人救助制度与实践有多处值得借鉴,这里略谈一二。

其一是被害人权利的宪法化。综观世界各国,无论刑事部门法还是宪法,有关犯罪嫌疑人权利的规定蔚为可观,然而对被害人则过于吝啬。宪法或其他基本法律规定犯罪嫌疑人各项权利的初衷是对国家公权力的警惕,这本无可厚非,但不应该以漠视被害人为代价。承认被害人的权利,并不必然导致压制犯罪嫌疑人的权利。相反,扩大被害人的权利,提高被害人对刑事司法系统的满意度,更有利于促成被害人与犯罪人之间的和解。在这种情况下,将被害人权利纳入宪法,体现的是对被害人关切以及对加被害双方

---

① R.C. Davis, A.J. Lurigio & W.G. Skogan, Services for Victims: A Market Research Study, *International Review of Victimology*, Vol.6(2), 1999, pp. 101—115.

平等保护的姿态。

其二是被害人救助的地方化。美国被害人救助制度受到了联邦制的影响,表现为各地因地制宜地施行被害人救助计划,而非整齐划一地统一救助。联邦的作用在于为各州确定最低救助标准,并为各州提供资金支持和政策建议。我国虽非联邦制度国家,但同样拥有广袤的国土,地区和地区之间的差异较大,补偿的标准、范围不宜完全一致。因此,我们认为,被害人救助立法应当为全国被害人救助确定一个最低的共识性标准,而在此基础上,赋予地方根据本地情况加以适度变更的权力,从而避免因"一刀切"而带来的地区不公平现象。

第六章 大陆法系国家犯罪被害人救助制度与实践

德法两国作为大陆法系的代表性国家,其被害人救助制度具有大陆法系的"成文"特色,即通过一系列的成文法建立起被害人补偿制度以及其他被害人相关制度,相对而言,行政法规、部门规章所发挥的作用并不突出。总体而言,两国的被害人救助法律体系较为完善,程序设计也较为精致。

第一节 德 国

德国的被害人救助起步较早,尤其是在被害人国家补偿的专门立法方面,德国走在了世界多数国家的前列。同时,依循大陆法系司法制度的传统,被害人具有当事人之地位,从而在刑事诉讼中具有较高程度的参与。此外,德国最为著名的矢志于被害援助的民间社团白环协会(Weisser Ring),在对被害人提供各项援助服务的近六十年间,逐渐成为了德国全境影响最大的被害人援助机构。

就德国的被害人保护立法而言,究其重要者有四:其一,《暴力犯罪被害人补偿法》(Gesetz ueber die Entschadigung fur Opfer von Gewalttaten,即 Opferentschadiungsgesetz,简称 OEG);其二,《改善刑事程序中被害人地位第一法案》(Das Erste Gesetzzur Verbesserung der Stellung des Verletzten im Strafverfahren,简称 OschG);其三,《证人保护法》(Zeugungsschutzgesetz);其四,《被害人权利改革法》(Opferrechtsreformgesetz)。[①]

一、被害补偿

原联邦德国于 1976 年 5 月 11 日通过《暴力犯罪被害人补偿法》

[①] 除特别注明,本节法规正式来源均为德国联邦司法/消费者保护部(BMJV)设立的法规电子网站,http://www.gesetze-im-internet.de/Teilliste_translations.html,最后访问时间:2014 年 12 月 25 日。

(OEG),从而建立起了德国犯罪被害人补偿制度。该法先后历经数次修订,其间德国统一,该法得以适用于德国全境。另外,《暴力犯罪被害人补偿法》在很多具体标准的设定上,参照了1982年1月22日生效的《战争被害人补偿法》(BVG,最后修订为2014年)。下文将以《暴力犯罪被害人补偿法》为主,兼及《战争被害人补偿法》,对德国被害人补偿制度加以介绍。

(一)德国被害补偿制度的具体内容

1. 负责机构

德国联邦劳工和社会事务部(Federal Ministry of Labour and Social Affairs)下设的战争被害人补偿机构,同时作为被害人补偿的主责机构,受理并决定补偿申请案件。

2. 资金来源

德国的被害人补偿经费主要由各州负责。一般来说,由犯罪发生地州政府承担被害人补偿,在无法确定的情形下,则由犯罪发生时被害人的住所所在州政府承担。在被害人住所地并非《暴力犯罪被害人补偿法》效力所及地以及犯罪发生在德国船只或航空器上等情形下,则由联邦政府承担补偿经费。此外,联邦负担州政府支出的被害人现金补偿的40%,但该现金补偿不包括以一次性偿付或替代性补助的方式支付的补偿费用。为简化计算,补偿法规定联邦政府为州政府固定补充被害人补偿经费的22%。

3. 补偿对象

依据德国《暴力犯罪被害人补偿法》规定,补偿对象为发生在德国境内的人身犯罪被害人或其遗属。

(1)遗属的范围。所谓遗属范围包括:配偶、子女、父母。

(2)申请人的国籍。申请人除德国公民外,还包括欧盟国家或接受欧盟法律国家的公民,以及与德国有互惠协定国家的公民。而对于具有合法居留权的外国公民,视情况予以不同程度的补偿。

4. 补偿条件

根据《暴力犯罪被害人补偿法》,凡因发生在境内的故意、违法的人身侵害行为,包括因假想防卫而遭受人身损害的被害人,有权申请犯罪被害人补偿。此外,故意投毒行为,以及通过公共危险方式的犯罪行为(即便是过失)而危及他人生命、身体者,视同人身侵害行为。因汽车而造成伤害或死亡的,则排除适用《犯罪被害人补偿法》,而应经由汽车强制责任险予以理赔。

5. 补偿范围与标准

德国《暴力犯罪被害人补偿法》所规定的给付主要以人身伤害为限,包括因为人身伤害导致的劳动报酬损失、医疗装备购置等财产损耗,直接财产损失则不在其列。

(1)补偿项目。具体的补偿项目主要根据《战争被害人补偿法》(BVG)等相关法律确定,其范围涵盖医疗及康复费用、替代性补助、生活保障费用等。

(2)补偿标准。医疗及康复费用主要包括因人身伤害支付的治疗费用以及相关身体替代物如义齿、假肢等辅助用品,还包括导盲犬的支出费用等,以上部分对于社会保险予以负担的部分,国家直接向保险机构支付。对于残障被害人,还支付每月的衣物磨损(包括清洗)费用。

替代性补助,主要通过各种津贴的方式支付:第一,协助恢复工作津贴,即被害人为寻找工作、实习或试用期间或为适应职业的相关费用,包括搬家、交通、住宿费用,以及为获得或维系职业所进行的培训、继续培训或再培训的费用,包括支付雇佣者给予的工作培训或再教育的补贴。还有被害人因伤害而残障,不能够从事全职工作,于恢复职业期间为维持家庭费用的津贴等。第二,疾病津贴,对于医疗保险只予部分覆盖的项目,例如义齿,可获得其余部分的支付津贴。第三,照顾津贴,对于无亲属依靠的疾病或残障被害人可获得照顾津贴。第四,继续维系家庭支出津贴。第五,老年津贴。第六,教育津贴。第七,维持生活的补充津贴。第八,恢复津贴,即用于实施恢复健康或工作能力所需措施的费用。第九,住房津贴。第十,特别生活情况津贴。

生活保障费用则通过给付年金的方式,对被害人或被害人亲属予以支持。其中,该年金由基础年金、衡平年金构成,前者为定额,后者由补偿机构根据个案裁量决定。对于被害人,其补偿年金根据被害人丧失劳动能力的程度而给付,对无法继续从事原职业的,还给予特别职业补偿。对于死亡被害人的家属,分为配偶扶养费、子女抚养费和父母赡养费,其中配偶扶养费约为因伤残丧失工作能力的被害人补偿金的60%,子女抚养费在子女为无行为能力且不能自立的情形下一直给付,父母赡养费支付给收入低于一定额度且无法从事工作或年满60岁的死亡被害人父母。

此外,补偿范围还包括照顾被害人亲属的看护补偿、丧葬费用等等。

第六章　大陆法系国家犯罪被害人救助制度与实践

（3）不予补偿或减少补偿的情形。根据德国《暴力犯罪被害人补偿法》第2条,应该拒绝补偿的情形包括以下三类:第一,被害人造成犯罪损害;第二,因被害人的行为,若给付补偿将造成不公平;第三,被害人没有尽力协助侦查和追诉犯罪人的,尤其是没有当即向主管检控当局告发该犯罪行为。对其中"被害人造成犯罪损害",《暴力犯罪被害人补偿法》作出补充解释,包括:在自己的国家现在或曾经积极地参与政治的争议,而损害由此产生;在自己的国家现在或曾经积极地参与战争的争议,并且持特定态度,而损害的产生与此有关,除非可证明并非有此关联;现在或曾经参与组织犯罪,或者现在或曾经隶属一个从事暴力犯罪的团体,而损害的产生与此有关,除非可证明损害的产生与此没有关联。

（4）与其他所获赔偿或补偿的竞合。补偿机构审核案件是否存在与社会保险等补偿或补助竞合的情形,若存在,则不予补偿或者要求申请人择一选择补偿。

6. 补偿程序

被害人补偿首先由被害人向所在地区的战争被害人补偿机构、家庭援助办公室或其他任何社会保障机构提出申请,若申请未获批准,可向各州劳工和社会事务局及其补偿机构或联邦劳工和社会事务部提起异议,或向行政法院起诉。

7. 国家求偿权

根据德国《暴力犯罪被害人补偿法》,当国家负担被害人补偿义务之后,就此取得被害人向加害人的损害赔偿请求权,且各邦获得的赔偿款应向联邦上缴40%。

（二）德国被害补偿制度的实施状况

据统计,1993年,德国有4461人提出了国家补偿的申请,大约占全部申请总数的10%到15%,决定补偿总金额为358万欧元。① 2001年7月,总计10372人得到补偿。其中,7118人是受到人身伤害的人,3254人是被害人的遗属。至于2002年至2013年的犯罪补偿申请件数,对照暴力犯罪

---

① 李扬:《构建被害人补偿制度之我见——以德国补偿制度为范本的借鉴》,载《福建法学》2008年第3期。

的数量,以及各年度审结件数、拒绝件数与核准件数如下。①

表 6-1-1 德国 2002—2010 年暴力犯罪补偿申请与审核状况

年度	暴力犯罪数量	申请件数	审结件数	拒绝件数	核准件数
2002	197492	20080	19275	7904	8023
2003	204124	20887	21055	8834	8483
2004	211172	20864	20960	3723	8981
2005	212832	22794	21747	4148	9406
2006	215471	22597	22855	3901	10370
2007	217923	23404	22733	4237	10012
2008	209706	22175	23026	4768	9951
2009	208446	21774	22700	9667	8308
2010	201243	21711	22456	9533	8520
2011	197030	20435	20188	8581	7579
2012	195143	20086	19738	8532	7156
2013	184847	19635	19129	8375	6507

上表显示,德国历年申请补偿的案件约占全部暴力犯罪案件的 1/10,最终审核决定予以补偿的案件约占全部申请案件的 40% 左右。

二、被害人的司法权益保护

德国被害人借由附带民事诉讼制度成为诉讼当事人。在 1987 年德国通过《改善刑事程序中被害人地位第一法案》(Das Erste Gesetz zur Verbesserung der Stellung des Verletzten im Strafverfahren, OschG,该法被称为《被害人保护法》)之前,德国《刑事诉讼法》涉及被害人的条文较少,因此,虽规定有附带民事诉讼制度,但实际保护力度不大。随着德国《被害人保护法》《证人保护法》(Zeugungsschutzgesetz)以及《被害人权利改革法》(Opferrechtsreformgesetz)的相继出台,被害人在德国刑事诉讼程序中的地位

---

① 参见德国白环网站,https://www.weisser-ring.de/internet/medien/statistiken-zur-staatlichen-opferentschaedigung/index.html,最后访问时间:2015 年 2 月 9 日。

第六章　大陆法系国家犯罪被害人救助制度与实践

和作用明显提升,从而实现了被害人司法权益的全面保障。

(一)代表性的被害人司法权益保护法例

《被害人保护法》并非一部专门单独的被害人立法,而属于对德国刑事诉讼法、法院组织法、联邦律师费用规则(Bundesrechtsanwaltsgebuehrenordnung,BRAGO)等刑事司法法律中相关条文的修订法案,该法明确以下规定:(1)被害人正式参与刑事程序的权限;(2)改善及扩大证人与被害人的保护措施;(3)促进被害人针对犯罪人损害赔偿请求权的实现,明确其优先于国家的罚金执行权;(4)授权为被害人提供专业律师方面的法律援助;(5)规定可以基于被害人利益而不公开相关案件。①

1998年12月通过的《证人保护法》,则规定针对特殊被害人可以减少重复询问而采用影视询问,从而避免被害人出现在审判程序中;在被害人权益无法获得保障时,可由公费律师陪同其参加询问。

2004年的《被害人权利改革法》对刑事诉讼法中涉及证人与被害人权利的条文作了些微修改,主要包括被害人在附属诉讼上的权利以及被害人在附带民事诉讼程序上的请求权。②

(二)被害人在刑事诉讼程序中的权利

德国通过三种诉讼制度即自诉、附属诉讼及刑事附带民事诉讼,赋予被害人诉讼当事人的地位。其中有关被害人的赔偿规定在刑事附带民事诉讼中,犯罪人是否积极采取赔偿补救措施被视为影响量刑的法定情节。除青少年犯罪案件之外,请求损害赔偿之诉还可以通过民事诉讼进行。在德国只有被害人及其继承人可以提起赔偿之诉,检察官不能代为提请。③ 附属诉讼是德国独有的一项诉讼制度,以下根据德国《刑事诉讼法》④及相关规定对

---

① Staiger-Allroggen, Peony, Auswirkungen des Opferschutzgesetzes auf die Stellung des Verletzten im Strafverfahren, Diss Uni Gottingen, 1992. 转引自台湾"司法部":《犯罪被害人保护政策体检报告》,来源为台湾"司法部"网站,http://www.moj.gov.tw/,最后访问时间:2014年12月12日。

② Dolling, Dieter, Zur Stellung des Verletzten im Strafverfahren, in Muller-Dietz/ Muller/ Kunz/ Radke / Britz Momsen/ Koriath (Hrsg.): Festschrift fur Heike Jung, Normos Verlag, 2007, pp.77—86. 转引自台湾"司法部":《犯罪被害人保护政策体检报告》,来源为台湾"司法部"网站,http://www.moj.gov.tw/,最后访问时间:2014年12月12日。

③ Matthias Koller, Mediation of Conflicts and Reparation of Damages in Criminal Law—Practice in Europe, *European Journal of Crime, Criminal Law and Criminal Justice*, Vol.13(2), 2005, pp.179—200.

④ 本书参照其英文文本,法规来源为百度文库,http://wenku.baidu.com/view/7ba51f220722192e4536f6bd.html,最后访问时间:2014年12月12日。

该制度进行介绍。

1. 附属诉讼制度概况

德国附属诉讼制度规定于《刑事诉讼法》第五编的第二章，属于提高犯罪被害人诉讼地位，使其参与到公诉程序中的一种特殊诉讼机制，被害人相当于刑事诉讼的"辅助起诉人"，并可以借此监督检察官的公诉活动。

2. 提起附属诉讼的主体

在1987年德国《被害人保护法》出台之前，可以提起附属诉讼的被害人大致相当于有权提起自诉案件的主体范围，此外还包括发起强制起诉程序[①]的被害人以及死亡被害人的亲属等。1987年之后，以被害人的特别保护需要为标准，如著作权犯罪、过失伤害犯罪以及被认为有特殊保护需求的侮辱犯罪的被害人等均被纳入主体范围。

3. 被害人在附属诉讼中的权利

作为刑事附属诉讼人，被害人拥有众多权利，包括阅卷权、主要审判程序中的在场权、庭期及判决的受通知权、陈述权、询问权、申请证据调查权、异议权、上诉权及同意权等等。

此外，附属诉讼人在侦查阶段及随后的程序，可以任选一位律师，其在每一次的讯问及勘验中原则上都可以在场。基于诉权平衡对抗原则的考虑，该情形适用强制辩护，即被告人应指定或被强制指派辩护人。附属诉讼人的律师在被害人没有反对的情况下，可以拒绝控方对被害人所提之问题，还可申请不公开审理。对于涉及严重的性犯罪或杀人未遂罪，或未成年等特定被害人，被害人还享有获得公费律师辅助诉讼的权利。

至于附属诉讼的费用问题，在案件最终获无罪判决等情形下，诉讼费用由附属诉讼人负担。不过，刑事附属诉讼人享有诉讼费用扶助请求权，在贫困等无力支付的情形下可以请求国家经费援助。

4. 被害人在附属诉讼之外的权利

被害人在附属诉讼之外的权利包括在场权、询问中申请亲友陪伴、获得律师协助、知悉权利等。对于有权提出附属诉讼的被害人，即使没有提起附属诉讼，仍然享有在主要程序中在场的权利。对一般被害人，在以证人身份被询问时，除非不利侦查，可以申请亲友陪伴。在法院询问被害人时，若被

---

① 类似于我国的公诉转自诉制度。

第六章　大陆法系国家犯罪被害人救助制度与实践

害人明显无法有效行使权利或其合法利益可能收到侵害时,以及在重罪或特定严重的轻罪案件中,若作为证人的被害人或检察官就此提出申请时,法院可指定律师作为他的辅佐人。另外,刑事诉讼法明确国家司法机关对被害人有告知其权利的义务,包括侦查询问传唤被害人或其他程序中时,均须告知其相关被害者保护权利。该保护性权利包括可通过刑事附带民事程序主张民法上的损害赔偿,以及从被害人援助机构获得帮助等权利。

三、被害援助

德国有关对犯罪被害人的保护服务或协助工作,大部分不是由政府机构承担,而是借由民间社团白环协会①进行。白环协会是1976年在梅斯（Mainz）发起设立的、由公民自发参加而形成的独立组织,共有420个分会,目前有超过5.5万位会员,是德国唯一全联邦范围的协助犯罪被害人及其家庭的民间组织。白环协会的经费来源主要是会员每个月的会费（每个月最低2.5欧元,折合人民币约20元）、捐赠、挚息以及国家通过罚金拨款形式所给予的财政支持。②

白环协会对犯罪被害人及其家庭的协助工作是相当多元的,从犯罪发生后对被害人及其家庭的个人照护,到与政府部门的往来交涉的协助等,均有覆盖。同时也参与德国《犯罪人与被害人调解及再复原》（Tater-Opfer-Ausgleich）计划的执行。概言之,白环协会主要通过复原计划（Erholungsprogramme）对被害人进行援助,服务内容包括陪伴服务、医疗或心理咨询、法律援助以及经济补助、假期扶助等。③

（一）陪伴服务

白环协会的志愿者与犯罪被害人交流其所遇到的问题,对犯罪被害人提供精神支持。在被害人有需要时,白环协会的工作人员可以提供迅速而非官僚化的协助；被害人同样可以轻易在电话簿上找到"当地谈话伙伴"。志愿者主要通过电话交谈或到病床边拜访问候,避免犯罪被害人产生被忽

---

① 参见德国白环协会网站,http://www.weisser-ring.de/internet/index.html,最后访问时间：2014年12月5日。
② 同上。
③ 以下内容参见《德国犯罪被害人保护制度与实务》,载台湾"司法部"《犯罪被害人保护政策体检报告》,来源为台湾"司法部"网站,http://www.moj.gov.tw/,最后访问时间：2014年12月12日。

略遗忘的感觉,帮助其从被害的精神创伤中及早恢复。

(二)咨询服务

白环协会与专门的律师合作,促请后者为被害人提供免费的律师咨询服务,并对被害人就其所面临的困难提供意见或建议。白环协会由此希望可以成为被害人的信赖者,在被害人与相关部门交涉时给予支持与协助。对被害人可能承受的情绪压力,通常通过一位有经验的"第三人"进行排解,并给予建议。

(三)法律援助

白环协会还会提供犯罪被害人法律咨询券,使被害人可以获得一次初步的律师咨询。该法律援助得到专门的被害人律师的协助,意义在于保障被害人在刑事程序中的诉讼权利,并帮助实现民事意义的损害赔偿请求权,强化被害人的法律地位。

(四)经济支持

白环协会在犯罪被害人有需求的情形下可以金钱给付的方式提供经济支持。该援助金额没有最高限额。依白环协会的章程,援助金额应当根据个案被害人的整体经济状况加以判断,考虑因素包括被害人的亲属网络、收入状况、家庭支出等。这是与被害人国家补偿制度所不同的经济援助,其目的在于避免任何预先设置的补偿标准,而真正做到"因案施救",从而为被害人提供个别化的经济支持,在每个具体案件中实现被害人的正义。据统计,截至2011年已有超过22万人次获得白环协会的经济支持,其在经济援助方面已花费超过1.45亿欧元,折合人民币约11.47亿元。

(五)假期扶助

此外,白环协会还为被害人提供"假期扶助"。该项目并非意在对被害人的家庭度假行程给予经济资助,而是帮助被害人在犯罪发生后,与遭受侵害的犯罪事件及其犯罪嫌疑人保持必要的距离。对于严重的性犯罪尤其是儿童性犯罪被害人,以及杀人等重大案件被害人,都可能获得该项扶助项目的支持。①

---

① 参见德国白环协会网站,http://www.weisser-ring.de/internet/index.html,最后访问时间:2014年12月5日。

第六章 大陆法系国家犯罪被害人救助制度与实践

四、小结

德国有关被害人救助的最主要特色在于其附属诉讼制度。该制度将被害人的诉讼权利扩展到极致,被害人几乎相当于公诉人。这种制度其实是由被害人与国家共享了求刑权,使得被害人能够亲身体验向犯罪人求刑的过程,避免被害人单独求刑时面临的调查取证能力不足的问题。同时,该机制也可以促成被害人对公诉活动的监督,当然,该制度也有其缺陷,例如可能导致刑事诉讼程序的过分冗长,以及被害人与公诉人之间因起诉意见不同导致的冲突。因此,对于该项制度,是否借鉴以及如何借鉴,有待进一步讨论和研究。

第二节 法 国

几乎与德国步伐一致,法国的被害人救助制度起步同样不晚:其于1977年修订通过了《刑事诉讼法典》,从而确立了对暴力犯罪被害人的补偿制度;之后又确立了对财产犯罪被害人的补偿制度。法国刑事诉讼中被害人同样具有当事人的地位,其各项诉讼权利也与德国大致相当。至于被害人援助方面,法国采取"官方审核、民间操办"的模式,在实践方面取得了较好的效果。就法国的主要立法而言,《刑事诉讼法典》[①]和《一般被害人保护法》[②]等最具有代表性:前者旨在对被害人加以补偿以及对被害人的诉讼权利加以明确;后者则主要增加规定财产犯罪被害人的补偿内容。

一、被害补偿

法国犯罪被害人的国家补偿制度规定在《刑事诉讼法典》第4卷特别程序下的第14编[③]以及《一般被害人保护法》之中。前者主要针对因暴力犯罪而导致人身伤亡的被害人,后者则面向因财产犯罪而致财物损害的被害人,从而形成了极具特色的"两种制度并行"的补偿模式。

[①] 本书参照其中文文本,来源为超星读书网站,http://read.chaoxing.com/ebook/detail.jhtml?id=10067482,最后访问时间:2014年12月10日。
[②] 该法于1985年7月5日制定,是对《刑事诉讼法典》的修订法案。
[③] 该编历经1977年、1981年、1983年和1985年等多次修订。

（一）法国被害人补偿制度的具体内容

以下主要根据法国《刑事诉讼法典》进行介绍。

1. 经费来源

法国于 1990 年设立暴力行为和其他犯罪被害人保证基金，并从 2001 年 7 月开始，要求保险公司对每份公共责任保单每年征收 21 法郎（折合人民币约 25 元），作为犯罪被害人补偿基金的经费来源。①

2. 补偿对象

根据法国《刑事诉讼法典》第 706 条第 3 款，补偿的对象包括法国公民的被害人、犯罪行为在法国领域内发生的作为欧盟成员国公民的被害人，或者在犯罪发生之日或申请补偿之日在法国合法居留的被害人。

可以看出，作为补偿对象的法国公民，无论其所遭遇的犯罪发生于法国境内还是境外，都可获得补偿。这是法国不同于其他国家（地区）的规定之一。

3. 补偿条件

补偿条件主要是遭遇人身侵害犯罪，法国《刑事诉讼法典》第 706 条第 3 款特别说明该人身侵害犯罪包含性侵害犯罪（《刑法典》第 222-22 条至第 222-30 条）以及猥亵未成年人（《刑法典》第 227-25 至 227-27 条）所造成的侵犯人身的损害。另外，针对盗窃、欺诈、焚烧车辆等财产犯罪行为的被害人，被害人补偿委员也会依法予以其一定的补偿，并负审核刑事法庭判令赔偿金额是否足额的职责。因此，法国被害人补偿的范围实际上超过了其他各国较为普遍的被害人补偿限于人身犯罪的原则和做法。

4. 补偿范围与数额

（1）关于补偿数额。法国《刑事诉讼法典》第 706-14 条规定了补偿最低限额的标准，对于月收入低于 1311 欧元（2007 年法国的收入标准，折合人民币约 8961 元）的被害人，即使罪犯下落不明或者尚未定罪，只要被害人能提供证据，并且被害人无法从保险公司、社会保障机构或者其他债务人获得任何有效的、充分的犯罪损害补偿时，被害人可因身体和精神的严重伤害状态，获得超过 3933 欧元（折合人民币约 23192 元）的补偿金。

---

① 参见《法国被害人补偿状况》，来源为美国司法部官方网站，http://www.ojp.usdoj.gov/ovc/publications/inforces/intdir2005/france.html，最后访问时间：2014 年 12 月 10 日。

第六章　大陆法系国家犯罪被害人救助制度与实践

因盗窃、欺诈、背信、敲诈、毁坏财物案件的被害人不能通过任何名义获得赔偿或者充分有效的赔偿,且因此处于严重的经济困难或者精神状态的损害,其收入若低于1991年7月10日第91-647号关于法律援助的法律第4条给予部分援助的最高数额,可以根据法国《刑事诉讼法典》第706-3条第1项至第706-12条规定的条件获得补偿,补偿最高数额是被害人月收入上限的3倍即3933欧元。另外,根据法国《刑事诉讼法典》第706-8条,如果法院民事判决的赔偿金额高于委员会批准的补偿金额,被害人可以申请进一步补偿,但是应当在民事判决生效后1年内提出补偿请求。

(2)减少补偿的情形。根据法国《刑事诉讼法典》第706-3条第2项,若被害人有过错,可以拒绝或者减少补偿。

(3)与其他赔偿或补偿的竞合。法国被害人补偿与以下赔偿或补助不能同时支付:政府一般赔偿补偿与补助,例如对保健医疗的补助;已取得的民事赔偿;加害人自己已经支付的被害人的医疗与康复经费;无法工作的期间内,被害人所保留的薪水或部分薪水;保险所付出的补充经费;任何额外补助。另外,为了防止补偿诈欺的发生,补偿机构会查询被害人在补偿之后可能获得的其他赔偿或补偿,若被害人另外申请并获得任一上述的赔偿或补偿金,补偿机构有权要求被害人归还全部或部分补偿金。

5. 补偿程序

法国设立专门的被害人补偿委员会负责补偿事宜。考虑到委员会需要确认被害情况,并避免可能的重复赔偿/补偿问题,法律赋予其较大的调查权限。法律规定任何人不得以职业保密权为由,拒绝提供委员会要求的信息。委员会调查的范围十分广泛:(1)无论警方是否还在侦查,是否已经起诉,可以要求警方提供整个司法程序中的相关文件;(2)可以从任何个人(民众)以及任何机构(私立与政府)要求关于提供被害人及加害人之职业情况、经济情况、缴税情况、社会情况的所有相关信息;(3)可以向任何机构(私立与政府)要求提供关于该机构负有对被害人的义务的所有相关信息,例如保险公司跟被害人所签的合约。当然,对于其中的保密信息,委员会成员承担信息保密义务。

(二)法国被害人补偿制度的实施状况

据统计,法国1995年申请补偿的金额超过7400万法郎(折合人民币约9000万元),实际补偿大约3000万法郎(折合人民币约3600万元)。1996

年,法国有9818名被害人提出补偿申请,1997年,申请人数增加10.7%,达到10865人。1996年至1997年,被害人分别被补偿5.879亿法郎(折合人民币约7.128亿元)、6.545亿法郎(折合人民币约7.935亿元),其中,1997年被害人人均获得6万法郎(折合人民币约7.2万元)的补偿。1999年,法国共接受13353件补偿申请,补偿金额为1.4755亿欧元,折合人民币约11.7336亿元。2000年,法国对15115件申请作出决定,补偿给被害人的金额总计967873123法郎(折合人民币约11.73亿元)。①

二、被害人的司法权益保护

(一)代表性的被害人司法权益保护法例

法国在舆论关注下,于1993年大幅度修正《刑事诉讼法典》,赋予被害人与被告人相当的地位权利,增加被害人对证人的诘问权与鉴定请求权。② 2000年,法国通过《有关无罪推定保护及强化被害人权利法》,规定刑事机关对非自诉原告的被害人,负有提供各种信息情报的义务。例如,被害人在报案时,警察应向该害人说明其具有提前自诉的权利,避免被害人丧失作为私诉原告人的机会;在案件进入预审程序③之后,预审法官应每6个月向被害人说明诉讼案件的进展情况。《有关无罪推定保护及强化被害人权利法》实施后,发生了因无罪推定原则而遭释放的犯罪嫌疑人在重获自由后随即杀害警察的案件,引起对该项法律乃至无罪推定原则的强烈批判。因此,该法于2002年再次修订,压缩有关被告无罪推定原则适用范围的同时,进一步强化了被害人的权利保障。④

(二)被害人在刑事诉讼程序中的权利

法国被害人在刑事诉讼中的地位和参与途径类似于德国,即刑事附带

---

① 参见《法国被害人补偿状况》,来源为美国司法部官方网站,http://www.ojp.usdoj.gov/ovc/publications/inforces/intdir2005/france.html,最后访问时间:2014年12月10日。
② 参见《法国犯罪被害人保护制度与实务》,载台湾"司法部":《犯罪被害人保护政策体检报告》,来源为台湾"司法部"网站,http://www.moj.gov.tw/,最后访问时间:2015年2月9日。
③ 法国刑事案件,因重罪、轻罪、违警罪等不同类型,而分属不同法院管辖。其中重罪案件,经侦查程序之后,需进行预审,即由检察官向预审法官请求开始预审程序,经预审法官裁定预审,预审法官根据犯罪事实或犯罪嫌疑人所涉嫌犯罪的程度等情况,判断具有提起公诉的必要性,才可正式起诉。
④ 除特别注明,以下内容主要参见《法国犯罪被害人保护制度与实务》,载台湾"司法部":《犯罪被害人保护政策体检报告》,来源为台湾"司法部"网站,http://www.moj.gov.tw/,最后访问时间:2014年12月12日。

第六章 大陆法系国家犯罪被害人救助制度与实践

民事诉讼以及开始预审的独立请求（类于德国的附属诉讼）制度，此二者可称为法国的私诉制度。根据法国《刑事诉讼法典》第1条规定："公诉，在符合本法规定的条件下，被害人也可以提起。"同第2条规定："因重罪、轻罪、违警罪所生请求损害赔偿请求权，属于因犯罪直接受到损害的全体人员。"可见，法国被害人可以发动刑事诉讼程序（提起私诉）的案件范围很广，等同于公诉的范围而没有犯罪类别的限制。① 以下主要介绍法国的独立请求开始预审以及各刑事程序中的主要诉讼权利。

1. 独立请求开始预审制度

"法国没有自诉案件，凡是刑事案件都是公诉案件。"② 根据法国的刑事诉讼制度，被害人不能直接对犯罪人进行刑事追诉，即不能直接发动正式的刑事审判程序；但可以启动公诉程序。被害人启动公诉程序的途径即是独立请求开始刑事预审程序。根据法国刑事诉讼法，被害人可以在检察官存在未行使开始预审请求的情形下，向预审法官提出告诉状，要求检察官申请启动预审程序；此外，被害人还可对刑事法庭直接提起民事诉讼，此情形下，检察官同样负有请求开始预审程序的义务。该项权利，实际上具有与国家分享诉权的性质。

2. 被害人的其他诉讼权利

在财产损害赔偿请求方面，所有因犯罪而遭受损害的人都可以单独通过民事诉讼或刑事附带民事诉讼来解决损害赔偿问题，可以请求赔偿的损害范围为应予起诉的犯罪行为所导致的全部损失，包括物质上、身体上或精神的全部损害。

对于提起私诉的被害人，均可以成为"原告人"。作为与被告人相对的一方当事人，原告人享有与被告人同等的权利，包括获得审判期日通知的权利、一切诉讼记录誊写的权利、证人请求权、证人诘问权、最终辩论权等等。另外，经律师协助，原告人还可以行使阅览和誊写侦查记录的权利。

除此外，作为刑事诉讼中的主体，被害人还享有以下权利：（1）对不予侦查、不予起诉和损害其民事利益的裁定以及预审法官作出的有关自己管

---

① 参见宋英辉：《英、美、法、联邦德国四国刑事被害人保护对策之比较》，载《法律科学》1990年第5期。

② 程味秋：《外国刑事诉讼法概论》，中国政法大学出版社1994年版，第123页。

辖权的裁定,均有权提出申诉;(2)在轻罪和违警罪的审理中,可以依法传唤民事责任者和证人,并对证人进行询问,还可通过审判长对被告人、证人、鉴定人进行质询;(3)在重罪案件的审理中,可请求将案件推迟到下一次开庭期审理,请求命令存在作伪证嫌疑的人暂时退庭或将其扣留在法庭直到审判结束;(4)享有获取有关刑事诉讼信息的权利,法律规定可以上诉的裁判必须送达被害人、预审法官对犯罪嫌疑人的释放请求必须事先通知被害人并经过法定期限后才能作出裁定、在询问被害人前必须将通知书送达被害人的诉讼代理人等。①

三、被害援助

法国的被害人援助工作既有官方性质的被害人协助顾问委员会,又有民间组织的被害人援助机构。两者虽不具有隶属关系,但前者对后者发挥着指导和监督作用。②

(一)被害人协助顾问委员会

法国的被害人协助顾问委员会是根据法国1999年法令第706号所创设,并根据2010年法令第1106号所调整的被害人官方援助机构。该委员会最少每年开一次会议,会议日期、主题以及其他相关项目全都由司法部部长安排。在会议中,顾问委员会的工作在于提供四个方面的建议:(1)被害人在各有关部门的待遇;(2)如何有效提供适当信息给被害人;(3)各有关部门进行被害人实务的程序;(4)被害人的赔偿和补偿度。其建议可以影响全法国有关被害人保护的政策与策略。

被害人协助顾问委员会由22名会员组成,可分为政治系统会员、专家会员与民众系统会员等三种大类型,具体为4名中央政府代表、4名民间代表、6名基金会代表、7名专家以及恐怖主义和其他加害行为被害人代表。

(二)民间被害人援助组织

法国官方认为,必须尽量避免被害人在诉讼程序中遭到二次伤害,其中

---

① 宋英辉:《英、美、法、联邦德国四国刑事被害人保护对策之比较》,载《法律科学》1990年第5期。
② 以下内容参见《法国犯罪被害人保护制度与实务》,载台湾"司法部":《犯罪被害人保护政策体检报告》,来源于台湾"司法部"网站,http://www.moj.gov.tw/,最后访问时间:2014年12月12日。

民间救援组织可能因专业性缺乏,而成为二次伤害的来源。由此,法国对民间被害人援助组织的设立门槛提出了很高的要求。原则上说,若有关组织没有达到法律所规定的基本要求,则不允许其以"被害人保护协会"等命名。而对于符合法定资格的"被害人保护协会",法国政府将为其提供财政支持,具体由司法部统一规划并分配相应资金。从政府支持的力度上看,每年度的支持资金都在提高,以2005年为例,该年共分配690万欧元,是2004年总额的111.27%。

目前,法国共有168个民间组织达到法定条件,并成为被害人保护协会(基金会),其中包括医疗不当被害人保护协会、吸烟被害人保护协会、受虐妇女被害人保护协会、恐怖主义被害人保护协会、性侵害被害人保护协会、交通被害人保护协会等。

1986年7月,法国60个被害人保护协会设立联盟组织INAVEM(Institut National d'Aide aux Victimes et de Mediation),目前其已壮大发展,内部集合了150个被害人保护协会。INAVEM联盟的主要工作是:调查研究、为政府改革建言、将被害人转介到具体协会、为被害人提供保护协会名单及相应信息等。2005年,INAVEM联盟创立"08被害人"网络,设立电话热线0884284637,被害人可以通过电话方式获得相应的支持与专业建议。该电话每天自早上9点到晚上9点开放。①

四、小结

法国被害人救助的独特之处在于被害人补偿的立法模式和较为宽泛的补偿对象范围:

法国通过《一般被害人保护法》将财产犯罪被害人包含到了被害人补偿制度之中。是否将被害人补偿范围扩展到财产犯罪被害人,一方面,与所在国的经济发展水平和财政负担状况有关,另一方面,也涉及国家补偿被害人的正当性——即广泛地运用公共资源补偿被害人,可能面临"家长主义"的批判。值得借鉴的是,法国并未将补偿负担照单全收,而是采取了从涉及公共责任的保单中收取费用作为救助资金来源的做法。在一定程度上而言,

---

① 参见法国被害人保护协会联盟网站,http://www.inavem.org,最后访问时间:2014年12月11日。

法国被害人补偿制度是由全体国民共同负担的。其背后的基本思路是社会连带下的"风险平摊",犯罪作为社会不可避免的风险,不应由时运不济的被害人一人承担,作为潜在被害人的全体公众,都应当分担犯罪所带来的风险。

对于暴力犯罪的被害人补偿,法国将其纳入《刑事诉讼法典》的范畴,这与其他各国(地区)就被害人补偿进行专门立法的模式迥异。法国是较为典型的以《刑事诉讼法典》的形式规定犯罪被害人补偿制度的国家,其优势在于:其一,《刑事诉讼法典》是国家的基本法,将补偿之内容纳入其间,强化了被害人补偿的规范效力,既宣示了国家保护被害人的态度与决心,也有利于引起司法机关、社会及一般公众的重视。其二,被害人补偿与刑事司法紧密相关,将其规定在《刑事诉讼法典》中,可以有效地避免制度上的掣肘和矛盾。其三,《刑事诉讼法典》更易为被害人与一般公众所接触,从而节省了被害人申请补偿的信息获取成本。

第七章　犯罪被害人救助的国际法律制度

第一节　犯罪被害人救助的国际法律制度概述

犯罪被害人救助的国际法律制度体现在联合国和地区性的法律文件中。在被害人救助的区域性法律制定中，欧洲理事会作出了突出贡献，其先后颁布了《欧洲暴力犯罪被害人补偿公约》《关于改善刑事法和刑事程序中被害人地位的建议》《刑事程序中被害人地位的框架决议》《关于犯罪被害人补偿问题的指令》等规定。截至 2006 年 8 月 23 日，已有 20 个国家批准了《欧洲暴力犯罪被害人补偿公约》[①]，这表明该公约得到欧盟绝大多数国家的认可。

在联合国层面，1985 年通过了《为罪行和滥用权力行为受害者取得公理的基本原则宣言》，该《宣言》为犯罪被害人救助提供了基本依据和保障，是犯罪被害人救助史上的一座里程碑，被誉为"被害人的大宪章"。1998 年颁布了《执行〈宣言〉的决策人员指南》和《使用和适用〈宣言〉手册》。其他与犯罪被害人救助相关的联合国文件还有：1998 年 7 月，联合国建立了国际刑事法院，刑事法院全权代表外交会议制定了《国际刑事法院罗马规约》，该《规约》对被害人保护和参与诉讼问题作了具体规定，国际刑事法院成立了"被害人信托基金"，该基金为遭受战争伤害的被害人提供帮助和补偿，帮助他们恢复正常的生活。2000 年，联合国犯罪预防和刑事司法委员会第十届大会把"犯罪者和被害者：司法过程中的责任和公正问题"作为四大议题之一，通过了《犯罪者和受害者：司法程序中的责任和公正问题决议》。该《决议》指出：刑事司法程序不仅必须对被告（犯罪人）公正，而且还必须对犯罪被害人公正。因此刑事司法系统应当设法使社会、犯罪人和被害人三者之间的合法权益得到平衡，为了达到这一目的，恢复性司法模式被视为一种可

[①] 柳建华、李炳烁：《权利视野下的基层司法实践——刑事被害人救助制度研究》，江苏大学出版社 2010 年版，第 84 页。

行的替代办法。① 2000年12月,通过了《关于犯罪与司法:迎接二十一世纪的挑战的维也纳宣言》,并于2001年通过了《执行〈关于犯罪与司法:迎接二十一世纪的挑战的维也纳宣言〉的行动计划》。《宣言》规定,国家、地区和国际社会应酌情实施包括调解和恢复性司法在内的救助被害人的行动计划,各国要重新审查2002年前有关被害人援助的做法,进一步发展被害人援助,开展提高社会对被害人权利认识度的宣传活动,考虑设立被害人基金,制定和执行证人保护的法律法规。鼓励制订各种尊重被害人、犯罪人、社区以及其他各方的权利、需要和利益的恢复性司法、政策、方案和程序。② 2005年,联合国经社理事会采纳了有关儿童被害人和证人的司法指南,联合国大会采纳了关于违反国际人权法和严重违反国家人权法的被害人获得救济、恢复权利的基本原则和准则,在联合国预防犯罪和刑事司法大会的《曼谷宣言》中,加入了有关被害人的专项条款。③

本章重点介绍联合国的《为罪行和滥用权力行为受害者取得公理的基本原则宣言》《执行〈宣言〉的决策人员指南》以及欧盟的《欧洲暴力犯罪被害人补偿公约》。

第二节 联合国《为罪行和滥用权力行为受害者取得公理的基本原则宣言》

一、《宣言》的背景概述

随着保护犯罪被害人运动在世界各国的开展,犯罪被害人救助也得到联合国的关注与重视。1985年8月26日至9月6日,在米兰召开的第七届联合国预防犯罪和罪犯待遇大会提请联合国大会批准《为罪行和滥用权力行为受害者取得公理的基本原则宣言》(Declaration of Basic Principles of Justice for Victims of Crime and the Abuse of Power,以下简称《宣言》),同

---

① 联合国秘书处:《犯罪者和受害者:司法程序中的责任和公正问题》,http://www.un.org/chinese/events/10thCrimeCong/187_8.html,最后访问时间:2014年12月25日。
② 陈彬等:《刑事被害人救济制度研究》,法律出版社2009年版,第257—258页。
③ 赵国玲:《犯罪被害人补偿:国际最新动态与国内制度构建》,载《人民检察》2006年第17期。

年 11 月 29 日经联大第 40/34 号决议通过了这一重要文件。联合国指出：该《宣言》旨在恢复犯罪嫌疑人和罪犯的权利和利益与被害人的权利和利益之间的平衡。遵循被害人应当受到与犯罪嫌疑人和罪犯同样的承认，并且其人格应当受到尊重的原则，认为被害人有权参与司法程序，其所受伤害和损失有权得到补救，有权获得适当、足够的专业性援助来处理其情感创伤和因受害的影响而引起的其他问题。《宣言》是犯罪被害人权利保护基本原则的集大成者，它以联合国文件的形式予以规定，充分显示了国际社会对犯罪被害人权利保护的重视，也正因为其为联合国文件，意味着这些规定已为世界各国所公认，是世界范围内保护犯罪被害人权利的最主要的法律文件，对各成员国制定本国具体的犯罪被害人权利保护的法律规范具有指导性作用。《宣言》共分前言和主体两部分，主体又分为 A（犯罪被害人）和 B（滥用权力行为被害人）两部分，共 30 条，其中前言 9 条，A 部分 17 条，B 部分 4 条。

前言阐述了制定《宣言》的目的，各国执行《宣言》所应采取的措施，国际社会为促进《宣言》的执行所应采取的措施，联合国秘书长在其中的工作以及呼吁联合国组织间及政府间的合作。

A 部分集中规定了犯罪被害人的概念、取得公正和公平待遇、被害赔偿、被害补偿以及被害援助等五方面的内容。其中，取得公正和公平待遇主要是有关控告权、诉讼程序参与权、表达权等司法权益保护方面的内容。另外，被害赔偿本应属于司法权益保护中的内容，《宣言》将其独立规定，可能是基于被害赔偿的重要性的考虑。

B 部分则包括滥用权力行为被害人的概念、将滥用权力行为罪刑化、滥用权力行为被害人的补救措施的法定化、各国针对滥用权力行为被害人谈判国际多边条约以及建议各国定期审查现行法律和惯例，根据滥用权力行为和被害人权利保护状况，及时予以调整。

二、《宣言》的前言内容

（一）《宣言》制定的原因与宗旨

《宣言》指出制定的缘由，是由于认识到全世界还有千百万犯罪被害人以及他们的家属、证人和帮助他们的其他人，因犯罪而遭受了不公道的损失、损害、伤害或苦难，这些人的权利并未得到适当承认和保护，国际社会应当采取措施,确保普遍而且有效地承认和尊重犯罪和滥用权力行为被害人的权利,协助各国政府和国际社会努力为犯罪和滥用权力行为被害人获得公理和援助。

(二)各国应采取的措施

《宣言》认为,为确保《宣言》的贯彻实施,各国、国际社会、联合国秘书长均应采取措施,承担各自的责任。

各国所应采取的措施有:(1)执行社会、卫生(包括心理卫生)、教育、经济和具体的预防犯罪政策以减少被害情况并鼓励对遭难的被害人提供援助。(2)努力推动社区和公众参与预防犯罪。(3)定期审查本国现有的立法和实践以确保对变化的情况作出反应,并制定和实施法律以禁止违反国际公认的有关人权及其他滥用权力的规范的行为。(4)制定和加强对犯有这些罪行的人的侦察、检控和判决的方法。(5)推动公布有关资料使官员和公司行为受到公众监督,并采取相应办法使它们关心公众的利益。(6)促进公务人员,包括执法人员、教改人员、医务人员、社会工作人员和军事人员以及经济企业的工作人员遵守行为准则和道德,特别是一些国际标准。(7)禁止易导致滥用权力的做法和程序,例如在秘密地点拘留和单独禁闭。(8)与其他国家合作,在犯罪人的侦察、追捕、引渡及没收其财产以对被害人进行赔偿等问题上,进行司法和行政管理方面的互相帮助。

国际社会应采取的措施有:(1)促进旨在助长遵循联合国标准和规范并消除可能滥用权力行为的培训活动。(2)赞助就减少受害情况并使被害人得到帮助的方法进行着眼于行动的协作性研究,并鼓励进行资料交流,这是促进《宣言》实施的最有效办法。(3)对提出要求的政府提供直接援助,旨在帮助它们消除被害情况和减轻被害人所遭受的痛苦。(4)在国家途径可能不够充分时,制定补救被害人损失的办法。

秘书长所要发挥的作用有:(1)邀请会员国定期向大会报告《宣言》的执行情况以及各国所采取的措施。(2)利用联合国系统内所有有关机关和组织所提供的机会,在必要时协助会员国在国家一级并通过国际合作改进保护被害人的方式方法。(3)通过尽可能广泛传播《宣言》,来实现《宣言》的目标。

《宣言》还认为,联合国系统各专门机构、其他实体和机关、其他有关的政府间组织和非政府组织以及公众在执行《宣言》各项规定方面进行合作,也有利于《宣言》的贯彻实施。

三、《宣言》对被害人的界定

《宣言》将被害人分为犯罪被害人和滥用权力行为被害人两类。在犯罪被害人中,《宣言》又将其分为直接被害人和间接被害人。直接被害人是指在身心、经济或基本权利上遭受由会员国现行刑事法律,包括禁止非法滥用权力的法律的犯罪行为侵害的个人或群体。间接被害人包括直接被害人的直系亲属或其受扶养人。为确保犯罪被害人的权利得到及时的保护以及权利保护的平等性,《宣言》专门指出:(1)如下情形不影响其成为被害人:犯罪人未被指认、逮捕、起诉或判罪,犯罪人与被害人有家庭关系。(2)《宣言》中的规定不因性别、年龄、种族、肤色、语言、宗教、国籍、文化信仰或实践、政治或其他见解、财产、出生或家世地位、民族本源或社会出身以及残疾等,而在适用上有所差异。

《宣言》认为滥用权力行为被害人同样遭受身心损伤、感情痛苦、经济损失或基本权利的重大损害,而这种伤害是由于尚未构成触犯国家刑事法律但违反有关人权的国际公认规范的作为或不作为所造成。《宣言》除了认为将禁止滥用权力规定在国家法律之中外,还认为滥用权力行为被害人与犯罪被害人一样具有得到赔偿、补偿和援助的权利,各国应以国家法律的形式对这些权利予以规定。"各国应考虑将禁止滥用权力并为这类滥用权力被害人提供补救措施的规定纳入国家法律准则。这类补救措施应特别包括赔偿和(或)补偿以及必要的物质、医疗、心理及社会援助和支持。"

四、《宣言》有关取得公正和公平待遇的内容

《宣言》对取得公正和公平待遇的内容作出了四条规定(第4—7条),这四条规定主要是围绕着司法或行政机构如何保障被害人的损害迅速、有尊严地获得法定补救而作出的。首先,《宣言》第4条认为遭受犯罪侵害的被害人理应得到同情,其尊严应受到尊重,他们享有控告权及其损害迅速获得补救权,这些权利理应以法律的形式予以规定。这是一条原则性的规定,下述三条都是围绕着如何实现这条原则性的内容而展开。其次,《宣言》第5条认为除了法律规定,还应设立和强化相关机构,提供正规或不正规的多元程序,并让被害人获知这些机构和程序才能迅速、公平、经济、方便开展补

救。"国家应设立和强化司法和行政机构,使被害人能够通过迅速、公平、经济、方便的正规或非正规程序获得补救。被害人应被告知他们享有通过这些机构来寻求补救的权利。"再次,《宣言》第6条对司法和行政程序满足被害人便利需要的方法进行了规定,这些方法包括:(1) 使被害人获知其在诉讼中的作用及其诉讼信息,对于严重犯罪的案件和被害人要求此类材料的案件尤其如此。(2) 保障被害人的出庭权和陈述权。当然,被害人的出庭权和陈述权的实现,不得损害被告人的合法权益,并符合国家刑事司法制度。(3) 在整个法律过程中向被害人提供适当的援助。(4) 尽可能减少被害人的诉讼不便,提供隐私和人身安全保护。(5) 案件及其赔偿应被迅速处理。最后,为使被害人的损害迅速、有尊严地获得法定补救,《宣言》第7条还指出尽可能利用非正规的方式解决争端。"应当酌情尽可能利用非正规的解决争端的方法,如调解、仲裁、常理公道(customary justice)以及地方惯例(indigenous practices),以协助调解和向被害人提供补救。"

五、《宣言》有关被害赔偿的内容

《宣言》对被害赔偿的内容也作出了四条规定(第8—11条),这四条规定的内容分别是:第一,犯罪人的赔偿。对此,《宣言》第8条认为犯罪人具有赔偿义务;赔偿义务人为被告或应对其行为负责的第三方;赔偿对象包括直接被害人、他们的家属或受养人;赔偿内容有归还财产、赔偿伤害或损失、偿还因被害而产生的费用、提供服务和恢复权利。第二,建议各国政府应以法律的形式规定刑事赔偿是判决的组成部分。第三,对于严重破坏环境案件的赔偿,应采取多元而相应的赔偿方式,具体包括基础设施的重建、环境的复原、设备的更换以及支付安置费。第四,规定了国家赔偿义务。凡是政府官员或官方代理人在行使职权时造成被害人损失的,国家负有赔偿义务,即使上任政府不复存在,继承国或政府也应继续履行赔偿责任。

六、《宣言》有关被害补偿的内容

《宣言》对被害补偿的内容作出了两条规定(第12—13条)。《宣言》第12条明确指出各国应为被害人提供补偿,并规定补偿对象分为两类:(1) 直接被害人:遭受严重罪行造成的重大身体伤害或身心健康损害的被害人。(2) 间接被害人:由于这种被害情况致使死亡或身心残障的被害人的家属、特别是受养人。《宣言》第13条对被害补偿基金提出了观点。《宣言》认为国家基金的设立、加强和扩大应予以鼓励,在此基础上,应设立包括国际基金在内的其他种类的基金。

七、《宣言》有关被害援助的内容

《宣言》对被害援助的内容同样作出了四条规定(第14—17条)。《宣言》明确指出被害人享有被害援助权,第14条规定:"受害者应从政府、志愿机构、社区方面及其他途径获得必要的物质、医疗、心理及社会援助。"该条规定法律援助、物质援助、医疗援助、心理援助及社会援助等为被害援助的范围,并指出援助组织包括政府机构、志愿机构、社区及其他途径。为保证被害人实现被害援助权,《宣言》随后规定被害人享有被害援助权的被告知权。为此,第15条规定:"应使被害人知道可供使用的医疗和社会援助及其他有关的援助,并且能够利用这些援助。"为保证被害援助的质量,《宣言》第16条规定应当对援助人员进行培训,具体内容为"应对警察、司法、医疗保健、社会服务以及其他有关人员进行培训,使其认识到被害人的需要,并使他们对准则有所认识以确保适当和迅速的援助"。与此同时,《宣言》专门指出对具有特殊需要的被害人应予以注意,特殊需要的被害人分为两类:一是指因其受损的性质而具有特殊性的被害人;二是指《宣言》第3条所提及因各种因素而具有特殊需要的被害人。特殊需要的被害人具体包括儿童、妇女、老人、性侵犯的被害人、残疾人、家庭暴力的被害人、杀人犯罪的幸存者、仇视犯罪的被害人、因酗酒或吸毒造成的交通肇事的被害人、作为被害人的难民和大规模犯罪的被害人等。为此,《宣言》第17条规定:"向被害人提供援助时,应注意那些由于受伤害的性质或由于前文第3条所提及的种种因素而具有特殊需要的被害人。"

第三节 联合国《执行〈为罪行和滥用权力行为受害者取得公理的基本原则宣言〉的决策者指南》

一、《决策者指南》概述

1998年联合国先后制定、发行了《执行〈为罪行和滥用权力行为受害者取得公理的基本原则宣言〉的决策者指南》(Guide for Policy Makers on the Implementation of the United Nations Declaration of Basic Principles of Justice for Victims of Crime and Abuse of Power,以下简称《决策者指南》)和供被害援助人员、对建立被害援助中心感兴趣的人员使用的手册,其名为《为被害人取得公理司法手册》(Handbook on Justice for Victims on the Use and Application of the United Nations Declaration of Basic Principles of Justice for Victims of Crime and Abuse of Power),简称《司法手册》)。其中,《决策者指南》对《宣言》通过后世界各国对《宣言》的执行情况进行了总结,并向各国提供进一步工作的知识与信息,为各国开展被害人权利保护提供了思路和具体方法。

《决策者指南》分为序言、指南的目的以及对《宣言》的具体阐述三大部分的内容。序言主要阐述了本《指南》的服务对象、联合国提供犯罪被害人救助国际支持的渠道、强调犯罪被害人救助的政府责任原则和被害人受尊重原则以及犯罪被害人救助的意义。序言指出,该《指南》是为司法部、内政部、社会福利和卫生部以及地方当局等决策部门准备的。联合国预防犯罪和刑事司法委员会是各国犯罪被害人救助获得支持的国际机构。由国际预防犯罪中心、联合国区域间顾问和研究所网络在内,所制定的联合国预防犯罪和刑事司法方案为各国提供工作参考。《决策者指南》认为制定和支持被害援助方案是政府的责任,被害人的尊严、隐私和安全应当受到尊重。《决策者指南》还在序言中总结了犯罪被害人救助的意义:(1)防止被害人疏远于刑事司法系统和社区;(2)减小犯罪造成的损失;(3)被害人更愿意向刑事司法系统提供其必需的关于犯罪和罪犯的信息;(4)将政府、政府间和非政府组织以及社区集合在一起。

《决策者指南》第二部分阐述了制定本《指南》的目的。制定本《指南》是联合国意图向各国决策者提供犯罪被害人救助方面已被证明的经验,并提供进一步的建议,促使各国政府和国际社会将制定预防和减少被害的有效政策列入议事日程,使《宣言》得以有效执行,以保证刑事司法的有效性和公正性,使其既尊重犯罪嫌疑人、被告人、罪犯的基本权利,同时又尊重被害人的基本权利。

在对《宣言》的具体阐述中,《决策者指南》与《宣言》的结构是完全对应的,下面我们就该部分在《决策者指南》中的具体内容予以论述。

二、为执行《宣言》各国所应采取的措施

《决策者指南》认为救助犯罪被害人应采取综合性的战略与措施：

(1) 建立和加强犯罪被害人救助组织。《决策者指南》认为对于没有制定犯罪被害人救助政策的国家，第一步是建立犯罪被害人救助组织。这个组织由司法部、内政部、卫生部、社会福利、立法部门、警察、检察官和法官以及地方政府等部门及其学术界、健康和精神健康专业界、宗教组织以及企业界的代表组成。其任务有：第一，对需要进行评估研究以及评估需要和提供的援助之间的差距。第二，提出关于改善被害人待遇的短期和长期建议。对于已经制定犯罪被害人救助政策的国家，则要加强现有的组织，包括相关的行政机构和志愿者组织。为确保各国对犯罪被害人救助的重视，各国都应该任命一位高级政府官员作为犯罪被害人救助组织的首席发言人。

(2) 印刷和广泛散发《宣言》，以使更多的组织和社会成员了解《宣言》。

(3) 采取包括互联网在内的各种措施，尽可能使公众了解本国以及国际、地区所采取的犯罪被害人救助措施。

(4) 促进各种推进有关犯罪被害人救助决策、计划发展、培训、研究、信息共享以及首创活动的努力。其中，《指南》所提供的对援助人员可采取的培训方法建议包括：使用专门的教材、手册和指南以及制定旨在培养救助意识的方案。在协作性研究和资料交流方面已采取的措施有：第一，研究相关的社会、卫生、心理卫生、教育和经济政策，调解和仲裁程序和民事、行政及刑事法律措施。第二，研究被害性质和范围、被害人的实际需要，以及不同国家帮助被害人的可资借鉴之处。第三，一些司法管辖区和国际组织正在制定和推动类似国际被害调查之类的新办法，以取得有关被害和被害人的需要等方面的信息。第四，一些司法管辖区正在帮助建立国家资料库和研究计划，以及促进相关研究和交流的国际、区域和双边合作。联合国犯罪和司法信息交流站(UNOJUST)(http://www.unojust.org)为此提供了国际联络网。第五，很多司法管辖区正在鼓励建立各种机制，包括组织私营组织，来监督立法、行政和实践的有效性，并提出相应的修改建议。

(5) 加强政府间和非政府间组织的国际和地区性协调合作。自《宣言》通过以来，在该方面已有的措施有：第一，不同司法管辖区一直不断地在彼此分享被害人援助，为执行《宣言》而进行变革和支持政府和非政府组织开

展被害人救助方面的经验。第二,许多国家彼此提供技术援助,一些政府和非政府组织,尤其是联合国预防犯罪和刑事司法方案和联合国计划发展署也提供这类技术援助。第三,在一些司法管辖区,将犯罪被害人救助纳入国家发展计划。第四,国际合作。国际科学和专业理事会(ISPAC)和世界被害人学学会等几个国际和区域组织,能够在执行《宣言》方面提供帮助。欧洲理事会通过了关于被害人援助指南的决议。欧洲被害人援助论坛采取措施审视发展、进行讨论和获取反馈以及鼓励有异议的对话和建设性的变革。

(6)签署犯罪被害人救助的国际和地区性公约,并将其必要内容融入国家立法、行政条例和实践之中。

三、《决策者指南》有关取得公正和公平待遇的内容

针对《宣言》第4条,《决策者指南》首先指出警察在确保被害人取得公正和公平待遇中的重要意义。因为警察是绝大多数被害人接触刑事司法系统的第一人,警察对被害人的态度与处理决定了被害人对整个刑事司法系统的满意与否。国际犯罪被害调查的结论并不令人满意。《决策者指南》随后介绍了各司法管辖区在该领域已采取的措施,具体包括:(1)制定综合性的被害人权利法案或者工作指南。(2)寻求简化司法程序和促进公众获知公正和被害损失补救的渠道。该类措施有设置专门的警官、检察官和法官处理被害人事务;警察署、法院或律师协会建立独立的被害人事务办公室。(3)审视、调整法律程序,或者使用复审官以确保被害人权利的实现。如对不起诉决定,被害人所享有的申诉权、自诉权。(4)多元的被害损失补救措施,这可能包括经济赔偿,犯罪人向被害人公开、正式地承认错误以及道歉。

针对《宣言》第5条,《决策者指南》认为各司法管辖区在迅速、公平、经济、方便补救被害人方面采取了很多措施,这包括有刑事、行政、民事或非正式的多元程序供被害人选择;考虑确立或扩大刑事附带民事诉讼的可能性;对忽视被害人请求补救权的检察官或法官予以行政处罚。

针对《宣言》第6条,《决策者指南》介绍的司法和行政程序满足被害人便利需要的方法有:第一,有关使被害人获知其在诉讼中的作用及其诉讼信息的方法。这包括司法机关和志愿组织通过出版程序的概述和介绍被害人权利与义务的书籍和小册子;寻求措施,如建立专门的机构和官员,以保证司法和行政官员向被害人提供案件信息,这些信息包括程序、实体规定、案

第七章 犯罪被害人救助的国际法律制度

件进展情况及其处理决定的适用范围和意义;在性侵害和杀人这类严重犯罪案件中,检察官必须邀请被害人或其家人进行一次当面讨论,以向他们解释采取的决定。第二,保障被害人出庭权和陈述权的方法。对此,《决策者指南》总结了保障被害人陈述权的方法,其中有被害人影响陈述、被害人享有辅助检察官权以及提起附带民事诉讼的权利。对于被害人影响陈述,《决策者指南》特别指出了保证被害人履行该权利的诉讼阶段,如决定犯罪人被保释、起诉、赔偿、判决、假释时。第三,在诉讼过程中向被害人提供的援助。《决策者指南》在有关诉讼过程中的援助的内容中,所提出的建议和列举的实践经验包括:制定专门的被害人法律援助方案;向贫困的被害人提供免费的法律援助;在有成员与被害人初次接触的执法机构如警察机构中建立犯罪被害人救助项目,如芬兰和美国会安排社会工作者和/或经训练的志愿者陪同警察来答复电话骚扰的报案或将暴力犯罪案件通知家庭成员;社会工作者陪同被害人出庭或者看望提出帮助要求的被害人;司法机关在卫生、心理卫生、社会福利和其他服务方面加强与相关组织的合作,以将注意力集中在被害人程序方面的需要,特别是被害人在感情支持方面的需要,如丹麦、芬兰、挪威、瑞典等国家在司法机构中设置了"援助人"这一职位,由政府对其工作支付报酬,援助人在性侵害等严重案件中,从法律程序的一开始就与被害人接触,并全程陪伴被害人。第四,尽可能减少被害人的诉讼不便,为其提供隐私和人身安全保护方面的经验:(1)制定司法和行政人员指南,指南特别关注到平衡国家和被告的优先考虑和需要与对被害人的不便和个人利益的妨害,不便和妨害突出表现在警察问询安排、审判的日程与安排以及是否准许延期等。(2)对于作为证据的被害人的财产应通过拍照、提取宣誓证言等方式,及时将其返还给被害人,除非被害人不同意以此方式处理。(3)在定罪和最终确定相关费用的责任承担之前,及时报销被害人参加警察调查和出庭的费用。(4)应特别考虑证人是否需要出庭作证事项,如果决定需要出庭,传票中的审判时间应尽量确定。(5)被害人在法院等候时,应向其提供食物、婴儿照料和其他便利,并尽可能向其提供单独的等候房间以避免与嫌疑人或其亲属、熟人发生不妥的接触。(6)为使性侵害和儿童被害人能更自由地陈述,应研究其案件不公开审理、提供音像证据和使用单面镜子的可能性。(7)法院为儿童被害人提供辩护人。(8)由特别调查人员听取儿童陈述,再由其向法院作证。(9)由于公开被害人姓名、地址、具有隐私性质的犯罪情节、其与犯罪人的关系等内容极可能导致被害人的再次被害,为此,应通过采取禁止公开可能认出强奸被害人的细节,法院不要求证人宣誓作证时说出其住址等措施,以保护他们的隐私。(10)制定了针对新闻媒体应对被害人事项敏感的职业伦理规范。(11)审查立法及司法,以便当被害人、证人受到威胁、恐吓和骚扰时,能有效反应。将向被害人、证人提供特别保护的内容规定在刑法中,如将骚扰跟踪和他人的行为规定为犯罪的"反潜随"立法,法院颁布禁止令,禁止某人与被害人、证人接触。第五,保证案件及其赔偿被迅速处理所采取的措施。《决策者指南》在该方面总结的经验有:为司法和行政人员制作在不损及被告权利的情况下紧急处理案件的指南;审查本国立法与司法,使被害人更方便得到赔偿,如在执行被害赔偿时帮助被害人,被害赔偿应优于罚金、没收财产等先行给付。

针对《宣言》第7条,《决策者指南》总结了利用非正规方式解决争端的现状:(1)建立或加强了非正式的调解、争端解决以及和解程序,在该程序中双方当事人、甚至社区将在处理结果上发挥积极的作用。(2)国际社会对这种程序给予了越来越多的关注。(3)原来在亚非拉等地区一直在使用非司法争端解决机制,目前,西欧、北美等地的国家开始有了浓厚的兴趣,并尝试一些项目。

四、《决策者指南》有关被害赔偿的内容

针对《宣言》第8条,《决策者指南》总结了各国犯罪人赔偿的内容及其鼓励、保证赔偿的方法。第一,犯罪人赔偿的内容。《决策者指南》指出,各国在犯罪人赔偿的内容上有所不同,绝大多数包括医疗费、被侵害的财物,有些国家还包括精神损害赔偿。第二,鼓励、保证犯罪人赔偿的方法:将赔偿作为减轻刑罚的情节;如果判处罚金刑,可将赔偿折抵罚金;将赔偿作为不进一步采取措施的条件,如作为附条件监禁判决的条件内容;为保证赔偿的顺利进行,对犯罪人财产先行扣押;许可"创造性赔偿",经被害人同意后,赔偿形式可替换为向其提供劳动、修理损坏的财产等。

针对《宣言》第9条,《决策者指南》介绍了各国政府以法律的形式规定刑事赔偿是判决的组成部分的经验,它们包括:第一,将赔偿规定为主刑。第二,赔偿比监禁具有优先执行的地位。第三,延伸赔偿形式,具体包括:赔偿社区财产,由犯罪人向社区工程和慈善组织等实体给付钱财;象征性赔偿,如判决犯罪人为社区提供服务;惩罚性赔偿,如判决犯罪人向国家缴纳超出刑事赔偿部分的金钱,作为被害补偿基金的组成部分。

针对《宣言》第10条,《决策者指南》介绍了各国对于严重破坏环境案件的赔偿的经验,这包括:第一,对于破坏环境具有可见危险的个人或企业,要求其投保足以赔偿损失的保险金或者交纳足够的定金。第二,组织是因犯罪行为而造成环境损失赔偿的主体。

针对《宣言》第11条,《决策者指南》介绍了实现国家赔偿的经验,它们是:第一,确定国家赔偿制度。第二,审查政府官员行为准则和执法人员行为守则。第三,当采取大赦或其他有利于犯罪人的措施时,应保证这些措施不损及被害人的司法权及其获得赔偿、补偿和援助的权利。第四,当政府发生更迭,新政府继续履行国家赔偿及其相关义务。

五、《决策者指南》有关被害补偿的内容

针对《宣言》第12条,《决策者指南》总结了被害补偿在世界各国扩展的趋势,指出:第一,在世界范围内,建立国家补偿制度的国家越来越多。第二,1998年欧洲理事会通过的《犯罪被害人补偿公约》等国际公约促进了被害补偿的扩展。第三,被害补偿的支付可能出自国家保险计划项目,也可能是专门的被害补偿项目。第四,最先建立被害补偿制度的新西兰成为世界各国效仿的楷模,在新西兰被害补偿的标准与工业和交通事故被害人补偿的标准相同。第五,有的国家确定了紧急补偿制度。第六,在已建立被害补偿制度的国家,有的在犯罪类型、受损程度、受损地区等方面试图扩大可获得补偿的被害人的范围,如有的国家的补偿以犯罪发生地为限,无论是否属于本国国民,均有补偿申请权;另一些国家的补偿以国籍为限,只要是本国国民,无论犯罪发生在何处,均有补偿申请权。第七,有的国家努力采取措施使被害人在最短时间内了解其享有被害补偿权。

针对《宣言》第13条,《决策者指南》总结了被害补偿金的筹措经验。第一,各国被害补偿金的来源有罚金、民事附加费、扣押的犯罪人的财产、对私营保险公司收取附加费、向被害补偿基金捐款。第二,为鼓励向被害补偿基金捐款的行为,免除捐助者的纳税义务。第三,一些国家向区域间或国际性的政府间和非政府被害补偿基金组织提供支持。第四,有的国家采取措施整合和协调各方的努力。

六、《决策者指南》有关被害援助的内容

针对《宣言》第14条,《决策者指南》阐述了两大部分的内容:对各国被害援助概况及公众有关被害援助态度的调查和被害援助所应遵循的原则和包括的内容。

第一,对各国被害援助概况及公众有关被害援助态度的调查。《决策者指南》指出,根据1989年、1992年和1996年国际被害调查,得出如下结论:(1)被害援助在世界范围内还是很少的,在所有参与调查的国家内,没有任何一个获得被害援助的被害人数量超过被害人总数的10%的国家。(2)40%的受访被害人希望获得比现有帮助更多的援助。(3)服务需求出现在服务最不发达的拉丁美洲、非洲、中东和亚洲。(4)许多国家已经审查了其医疗、心理学和社会服务制度,以确保这些制度能够满足被害人的需要。(5)有的国家为被害援助机构和工作人员制定了被害援助指南。(6)已经在一些国家出现的被害援助项目有:代表被害人与刑事司法和社会福利机构进行有效的接洽;建立危机中心、受虐妇女庇护所和一般的被害人援助机构;为被害人提供即时感情、实际服务、短期咨询,并在需要时转介给适当专门的援助机构;提供法律援助。

第二,被害援助所应遵循的原则和包括的内容有:(1)在被害援助前,首先要对被害人需要和被害援助方案予以评估,看其能否满足被害人的需要,评估的资料不能仅以警察部门的统计为依据,要将被害调查及其对被害人的专门研究补充其中。(2)确定项目要素及其关系。这包括组织和人员组成,组织与主办单位、政府部门之间的关系;项目功能;该项目与其他项目间的关系。(3)项目计划应综合考虑不同性别、年龄、种族、职业、文化、地域、社会阶层人群的意见和经验,尤其要重视执法部门、检察部门、医学界、地方政府和心理卫生界代表的观点。(4)被害援助的主要内容包括九大方面:对与被害人问题有关专业人员的培训、危机干预、律师服务、身体和心理健康咨询、犯罪调查过程中的支持、案件处理完结后的支持、预防暴力和群体预防服务以及被害人问题的公共教育。(5)重视援助人员的岗前培训及其职业枯竭现象。(6)对严重犯罪的被害人的危机援助。(7)被害援助应包括两大部分:被害人受到本次侵害后的恢复及其预防重复被害。(8)加

第七章 犯罪被害人救助的国际法律制度

强对家庭暴力被害人的保护,这包括对犯罪人已被监禁的家庭暴力被害人的经济援助;为其提供安全的栖息场所和专门的法律服务。

《决策者指南》第15条介绍了各国所采取的告知被害人其享有援助权的方法。这些方法包括:散发小册子;援助人员定期在警察机构审查案件,筛选出需要援助的被害人;执法人员向被害人推介援助机构;执法人员直接为被害人联系援助机构。

《决策者指南》第16条阐述了援助人员的培训问题,着重论述了警察在被害援助中所应采取的措施。为突出警察在被害援助中的重要性和特殊性,第16条首先指出由于警察是被害人最初接触的刑事司法机关,许多国家都非常重视警察在处理被害人问题上的作用。其次,该条指出应开展对警察援助的培训,培训内容应包括:树立"把被害人当人看待,而非只是证据来源"的观念;在执法中应向被害人保证:针对他的犯罪行为是为社会所谴责的,社会同情其被害;处理案件的警察应确保被害人的安全,向其被害表达遗憾,并在必要时向其指出被害并非其过错。再次,该部分论述了警察在被害援助中所做的具体工作:现场危机干预和向其他组织寻求急诊帮助;向被害人解释警察调查的相关程序及内容;告知被害人如何有效保护证据;告知被害人的权利的内容及其获得赔偿、补偿的途径;及时向被害人提供危机干预机构和提供紧急服务的社区机构以及获得经济援助的信息;保护被害人的财产和人身安全,确保其不再受到进一步损害;制定定期向暴力犯罪被害人通知案件调查进程信息的制度;在需要时与提供现场援助的人员接洽;与检察院和法院协调,建立和执行严格的财产归还制度。最后,该部分介绍了不同国家和地区所采取的保证援助人员认识到被害援助价值的方法。

《决策者指南》第17条总结了各国专门针对特殊需要的被害人项目。这些项目包括:设立受虐妇女庇护所、性侵犯危机中心,建立专门处理儿童、老年被害人的机构,在涉及儿童被害人的案件中,允许使用录像带、闭路电视向法庭作证,建立儿童律师援助中心,帮助"仇视"犯罪被害人的热线电话等。

第四节　欧盟犯罪被害人救助法律制度

一、欧盟所制定的犯罪被害人救助法律概述

20世纪80年代后,随着被害人权益保护日益受到国际社会的重视,犯罪被害人的救助也开始得到世界重要的国际政治、经济组织——欧洲联盟的关注,欧盟先后发表、通过了一系列建议、决议和公约。1983年,通过了《欧洲暴力犯罪被害人补偿公约》(European Convention on the Compensation of Victims of Violent Crimes,下文简称《公约》)。1985年通过了《关于改善刑事法和刑事程序中被害人地位的建议》,该建议旨在通过隐私保护、信息提供、被害补偿等,以保护刑事诉讼中的被害人权益,提高其法律地位。1987年还提出了《关于被害人援助和防止犯罪被害的部长委员会建议》,该建议的目的在于准确了解被害人的愿望和需求,采取各种措施实现社会对这些愿望和需求的认同,从而加强被害援助,充实被害预防对策。2001年,又通过了《刑事程序中被害人地位的框架决议》。2004年则通过了《关于犯罪被害人补偿问题的指令》。

二、《欧洲暴力犯罪被害人补偿公约》

1983年11月24日,欧洲理事会在法国的斯特拉斯堡通过了《欧洲暴力犯罪被害人补偿公约》,该《公约》于1988年1月2日生效。[①] 除序言外,《公约》分为基本原则、国际合作以及最后条款三部分,共计20条,分别对立法目的、补偿对象、条件等内容作出了规定。其主要内容有:

(一)《公约》的立法目的

《公约》在序言中指出,其立法目的在于:(1)促成成员国间就暴力犯罪被害人补偿问题在更大程度上达成一致。(2)为了实现社会平等与团结,应当改善因故意暴力犯罪遭受身体伤害或健康受损的被害人以及因此类犯罪而死亡的人的受养人的境遇。(3)为了引入或者推行犯罪地国补偿上述

[①] 吴啟铮:《刑事被害人权利保护国际司法准则与跨国法律框架》,载《中国刑事法杂志》2008年第6期。

被害人的方案,尤其是对于未能查获犯罪人或者犯罪人无力赔偿案件的被害人的补偿。(4)为欧盟成员国设定被害补偿的最低标准。

(二)被害补偿的对象与主体

《公约》第2、3条对被害补偿对象和主体作出了规定,《公约》第2条规定:其他途径不能完全补偿时,国家应当补偿:因故意的暴力犯罪直接遭受重伤或者健康严重受损的人以及因该犯罪而死亡的人的受养人;在上述情况下,即便不能起诉或者惩罚犯罪人,也应当作出补偿。《公约》第3条规定:犯罪发生地国应当向下列人员作出补偿:本《公约》成员国公民,以及作为犯罪发生地国永久居民的欧盟成员国公民。由此可见,《公约》所规定的被害补偿对象分为两类人:第一,因故意暴力犯罪直接遭受重伤或者健康严重受损的人;第二,因故意暴力犯罪而死亡的人的受养人。这两类人要么是《公约》成员国公民,要么是犯罪发生地国永久居民的欧盟成员国公民。被害补偿主体为犯罪发生地国。通过第2条还可看出,被害补偿不以起诉或者惩罚了犯罪人为前提。

(三)被害补偿项目

《公约》第4条指出,被害补偿的项目包括所减少的收入、医疗与住院费用、丧葬费以及受养人减少的养育费。

(四)减少或者拒绝补偿的情形

《公约》指出,根据下述情形,应减少或者拒绝补偿:

(1)根据申请人的经济状况。

(2)因被害人、申请人在犯罪前、中、后的行为或与伤害、死亡的关系。

(3)因被害人、申请人参与有组织犯罪,是暴力犯罪组织之成员。

(4)因补偿或全部补偿有悖公正感或公共政策。

(五)其他内容

(1)不予补偿的上下限设定。《公约》第5条规定:补偿方案在必要时得对补偿的部分或全部要素设定不予补偿的上限和下限。

(2)申请补偿的期间。补偿方案得规定应当提出补偿申请的期间。

(3)不得双重补偿。国家或主管当局应当扣除或者追偿补偿对象已从犯罪人、社会福利、保险或其他任何途径得到的赔偿或补偿。国家或主管当局享有补偿对象已获补偿额度内的代位权。

(4)尽可能让具有补偿资格的被害人知悉被害补偿的信息。

第三编

犯罪被害人救助制度之中国经验

本编将视角从域外制度立法与实践观察,转向我国犯罪被害人救助的实践。首先,将对我国被害现象加以实证调查,从而全面掌握我国的被害规模、趋势及其类型。被害现象调查是被害人国家救助制度研究的起点,救助制度建构的动机和需求是建立在普遍而严重的被害现状基础之上的。其次,对我国救助规范性文件及其实践,逐一进行梳理和归纳,总结我国被害人救助的发展模式和自身特点。再次,调查公众对犯罪被害人救助立法的认知,为制度立法寻求民意共识。最后,针对我国当下犯罪被害人救助实践和理论所面临的困境,提出破局和突围之道。

第八章 我国被害现象的实证分析

传统犯罪学概念的核心问题是以犯罪现象为前提而展开的,即按照犯罪现象的存在论、发生论和控制论,研究犯罪现象的产生原因、本质、存在形态、发展变化规律以及预防和控制对策而形成的知识结构。[①] 然而,随着德国犯罪学家汉斯·冯·亨梯(Hans von Hentig)在 1941 年发表的《犯罪人与被害人的互动关系》(Remarks on the Interaction of Perpetrator and Victim)一文以及 1948 年发表的《犯罪人及其被害人》(The Criminal and His Victim)一书的观点渐为犯罪学理论所接受[②],人们开始关注起刑事司法中被遗忘很久的"被害人"。由此作为与犯罪人学相对立的被害人学逐渐兴起,与犯罪现象既有关联又有区别的被害现象,则合逻辑地成为了被害人学的研究核心。

本章分为四节,第一节重点讲述被害现象的基础概念、核心理论、基本方法,同时将概述西方国家与我国已经进行过的被害现象调查及其数据分析。第二节、第三节、第四节则属于课题组分别从宏观、中观、微观角度,对我国当前的被害现象的实证调查及其分析,调查的方法主要是采取问卷式结构化访谈,在具体的数据分析上使用 SPSS 数据分析软件。

第一节 被害现象概述

一、被害现象的基础概念

(一)被害现象

被害现象是与犯罪现象相对应的概念,是指一定时空范围内所发生的各种被害事实和被害人个人特征以及类型特点的总和。由此可见,被害现

[①] 关于传统犯罪学研究的核心问题和理论体系,参见王牧主编:《新犯罪学》(第二版),高等教育出版社 2010 年版,第 3 页以下。

[②] 参见〔日〕宫泽浩一:《被害人学的三人的父亲》,载《时の法令》1985 年第 1269 期。

象指向的不是具体个人的被害事实,而是涉及一定时空范围内群体的被害状况。所谓群体,在社会学中是与个体相对而论的,系指由一定数量的人组成并按照已经形成的和持久的方式相互进行交往的人群。这里的群体不是专门群体,而是社会类属,属于集合体性质。① 被害现象便具有这种集合体性质,是所有被害事实和类型的总括性概念。

首先,被害现象具有相对性。由于所谓的犯罪与被害通常都是由国家法律加以确定的,而法律规定从来都不是一成不变的,刑法中规定的法定犯这一类型便鲜明地表现出这种暂时性,因此被害现象会因为时空的不同和法律的变迁而不断变化,从而具有相对属性。其次,被害现象具有社会性。遭遇犯罪行为侵害的人是社会群体中的一员,被害的主体是具有社会性的人。因此,对被害现象的观察和分析有赖于对其社会属性的理解。再次,被害现象具有规律性。在犯罪学中,意大利"犯罪学三圣"之一菲利提出了"犯罪原因三元论"和"犯罪饱和法则"②,与之相对应,个体被害的原因同样可以从社会因素、人类学因素以及自然因素中寻找,同时被害的规模在一定期间内保持稳定,并会伴有周期性波动。因此,基于被害现象的规律性,以之作为对象的研究才具有了存在的必要和价值。

被害现象之于犯罪现象具有其自身的独特价值。传统犯罪学倾向于将被害与加害关系理解为一种主动与被动、侵害和受害的静态的关系,而关于被害的意义至多可能在于为作为"反应"的加害提供了某种"刺激"。然而,从被害人学的角度来看,犯罪并不像传统理论理解的那样主动和强势,就某种意义而言,是被害人塑造和影响了针对自己的犯罪,加害和被害之间存在着明显的"互动关系、互为诱因"③,因而加被害关系只能是动态而非静态的。换言之,被害现象和犯罪现象之间远远不是一体两面的关系,而是更多地表现为互动融合的关系。

正是由于被害现象和犯罪现象之间的这种关联性,使得犯罪学上对犯罪现象的追问可以移植到被害人学对被害现象的研究中来。犯罪学对犯罪

---

① 参见〔美〕刘易斯·科塞等著:《社会学导论》,杨心恒译,南开大学出版社1990年版,第115页。
② 参见吴宗宪:《西方犯罪学》(第二版),法律出版社2006年版,第122页。
③ 〔德〕汉斯·约阿希姆·施奈德:《国际范围内的被害人》,许章润译,中国人民公安大学出版社1992年版,第5页。

现象的追问往往指向的是犯罪现象发生的原因以及犯罪现象发生的规律，前者通常指向的概念是个体的"犯罪性"，而后者依托的概念则是整体的"犯罪率"。"犯罪性"是指人在生物性和社会性因素共同作用下的趋于犯罪的心理倾向，"犯罪性"是犯罪现象发生的必要条件，但反论而言，未必有"犯罪性"必有犯罪。① "犯罪率"是标示犯罪状况的一个最为重要的犯罪相对数，指的是特定时期、特定区域已知犯罪案件总数与该区域人口总数之比，通常以万分比或者十万分比来表示。② 因此，将"犯罪性"和"犯罪率"在被害人学之中加以转换，便是"被害性"和"被害率"。

(二) 被害性

被害性这一概念，是由与汉斯·冯·亨悌作为被害人学创始人而齐名的以色列学者本杰明·门德尔松（Benjamin Mendelsohn）最初提出的。他认为，所谓的被害性是指某些社会因素所造成的某种损害的所有各类被害人的共同特征。而奥地利的琼·格雷文（Joan Graven）则进一步认为，被害性是一种由内在和外在两方面因素所共同决定的——使人们易于成为被害人的那种特性。③ 因此，被害性是指为犯罪的发生提供便利性条件的，属于被害人自身生物、心理以及社会等因素的总和。

首先，被害性具有诱发性特征。由于被害和加害的互动关系，大量的被害场合存在着诱发犯罪行为发生的因素，例如被害人与加害人的接近、被害人的言语挑衅等等。可以设想，若在加害行为发生之前，不存在这些诱因，犯罪和被害就极有可能避免。其次，被害性具有无意识特征。一方面，外在的被害性，例如夜色昏暗、区域治安不良等，被害人往往无法预测和认知，另一方面，内在的被害性，例如被害人言行轻佻、性格急躁等，通常不是被害人有意识为之，而是一种总体的人格倾向。再次，被害性具有受容性特征④。所谓受容性是指被害人在遭遇犯罪以及遭受侵害后的一种容忍接受状态。被害人面临被害时，或者由于担心隐私的泄露以及名誉的受损，或者由于慑

---

① 参见吴宗宪：《西方犯罪学史（第四卷）》（第二版），中国人民公安大学出版社 2010 年版，第 1332 页。
② 王牧主编：《新犯罪学》（第二版），高等教育出版社 2010 年版，第 169 页。
③ 〔德〕汉斯·约阿希姆·施奈德：《国际范围内的被害人》，许章润译，中国人民公安大学出版社 1992 年版，第 18 页。
④ 〔日〕宫泽浩一编：《犯罪と被害者：日本の被害者学》（第一卷），日本成文堂 1970 年版，第 38 页。

于加害人的威胁和恐吓,往往选择逆来顺受。如此,则加剧了其再次被害的几率,导致二次被害或者重复性被害。

按照日本学者诸泽英道的观点,被害化的原因论占据着被害人学的中心地位,其下位概念可以分为"环境状况的原因"("状况的被害化要因")、"被害人的参与原因"和"被害人自身特性"。其中,与环境状况相关的因素包括"季节与时间""场所与地点"等等;与被害人相关的因素包括"被害人挑衅""加被害双方相识""醉酒或使用药物";与被害者特性相关的因素则既包括性别、年龄、精神状况、智力程度、体力和心理状态等个人素质因素,也包括学历、职业、收入、婚配、病史或药物依赖史以及作息等个人生活因素。①

被害性的研究是站在犯罪性的研究的对立面而展开的,其主要的作用在于:其一,补足犯罪性研究孤立研究犯罪者的缺陷。犯罪是加害和被害的共同结果,对被害性展开的研究将更完整有效地去理解犯罪原因。其二,提前预防被害,降低自身被害几率,从而实现减少罪案的目的。犯罪性的研究的另一大不足在于较难实现提前预防,只要加害人没有着手实施行为,就很难因为其具有犯罪性而加以防范,否则可能存在来自人权和自由方面的质疑。而被害性的研究则从每个人自身可能致害的因素着眼,使得人人都可以通过消除不利因素来减少犯罪的发生。其三,被害性的研究同时也为规范上认定加害人责任提供了事实性的基础。若存在被害人的诱发甚至是挑衅时,则存在减少加害人刑事责任的可能,从而使得对加害人的责任认定更加的妥当,符合罪责相适应原则。

(三) 被害率

被害率是指一定时空范围内遭受犯罪侵害的人数与同一时空范围内人口总数的比率关系,通常按照万分比或者十万分比计算。犯罪被害率可以是一定时期内(通常是一年),一个国家、一个地区或者一个单位中遭受犯罪侵害的人数与该范围内成员总数之间的比率,也可以是一定时间内,人们从事某项活动时遭受犯罪侵害的次数与从事该项活动的总次数之间的比率。②被害率反映了某个特定时空范围内的被害发生的频率,因此与犯罪率一样,

---

① 参见〔日〕诸泽英道:《被害者学入门》,日本成文堂2001年版,第179页以下。
② 郭建安主编:《犯罪被害人学》,北京大学出版社1997年版,第78页。

都指示着这一时空范围内的犯罪严重程度和社会治安状况,是了解并认识被害规模、被害规律的实证数据材料。

被害率,根据标准的不同可以有多样的分类:以测量的主体为标准,可以分为官方被害率和非官方被害率;以性别为标准,可以分为男性被害率和女性被害率;以年龄类型为标准,可以分为未成年人被害率、青壮年被害率和老年被害率;以婚姻状况为标准,可以分为已婚被害率和未婚被害率;以犯罪类型为标准,可以分为暴力犯罪被害率和非暴力犯罪被害率等等。需要指出的是,被害率多样的分类标准并非只有类型化的意义。事实上,区分为不同的类型,可以有效地甄别具有显著被害性的因素,从而更加明确地实现被害预防。

由于被害和加害指向的都是犯罪本身,因此被害现象与加害现象之间的关联非常紧密。在理想的统计状态下,被害现象和加害现象应当是等量的,换言之,被害率的增长或者减少,必然与犯罪率的增加或者减少一致。然而,由于统计标准、统计主体、统计对象、统计方法之间的差异,被害率并不等同于犯罪率,其具有自身特有的价值。由于犯罪率的调查主要依赖于已向警方告发并记录在案的数据,大量的已经发生但未向官方报案的数据并不能显示在犯罪率之中,这部分数据通常被称为"犯罪暗数"。通过对被害现象的调查,被害率通常比犯罪率要高,从而对于减少犯罪暗数,更为准确地分析犯罪态势具有重要意义。

二、被害现象的核心理论

对被害现象的研究不是仅仅限于对被害现象的简单描述和分类,而是要在实证观察的基础上,实现"事实向理论的惊险一跃"。而被害率和被害性则是被害现象向被害现象学跳跃的概念工具——借由被害率,我们可以估算出被害流行率(经历过此类被害的人口比例),继而通过限定和假设,预先估算出此类被害的终身几率(在当前被害率和被害流行率保持不变的前提下,迟早会在某一天遭遇此类犯罪被害的人口比例);而借由被害性,我们可以将各种导致被害的因素类型化,可以有效地指示不同人群的被害可能性,也因此可以有效地实现对犯罪与被害的有效预防。由此可见,借助着被害率和被害性概念形成的被害现象理论,旨在对"被害现状如何"以及"被害现象为何"的问题作出回答,因而既是描述性的,也是论理性的,但归根到底描述性的回答服务于论理性的回答,即被害现象产生的原因。

(一)被害现象的研究思路

被害现象的研究思路其实就是围绕着"事实"向"理论"跳跃这一过程而展开的。事实上,被害人学家在研究被害现象时,是与其他社会科学家一样的,需要先期假设、观察事实、收集资料,以便于提炼出可反复检验的可靠理论。在研究被害现象的时候,尽管被害人学家需要将注意力集中在与被害人相关的事实,但同样不应忽略犯罪人、被害环境以及社会等方面的交互性影响。

根据美国学者安德鲁·卡曼的总结,在开展被害现象研究时,应当遵循以下步骤:其一,识别、界定、描述问题。这是被害人学家的最为基础的工作,需要全面确定犯罪行为造成的即时性和长期性危害(包括人身伤害、精神伤害或者经济损失)以及由此带来的社会后果(因被害而导致的社会身份损害、人际关系的失调等)。其二,衡量问题的真实情况。由于政策制定者和普通公众需要知道各类型犯罪活动的严重程度,被害人学家需要设法追踪调查被害发生的频率和危害后果的程度。由于存在着人为夸大或低估被害程度的可能,被害人学家应当对政府当局和私人机构掌握的统计数据加以精密的核实,剔除其中任何可能受到利益左右的数据偏差。其三,调查对被害人的处理方式。被害人学家还要细致考察被害人在遭遇被害后,刑事司法系统和社会服务组织在实际中是如何对待他们的。其四,收集证据验证假设。由于被害人学家研究各种主张、猜测、直觉和预言,因而他们必须通过收集数据和材料对流行的假设进行验证。①

(二)被害现象的相关理论

被害现象研究的核心是被害现象的原因,因而被害现象的相关理论是以原因论为基础演绎的。总的说来,被害现象的原因论主要有两个代表性理论作为基础,分别是理性选择理论和日常生活理论。②

(1)理性选择理论。这是基于人类选择的古典主义的模型假定,认为犯罪人会理性地计算实施犯罪的成本和收益。一些理论研究了潜在犯罪人

---

① 参见〔美〕安德鲁·卡曼:《犯罪被害人学导论》(第六版),李伟等译,北京大学出版社2010年版,第24页以下。

② 参见〔美〕乔治·B.沃尔德等:《理论犯罪学》,方鹏译,中国政法大学出版社2005年版,第256页以下。

第八章　我国被害现象的实证分析

可能进行理性计算的情形和环境,这涉及"环境性选择",指向的是促使犯罪人选择实施犯罪的环境。理性选择理论的"核心规则"不是去否认无缘无故的犯罪行为或非理性的犯罪行为,而是要尽力了解犯罪人实施犯罪时的目的,也就是说犯罪人在犯罪决策过程中需要平衡收益与风险。因此,从被害的原因看,由于某些场所环境提升了实现目标的可能性、降低了被抓获的风险以及保证了可预期的收益,因而可以使具有潜在犯罪动机的犯罪人实施犯罪行为。同时,由于犯罪人的决策过程会因为犯罪类型的不同而有所不同,所以该理论应针对不同类型犯罪采用不同方式进行,从而降低可被感知的犯罪收益、增大可被感知的犯罪风险、升高可被感知的犯罪难度。

（2）日常生活理论。更为直接地解释不同人群的人们遭遇犯罪几率不同的是日常生活理论。该理论的代表人物之一的欣德朗(Hindelang)认为,被害风险的差异是与不同人群的人们的不同生活方式密切相关的,他将这种生活方式归纳为"常规的日常活动,既包括职业活动（上班、上学、家务等等）,也包括娱乐活动"。一般而言,相比于年老者、女性、已婚者、富人、白人而言,年幼者、男性、未婚者、穷人、黑人具有更高的被害风险,因为前者出门参与公共活动的意愿倾向不强烈,从而接触潜在罪犯的几率降低了。该理论的另两位代表人物科恩(Cohen)和费尔森(Felson)则认为,现代社会的某些变化为带有动机的犯罪人提供了更大范围的犯罪机会,例如多数暴力犯罪和财产犯罪是同犯罪人与被害人的人身和财产具有直接接触有关。基于这种认识,他们将现代社会中可被侵害的犯罪目标的大量增多和有能力的保卫者的缺少归咎为"日常活动"变化的结果。这些日常活动通常包括普通大众如何工作、安排家庭生活、哺育孩子、接受教育、个人娱乐的生活方式等。

三、被害现象的发现甄别

（一）基本调查类型及其方法

被害现象的调查,顾名思义,便是对某一时空范围内的被害总量进行测量。一般社会学调查方法同样可以适用在被害现象调查之中,比如调查法、实验法、观察法、个案研究法和统计法等。然而,被害现象调查也有其特殊

的地方,其测量的数据来源和方法通常包括以下几种[①]:

(1) 警察部门的犯罪统计。由于犯罪案件发生后,被害人或者知情人通常向警察部门报案或者提供案件线索,所以各国警察部门掌握了所有已经告发的案件数量,也因此警察部门的犯罪统计历来是犯罪测量最为主要的数据资源。美国联邦调查局定期发布的"统一犯罪报告"(Uniform Crime Reports,UCR),是警察部门犯罪统计的典型,该报告的内容是官方犯罪统计数据,系由1.6万个各级警察机关上报的数据编制而成,是警察部门上报的已知犯罪案件总数。统一犯罪报告的目的在于提供司法机关行政管理、运转和管理方面可靠的刑事司法统计数据。被害现象虽然不等同于犯罪现象,但官方权威的犯罪统计,往往也可以为认知被害现象提供概览。

(2) 被害人调查。被害人调查的主要作用是弥补警察部门犯罪统计的缺陷,以查明犯罪暗数。被害人调查的范围既包括警察部门已知的犯罪案件,也包括未向警方报案的犯罪案件。美国总统犯罪委员会发起实施的"全国犯罪被害调查"(National Crime Victimization Survey,NCVS)是被害调查的典型。其调查的具体方法是,通过随机抽样的方法抽取调查对象家庭,并以问卷或者直接访谈的形式展开调查,了解其12周岁以上的家庭成员在最近12个月内的被害情况,以及是否向警方报案等情形,从中推测犯罪的实际数量以及真实的犯罪率。调查的范围通常限于强奸、抢劫、伤害、入室盗窃、普通盗窃以及机动车盗窃等类型犯罪。被抽中的住户在连续3年中都会作为样本,同时还会增加新的样本。不同于统一犯罪报告,全国犯罪被害调查则旨在提供官方数据难以获得的有关犯罪(包括没有报案的犯罪)、受害人和罪犯的信息。

(3) 自我报告调查。自我报告调查是指被调查者坦白或者忏悔自己既往的犯罪行为和犯罪类型。自我报告调查是通过随机抽样的方法得到样本(即被调查者),然后以秘密访谈或者匿名问卷的方式,并承诺为其提供的资料保密而进行调查。调查的对象可以是正在服刑的犯人或者被逮捕的犯罪嫌疑人,但更多地适用在青少年学生之中。

(4) 知情人调查以及组合式调查。知情人调查是指通过对知道或者观

[①] 参见王牧主编:《新犯罪学》(第二版),高等教育出版社2010年版,第164页以下;〔美〕安德鲁·卡曼:《犯罪被害人学导论》(第六版),李伟等译,北京大学出版社2010年版,第54页以下。

第八章 我国被害现象的实证分析

察到的其他人成为作案人或者被害人的知情人进行调查,以便了解犯罪或者被害的实际情况。将知情人调查与被害人调查或者自我报告调查结合起来,就是组合式调查。其具体做法是:以调查问卷的方式进行,重点调查被调查者在过去某一特定时期内(通常是 12 个月)是否与问卷所列犯罪行为有牵连。当存在牵连时,则需回答是自己曾经实施此类犯罪行为,还是曾经成为此类犯罪的被害人,抑或是知晓他人曾经为此类犯罪行为。

此外,发现和甄别被害现象的方法还有犯罪代价评估、社会公共安全感调查以及犯罪行为严重性调查等等。

(二)调查方法的优劣与利弊

(1)官方犯罪统计(主要指警察部门的犯罪统计)。该方法的主要优势在于实施统计的主体是政府职能部门,既能保证统计数据的权威性,也能确保相关统计的持续性。理论上说,相应的刑事司法机关及其下属分支可以将所有向其举报的刑事案件纳入到统计数据中去,如此庞大的数据收集,是其他调查方法(通常是抽样调查和推算估计)所不能的。然而,官方犯罪统计的缺陷在于:其一,若以受案作为统计标准的话,则必然导致大量未向警方举报的案件没有统计在内。也就是说,官方的数据往往只是"警方已知的罪行",因而相应数据低于实际发生的犯罪数量。其二,出于政治意图或者绩效考核等原因,官方及其工作人员有可能对统计的相关数据进行人为地压低。例如,我国有些地区的公安机关对于部分刑事案件"不破不立",因而影响到立案数量的准确性。

(2)被害人调查。我国除 1994 年由中国司法部预防犯罪与罪犯改造研究所实施了首次被害人调查外,并没有类似的官方数据统计,从而相应的被害人调查都属于非官方、研究性的统计调查。因此,我国被害人调查的弊端就显而易见:统计调查的数据缺乏权威性,也缺乏连续性;统计方法不能统一,以至于不同年份、地区的被害人调查数据无法对比分析。然而,其优点也同样显著:首先,此类调查并不依赖于报案和受理,易于发现警方所知以外的案件信息。其次,此类调查更为直接地针对被害人而非犯罪人,因而更易于掌握被害人损害的具体信息。再次,此类调查可以结合其他调查方法,比如知情人调查等,实现组合式调查。

(3)自我报告调查。在美国,自我报告调查证实了有很大规模的人实施过犯罪却未受到过调查,从而引起了人们对犯罪暗数的关注,最终导致了全国犯罪被害调查的启动。尽管自我报告调查研究是被公认的查明犯罪暗数的良好方法之一，但由于：一方面被调查者往往不愿意全部吐露犯罪行为，对承认犯罪存在疑虑或抵触；另一方面该调查可能存在与官方数据重复统计的弊端，因此自我报告调查在真实还原犯罪和被害现象的程度上，依然不够理想。

（4）知情人调查或组合式调查。此类调查的优缺点与被害人调查大致相同。总体说来，其优点在于对犯罪黑数的发掘，为犯罪或被害规模划定某种数据上的上限。其缺点在于存在被调查者夸大被害、记忆减退、事实失真等问题。

第二节 被害现象的宏观分析——基于官方统计数据

一、本书的数据调查和分析方法

本书在调查犯罪现象的过程中，为了统计和收集数据，主要使用了三种方法：其一，对警察部门公开的犯罪统计数据的整理；其二，对已生效的判决书所载明信息的收集；其三，投放匿名性问卷，展开被害人调查。其中，通过匿名性问卷所展开的被害人调查，兼有知情人调查和被害人自我报告调查的形式，因而在这种意义上，本书所采取的被害人调查属于组合式调查方法。与之相对应，本书关于被害现象部分的分析，则是分别从基于官方统计数据、裁判文书信息以及被害人自我报告这种宏观、中观和微观三重维度切入并展开的。

之所以采取上述三种调查方法，主要基于以下考虑：首先，尽管未能如美国统一犯罪报告那般精细，但我国刑事司法机关每年同样会发布一定的犯罪统计数据，而这些数据通常也是易于获取的。由于官方犯罪统计的权威性，我们可以在对数据整理和分析的基础上，对当前的犯罪态势和被害规模有一个大概的预判。这构成了进一步实证观察的基础性认知。其次，同样是出于相关信息可靠真实、具有较强操作性的缘由，课题组对公开的判决书所载信息进行收集整理，从而实现对几类典型案件中加害被害具体形态的掌握。再次，为了避免官方统计数据中可能存在的大量犯罪暗数，以便更为精确地了解当前我国的被害现象，本书课题组在官方犯罪统计数据的基础上，辅之以被害人自我报告和知情人调查的实证调查，即通过同一张匿名性的结构化问卷，同时展开对可能的被害人与知情人进行调查，从而实现对这两类人群相关信息的收集。

数据经整理和收集后,统一汇总录入到 SPSS 软件之中。本书可能涉及的分析和制图方法包括以下四种:第一,频数分析,其功能在于"对数据按组进行归类整理,形成各变量的不同水平的频数分布表和常用图形,以便对各变量的数据特征和观测量分布状况有概括认识"[①]。第二,描述性分析,其功能"以计算数值型单变量的统计量为主",并"可以将原始数据转换成标准常态评分值"[②]。第三,相关分析,其功能在于"研究变量之间关系的密切程度,以及根据样本资料推断总体是否相关"[③]。具体而言,本书采取 Pearson 简单相关系数来判定相关性。其相关性标准为:当 $r=0$ 时,不存在线性相关;当 $0 \leq r \leq 0.3$ 时,为微弱相关;当 $0.3 < r \leq 0.5$ 时,为低度相关;当 $0.5 < r \leq 0.8$ 时,为显著相关;当 $0.8 < r < 1$ 时,为高度相关;当 $r=1$ 时,属于完全线性相关。第四,统计图形制作上,利用图表建构程序,制作复合条形图、多线线图、饼图等。

二、刑事司法数据来源及其说明

我国的犯罪被害统计工作相对比较滞后,缺乏诸如美国《统一犯罪报告》、《全国犯罪被害调查》这类完整统一的犯罪统计报告。但总体而言,晚近以来,刑事司法的相关数据逐渐"脱敏",开始面向社会予以公开。一方面是公安机关的新闻宣传部门对社会定期发布国家治安状况的信息,检察机关和人民法院每年都要向全国人民代表大会及其常务委员会作相应的工作报告。另一方面则是由《中国法律年鉴》每年定期收录的刑事司法机关所公布的相关数据。由于《中国法律年鉴》中的年度数据相对集中,便于查阅,本书所谓的官方刑事司法数据,主要便是来源于该《年鉴》。另外,本书中涉及的我国历年总人口的数据,来源于国家统计局人口和就业统计司主编的《中国人口和就业统计年鉴》。

本书调查的时间范围起于 1981 年,止于 2011 年,时间跨度为 31 年。具体来说,收集具体信息包括:犯罪规模——刑事立案数、破获当年案件数、破案率;犯罪类型和数量——杀人案件数、伤害案件数、抢劫案件数、强奸案

[①] 时立文编著:《SPSS 统计分析:从入门到精通》,清华大学出版社 2012 年版,第 62 页。
[②] 同上书,第 67 页。
[③] 同上书,第 144 页。

件数、拐卖妇女儿童案件数、盗窃案件数、入室盗窃案件数(始于 2000 年)、盗窃机动车案件数(始于 2000 年)、严重盗窃数(止于 1999 年)、盗窃自行车案件数(止于 1999 年)、财产诈骗案件数;审查起诉阶段——提起公诉的案件数;审判阶段——一审刑事案件案件收案数和结案数、生效判决案件数;以及判决类型——宣告无罪数、免予刑事处罚数、给予刑事处罚数。

由于官方统计资料的基本统计单位是案件数而非被害人数,因此,官方统计资料所能够反映的主要是我国的犯罪状况,而非被害状况。但由于被害现象具有相对性特征,在缺乏被害统计和被害规模的前提下,通过对犯罪统计和犯罪规模的观察,同样能够对当下我国的被害人规模形成一种大致可靠的认知。

三、刑事司法数据分类及其对比

(一)我国近年来的犯罪规模及其趋势

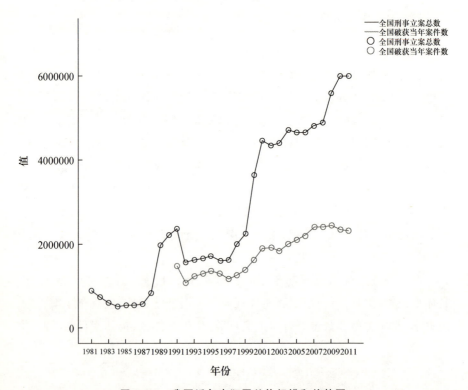

图 8-2-1　我国近年来犯罪总体规模和趋势图

第八章　我国被害现象的实证分析

　　从总体犯罪趋势上看,1981 年至 2011 年间,可以用"四升两降"来加以形容:第一,1981 年至 1987 年间,属于犯罪趋减态势阶段,前三年降幅较大,而后三年较为稳定地保持在较低的水平。第二,1988 年至 1991 年间,属于犯罪剧增态势阶段。1988 年犯罪规模恢复到了 1981 年的水平,1989 年案件总数首次突破百万起,1990 年更是突破了两百万起。第三,1992 年至 1997 年间,属于犯罪剧减、趋减态势阶段。1992 年犯罪总量降低回一百五十万起,而后数年数据都维持在较为稳定低位,总量上略有减少。第四,1998 年至 2001 年间,属于犯罪剧增态势阶段,1999 年犯罪总量回到了两百万起的行列,2000 年突破了三百万的大关,并接近四百万,2001 年更是一举达到了四百四十五万起。第五,2002 年至 2008 年间,属于犯罪趋增态势阶段,尽管随着年份不同有增有减,但总体上逐渐接近五百万起。第六,2009 年至 2011 年,属于犯罪剧增态势阶段,其间犯罪总量逐一突破了五百万起和六百万起的关口,在统计数据上创了新高。当然,此处所言的犯罪态势的变化,仅仅是就数据统计而言的,事实上,统计的方式、标准以及调查执行的力度等均对数据的增减具有重要作用。例如上世纪 90 年代末犯罪剧增的态势,就与全国公安机关开展纠正立案不实工作具有重要关联。

　　从案件破获的数据来看,存在值得说明之处:对当年案件破获数与刑事立案数,进行 Pearson 相关系数检验,其结果呈现出微弱相关性。这意味着,案件破获数的变化趋势在总体上并没有与刑事立案数增减而保持一致。事实上,两组数据的关系表现为"前同步后拉开"的态势:所谓的"前"指的是 1991—2000 年间,案件破获数的变化趋势与刑事立案总数的趋势相当吻合;而"后"指的是 2001 年至今,刑事立案总数急剧拉升,而刑事案件的破获数量则稳定在一定的幅度内。换言之,这种刑事立案数不断高企、当年破案数保持稳定的增速不同步态势,意味着破案率呈现逐年下降趋势。

　　(二) 具体犯罪类型的规模及其趋势

　　为了保证图表清晰、便于观察,本书将官方公布的具体犯罪类型划分为两类:以侵犯人身法益为主的犯罪和以侵犯财产法益为主的犯罪,其中抢劫罪侵害的是包括人身和财产在内的复合法益,但由于其危害的严重性,将其置于侵害人身法益的犯罪类型之中。需要说明的是,由于缺少 1983 年的相

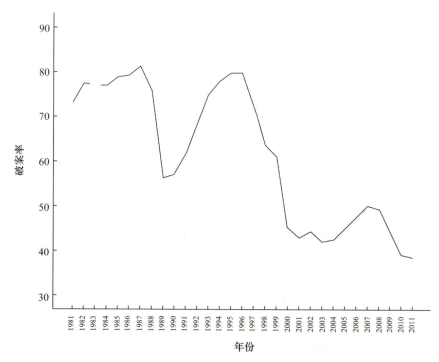

图 8-2-2　我国近年来破案率变化趋势图

关数据,因而,上述图 8-2-2 中的连续曲线,出现了断点。

从侵害人身法益的具体犯罪类型来说:杀人案件,呈现出"前期趋增、后期趋减"的态势,2000 年达到历史最高位(28429 件),最低位则是 1984 年的 9021 件,年均案发 19800 件。故意伤害案件,呈现出"前后稳步递增,中期急剧拉升"的态势,最高值出现在 2010 年(174990 件),最低值则发生于 1984 年(14526 件),年均案发 90165 件。值得注意的是,1998 年至 2001 年间,此类犯罪规模以年均 20 万件的幅度增长。抢劫案件,呈现出"两起两降"的态势,首次下降的拐点是 1995 年,此后两年连续下降,第二次拐点出现在 2005 年,此后大致上保持下降趋势。其历史最低位是 1984 年的 7273 件,最高位则是 2002 年的 354926 件,年均案发 176094 件。强奸案件,呈现出"较为平稳、总体趋降"的态势,其峰值出现在 1991 年(50331 件),谷值则为 2008 年(30248 件),年均案发 38807 件。拐卖妇女儿童案件,呈现出"前期趋减、后期趋增"的态势,其中 2000 年为历年来的峰值(23163 件),与其

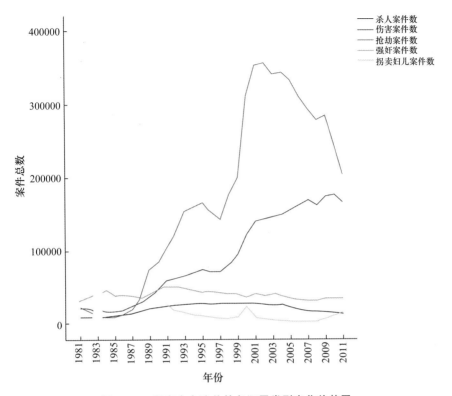

图 8-2-3　侵害人身法益的各犯罪类型变化趋势图

整体规模趋势比较而言,属于非典型年份,而其最低值是 2008 年的 2378 件,平均案发 9224 件。

从侵害财产法益的具体犯罪类型来说:从总体趋势形态上看,盗窃案件数量的增减,几乎是与刑事立案总数规模的变化同步的。盗窃案件总数极小值(394840 件)出现的年份是 1984 年,而极大值(4259482 件)则发生于 2011 年,年均案发 1939745 件。在盗窃案件的构成上,早期统计上单独区分出的严重盗窃和盗窃自行车,在后期分别为入室盗窃和盗窃机动车所取代。其中,严重盗窃最为严重的年份是 1999 年(659725 件),总量最小的年份是 1982 年(14604 件),年均案发 257925 件;盗窃自行车的峰值为 1991 年的 607456 件,谷值为 1999 年的 49539 件,均值为 198074 件;入室盗窃的极大值为 2001 年的 1433058 件,极小值为 2007 年的 1063208 件,年均案发

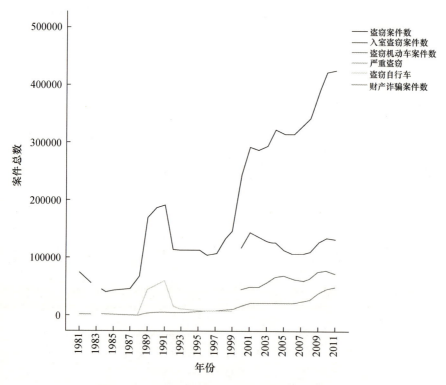

图 8-2-4 侵害财产法益的各犯罪类型变化趋势图

1230094 件;盗窃机动车的峰值为 779435 件(2010 年),谷值为 450377 件(2000 年),均值为 624927 件。财产诈骗案件,则呈现出"平稳增长、后期增速"的态势。其中,极大值出现的年份是 2011 年(484813 件),极小值出现在 1985 年(13157 件),年均立案 133343 件。

(三)刑事诉讼程序中各阶段案件总数对比

关于下图制表的两点说明:

其一,考虑到样本年份跨度较大,以及早期年份部分数据缺失,本书仅选取了 2002—2011 年这十年的数据,来反映刑事诉讼程序中各个阶段的案件总数对比图。其中,刑事立案数、破获当年案件数属于侦查阶段,提起公诉案件数属于起诉阶段,而一审刑事收案数和结案数则属于审判阶段。

其二,提起公诉案件,主要来源于公安机关已破获的案件,但同时也包

第八章 我国被害现象的实证分析

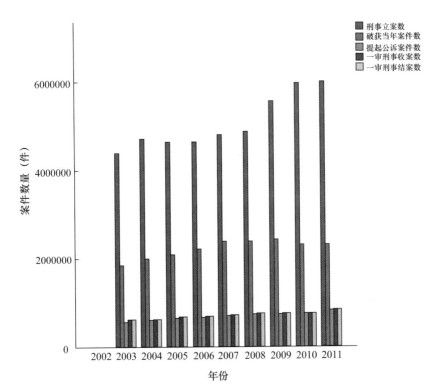

图 8-2-5 刑事诉讼各阶段案件总数分布图

括检察机关直接受理、负责侦查的案件,而后者的立案数量通常并不计算在公安机关所公布的刑事立案数之中。一审刑事收案数,主要由检察机关提起公诉案件数构成,但也包括由被害人及其法定代理人、近亲属直接向人民法院控告的自诉案件。因此,一审刑事收案数在总量上大于提起公诉案件数。

通过对比图可以清晰地显示,刑事立案数＞破获当年案件数＞一审刑事收案数＞一审刑事案件结案数＞提起公诉案件数。从十年间的年均值来看,刑事立案数为 4999771 件,破获当年案件数为 2198279 件,一审刑事收案数为 718460 件,一审刑事结案数为 716828 件,提起公诉案件数为 688548 件。换言之,经公安侦查结案的比例仅占刑事案件立案总数的 43.97%,而经过检察机关审查后决定提起公诉案件数,仅占刑事案件立案数的 13.77%。法院一审刑事收案数略略大于结案数,占刑事案件立案数的比例分别为 14.37% 和 14.33%。这种数据上的递减现象,反映出在刑事诉讼的整个过程中,大量真正实施犯罪的人因为种种原因被"蒸发"掉:或由于被害人并未向刑事司法机关告发,或由于刑事司法机关并未立案或者展开侦查,或由于犯罪人未能被逮捕、提起公诉或者未能定罪量刑。总之,从真正实施犯罪的人到被定罪处刑的犯罪人,其规模类似于渗漏或者缩水般不断减少,因而被形象地比喻为"漏斗效应"。①

"漏斗效应"在缩小作为赔偿义务人的犯罪人规模的同时,显然也缩小了能够通过法定程序获得赔偿的被害人的规模。首先,由于被害人没有报案,导致大量犯罪人自始就不可能面临法定赔偿的威慑。其次,即便是进入到刑事诉讼的视野,但是由于警察部门无法高效能地侦破案件(我国近十年平均破案率为 44.21%)以及检察部门有根据案件情形作出不起诉的权力(近十年平均提起公诉率②为 30.11%),因而大量犯罪人依然可以挣脱刑事赔偿的束缚。最后,由于犯罪人没有能力赔偿或根本无赔偿意愿(例如隐瞒或转移财产等),即使其为法院依法定罪量刑,被害人也仅仅只能获得载明赔偿数额的一纸空文。当然,这一缩水效应并非完全意味着被害人无法获得赔偿,事实上,在部分案件中,由于犯罪人积极履行赔偿义务,加被害双方形成了和解,而犯罪人正是因为刑事和解的达成,才中止或者转处了正在进行的刑事诉讼程序。然而,一方面,我国《刑事诉讼法》第 277 条所规定可以和解的案件范围较为狭窄③;另一方面,进入和解程序也并非实现和解,其和解失败的比例约为 30%④。因此,被害人难以获得有效赔偿,是"漏斗效应"下的一个附带性结果。

---

① 关于刑事诉讼中的"漏斗效应",参见〔美〕安德鲁·卡曼:《犯罪被害人学导论》,李伟等译,北京大学出版社 2010 年版,第 380 页。
② 此处的提起公诉率,是以警察部门破获案件数为除数,被除数则是检察部门的非自侦案件总数,因而并非针对刑事立案总数或者公诉案件总数而言。
③ 仅限于:(1) 因民间纠纷引起,涉嫌《刑法》分则第四章、第五章规定的犯罪案件,可能判处 3 年有期徒刑以下刑罚的;(2) 除渎职犯罪以外的可能判处 7 年有期徒刑以下刑罚的过失犯罪案件。
④ 宋英辉等:《公诉案件刑事和解实证研究》,载《法学研究》2009 年第 3 期。

四、宏观数据背后的规律与比较

（一）主要类型被害率均显著升高

表 8-2-1　我国犯罪被害率统计表

年份	总被害率（每十万人口数）	严重侵犯人身犯罪被害率	侵害财产犯罪被害率
2011	445.69	30.66	352.12
2010	445.21	34.26	349.44
2009	418.13	37.77	319.97
2008	367.84	36.28	276.60
2007	363.85	38.43	265.53
2006	354.00	39.64	255.43
2005	355.50	41.43	257.11
2004	362.97	42.42	263.00
2003	340.01	42.56	242.54
2002	337.61	43.69	237.67
2001	349.27	43.75	244.10
2000	286.98	39.04	199.33
1999	178.82	28.48	122.48
1998	159.19	26.02	110.62
1997	130.53	22.43	91.92
1996	130.79	23.56	90.99
1995	139.56	25.26	98.81
1994	138.57	24.85	99.41
1993	136.43	24.39	98.95
1992	135.07	22.10	101.52
1991	204.25	20.39	171.18
1990	193.91	17.19	167.54

上表为我国自1990年以来的三种宏观被害率数据：所谓的总被害率的基数，指向的是公安机关所掌握的所有罪案（犯罪明数）；严重侵犯人身犯罪

被害率,则仅限于故意杀人、故意伤害、抢劫与强奸等四种暴力犯罪;侵犯财产类犯罪的被害率,由于官方统计数据的限制,并不包括抢夺、侵占、故意毁坏财物等类型犯罪,而仅仅指盗窃和诈骗案件。因此,尽管后两种被害率是总被害率的重要组成部分,但并非其全部。

从所占比例来看,以盗窃和诈骗案件为主的侵犯财产类犯罪的被害率,始终占据了总被害率七八成的比重,历年平均比例为 73.57%,而严重侵害人身的暴力犯罪所占比重,始终徘徊在一成左右,历年平均为 13.03%。全国总体的被害率,明显地以 1999—2000 年作为分野,其间的被害率急剧拉升,形成了前后两段反差较大的被害率走势:1990—1999 年间,平均被害率仅为每十万人 154.71,而 2000—2011 年间,年均被害率为 368.92,增幅高达 1.38 倍。仅从这一点而言,无论是从规模还是增速上看,近年来我国被害现象加剧,被害人更加容易受到犯罪侵害。

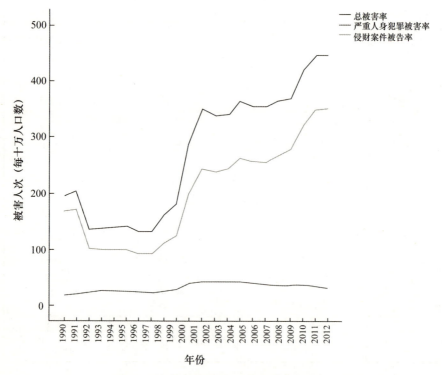

图 8-2-6　不同类型被害率的变化趋势图

（二）严重被害犯罪案件不增反降

然而，被害现象的剧增，并非意味着被害人可能遭受到更加严重的犯罪。恰好相反，如上图 8-2-6 所示，事实上，总体被害率的上升，是由侵犯财产类犯罪被害率的上升推动的，二者呈现明显的正相关。至于严重人身犯罪被害率，其虽有一定增长（1990—2001 年），但幅度非常微小，且自 2001 年以来呈现缓慢下降的趋势。换言之，尽管从量上看，近年来犯罪加剧、被害频发，但就质而言，犯罪并未呈现出暴力化的升级，遭受严重侵害的风险并未升高。

（三）比较视野下的严重被害现象

表 8-2-2　中美严重侵害人身犯罪被害率对比表[①]

年份 \ 类型	严重侵犯人身犯罪[②]被害率		杀人案件[③]被害率		伤害案件[④]被害率		抢劫案件[⑤]被害率		强奸案件[⑥]被害率	
2011	30.66	387.1	0.89	4.7	12.25	241.5	15.04	113.9	2.47	27.0
2010	34.26	404.5	1.00	4.8	13.05	252.8	17.69	119.3	2.51	27.7
2009	37.77	431.9	1.10	5.0	12.95	264.7	21.22	133.1	2.49	29.1
2008	36.28	458.6	1.12	5.4	12.08	277.5	20.81	145.9	2.28	29.8
2007	38.43	471.8	1.22	5.7	12.65	287.2	22.14	148.3	2.41	30.6
2006	39.65	479.3	1.36	5.8	12.25	292.0	23.57	150.0	2.46	31.6
2005	41.43	469.0	1.59	5.6	11.86	290.8	25.40	140.8	2.58	31.8

---

① 同列方框内，前者为中国数据，后者为美国数据。美国相关数据，整理自美国联邦调查局（FBI）每年发布的《统一犯罪报告》（UCR），http://www.fbi.gov/stats-services/crimestats，最后访问时间：2014 年 12 月 14 日。

② 美国的严重侵犯人身犯罪，即"Violent Crime"，根据 UCR 的统计，就只包括杀人案件（murder andnonnegligent manslaughter）、重伤害案件（aggravated assault）、抢劫案件（robbery）和强奸案件（rape）。

③ 根据 UCR 定义，杀人案件是指谋杀以及过失致死，不含意外事故致死、自杀以及正当防卫杀人。

④ 根据 UCR 定义，伤害案件是指出于严重损害他人身体健康的目的，非法攻击他人的行为。通常使用致命武器，包括杀人未遂以及导致家庭成员严重损害的殴打行为，不使用武器导致的轻微伤害则不在此范围内。

⑤ 根据 UCR 定义，抢劫案件是指使用武力或者以武力相威胁（并不限于使用武器），获取或者试图获取他人占有或者支配的财物，包括对商业机构以及汽车的抢劫行为。

⑥ 根据 UCR 定义，强奸案件是指强行与女性发生违背其自主意愿的性行为，包括强奸未遂，但不包括法定强奸以及其他类型的性侵害。

(续表)

年份 \ 类型	严重侵犯人身犯罪被害率		杀人案件被害率		伤害案件被害率		抢劫案件被害率		强奸案件被害率	
2004	42.42	463.2	1.90	5.5	11.43	288.6	26.30	136.7	2.78	32.4
2003	42.56	475.8	1.89	5.7	11.26	295.4	26.31	142.5	3.10	32.3
2002	43.69	494.4	2.05	5.6	11.04	309.5	27.63	146.1	2.97	33.1
2001	43.75	504.5	2.15	5.6	10.82	318.5	27.60	148.5	3.18	31.8
2000	39.04	506.5	2.24	5.5	9.53	324.0	24.44	145.0	2.83	32.0
1999	28.48	523.0	2.18	5.7	7.38	334.3	15.79	150.1	3.14	32.8
1998	26.02	567.6	2.22	6.3	6.48	361.4	14.03	165.5	3.28	34.5
1997	22.44	611.6	2.11	6.8	5.58	382.1	11.45	186.2	3.29	35.9
1996	23.56	636.6	2.08	7.4	5.63	391.0	12.35	201.9	3.50	36.3
1995	25.26	684.5	2.26	8.2	5.97	418.3	13.58	220.9	3.45	37.1
1994	24.39	713.6	2.22	9.0	5.66	427.6	13.29	237.8	3.68	39.3

从上表可以看出,美国在1994—2011年的十八年间,严重罪案呈现出稳步减少的趋势。然而,通过对比,其每十万人口遭遇被害的风险依然远远高于中国:一般而言,中国年均严重被害率为34.45,而美国高达515.72,接近于中国数据的15倍。具体来说,中国杀人案件年均被害率为1.75,美国为6.02,后者是前者3.44倍;中国伤害案件年均被害率为9.88,美国为319.85,后者是前者的32.37倍;中国抢劫案件年均被害率为19.92,美国为157.36,后者是前者的7.9倍;中国强奸案件年均被害率为2.91,美国为32.50,后者是前者的11.17倍。

美国根据《统一犯罪报告》制作了所谓犯罪钟,以美国2004年数据为例:"每23秒发生一起暴力犯罪,其中每33秒一起杀人、6分钟一起强奸、78秒一起抢劫、37秒一起严重伤害;每3秒一起财产犯罪,其中每15秒一起入室盗窃、每5秒一起普通盗窃、每26秒一起车辆盗窃"[①]。据此,同样可以制作一份我国的犯罪钟,以我国2011年数据为例:每5秒就有一起刑事案件

---

① 〔美〕安德鲁·卡曼:《犯罪被害人学导论》,李伟等译,北京大学出版社2010年版,第57页。

发生,其中每1分钟就有一起严重侵犯人身的犯罪行为发生,每44分钟一起杀人、15分钟一起强奸、3分钟一起抢劫、3分钟一起人身伤害;每7秒一起财产犯罪,其中每7秒便有一起盗窃、24秒一起入室盗窃、44秒一起机动车盗窃、1分钟一起诈骗。尽管所谓的犯罪钟仅仅是将该年度记录在案的犯罪数据平均分布到该年度的分(1年约525600分)或者秒(1年约31536000秒)之中,并不具有被害规律性的特点。但是,其在识别各类犯罪风险、提示公众被害预防、提高刑事司法机关对犯罪的反应能力等方面,具有重要的警示风向标的作用。

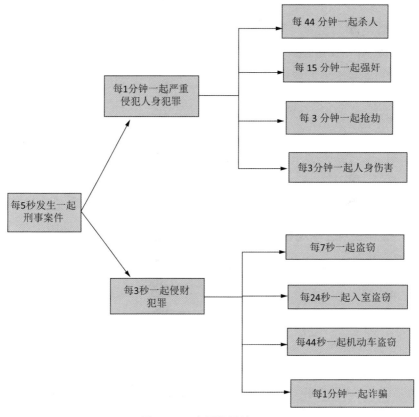

图8-2-7 中国犯罪钟,2011

中美在严重罪案数据上的巨大差异,固然是因两国所具体面临的治安状况直接导致的,但相比之下,由于技术、立法和文化上的原因,我国的刑事司法数据统计,未能有效地减少犯罪暗数的存在,也应当是一个重要的原因。首先,一直困扰我国刑事司法统计的问题便是"立案不实",通常表现为自行提高立案标准、为追求破案率不破不立、以"备查"等为名拒不立案等①,从而导致立案数字失真缩水。其次,尽管在严重罪案问题上,立法定义的规格的不同并不是一个特别重要的原因,但也不应忽视其对犯罪规模的影响。美国《统一犯罪报告》中的抢劫至少还包括我国所规定的抢夺行为,而杀人案件则不仅限于故意杀人,而是包括了过失致死、危害公共安全类犯罪致死等案件。再次,被害人不愿报案,使得相关案件一开始就没有进入刑事司法机关的视野。不愿报案的原因是多元的,但最为重要的无非是对犯罪人的恐惧、对遭受被害的羞耻以及对司法机关破案缺乏信心等三重维度。对犯罪人的恐惧,往往存在于熟人犯罪、持续性犯罪中,例如家庭暴力;对遭受被害的羞耻,通常发生在性侵害等风俗犯罪之中,被害女性既不敢怒也不敢言②;对司法机关破案缺乏信心,既有可能源于对警察的反感③,也有可能是现行诉讼制度缺乏报案激励机制④。当然,由于我国人口基础是美国的近六倍,因此,虽然每十万人口数的被害率不算过高,但整个被害的规模不可谓不大,从上文中我国犯罪钟的例示中可窥一斑。

第三节 被害现象的中观分析——基于三类典型案件

一、判决书样本选取方法说明

本书实证分析的相关案件判决书,均来源于北大法意案件数据库⑤。按照作出裁判文书的年份,分别选取 2000 年、2005 年和 2010 年三年的全样本数据,以便从时间纵向的维度展现近年来我国被害现象的全貌。在样本的

---

① 参见周建军等:《当前刑事案件立案不实的表现、原因及对策——关于我区刑事案件立案情况的调查报告》,载《公安大学学报》1996 年第 3 期;黄锐平等:《浅谈公安司法实践中的刑事立案不实问题》,载《公安研究》2010 年第 1 期。
② 参见刘学佩:《沉默的羔羊——强奸案被害人瞒案不报现象透视》,载《政府法制》1999 年第 3 期。
③ 参见〔英〕朱利安·罗伯茨:《解读社会公众对刑事司法的态度》,李明琪等译,中国人民公安大学出版社 2009 年版,第 70 页。
④ 参见杜江平:《被害人报警意愿的诉讼法视角分析》,载《上海公安高等专科学校学报》2009 年第 2 期。
⑤ 数据来源于北大法意网(http://www.lawyee.net/)案例。

抽取上，我们仅对故意杀人案件进行了全样本分析，而故意伤害案件和抢劫案件则因为样本数量过大，通过等距抽样的方法，即按照双数月份审结的标准来抽取案件样本。因此，作为本书实证研究样本的统计总量为10292件，具体分别为故意杀人案1147件，故意伤害案6065件，抢劫案3080件。可以说，课题组严格地遵循了实证研究的方法，尽可能地实现大样本分析，从而确保相关实证数据的可靠性和代表性。

之所以选取故意杀人案、故意伤害案以及抢劫案作为被害现象的典型案件加以分析，是基于以下几点考虑：其一，三种类型案件均属于严重侵犯生命和人身健康法益的犯罪，被害人极有可能因为不法行为而导致人身重大伤亡，而各国及我国被害人国家救助实践均以人生重大伤亡被害人及其近亲属作为救助对象。换言之，此三种类型是被害人国家救助的典型类型。其二，三种类型案件均属于典型的加害——被害互动型的犯罪，被害人因素始终是犯罪实施的必要条件，从而使得被害现象的分析成为可能。其三，三种类型案件均属于刑事司法机关打击的重点，不仅犯罪暗数较少，而且相关案件信息记载详细，便于展开我国被害现象的研究与实证分析。以下，将逐一对故意杀人案件、故意伤害案件和抢劫案件加以分析。

二、故意杀人案中的被害现象

（一）案例样本信息概览

1. 审判法院的相关资料

需要说明的是，尽管课题组努力确保取样方法的客观随机，但由于案例库的收集和来源并非随机，导致了各省案例数量的参差不齐，同时仅有全国30个省份的数据（缺少山西及港澳台等省区）。从案件样本上看，河南一省就占到了27.5%，紧随的湖南、海南、云南、上海、湖北等省则分别为7.4%、6.1%、5.8%、5.5%、5.2%，其他省份则均在5%之下。从传统的七大区域的划分[①]来看：华中地区比例最高，为40%；次之为华东地区的19.9%；又次

---

① 一般而言，东北地区为黑龙江省、吉林省、辽宁省；华北地区为北京市、天津市、河北省、山西省、内蒙古自治区；华东地区包括山东省、江苏省、安徽省、浙江省、江西省、福建省、上海市、台湾省；华中地区包括河南省、湖北省、湖南省；华南地区包括：广东省、海南省、广西壮族自治区、香港特别行政区、澳门特别行政区；西南地区包括四川省、云南省、贵州省、重庆市、西藏自治区；西北地区则为陕西省、甘肃省、青海省、宁夏回族自治区、新疆维吾尔自治区。

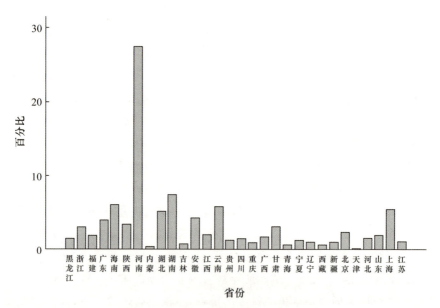

图 8-3-1　案件样本的省际分布比例图

为华南地区的 11.9%；又次为西南地区的 10.4%；又次为西北地区的 9.6%；再次为华北地区的 4.7%；最后是东北地区的 3.5%。由此可见，主要样本涉及我国的中东部和南部地区。

表 8-3-1　案件样本的审理法院统计表

		频率	百分比	有效百分比	累计百分比
有效	基层人民法院	195	17.0	17.0	17.0
	中级人民法院	699	60.9	60.9	77.9
	高级人民法院	253	22.1	22.1	100.0
	合计	1147	100.0	100.0	

如上图 8-3-1 所示，由于故意杀人案件中的被告人可能判处无期徒刑或者死刑，属于中级人民法院一审管辖范围，故大量的案件样本出自于各地的中级人民法院。高级人民法院负责二审案件的审理，同时部分省份高级人

民法院负有死刑复核的权力①,因而由其审理的案件比例同样不小。

表 8-3-2　案件类型统计表

		频率	百分比	有效百分比	累计百分比
有效	一审	837	73.0	73.0	73.0
	二审	304	26.5	26.5	99.5
	死刑复核	6	.5	.5	100.0
	合计	1147	100.0	100.0	

进一步看故意杀人案件的类型,七成以上案件均为一审案件,部分为二审案件,仅有少量为死刑复核案件,同时也没有审判监督的案件类型。

2. 被告人的相关资料

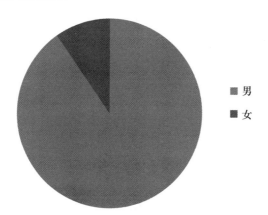

图 8-3-2　被告性别分布图

被告性别上,男性被告人(1036人)远远多于女性被告人(111人),所占总数的比例分别为90.3%与9.7%,前者是后者的9.33倍。

被告年龄上,多数被告人的年龄集中在18岁至47岁之间,这一区间的人数占到总量的87.3%;其中尤以19岁至39岁为主,占到了总量的72.7%。三个高峰出现在26岁、20岁、25岁和19岁,分别为43人次、42人次以及39人次。

---

① 最高人民法院于2007年1月1日正式收回各地高级人民法院的死刑复核权,从而将死刑案件的核准权统一于最高人民法院。但课题组抽取的样本包括2000年和2005年,彼时部分省份有权进行死刑复核。

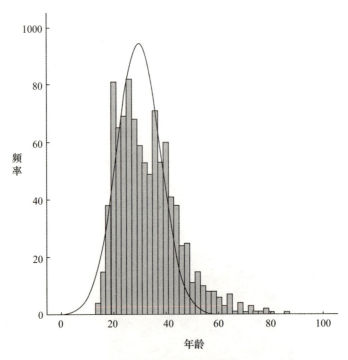

图 8-3-3　被告年龄直方图

被告职业上,如上图 8-3-3,未标职业类型的为缺省数据,即被告人职业不详,占样本案例总数的 14.4%。样本案件中 49.1% 的被告人为农民,其次为无固定职业者和工人,占总数的比例分别为 18.1%、8.8%。

表 8-3-3　被告人户籍统计表

		频率	百分比	有效百分比	累计百分比
	缺失数据	137	11.9	11.9	11.9
有效	审理法院所在省的本市籍	747	65.1	65.1	77.1
	审理法院所在省的外市籍	137	11.9	11.9	89.0
	外省籍	126	11.0	11.0	100.0
	合计	1147	100.0	100.0	

被告人多为审理法院所在地的省市,比例为 65.1%;部分为审理法院所在省的外市,这部分原因可能是因二审变更审理法院之故;只要少数为外省籍被告人,至少说明流窜性作案的被告人比例较低。

第八章 我国被害现象的实证分析

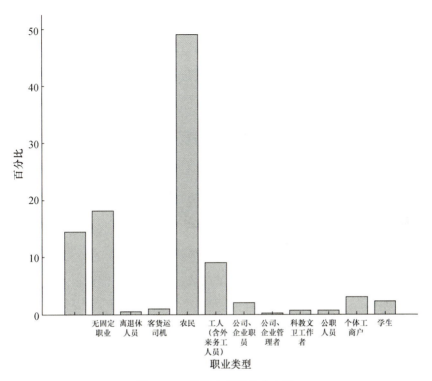

图 8-3-4 被告人的职业分布图

表 8-3-4 个案中被告人人数统计表

	人数	频率	百分比	有效百分比	累计百分比
有效	1	903	78.7	78.7	78.7
	2	105	9.2	9.2	87.9
	3	51	4.4	4.4	92.3
	4	44	3.8	3.8	96.2
	5	25	2.2	2.2	98.3
	6	12	1.0	1.0	99.4
	7	7	.6	.6	100.0
	合计	1147	100.0	100.0	

如上表 8-3-4 所示，故意杀人案件中被告人通常是单人实施犯罪(78.7%)，而在共同犯罪的模式中，又以两到三人共同实施为主，占到了共犯模式总量的

64%。同时,被告人人数的逐步增加,伴随的是故意杀人案件频数的逐次递减。

3. 被害人的相关资料

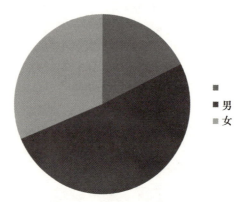

图 8-3-5　被害人性别分布图

上图 8-3-5 中,未标性别部分为缺失数据,性别不详的被害人为 246 人,约占全部被害人总数的 21.4%。除却此 246 人,男性被害人(559 人)所占的比例为 62%,女性被害人(342 人)所占的比例则为 38%。与被告人的男女比例相比,被害人的性别并没有过于畸轻畸重。

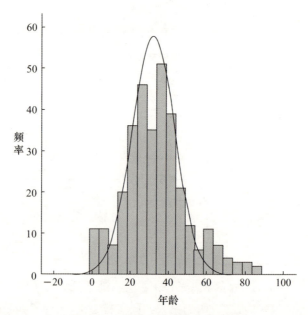

图 8-3-6　被害人年龄分布直方图

样本案例中载有被害人年龄信息的,仅为 325 人,占全部样本数量的 28.3%,缺省 822 人。根据上图 8-3-6 显示:被害人分布在不满 1 岁到年逾 87 岁的区间内,其中被害频率较高的区间为 20 岁至 40 岁;频数前三分布在 25 岁和 35 岁(并列)、30 岁、36 岁,分别出现 19、14、13 次。

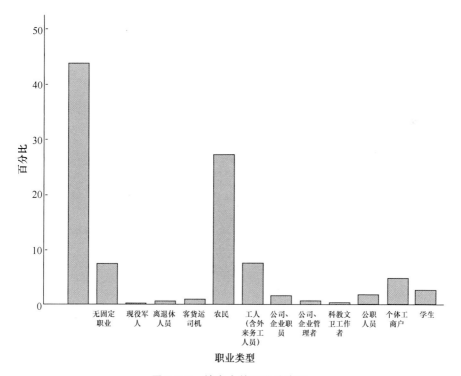

图 8-3-7 被害人的职业分布图

上图 8-3-7 未列职业类型的为信息不详的被害人,占到了总数的 43.7%,而明确被害人职业信息的仅为 646 人。其中,职业分布前三的分别为农民(313 人)、工人(87 人)以及无固定职业者(84 人)。尽管在农民身份的比例上,被害人与加害人数据相似,但工人身份以及无业者的比重则不能吻合。

第三编 犯罪被害人救助制度之中国经验

表 8-3-5 被害人户籍统计表

		频率	百分比	有效百分比	累计百分比
有效	缺失数据	433	37.8	37.8	37.8
	审理法院所在省的本市籍	581	50.7	50.7	88.4
	审理法院所在省的外市籍	83	7.2	7.2	95.6
	外省籍	50	4.4	4.4	100.0
	合计	1147	100.0	100.0	

与被告人户籍信息相似,过半数的被害人为审理法院所在省市的户籍,仅少数被害人为外市或者外省户籍。这说明,杀人案件中的被害人在本市被害的概率远远大于其在外市、外省。

表 8-3-6 个案中被害人人数统计表

		频率	百分比	有效百分比	累计百分比
有效	1	893	77.9	89.3	89.3
	2	72	6.3	7.2	96.5
	3	17	1.5	1.7	98.2
	4	5	.4	.5	98.7
	5	5	.4	.5	99.2
	8	1	.1	.1	99.3
	18	7	.6	.7	100.0
	合计	1000	87.2	100.0	
缺失	系统	147	12.8		
合计		1147	100.0		

与个案中被告人人数相似,单个被害人是常态(有效百分比接近九成)。这意味着,从数据上看,同一(群)被告人实施多起杀人案件的现象并不多见,仅占总数的10%。

第八章　我国被害现象的实证分析

（二）加害与被害的信息

1. 被害的时间分布①

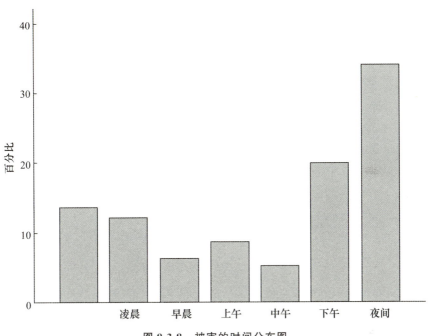

图 8-3-8　被害的时间分布图

上图 8-3-8 中,未标明类型的为时间不详,缺省 157 件。从剩余 990 件样本来看,被害时间集中在夜间、下午以及凌晨,三者合计的比重为 76.7%,其中夜间被害概率最高,为总量的四成;被害概率较少的是中午、早晨与上午,其中中午被害的概率仅为 6%。

2. 被害的地点分布

被害地点的缺省值(上图之未标明地点类型之处)为 150 件,剩余样本数为 997 件。其中,被害人住所以及被害人与加害人共同住所所在比例最高,分别为 22.6% 和 20.5%。此外,公共街道等行人较多之地(11.5%)、加害人住所(9.3%)、偏僻小巷等行人较少之地(7.4%)以及被害人工作场所

---

① 被害时间的具体设定:凌晨为 0 至 5 时,早晨为 5 至 8 时,上午为 8 至 11 时,中午为 11 至 13 时,下午为 13 至 18 时,夜间为 18 至 24 时。在分界时点的场合,每个区间仅包括前一时点,不包括后一时点,例如被害时间为 0 时,则属于凌晨而非夜间。

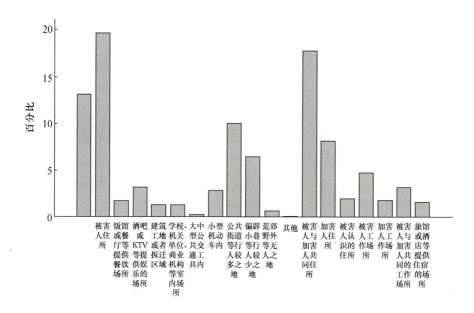

图 8-3-9 被害的地点分布图

(5.5%)均为被害概率较高的地点。相反,娱乐、住宿、餐饮以及荒郊野外等无人之处的被害概率并不显著。

3. 被害的原因类型

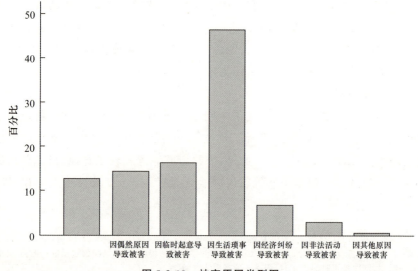

图 8-3-10 被害原因类型图

首先需要对被害原因类型加以说明：其一，"偶然被害"系指被害人与加害人无接触关系或者一般接触关系，仅仅因为偶然的原因被害，被害人在双方关系中完全属于被动状态。其二，"因临时起意而发生冲突"系指被害人与加害人因为临时而起的纠纷并发生冲突（非长期的积怨）因而被害的情形，此情形中被害人在被害原因上并非被动。其三，"因生活琐事纠纷"系指被害人与加害人具有感情接触，被害是由于长期积累的感情矛盾所致。其四，"因经济纠纷"系指被害人与加害人具有经济往来关系，被害是由于金钱等利益原因诱发。其五，"因非法活动纠纷"系指被害人与加害人因参与非法活动而诱发被害。

从上图 8-3-10 可知，"因生活琐事导致被害"的类型占了半壁天下，占总量的 46.6%；除去 147 件缺省数据，其有效比重为 53.4%。同时，因临时起意以及偶然原因导致被害，也分别占到了 16.3% 和 14.4%。此外，以被害人在被害过程中是否完全被动来看，故意杀人案件样本的数据显示，仅有 16.5% 的被害人属于对自身被害毫无参与的被动类型。

4. 被害与加害关系

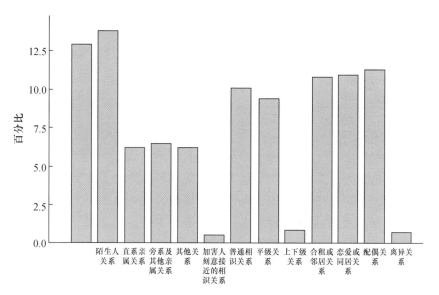

图 8-3-11　加被害关系类型图

关于加被害关系部分类型的说明：其一，普通相识关系是兜底类型，当加被害关系同时符合平级、上下级或者加害人刻意接近等相识关系时,则不在普通相识的范畴。其二,平级关系,是指加被害双方处于非亲属间的平等地位之中,例如同学、同事等。其三,上下级关系是指加被害双方处于非亲属间的非平等地位,例如学生与老师、下属与领导等。其四,课题组特别将配偶关系从直系亲属关系中独立出来,作为特别观察的类型。其五,加害人刻意接近的相识关系,是指加害人以便于实施犯罪的目的,从而与被害人相识的类型。

上图 8-3-11 中未列关系类型的条形属于缺省数值,件数为 148 件,因此有效的数据总数为 999 件。从数据显示来看,完全陌生人关系的比重为 15.8%,因而相识人之间的杀人比重为 84.2%。进一步分析可知,具有男女情感关系(包括恋爱、配偶以及离异关系)的比例为 26.2%,亲属关系(直系以及旁系、姻亲等)的比例为 14.5%,地理上接近关系(合租或邻居关系)的比重为 12.4%,工作、学习以及交友上的接近关系(平级、上下级或普通相识)的比重为 23.2%,加害人刻意接近的仅占 0.6%。

5. 被害人有无责任

表 8-3-7 被害人责任统计表

		频率	百分比	有效百分比	累计百分比
有效	缺失数据	135	11.8	11.8	11.8
	无责任	722	62.9	62.9	74.7
	有责任	290	25.3	25.3	100.0
	合计	1147	100.0	100.0	

这里的被害人责任,并非是规范意义而言的影响加害人量刑的被害人因素,而是指对自身被害的因果关系有无原因力的判断。下文所言的四种被害人责任类型,正是在这种被害人责任概念上建立起来的。剔除缺失的 148 件数据,无责任被害人的有效比重为 71.3%,有责任的被害人仅为 28.7%。也因此,下文所述的四种责任类型的被害人总数,不会超过 290 件,其占全部有效数据的比重亦不会高于 28.7%。

第八章 我国被害现象的实证分析

6. 被害人责任类型

表 8-3-8　被害人责任类型统计表

		频率	百分比	有效百分比	累计百分比
有效	缺失数据	861	75.1	75.1	75.1
	诱发促进类型	209	18.2	18.2	93.3
	挑衅刺激类型	50	4.4	4.4	97.6
	加被害转化类型	26	2.3	2.3	99.9
	合作鼓励类型	1	0.1	0.1	100.0
	合计	1147	100.0	100.0	

首先需要对四种责任类型加以解释：第一，诱发或促进是指被害人在明知有危险的情形下不采取有效措施防止被害的情形，例如半夜进入犯罪高发区域。第二，挑衅或促成是指被害人明知会激怒加害方的情形下依然实施挑衅行为，例如口头挑衅或者激化矛盾。第三，加害—被害转换是指被害人原本在双方关系中属于加害方，由于被告人的反抗或过激行为引起了被害与加害角色的转换，例如长期施虐引发受虐者过当地还击。第四，合作或鼓励是指被害人同意或者承诺加害人对自己的身体或者生命法益加以侵害，例如帮助自杀或者安乐死等。从规范意义（刑法）上而言，第一种类型中的被害人因素只存在于因果关系之中，后三种类型则往往影响责任的归属及大小，从而能够成为被告人减免刑罚的事由。①

四种责任类型的样本总数为 286 件：其中，绝大多数为被害人诱发促进类型，比重为 73.1%；次之为挑衅刺激类型，有 17.5%。值得注意的是恶逆害现象，加被害转化类型的比重亦有 9.1%。

---

① 1999 年最高人民法院《全国法院维护农村稳定刑事审判工作座谈会纪要》将被害人一方具有明显过错或对矛盾激化负有直接责任作为减轻处罚的事由。参见陈兴良：《判例刑法学》，中国人民大学出版社 2012 年版，第 158 页。

7. 被害人受伤程度

表 8-3-9 被害人受伤程度统计表

		频率	百分比	有效百分比	累计百分比
有效	缺省数据	156	13.6	13.6	13.6
	死亡	798	69.6	69.6	83.2
	重伤	59	5.1	5.1	88.3
	轻伤	73	6.4	6.4	94.7
	轻微伤	27	2.4	2.4	97.0
	未受伤	34	3.0	3.0	100.0
	合计	1147	100.0	100.0	

从剔除缺失数据的样本来看，我国法院审理的大多数故意杀人案件都属于既遂案件，致死率为 80.5%。而完全未受伤的比重，仅占 3.4%，加上轻微伤的 2.7%，也仅为 6.1%。基于这种比例关系，根据我国故意杀人案件总量（年均 19800 件），估算大致的致死规模为 15939 人。若加上重伤的比例，重伤以上的被害规模为 17127 人。

（三）赔偿与量刑的信息

1. 有无积极地救助被害人

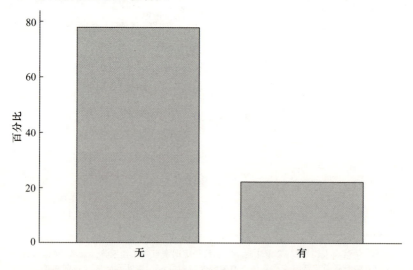

图 8-3-12 加害人及其亲属有无积极赔偿或者救助被害人分布图

在故意杀人行为发生之后,大多数的被告人及其亲属(78%)并没有积极救助或者赔偿被害人的行动,积极救助的仅占22%。

2. 有无提起附带民事诉讼

表 8-3-10　被害人有无提起附带民事诉讼统计表

		频率	百分比	有效百分比	累计百分比
有效	缺省数据	147	12.8	12.8	12.8
	未提出	568	49.5	49.5	62.3
	提出	432	37.7	37.7	100.0
	合计	1147	100.0	100.0	

剔除缺失值,在故意杀人案件中,过半数的被害人(56.8%)并未提起民事诉讼,提起附带民事诉讼的仅为43.2%。

3. 双方是否达成民事和解

表 8-3-11　双方是否达成民事和解统计表

		频率	百分比	有效百分比	累计百分比
有效	缺省数据	152	13.3	13.3	13.3
	未达成和解	804	70.1	70.1	83.3
	达成和解	191	16.7	16.7	100.0
	合计	1147	100.0	100.0	

剔除缺失数据,故意杀人案件的和解率仅为19.2%。

4. 有无酌定减免刑罚事由

表 8-3-12　是否因积极支付医疗费或达成民事和解影响量刑统计表

		频率	百分比	有效百分比	累计百分比
有效	未提及	917	79.9	79.9	79.9
	提及	230	20.1	20.1	100.0
	合计	1147	100.0	100.0	

法院判决中明确将被告人积极支付医疗费或者加被害双方达成民事和

解作为酌定减轻量刑情节的比例为 20.1%,略略高于民事和解率。

5. 所获刑罚之类型与轻重

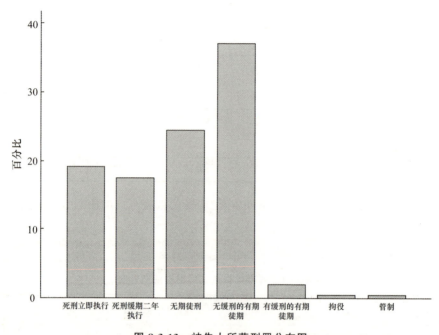

图 8-3-13　被告人所获刑罚分布图

从被告人所获得刑罚来看,法院对故意杀人行为倾向于从重分配刑罚:从刑种上看,判处死刑的比例高达 36.4%,无期徒刑的占到了 24.4%,无缓刑宣告的有期徒刑比重为 37.1%,有缓刑宣告的有期徒刑、拘役、管制分别为 1.8%、0.2% 和 0.1%。换言之,实刑比例高达 97.9%。

以有期徒刑、拘役和管制的宣告刑来看,最短的刑期为 1 个月,而最长的则是 240 个月,整体数据的均值为 107.53 个月。从上图 8-3-13 看,适用频率最高的是 180 个月。

6. 应受偿及实际受偿数额

表 8-3-13　被害人应受偿及实际受偿数额统计表

	N	极小值	极大值	均值	标准差
判决确定能获得赔偿的数额	389	1500	1033758	114568.33	136229.012
被害人实际获得赔偿的数额	174	1000	838000	62383.02	97272.138

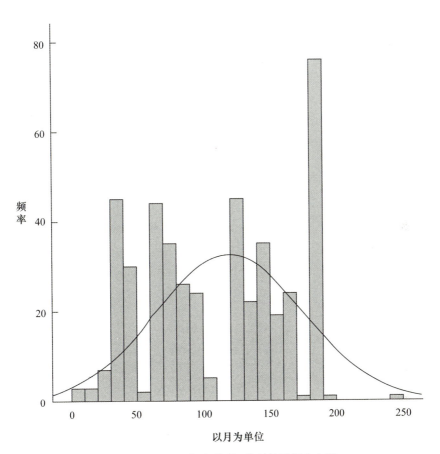

图 8-3-14 有期徒刑、拘役、管制的刑期分布图

从数据上看,能够获得法院支持获得赔偿判决的数量仅为 389 件,仅占案件总数的 33.9%;而实际获得赔偿的比例又大打折扣,为 15.2%。同时,从赔偿的均值来看,实际获得的赔偿仅占宣告赔偿数额的 54.5%,缩水了近一半的额度。基于这种比例关系,大致能够估算故意杀人案件中实际获赔的被害人规模与数量,实际获赔一半额度的人数约为 3010 人,远远少于作为杀人案件被害总数的 19800 人。

三、故意伤害案中的被害现象

(一)案例样本信息概览

1. 审判法院的相关资料

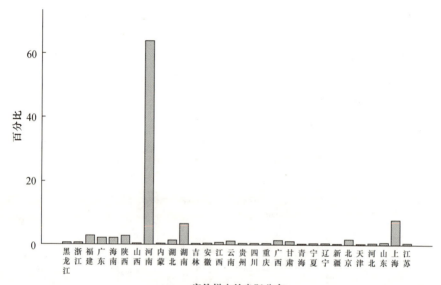

案件样本的省际分布

图 8-3-15　案件样本的省际分布图

尽管课题组努力确保取样方法的客观随机,但从上图 8-3-15 可以看出,北大法益的故意伤害案件数据库的主要来源是河南省、上海市和湖南省的相关判决,其占总量的比例分别为 63.7%、7.9% 和 6.6%。从七大区域看,华中地区比例最高,为 71.5%;次之为华东地区的 13%;又次为华南地区 5.3%;又次为华北地区的 2.5%;又次为西北地区 4.4%;再次为西南地区 2.3%;最后是东北地区 1%。从省际的分布看,样本数据很难典型地反映全国状况,更多地则是代表华中、华东地区。

表 8-3-14 案件样本的审判法院统计表

		频率	百分比	有效百分比	累计百分比
有效	基层人民法院	4754	78.4	78.4	78.4
	中级人民法院	1107	18.3	18.3	96.6
	高级人民法院	204	3.4	3.4	100.0
	合计	6065	100.0	100.0	

与故意杀人案件(17%)所明显不同的是,近八成的故意伤害案件是由基层人民法院受理的,中级人民法院与高级人民法院仅仅受理21.7%的案件。

表 8-3-15 案件类型统计表

		频率	百分比	有效百分比	累计百分比
有效	一审	5205	85.8	85.8	85.8
	二审	846	13.9	13.9	99.8
	死刑复核	14	0.2	0.2	100.0
	合计	6065	100.0	100.0	

进一步看故意伤害案件的类型,85.8%的案件为一审案件,少数为二审案件,仅有极少数的死刑复核案件,同时也没有经审判监督的案件类型。

2. 被告人的相关资料

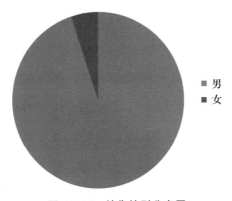

图 8-3-16 被告性别分布图

被告性别上，男性被告人(5731人)远远多于女性被告人(311人)，剔除23件信息不详案件外，其所占总数的比例分别为94.9%与5.1%，前者是后者的18.43倍，远远高于故意杀人案件中的9.33倍。

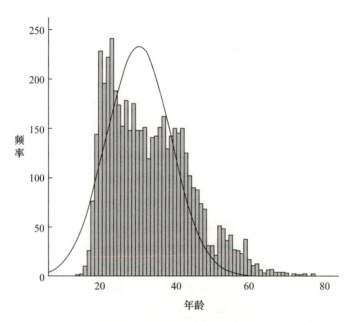

图8-3-17 被告年龄分布直方图

被告年龄上，自14岁至77岁均有分布，其中多数被告人的年龄集中在19岁至44岁之间，这一区间的人数占到总量的82.3%。其区间内尤以20岁至24岁最为明显，占到了总量的21.4%，最高的三个数值均在这一区间，分别是23岁(241人)、20岁(229人)、22岁(222人)，其比例分别为4%、3.8%和3.7%。

表8-3-16 被告职业统计表

		频率	百分比	有效百分比	累计百分比
有效	缺失数据	3591	59.2	59.2	59.2
	无固定职业	343	5.7	5.7	64.9
	离退休人员	1	0	0	64.9
	客货运司机	61	1.0	1.0	65.9

(续表)

		频率	百分比	有效百分比	累计百分比
有效	农民	1528	25.2	25.2	91.1
	工人(含外来务工人员)	152	2.5	2.5	93.6
	公司、企业职员	150	2.5	2.5	96.1
	公司、企业管理者	17	0.3	0.3	96.3
	科教文卫工作者	19	0.3	0.3	96.7
	公职人员	22	0.4	0.4	97.0
	个体工商户	122	2.0	2.0	99.0
	学生	59	1.0	1.0	100.0
	合计	6065	100.0	100.0	

与故意杀人案件同样不同的是被告人的职业分布,农民和无固定职业者的比重并未超过半数。这反过来意味着,实施故意伤害行为的被告人之职业分布较为平均,并无明显的倾向性。

表 8-3-17 被告户籍统计表

		频率	百分比	有效百分比	累计百分比
有效	缺失数据	3453	56.9	56.9	56.9
	审理法院所在的省的本市籍	2193	36.2	36.2	93.1
	审理法院所在的省的外市籍	113	1.9	1.9	95.0
	外省籍	304	5.0	5.0	100.0
	外国籍	2	0	0	100.0
	合计	6065	100.0	100.0	

剔除缺失数据,所在地省市的被告人居多数,为84%,非本地籍的仅仅只有16%。

第三编 犯罪被害人救助制度之中国经验

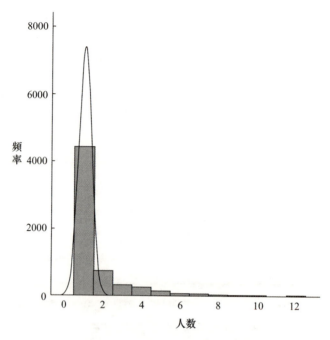

图 8-3-18 个案中被告人数分布图

尽管故意伤害案件个案中被告人数跨度很大,从1人至12人均有分布,但其仍主要表现为个人单独作案(72.8%);2人至6人的共同犯罪,占到了25%;7人以上的共同犯罪比例微乎其微。

3. 被害人的相关资料

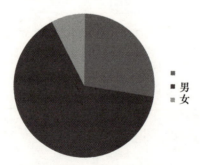

图 8-3-19 被害人性别分布图

上图 8-3-19 中,未标性别部分为缺失数据,性别不详的被害人为 2281 人,约占全部被害人总数的 37.6%。除却此 2281 人,男性被害人(3376 人)

所占的比例为 89.2%,女性被害人(408 人)则为 10.8%。与故意杀人案件相比,被害人的角色分配更倾向于男性。

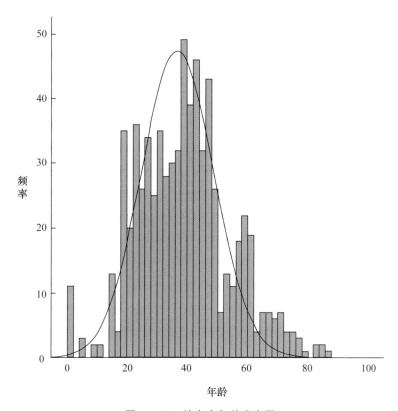

图 8-3-20 被害人年龄分布图

故意伤害的被害人年龄区间跨越了不满 1 岁至年逾 87 岁,被害率较高的区间为 18 岁至 48 岁。具体来说,又可分为 18 岁至 26 岁、39 岁至 48 岁两个高峰区间,前三的高峰点分别为 39 岁(4.6%)、42 岁(3.9%)、26 岁(3.4%)。当然,记录被害人年龄信息的有效样本仅有 711 件,占全部样本数的 11.7%,因而其在数据说服力上不无疑问。

表 8-3-18　被害人职业统计表

		频率	百分比	有效百分比	累计百分比
有效	缺失数据	4785	78.9	78.9	78.9
	无固定职业	38	0.6	0.6	79.5
	离退休人员	1	0	0	79.5
	客货运司机	67	1.1	1.1	80.6
	农民	498	8.2	8.2	88.9
	工人(含外来务工人员)	182	3.0	3.0	91.9
	公司企业职员	149	2.5	2.5	94.3
	公司企业管理者	25	0.4	0.4	94.7
	科教文卫工作者	21	0.3	0.3	95.1
	公职人员	42	0.7	0.7	95.8
	个体工商户	182	3.0	3.0	98.8
	学生	75	1.2	1.2	100.0
	合计	6065	100.0	100.0	

有效样本数据实际为1280,仅占全样本的21.1%。从数据上看,职业分布前三的分别是农民、工人和个体工商户(并列)、公司企业职员。值得注意的是,学生与客货运司机也同样是面临被伤害的高风险人群。

表 8-3-19　被害人户籍统计表

		频率	百分比	有效百分比	累计百分比
有效	缺失数据	4989	82.3	82.3	82.3
	审理法院所在的省的本市籍	1001	16.5	16.5	98.8
	审理法院所在的省的外市籍	22	0.4	0.4	99.1
	外省籍	53	0.9	0.9	100.0
	合计	6065	100.0	100.0	

有效信息的样本数据为1076,占全部案件数的17.7%。其中,法院所在地的本省本市之被害人占到了93%的比重,外市或者外省籍的比重微弱。这大概是因大量的故意伤害案件由基层人民法院受理所致。

表 8-3-20 个案中被害人人数统计表

		频率	百分比	有效百分比	累计百分比
有效	1	5266	86.8	87.5	87.5
	2	556	9.2	9.2	96.7
	3	140	2.3	2.3	99.1
	4	48	0.8	0.8	99.9
	5	5	0.1	0.1	99.9
	6	3	0	0	100.0
	7	1	0	0	100.0
	合计	6019	99.2	100.0	
缺失	系统	46	0.8		
合计		6065	100.0		

与个案中被告人人数相似,单个被害人是常态(有效百分比接近九成)。这意味着,从数据上看,同一(群)被告人实施多起伤害案件的现象并不多见,仅占总数的 12.5%。

(二)加害与被害的信息①

1. 被害的时间分布

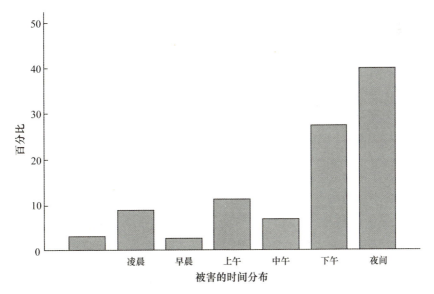

图 8-3-21 被害的时间分布图

---

① 有关被害时间、地点、责任类型等说明及解释,参见上文故意杀人案件被害现象的实证分析。

上图 8-3-21 中,未标明类型的为时间不详,缺省 193 件。从剩余 5872 件样本来看,被害时间主要集中在夜间及下午,二者合计的比重为 69.6%,其中夜间被害概率最高,为总量的 41.4%;被害概率最低的是早晨,其概率仅为 2.8%。

2. 被害的地点分布

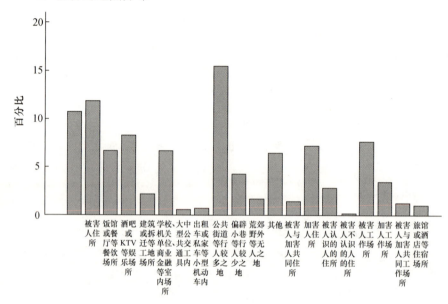

图 8-3-22 被害的地点分布图

被害地点的缺失值(上图 8-3-22 之未标明地点类型之处)为 650 件,剩余样本数为 5415 件。其中,公共街道等行人较多之地、被害人住所以及酒吧或 KTV 等娱乐场所分列前三,其有效比重为 17.4%、13.2%、9.3%。此外,被害人工作场所、加害人住所以及学校、机关单位、餐饮场所等同样具有较高伤害案件的发生概率。与故意杀人案件的地点分布不同,故意伤害案件并没有明显的地点分布倾向,相反,地点分布更为平均。这些高概率地点,除却被害人和加害人住所外,均属于人员流动频繁的公共场域。

3. 被害的原因类型

故意杀人案件中,"因生活琐事导致被害"的类型占了过半的比重;但在故意伤害案件中,"因临时起意导致被害"类型才是典型类型,除去 89 件信息不详的案件外,其比重为 48%。次之则为"因生活琐事导致被害"的类型(29.7%)以及"因经济纠纷导致被害"的类型(7.7%)。被害人在自身被害

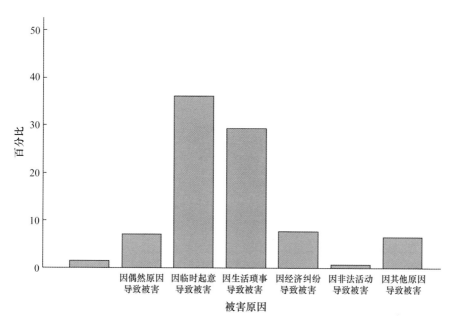

图 8-3-23　被害原因分布图

过程中扮演纯粹被动角色的比重,仅为 7.1%。

4. 被害与加害关系

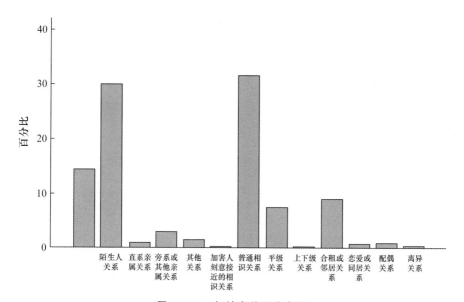

图 8-3-24　加被害关系分布图

第三编　犯罪被害人救助制度之中国经验

上图8-3-24中未列关系类型的条形属于缺省数值,件数为868件,因此有效的数据总数为5182件。从数据显示来看,故意伤害案件更加倾向于在关系疏远(普通相识)、甚至陌生人关系中发生,其合计的比重占到了72.1%。而相熟的关系类型中,又主要集中在合租或邻居关系、平级关系以及旁系或其他亲属关系之中,分别为10.6%、8.7%、3.4%。因此,在故意伤害案件中,特别亲密关系的伤害比例并不大,无论是直系亲属间还是恋人、配偶间,从而区别于故意杀人。当然,由于伤害案件的性质并没有杀人案件严重,且亲密关系又往往是报案的抑制因素,因而不能排除大量犯罪暗数的可能。

5. 被害人有无责任

表 8-3-21　被害人有无责任统计表

		频率	百分比	有效百分比	累计百分比
有效	缺失数据	51	0.8	0.8	0.8
	无	5364	88.4	88.4	89.2
	有	650	10.8	10.8	100.0
	合计	6065	100.0	100.0	

在6014件有效样本中,无责任的被害人之比例高达88.4%,与故意杀人案件相比,多出了17.1%的比重。

6. 被害人责任类型

表 8-3-22　被害人责任类型统计表

		频率	百分比	有效百分比	累计百分比
有效	缺失数据	5424	89.4	89.4	89.4
	诱发促进类型	249	4.1	4.1	93.5
	挑衅刺激类型	264	4.4	4.4	97.9
	加被害转化类型	128	2.1	2.1	100.0
	合计	6065	100.0	100.0	

故意伤害案件中,没有统计到合作鼓励的责任类型,剩余三种责任类型的总数为641份,其中诱发促进型和挑衅刺激型相当,加被害转化型则较少。

7. 被害人受伤程度

从剔除缺失数据的样本(6004件)来看,我国法院审理的大多数故意伤害案件都属于既遂案件,致伤率为99%。其中大多数为轻伤,比重为

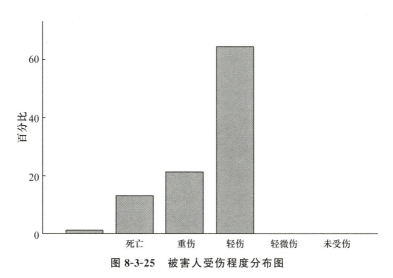

图 8-3-25 被害人受伤程度分布图

53.3%;重伤及死亡的比重则为 34.8%。据此比例估算,以年均的 90165 件故意伤害案为总量,被害人重伤以上的规模大约为 31377 人。

(三) 赔偿与量刑的信息

1. 有无积极地救助被害人

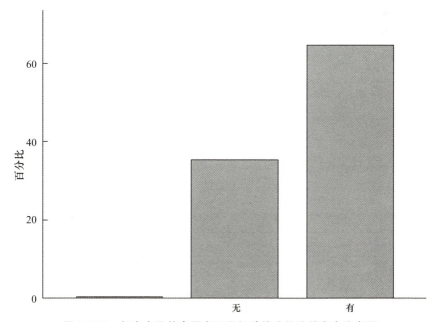

图 8-3-26 加害人及其亲属有无积极赔偿或救助被害人分布图

上图 8-3-26 中缺失数据为 21 件,有效样本 6044 件,其中被告人及其近亲属积极救助或赔偿的是多数,占 64.6%。与故意杀人案件形成鲜明对比,后者的比例仅为 22%。

2. 有无提起附带民事诉讼

表 8-3-23　被害人有无提起附带民事诉讼统计表

		频率	百分比	有效百分比	累计百分比
有效	不详	73	1.2	1.2	1.2
	未提起	4343	71.6	71.6	72.8
	提起	1649	27.2	27.2	100.0
	合计	6065	100.0	100.0	

在故意伤害案件中,仅 27.2% 的人提起附带民事诉讼,同样少于故意杀人案件中的 43.2%。

3. 双方是否达成民事和解

表 8-3-24　双方是否达成民事和解统计表

		频率	百分比	有效百分比	累计百分比
有效	未达成	2082	34.3	34.3	34.3
	达成	3983	65.7	65.7	100.0
	合计	6065	100.0	100.0	

故意伤害案件中的双方和解达成率为 65.7%,远高于故意杀人案件 (19.2%)。尽管多数案件被告人没有积极救治被害人,且被害人提起附带民事诉讼的比例不高,然而,加被害双方最终达成民事和解的比例却非常高,这一现象值得关注。

4. 有无酌定减免刑罚事由

表 8-3-25　有无提及因积极支付医疗费或达成民事和解影响量刑统计表

		频率	百分比	有效百分比	累计百分比
有效	没有	2141	35.3	35.3	35.3
	有	3924	64.7	64.7	100.0
	合计	6065	100.0	100.0	

法院判决中明确将被告人积极支付医疗费或者加被害双方达成民事和解作为酌定减轻量刑情节的比例为 64.7%,略略低于民事和解率。

5. 所获刑罚之类型与轻重

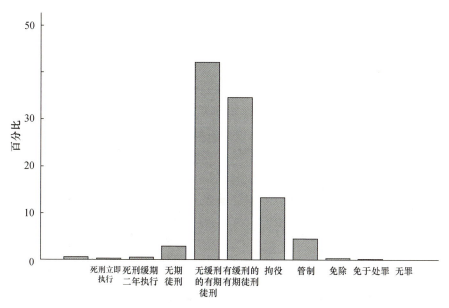

图 8-3-26 加害人所获刑罚分布图

从刑罚宣告的分布来看,故意伤害案件的被告人更有可能被判处有期徒刑以下刑罚(96%),其中非缓刑有期徒刑和有缓刑有期徒刑分占前二位,为 42.5% 和 34.9%。

以有期徒刑、拘役与管制的具体刑期来看,从 1 个月到 180 个月均有分布,但主要区间集中在 50 个月之下,全部数据的均值为 28.93 个月。刑期频率前三的分别为 12 个月(19.4%)、6 个月(12.5%)和 36 个月(11.6%)。

第三编 犯罪被害人救助制度之中国经验

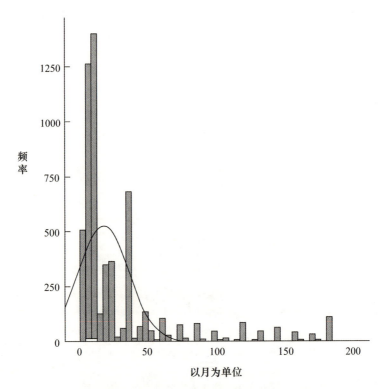

图 8-3-27　有期徒刑、拘役、管制的刑期分布图

6. 应受偿及实际受偿数额

表 8-3-26　被害人应受偿及实际受偿数额统计表

	N	极小值	极大值	均值	标准差
判决确定应获得的赔偿数额	1129	312	801309	71533.63	108959.565
被害人实际获得的赔偿数额	2689	200	769900	41498.99	67231.958

从数据上看,能够获得法院支持获得赔偿判决的数量为 1129 件,仅占案件总数的 18.6%;然而实际获得赔偿的比例却高于法院判赔的比例,为 44.3%。这种反差,是与故意伤害案件高比例的和解率直接相关的,大量被害人并未通过刑事附带民事诉讼渠道来主张和实现权利。同时,从赔偿的均值来看,实际获得的赔偿仍不及法定宣告的赔偿数额,前者仅是后者的 58%。基于这种比例关系,大致能够估算故意伤害案件中实际获赔的被害

人规模与数量,实际能够获赔的人数约为 39939 人。

四、抢劫案中的被害现象

(一) 案例样本信息概览

1. 审判法院的相关资料

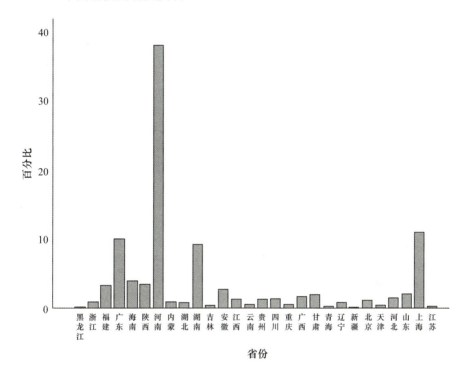

图 8-3-28 案件样本的省际分布图

较之故意伤害案件超过半数来源于河南一省不同,抢劫案件样本来源主要偏重于河南、上海、广东、湖南等数个省份,其占总量的比例分别为 38.2%、11.1%、10% 和 9.2%。从七大区域看,华中地区比例最高,为 48.1%;次之为华东地区的 21.7%;又次为华南地区的 15.7%;又次为西北地区的 5.8%;又次为华北地区的 3.8%;再次为西南地区的 3.7%;最后是东北地区的 1.2%。从省际的分布看,样本数据更能代表华中、华东及华南地区。

表 8-3-27　案件样本的审判法院统计表

		频率	百分比	有效百分比	累计百分比
有效	基层人民法院	1772	57.5	57.5	57.5
	中级人民法院	1137	36.9	36.9	94.4
	高级人民法院	171	5.6	5.6	100.0
	合计	3080	100.0	100.0	

与故意杀人案件、故意伤害案件均不同,抢劫案件中审判法院的级别没有明显的畸重畸轻,基层法院和中级法院受理案件在数据上的差距并不明显。

表 8-3-28　案件类型统计表

		频率	百分比	有效百分比	累计百分比
有效	一审	2304	74.8	74.8	74.8
	二审	763	24.8	24.8	99.6
	死刑复核	13	.4	.4	100.0
	合计	3080	100.0	100.0	

进一步看抢劫案件的类型,74.8%的案件为一审案件,少数为二审案件,仅有极少数的死刑复核案件,且也没有经审判监督的案件类型。

2. 被告人的相关资料

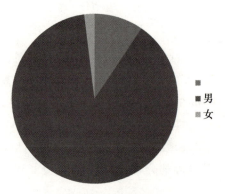

图 8-3-29　被告性别分布图

被告性别上,男性被告人(2687人)远远多于女性被告人(60人),剔除333件信息不详案件外,其所占总数的比例分别为97.8%与2.2%,女性被告人的数量是三个典型案例类型中最少的。

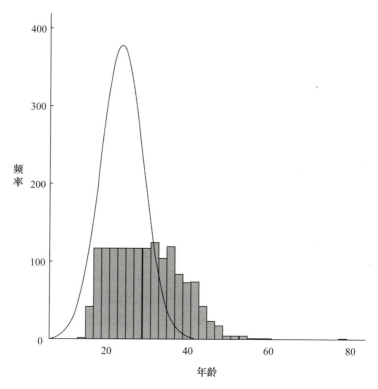

图 8-3-30　被告年龄分布图

被告年龄上,自14岁至77岁均有分布,但最为集中的区域是19岁至29岁期间,其中前三频率的年龄是21岁(7.2%)、20岁(6.7%)、22岁(5.6%)。可见,抢劫案件中的被告人更加受到年龄的限制:年龄越长,实施抢劫行为的概率就越低。

表 8-3-29　被告职业统计表

		频率	百分比	有效百分比	累计百分比
有效		1770	57.5	57.5	57.5
	无固定职业	402	13.1	13.1	70.5

(续表)

		频率	百分比	有效百分比	累计百分比
有效	农民	817	26.5	26.5	97.0
	工人(含外来务工人员)	31	1.0	1.0	98.1
	公司企业职员	6	0.2	0.2	98.2
	公司企业管理者	1	0	0	98.3
	个体工商户	10	0.3	0.3	98.6
	学生	43	1.4	1.4	100.0
	合计	3080	100.0	100.0	

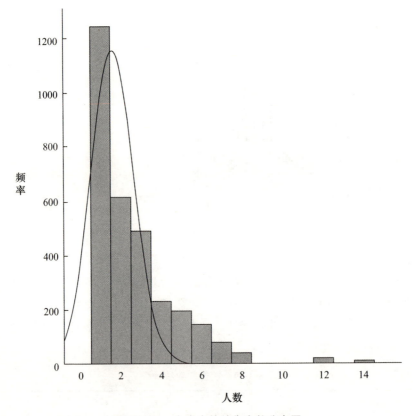

图 8-3-31 个案中的被告人数分布图

由上表 8-3-29 可知,与杀人、伤害案件相比,抢劫案中的被告人职业跨度较窄,主要是无固定职业者、工人以及学生。其原因在于虽然抢劫案在手段上属于侵犯人身法益犯罪,但在目的上却是侵犯财产法益,属于典型的财产犯罪,故其实施抢劫行为者往往缺乏稳定的工作及其生活保障。

抢劫案中被告人人数,最少为 1 人,最多达到 14 人,但其常态是单人犯罪或者 6 人以下的共同犯罪,7 人以上共同犯罪的比例仅为 5%。抢劫案的被告人平均数为 2.62,远远高于故意杀人案(1.47)和故意伤害案(1.66)。这意味着,一方面,抢劫案往往会有更多的被告人;另一方面,参与和实施的人数过多,会导致行动力的下降以及被抓获风险的升高;因而抢劫的被告人通常形成 6 人以下的团伙。

3. 被害人的相关资料

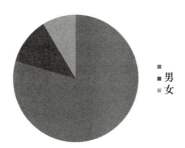

图 8-3-32 被害人性别分布图

上图 8-3-32 中,未标性别部分为缺失数据,性别不详的被害人为 2470 人,占全部被害人总数的 80.2%。因而载明性别信息的样本,仅有 610 人,男性被害人(368 人)所占的比例为 60.3%,而女性被害人(242 人)则为 39.7%。尽管男性被害人依然多于女性,但与杀人、伤害案件相比,抢劫案对被害性别并没有明显的倾向性。

由于有效数据过低(仅有 54 人),很难反映出被害特点,因而被害人的年龄分布图不再列出。

表 8-3-30 被害人职业统计表

		频率	百分比	有效百分比	累计百分比
有效		2327	75.6	75.6	75.6
	客货运司机	277	9.0	9.0	84.5
	农民	26	0.8	0.8	85.4
	工人(含外来务工人员)	68	2.2	2.2	87.6

(续表)

		频率	百分比	有效百分比	累计百分比
有效	公司企业职员	159	5.2	5.2	92.8
	公司企业管理者	1	0	0	92.8
	科教文卫工作者	2	0.1	0.1	92.9
	公职人员	10	0.3	0.3	93.2
	个体工商户	120	3.9	3.9	97.1
	学生	90	2.9	2.9	100.0
	合计	3080	100.0	100.0	

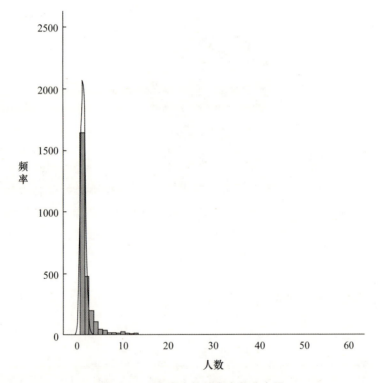

图 8-3-33 个案中的被害人数分布图

有效样本数据实际为753件,仅占全样本的24.4%。从数据上看,职业分布前三的分别是客货运司机、公司企业职员与个体工商户:客货运司机由于工作性质,长期异地往复地运送人员货物,随身携带的财物较多,易被侵害;公司企业职员与个体工商户,则是因为生活相对富足,且工作生活固定化,容易成为抢劫的对象。

抢劫案件的个案中的被害人数跨度非常之大,被害人最多的案件里能达到 59 人次,但最为常见的还是 4 人以下被害的案件,占到了有效数据(2665 人)的 91.1%。同时,抢劫案件中被害人数的均值是 2.34,也高于前述两类典型案件。

(二) 加害与被害的信息①

1. 被害的时间分布

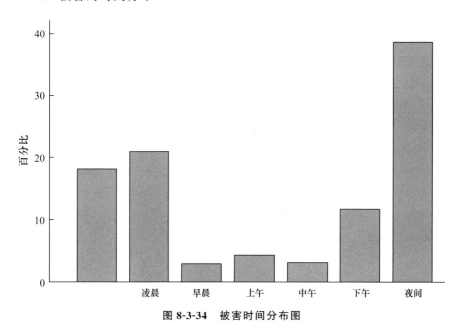

图 8-3-34 被害时间分布图

上图 8-3-34 中,未标明类型的为时间不详,缺省 562 件。从剩余 2518 件样本来看,被害时间主要集中在夜间及凌晨,二者合计的比重为 72.9%,其中夜间被害概率最高,为总量的 47.3%;被害概率最少的是早晨,其概率仅为 3.6%。

---

① 有关被害时间、地点、责任类型等说明及解释,参见上文故意杀人案件被害现象的实证分析。

2. 被害的地点分布

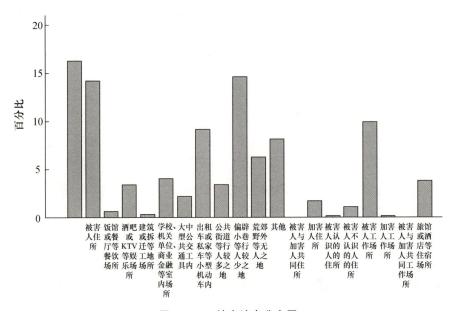

图 8-3-35　被害地点分布图

被害地点的缺失值(上图 8-3-35 之未标明地点类型之处)为 500 件,剩余样本数为 2580 件。其中,偏僻小巷等行人较少之地、被害人住所以及被害人工作场所分列前三,其有效比重分别为 17.4%、16.9%、11.9%。此外,小型机动车内、荒郊野外等无人之地、住宿场所及娱乐场所等同样具有较高伤害案件的发生概率。抢劫案件的地点特征,主要在于场所相对封闭或者第三人较少,从而形成有利的作案条件。

3. 被害的原因类型

表 8-3-31　被害原因统计表

		频率	百分比	有效百分比	累计百分比
有效		493	16.0	16.0	16.0
	因偶然原因导致被害	2382	77.3	77.3	93.3
	因临时起意导致被害	76	2.5	2.5	95.8
	因生活琐事导致被害	48	1.6	1.6	97.4

(续表)

		频率	百分比	有效百分比	累计百分比
有效	因经济纠纷导致被害	24	0.8	0.8	98.1
	因非法活动导致被害	50	1.6	1.6	99.8
	因其他原因导致被害	7	0.2	0.2	100.0
	合计	3080	100.0	100.0	

与故意伤害案件相似，抢劫案件中的被害原因往往是"偶然的""被动的"，被害人和加害人之间缺乏如故意杀人案件中的前期互动，而仅仅是因为被害时间和地点而成为犯罪侵害的对象。

4. 被害与加害关系

表 8-3-32　加被害关系统计表

		频率	百分比	有效百分比	累计百分比
有效	缺失数据	491	15.9	15.9	15.9
	陌生人关系	2328	75.6	75.6	91.5
	旁系或其他亲属关系	3	0.1	0.1	91.6
	其他关系	24	0.8	0.8	92.4
	加害人刻意接近的相识关系	106	3.4	3.4	95.8
	普通相识	96	3.1	3.1	99.0
	平级关系	10	0.3	0.3	99.3
	上下级关系	1	0	0	99.3
	合租或邻居关系	17	0.6	0.6	99.9
	恋爱或同居关系	4	0.1	0.1	100.0
	合计	3080	100.0	100.0	

如上图 8-3-32 所示，抢劫案件属于典型的陌生人犯罪，其比重占到了有效数据的 89.9%，被害人与加害人之间缺乏基本的相识和互动。此外，由于抢劫的目的在于取财，因而"刻意接近"的类型也占有一定的比重，值得注意。

5. 被害人有无责任

表 8-3-33　被害人有无责任统计表

		频率	百分比	有效百分比	累计百分比
有效	缺失数据	506	16.4	16.4	16.4
	无责任	2477	80.4	80.4	96.9
	有责任	97	3.1	3.1	100.0
	合计	3080	100.0	100.0	

在2574件有效样本中,无责任的被害人之比例高达96.2%,远远高于前述两类案件。这也恰恰再次印证了抢劫案件的陌生人特性。

6. 被害人责任类型

表 8-3-34　被害人的责任类型统计表

		频率	百分比	有效百分比	累计百分比
有效	缺失数据	2980	96.8	96.8	96.8
	诱发促进类型	94	3.0	3.0	99.8
	挑衅刺激类型	2	0.1	0.1	100.0
	加被害转化类型	1	0	0	100.0
	合计	3080	100.0	100.0	

在仅有的97件被害人具有责任的案件中,几乎全部都是诱发促进型(96.9%),其他类型非常罕见。

7. 被害人受伤程度

表 8-3-35　被害人伤害程度统计表

		频率	百分比	有效百分比	累计百分比
有效	缺失数据	1135	36.9	36.9	36.9
	死亡	164	5.3	5.3	42.2
	重伤	33	1.1	1.1	43.2
	轻伤	143	4.6	4.6	47.9
	轻微伤	476	15.5	15.5	63.3
	未受伤	1129	36.7	36.7	100.0
	合计	3080	100.0	100.0	

第八章　我国被害现象的实证分析

从剔除缺失数据的样本(1945件)来看,抢劫案件中的致死率8.4%、致重伤率为1.7%,而未受到人身伤害的比重则为58%。根据这一比例,以年均176094起案件加以测算,每年因抢劫导致重伤或者死亡的人数约为17785人。

(三) 赔偿与量刑的信息

1. 有无积极地救助被害人

表8-3-36　加害人及其家属有无积极赔偿或救助被害人统计表

		频率	百分比	有效百分比	累计百分比
有效	缺失数据	518	16.8	16.8	16.8
	无	2256	73.2	73.2	90.1
	有	306	9.9	9.9	100.0
	合计	3080	100.0	100.0	

在有效的抢劫案样本中,仅11.9%的被告人实施积极救助行为,远远少于前述两类案件。

2. 有无提起附带民事诉讼

表8-3-37　被害人有无提起附带民事诉讼统计表

		频率	百分比	有效百分比	累计百分比
有效	缺失数据	858	27.9	27.9	27.9
	未提起	2053	66.7	66.7	94.5
	提起	169	5.5	5.5	100.0
	合计	3080	100.0	100.0	

在有效的抢劫案样本中,仅7.6%的人提起附带民事诉讼,远远少于前述两类案件。

3. 双方是否达成民事和解

表8-3-38　双方是否达成民事和解统计表

		频率	百分比	有效百分比	累计百分比
有效	缺失数据	844	27.4	27.4	27.4
	无	2180	70.8	70.8	98.2
	有	56	1.8	1.8	100.0
	合计	3080	100.0	100.0	

第三编 犯罪被害人救助制度之中国经验

在有效的 2236 件案例样本中,和解率仅为 2.5%。和解率低的原因在于:抢劫案件中遭受人身伤害的比例较低,多数仅为财产损失;被告人缺乏有效赔偿的能力;多数被害人与被告人之间没有相熟关系等。

4. 有无酌定减免刑罚事由

表 8-3-39 有无提及因积极支付医疗费或达成民事和解影响量刑统计表

		频率	百分比	有效百分比	累计百分比
有效	没有	2796	90.8	90.8	90.8
	有	284	9.2	9.2	100.0
	合计	3080	100.0	100.0	

法院判决中明确将被告人积极支付医疗费或者双方达成民事和解作为酌定减轻量刑情节的比例为 9.2%,远远低于前述两类案件比例。偏低的原因,基本同和解率低的原因。

5. 所获刑罚之类型与轻重

表 8-3-40 加害人所获刑罚统计表

		频率	百分比	有效百分比	累计百分比
有效	死刑立即执行	110	3.6	3.6	3.6
	死刑缓期二年执行	57	1.9	1.9	5.4
	无期徒刑	149	4.8	4.8	10.3
	无缓刑的有期徒刑	2598	84.4	84.4	94.6
	有缓刑的有期徒刑	158	5.1	5.1	99.7
	拘役	3	0.1	0.1	99.8
	管制	1	0	0	99.9
	免除	2	1.1	1.1	99.9
	免于刑罚	2	1.1	1.1	100.0
	合计	3080	100.0	100.0	

从刑罚宣告的分布来看,抢劫案件的被告人更有可能被判处不附带缓刑宣告的有期徒刑(84.4%),整体刑罚上重于故意伤害案件。

以有期徒刑、拘役与管制的具体刑期来看,跨度为 1 个月到 228 个月。刑期频率前五的分别为 36 个月(14.2%)、48 个月(8.6%)、24 个月(6.3%)、60 个月(6.0%)和 180 个月(6.0%)。

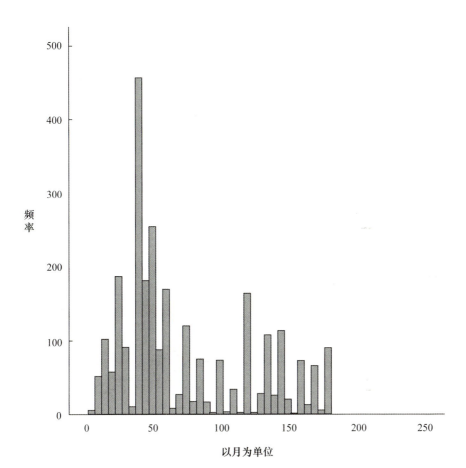

图 8-3-36　有期徒刑、拘役、管制刑期分布图

6. 应受偿及实际受偿数额

表 8-3-41　判决确定能获得赔偿的数额统计表

	N	极小值	极大值	均值	标准差
统计量	286	15	597800	30326.86	85468.744

由于多数判决书中并未提及被害人实际获得的具体赔偿数额,因而此处仅列出法院判决被害人应当获得的赔偿数额。其一,被害人获得赔偿宣判的比例非常之少,仅占案件总数的 9.3%。其二,赔偿额度跨越 15 元至 597800 元,均值为 30326.86 元。

第四节 被害现象的微观分析——基于被害报告问卷

本节所言的被害现象的微观分析,其主要信息来源既不是刑事司法机关的年度官方报告,也不是被收录到网络数据库中的司法判例,而是被害人对自身被害的报告,以及知情人对他人被害的报告。课题组预先设计了一份以自我被害和他人被害为内容的匿名结构性问卷,从而通过向公众一次性发放,而获得两种形式的被害信息。课题组累计投放问卷计 1200 余份,有效回收的问卷总数为 902 份。在投放对象的选择上,课题组尽量确保受访者来自于我国各个省份,从而避免被害现象呈现明显的地域性特征,故而必须考虑受访者的户籍所在地。

一、受访者的基础性信息

(一)受访人户籍

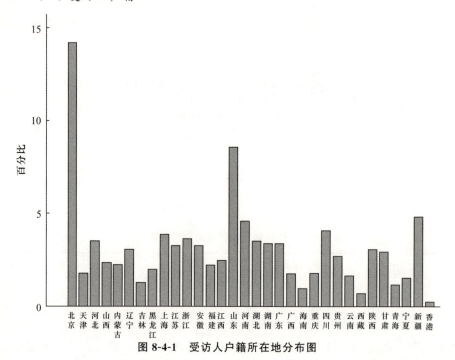

图 8-4-1 受访人户籍所在地分布图

从上图 8-4-1 可知,受访者来自于我国 32 个省、自治区、直辖市以及特别行政区,仅缺少台湾省和澳门特别行政区之数据。其中,北京、山东、新疆的受访者比重位列前三,分别是14.2%、8.6%、4.8%;最少的三个省市为香港、西藏和海南,分别为0.2%、0.7%、0.9%。就大区域分布而言,华东地区最多(26.5%),华北(24.2%)、西北(13.4%)、华中(11.2%)、西南(11%)、华南(7.5%)次之,东北地区最少(6.2%)。

(二)受访者性别

表 8-4-1 性别统计表

		频率	百分比	有效百分比	累计百分比
有效	男	555	61.5	64.5	64.5
	女	305	33.8	35.5	100.0
	合计	860	95.3	100.0	
缺失	系统	42	4.7		
合计		902	100.0		

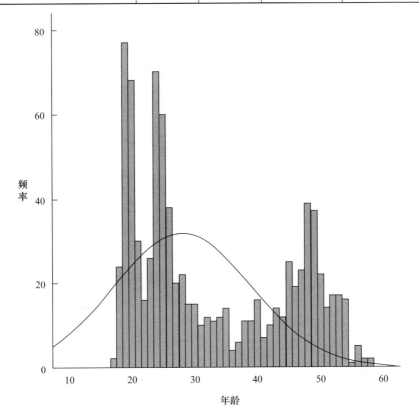

图 8-4-2 受访者的年龄分布图

(三) 受访者年龄

受访者的年龄跨度是17—58岁,年龄的均值为32.7岁。从分布上看,主要有两个集中区间:其一为19岁至26岁,其二为43岁至54岁。

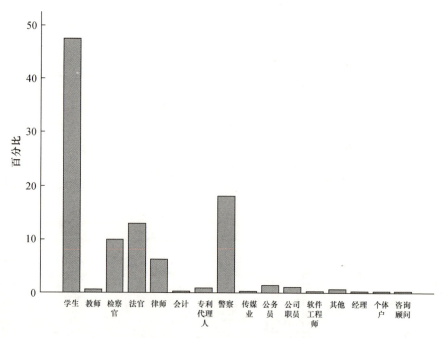

图8-4-3　受访者的职业分布图

(四) 受访者职业

受访者中居于前五的职业或者身份是学生、警察、法官、检察官、律师,分别占有效数据(865人)中的47.5%、17.9%、12.9%、9.5%以及6.4%。

(五) 受访者学历

表8-4-2　受访者学历统计表

		频率	百分比	有效百分比	累计百分比
有效	初中	3	0.3	0.6	0.6
	高中	28	3.1	5.3	5.8
	大学	337	37.4	63.6	69.4
	研究生及以上	162	18.0	30.6	100.0
	合计	530	58.8	100.0	

(续表)

		频率	百分比	有效百分比	累计百分比
缺失	系统	372	41.2		
合计		902	100.0		

从上表 8-4-2 可知,绝大多数的受访者学历为大学以上,比重为 94.2%。

(六)受访者收入

表 8-4-3 受访者月平均收入统计表

		频率	百分比	有效百分比	累计百分比
有效	0—999 元	320	35.5	69.7	69.7
	1000—2999 元	50	5.5	10.9	80.6
	3000—4999 元	38	4.2	8.3	88.9
	5000—9999 元	40	4.4	8.7	97.6
	10000—14999 元	5	0.6	1.1	98.7
	15000 元以上	6	0.7	1.3	100.0
	合计	459	50.9	100.0	
缺失	系统	443	49.1		
合计		902	100.0		

表 8-4-4 受访者家庭月平均收入统计表

		频率	百分比	有效百分比	累计百分比
有效	1000—2999 元	14	1.6	28.6	28.6
	3000—4999 元	10	1.1	20.4	49.0
	5000—9999 元	6	0.7	12.2	61.2
	10000—14999 元	11	1.2	22.4	83.7
	15000 元以上	8	0.9	16.3	100.0
	合计	49	5.4	100.0	
缺失	系统	853	94.6		
合计		902	100.0		

在月收入的统计方面,缺失数据较大,解释上较为薄弱。受访者中有不少为学生,因而月平均收入 999 元以下的,占到了 69.7%。而受访者家庭的平均

收入,虽有效样本较少,但相对平均,表 8-4-4 中五个类型收入阶层均有覆盖。

二、自我被害报告的类型

(一)总体受害信息

表 8-4-5　受访者本人是否曾遭受过犯罪侵害统计表

		频率	百分比	有效百分比	累计百分比
有效	没有	218	24.2	38.8	38.8
	有	344	38.1	61.2	100.0
	合计	562	62.3	100.0	
缺失	系统	340	37.7		
合计		902	100.0		

自我报告曾经遭受犯罪的比例高达 61.2%,可见我国的被害规模与流行率并不低。但对此高比例需要注意:其一,这里的犯罪类型并没有限制,包括所有类型;其二,所谓的犯罪侵害,是被害人主观感受,并不等于客观的犯罪事实;其三,没有限定被犯罪侵害的时间,因而无法折算为年均被害率。

表 8-4-6　因犯罪而导致的财产损害统计表

		频率	百分比	有效百分比	累计百分比
有效	特别重大(100000 元以上)	3	0.3	1.5	1.5
	重大(10000 元—99999 元)	13	1.4	6.5	8.0
	一般(1000 元—9999 元)	74	8.2	36.8	44.8
	轻微(999 元以下)	111	12.3	55.2	100.0
	合计	201	22.3	100.0	
缺失	系统	701	77.7		
合计		902	100.0		

由上表 8-4-6 可知,多数受访者因犯罪而带来的财产损害多为"重大"以下,比重约为 92%。这意味着,尽管遭受犯罪的比例很高,但实际导致的重大损害的比重却相对不高。

（二）侵犯人身犯罪

表 8-4-7　自我人身被害报告统计表

	频数（肯定性回答）	有效数据	有效百分比
遭受过故意杀人侵害	1	561	0.2
遭受过故意伤害侵害	16	562	2.8
遭受过绑架侵害	4	561	0.7
遭受过强奸侵害	0	562	0

从上表 8-4-7 可知，在人身被害方面，自我报告的比例非常低，报告的人数也只有 21 人次。

（三）侵犯财产犯罪

表 8-4-8　自我财产被害报告统计表

	频数（肯定性回答）	有效数据	有效百分比
遭受过盗窃侵害	256	562	47.2
遭受过抢夺侵害	31	562	5.5
遭受过抢劫侵害	32	562	5.7
遭受过诈骗侵害	108	562	19.2

从上表 8-4-8 可知，在财产被害方面，遭遇盗窃和诈骗的概率较高，报告自身被害的人数显著增加，为 427 人次。

（四）赔偿补偿信息

表 8-4-9　受访者本人是否得到犯罪人赔偿或国家救助统计表

		频率	百分比	有效百分比	累计百分比
有效	有，得到全部赔偿	8	0.9	2.5	2.5
	有，只得到部分赔偿	29	3.2	9.1	11.6
	没有得到赔偿，但得到国家救助	17	1.9	5.3	17.0
	没有得到赔偿，且没有得到国家救助	264	29.3	83.0	100.0
	合计	318	35.3	100.0	
缺失	系统	584	64.7		
	合计	902	100.0		

从数据来看,能够得到犯罪人全部赔偿的比例仅为 2.5%;同时,国家救助的比例也比较低,为 5.3%;因此,事实上,绝大多数的人(83%)既得不到犯罪人的赔偿,也无法获得国家的物质救助。

三、他人被害报告的类型

(一)总体被害信息

表 8-4-10 受访者家人是否遭受过犯罪侵害统计表

		频率	百分比	有效百分比	累计百分比
有效	否	171	19.0	31.0	31.0
	是	380	42.1	69.0	100.0
	合计	551	61.1	100.0	
缺失	系统	351	38.9		
合计		902	100.0		

报告家人遭受过犯罪侵害的比例略高于自我被害的比例,为 69%。

表 8-4-11 受访者家人因犯罪而导致的财产损害统计表

		频率	百分比	有效百分比	累计百分比
有效	特别重大(100000 元以上)	9	1.0	4.3	4.3
	重大(10000 元—99999 元)	29	3.2	13.9	18.3
	一般(1000 元—9999 元)	101	11.2	48.6	66.8
	轻微(999 元以下)	69	7.6	33.2	100.0
	合计	208	23.1	100.0	
缺失	系统	694	76.9		
合计		902	100.0		

由于受访主体中学生身份者较多,因而其自身的财产损失并不高,典型类型为"轻微损失";但是当涉及家人的财产损害时,典型类型为"一般损失",同时"重大损失"类型的比重也明显增加。

第八章 我国被害现象的实证分析

(二) 侵犯人身犯罪

表 8-4-12 家人人身被害报告统计表

	频数(肯定性回答)	有效数据	有效百分比
遭受过故意杀人侵害	1	552	0.2
遭受过故意伤害侵害	20	552	3.6
遭受过绑架侵害	3	552	0.5
遭受过强奸侵害	1	552	0.2

从上表 8-4-12 可知,在人身被害方面,报告家庭成员被害的比例略高,其中有 1 例报告了强奸被害案例,但报告的人数也仅有 25 人次。总体而言,自我被害报告与他人被害报告中的被害比例大致相似,没有明显差异。

(三) 侵犯财产犯罪

表 8-4-13 家人财产被害报告统计表

	频数(肯定性回答)	有效数据	有效百分比
遭受过盗窃侵害	276	551	50.1
遭受过抢夺侵害	39	552	7.1
遭受过抢劫侵害	28	552	5.1
遭受过诈骗侵害	133	552	24.1

从上表 8-4-13 可知,在财产被害方面,被害人更为容易遭遇盗窃和诈骗的侵害。尽管在有效百分比上,他人被害报告略高于自身被害报告,但总体而言,自我被害报告与他人被害报告中的被害比例大致相似,没有明显差异。

(四) 赔偿补偿信息

表 8-4-14 受访者家人是否得到犯罪人赔偿或国家救助统计表

		频率	百分比	有效百分比	累计百分比
有效	有,得到全部赔偿	14	1.6	3.9	3.9
	有,只得到部分赔偿	55	6.1	15.2	19.1
	没有得到赔偿,但得到国家救助	23	2.5	6.4	25.4

(续表)

		频率	百分比	有效百分比	累计百分比
有效	没有得到赔偿,且没得到国家救助	217	24.1	59.9	85.4
	不清楚	53	5.9	14.6	100.0
	合计	362	40.1	100.0	
缺失	系统	540	59.9		
合计		902	100.0		

与本人获得赔偿或者补偿的比例相似,受访者家属能够得到犯罪人全部赔偿的比例仅为3.9%;同时,国家救助的比例也仅为6.4%;因此,事实上,绝大多数人的亲属(59.9%)既得不到犯罪人的赔偿,也无法获得国家的物质救助。

当然,需要注意的是,基于被害人及其近亲属的被害报告信息,由于犯罪认定的标准、自我判断被害的误差等原因,不可能准确地反映真实的被害现象。尽管如此,这种被害报告信息,可以反映出被害人对治安状况与犯罪的个人感受,这对于估计我国被害规模、公众的安全感等,具有实益。

第九章 我国犯罪被害人国家救助的制度实践

第一节 我国犯罪被害人救助缘起的背景与原因

由于在传统刑事司法运作中,过分侧重于犯罪人一端,忽视了另一端的被害人,制度化地加剧了"加害—被害"关系的失衡,导致正义的实现通常指向犯罪人而非被害人,进而产生了一系列的实践问题。这种畸形的刑事司法,受到了理论和实践的双重抨击,从而在理论方面形成了强调被害人主体地位的被害人学,而在实务方面则形成了以国家补偿为代表的被害人救助制度。换言之,犯罪被害人国家救助是传统刑事司法制度运行困境下倒逼的产物。在我国,无论是被害人理论研究还是实践探索,都处在于较晚起步、吸收借鉴的阶段,因而,相对于别国而言,我国传统刑事司法制度的困境可能更加典型和严峻。也正因为这种亟待革新的态势,使得被害人国家救助制度的讨论更为"事出有因""师出有名",成为了我国犯罪被害人国家救助制度发展的背景。

一、被害人相关制度的缺失和限制

(一)被害人保护制度的缺失

在美国,在因遭遇犯罪侵害而导致损害时,被害人往往拥有多种救助方式的选择权:其一,从罪犯处获得赔偿,即犯罪人对其造成的损害予以赔付,而赔付既可以包括将所盗窃财产返还主人,也可能是付给足额金钱,还有可能是直接为被害人提供服务。其二,被害人可以拒绝将案件交由检察官予以刑事处理,尤其是当起诉并不确保之时,转而通过民事诉讼起诉犯罪人或者对犯罪发生具有过失的第三方,以赢得相应的惩罚性赔偿和补偿性赔偿。其三,被害人可以从其事先购买的私人保险中获得相应的金钱,从而对其损害加以弥补。其四,当被害人无法从上述其他途径来弥补其损害时,依然可以从国家或者政府补偿基金得到物质补偿,而这一途径被认为是目前唯一的、经常采用的恢复被害人被害前生活条件的现实方法。①

反观我国,一方面由于私人保险业较之美国,相对欠发达,而另一方面并没有成熟和完善的被害人国家补偿或救助制度,因此我国犯罪被害人往往只有通过刑事附带民事诉讼或者刑事程序之外的单独民事诉讼来主张和实现自己的权利。由此可见,我国传统刑事司法体系对被害人的权利保护并不完整,被害人缺乏通过制度来弥补因犯罪侵害所带来损害的途径。

(二)司法制度对被害人权利的限制

一般来说,被害人在遭受犯罪侵害后,可以通过刑事附带民事诉讼的渠道来从犯罪人处获得相应的损害赔偿。根据我国《刑事诉讼法》第99条第1款的规定:"被害人由于被告人的犯罪行为而遭受物质损失的,在刑事诉讼过程中,有权提起附带民事诉讼。被害人死亡或者丧失行为能力的,被害人的法定代理人、近亲属有权提起附带民事诉讼。"由此可见,在刑事司法体系中,犯罪被害人的地位和性质与普通民事侵权受害人或者民事纠纷的原告方并无实质差异。

然而,具体来看,与民事诉讼原告方相比,我国刑事诉讼对犯罪被害人权利的内容进行了限制:根据2002年最高人民法院《关于人民法院是否受理刑事案件被害人提起精神损害赔偿民事诉讼问题的批复》的规定,"对于刑事案件被害人由于被告人的犯罪行为而遭受精神损失提起的附带民事诉讼,或者在该刑事案件审结以后,被害人另行提起精神损害赔偿民事诉讼的,人民法院不予受理"。2012年最高人民法院《关于适用〈中华人民共和国刑事诉讼法〉的解释》第138条重申了这一点:"因受到犯罪侵犯,提起附带民事诉讼或者单独提起民事诉讼要求赔偿精神损失的,人民法院不予受理。"但是,根据我国《侵权责任法》第16条和第22条的规定,被害人在因遭受他人侵害而遭受人身损害的情形中,不仅可以主张侵权行为人赔偿医疗费、护理费、交通费等为治疗和康复支出的合理费用,以及因误工减少的收入,还可以因严重精神损害而主张精神损失费。因此,司法解释事实上剥夺了犯罪被害人行使精神损害赔偿的权利。从行为的不法程度上看,犯罪行为远甚于民事侵权行为;从行为的损害程度上看,犯罪行为的导致死亡或者

---

① 参见〔美〕安德鲁·卡曼:《犯罪被害人学导论》(第六版),李伟等译,北京大学出版社2010年版,第372页以下。

重伤的可能性更大;从行为的主观恶性看,犯罪人的反社会性和敌对性更为明显。因而限制犯罪被害人精神损害赔偿请求权的做法显然是不妥当的。

即便是根据上引刑事诉讼法解释,被害人基于物质损失而可以主张的损害赔偿范围,也是极为有限的——法院很少对此作出完整的民事赔偿。例如,法院只允许被害人就人身伤害所带来的物质损失提出赔偿请求,对被告人非法占有和处置被害人财产而引发的诉讼请求则不予受理;在人身伤害赔偿方面,很多法院拒绝将"死亡赔偿金""伤残赔偿金"和"精神损失费"列入赔偿范围,这已经形成了附带民事诉讼中的"三不赔"问题。[①] 为了减少过多的空判现象,避免大量刑事附带民事诉讼不能得到执行,各地法院普遍根据"被告人的赔偿能力"来决定是否作出民事赔偿裁判,并确定民事赔偿的数额和标准,从而被害人通常要么无法获得民事赔偿的判决,要么仅仅获得赔偿极低的判决。[②]

二、犯罪人赔偿履行的阙如和异化

(1)刑事附带民事诉讼的失效,导致刑事判决中的民事部分空判率居高不下,犯罪人事实上没有履行赔偿义务。事实上,实践中对被害人权利内容上的限制,部分原因正是在于犯罪人无力赔偿,即被害人即使诉诸刑事附带民事诉讼或者单独提起民事诉讼的方式来对犯罪人主张损害赔偿,其愿望依然可能落空。司法实践中,犯罪人或者其他赔偿义务人往往缺乏赔偿能力,从而导致了较高的空判率,大量的犯罪被害人通常只有法院裁判的一纸空文,根本无法获得实际的赔偿。例如山东省青岛市中级人民法院一项调查结果表明,近五年来,以判决方式结案的 2300 余件刑事附带民事案件里,90%以上的案件民事部分执行不了,成为"空判"。[③] 具体来看,根据青岛市中级人民法院的统计数据,在 2001 年至 2006 年间,在属于严重刑事犯罪的故意杀人案、故意伤害案、抢劫案、强奸案、绑架案、爆炸案、投毒案、放火案等导致死亡或者重伤残疾的犯罪中,被害人要求附带民事诉讼案件占刑

---

① 参见刘青峰:《何以刑事附带民事诉讼判决几乎不能执行》,载《法制资讯》2008 年 2 月 29 日。
② 参见王九川:《关于刑事附带民事诉讼问题的几点看法》,载《法制资讯》2008 年 2 月 29 日。
③ 李有军、郑娜:《国家救助:"法律白条"有望兑现》,载《人民日报(海外版)》2007 年 1 月 19 日第 4 版。

事案件总数的比例为 90.9％、91.5％、91.1％、91.3％、88.9％、90.6％。高比例的附带民事诉讼,却没有相应的高比例的赔偿率,其平均民事赔偿率不足 7％。①

刑事附带民事诉讼的失效是多方面因素合力导致的:首先,犯罪人缺乏赔偿能力是主因,大量人身财产类犯罪的行为人属于社会底层,经济收入低、家庭较为贫困,通常缺乏被执行的标的。其次,刑事案件中的加被害人双方的对立情绪更为明显,犯罪人和其他赔偿义务人往往对赔偿具有抵触情绪,在履行赔偿义务上,通常是消极的、被动的。再次,刑事案件中的损害往往是严重的,从而赔偿和执行的数额较大,超出了犯罪人所能承受的范围。最后,由于多数罪犯在刑事判决生效后需要被执行刑罚,因而一般民事执行的强制措施对犯罪人而言几乎没有威慑力。

(2)维稳意识下,为保证赔偿得以履行,刑事司法机关过分强调刑事被害方和加害方的和解,从而导致了加害人赔偿义务的异化。由于存在上文提及的空判率过高,赔偿无法达成的现象,我国司法机关开始尝试对民事部分采取调解结案的方式。加害方通常愿意在民事部分实现调解,获得被害方的谅解,这将有利于其刑事部分的量刑。

从司法机关的规范性文件来看,法院系统倾向于将加害人的赔偿作为刑罚减免适用的酌定情节:1999 年最高人民法院印发的《全国法院维护农村稳定刑事审判工作座谈会纪要》中指出,被告人的民事赔偿的履行情况,可以作为量刑中的酌定情节予以考虑。2000 年最高人民法院《关于刑事附带民事诉讼范围问题的规定》扩展了被害人履行赔偿义务作为酌定量刑情节的适用范围,其第 4 条规定,被告人已经赔偿被害人物质损失的,人民法院可以作为酌定量刑情节予以考虑。2010 年最高人民法院《关于贯彻宽严相济刑事政策的若干意见》进一步详细规定,被告人案发后对被害人积极进行赔偿,并认罪、悔罪的,依法可以作为酌定量刑情节予以考虑。因婚姻家庭等民间纠纷激化引发的犯罪,被害人及其家属对被告人表示谅解的,应当作为酌定量刑情节予以考虑。犯罪情节轻微,取得被害人谅解的,可以依法从宽处理,不需要判处刑罚的,可以免予刑事处罚。

---

① 参见青岛市中级人民法院:《关于建立刑事受害人救助制度的研究》,2008 年刊印,第 5—6 页。

应当肯定这一系列规范性文件的目的和意图,因为其旨在通过提升赔偿履行率来强化对被害人的保护,同时也能实现某种加害人与被害人的刑事和解,从而恢复受损的社会秩序。然而,也应当看到,这种赔偿挂帅的民事和解,存在着诸多问题。

首先,这种赔偿优先的理念异化了刑事审判的本质,或者至少说是刑事审判的核心有所偏移。刑事审判的作用在于落实刑罚功能,换言之,其是以定罪处罚为核心而展开的。尽管刑罚的功能存在着报应理论和预防理论及其各自综合性理论的对立[①],然而毫无疑问的是赔偿的履行并不能成为刑罚的核心功能。此外,将被害人的谅解上升为量刑情节,实质上是将部分的刑事实体权利的处分交由了被害人,这是否合理,不无疑问。

其次,这种赔偿优先的理念异化了加被害双方的关系,使得赔偿这一义务成为了犯罪人讨价还价的工具。实践中,加害人往往利用被害人亟须救助的经济不利状态,将赔偿义务的履行与刑事责任的减免作为交换条件。这无疑损害被害人的利益,并不符合正义的要求。

再次,这种赔偿优先的理念异化了刑罚的特殊预防功能,让刑罚更多地倾向于义务履行而非犯罪人的人身危险性。一般说来,犯罪人主动履行赔偿义务,可以作为悔罪表现,从而表明人身危险性不高。然而,以此作为条件以获取刑罚减免的话,则可能使得特殊预防的目的落空,因为犯罪人对被害人的赔偿更多的是出于功利考虑而非悔罪。另外,一味地强调赔偿义务的优先,也不利于一般预防的实现,因为这种赔偿优先的理念向社会公众传达了一种"赔钱免刑"的信号,具有不当的刑事政策导向。

三、被害人生活处境的艰难和逆变

(1)因严重犯罪而陷入生活困境的被害人比比皆是。近年来,一些重大恶性案件相继发生,被害人的悲惨处境也屡屡出现在报端:2001年石家庄"3·16"特大爆炸案,犯罪人靳如超因对继母、前妻及其亲属不满,分别在其住宅楼实施爆炸行为,酿成108人死亡、5人重伤、8人轻伤的惨剧。这些被害人都无法从犯罪人处获得赔偿,而是在政府先后组织两次听证会后,得

---

① 参见〔德〕克劳斯·罗克辛:《德国刑法学总论》(第一卷),王世洲译,法律出版社2005年版,第36页以下。

到了财产补偿2万元,死难者补偿6万元的处理结果。但由于部分被害人并不属于房主而是租户,因而按照规定未能获得任何补偿。相类似的是2000年夺走309条生命的洛阳大火案,尽管火灾发生后5天内,社会各界向遇难者家属的捐款达583万元,但最终发送到每位遇难者家属手中只有1万元社会救助,此外还有市政府发放的1万元,以及部分范围发放的约5000元丧葬费。①

相比于上述公共安全类犯罪的案件,重特大凶杀案件的被害人既不可能从犯罪人处获得赔偿,也难以从政府职能部门获得救助。近年来发生的张军抢劫杀人案(杀伤50余人)、马加爵杀人案(杀死4人)、杨新海流窜杀人案(杀死67人)、宫润伯变态杀人案(杀死6名儿童)、石跃军杀人案(杀伤17人)、邱兴华案(杀死11人),这些触目惊心的案件中的被害人几乎没有一个获得了被害人赔偿。②

(2) 被害人因无法获得赔偿而不断上访,甚至出现恶逆变。所谓的恶逆变是指被害人在其合法权益受到犯罪行为侵犯以后,在不良心理的支配和其他因素的推动下所导致的逆向变化,亦即从被害者向加害人方向的转化,从而形成了某种被害人和犯罪人的角色转化。恶逆变的类型往往包括防卫过当型、报复型、价值认同型、堕落型、双重角色型、暴力循环型等。③ 例如2013年"7·20首都机场爆炸案"中,根据相关报道,犯罪人冀中星曾遭遇过不公正执法,进而导致完全性瘫痪致残。在多年上访无果后,在首都机场T3号航站楼实施了爆炸行为。④ 类似的案件还有杨佳袭警案,起因为警方巡逻时对杨佳进行例行检查,此后将其带回派出所调查,其间杨佳与警员有言语肢体上的冲突。事后证明杨佳骑行车辆为租用。此后杨佳多次通过信件、电子邮件等方式向上海市公安局和闸北分局的监督部门致函投诉,警方作出了相应的处理调查意见。但其始终不能认可,并于7月1日采取极

---

① 巫昂:《"被害人"与"二次被害"》,http://www.lifeweek.com.cn/2002/1211/3789.shtml,最后访问时间:2014年12月20日。
② 田雨:《最高法:积极开展刑事被害人国家救助》,载《新华每日电讯》2007年9月15日第3版。
③ 参见李伟主编:《犯罪被害人学》,中国人民公安大学出版社2010年版,第65页。
④ http://baike.baidu.com/link?url=q5RIQJM74i9WxFYi0Lbk0OHHngBoaMBUWwIoc-AC6v3VFB7mu14R43BbAcooR2NHcaa-um3_bLfCd8iXBx3U3Ea,最后访问时间:2014年4月4日。

端行为,杀死警员 6 名,致伤警员 4 名、保安 1 名。①

这些严重暴力犯罪的例子往往属于恶逆变中的报复型。由于复仇作为一种报复性行为,是生物学上的一种正常现象,是任何生物在自然界生存竞争中的基本需要和本能②,所以当被害人正当诉求无法得到满足时,极易产生某种报复心态,倾向于私力救济,甚至是不计危害后果地实施反社会行为。如此一来,社会一般公众的安全感荡然无存,而稳定和谐的社会秩序也不复存在。

第二节 我国犯罪被害人救助发展的路径和阶段

我国犯罪被害人国家制度的实践,先后经历了"由下而上"的地方性探索和"自上而下"的全国性实践这两个阶段。首先是地方性探索,反映出犯罪被害人国家救助的实践性特征——其并非是理论建构、中央统一部署的,而是在一点点回应实践中棘手问题后的制度突破,是问题思维和实践理性的产物。而在地方普遍试行这一制度后,则出现了各地做法不同、标准不一的现象,从而使得中央在国家层面上统一规划被害人国家救助制度成为了必要。

一、地方探索试水阶段:发轫与开端

(一)地方被害人救助的"星星之火"

我国对犯罪被害人进行物质救助肇始于地方司法的实践。2004 年 2 月,山东省淄博市政法委与该市中级人民法院联合发布了《关于建立刑事被害人经济困难救助制度的实施意见》,并设立了由市财政拨款 50 万以及社会捐助资金共同组成的刑事被害人经济困难救助资金。该《意见》首创了对经济困难的犯罪被害人的国家救助制度,同时也明确了救助的条件与标准:政府出资救助的前提是"犯罪发生于淄博市境内"、案件"处理程序合法、定罪准确、量刑适当"。当案件符合相关前提后,被害人在"因受害致伤、致

---

① 杨佳案的具体细节,http://zh.wikipedia.org/zh-cn/%E6%9D%A8%E4%BD%B3♯.E8.A2.AD.E8.AD.A6.E8.80.85,最后访问时间:2014 年 12 月 20 日。

② 〔美〕理查德·A.波斯纳:《法律与文学》,李国庆译,中国政法大学出版社 2002 年版,第 66 页。

残","需要花费巨额医疗费用,而本人又无力支付等七个条件之一","无法从加害人或保险公司或其他部门获得足额赔偿"时,可以申请相关救助资金。有关救助机关将根据"具体犯罪行为发生地平均生活水平,刑事犯罪给被害人造成的实际侵害结果,结合被害人年龄、职业、生活水平等情况,进行资金救助"。另外,当被害人在刑事案件中存在过错,或者已经从犯罪人、保险公司或者其他部门获得足额赔偿时,其本人及其受养人不得申请。若其生活仍有困难的,应当由社会救助和社会保障加以解决。[①] 就此而言,淄博市的《意见》可谓一开我国犯罪被害人救助制度之滥觞。

同年3月,四川省绵竹市人民法院,经过绵竹市委、市政府批准,财政划拨20万元转款,成立了国内首个"司法救助基金"。设立该基金的初衷非常明确,针对的是被执行人不具有赔偿能力而无法执行的案件,通过资助物资帮助申请人暂渡难关。与淄博市的做法不同的是,绵竹市的救助条件非常宽松:只要申请人和被执行人属于自然人主体,且双方当事人生活确有困难的,便符合了申请救助的资格。救助金发放程序则是申请救助人向法院提出申请,同时向当地政府、基层组织和村民自治组织递交相关证明材料,经现场查实后由执行干警递交书面申请,再层层递交法院负责人、市政法委领导小组进行审批。救助金额给付的标准依据的是申请人的具体生活状况,在数百到数千元的幅度内酌情给付。给付次数每年一般3—5次,给付时间一般安排在春节、五一以及十一期间。[②]

(二) 地方被害人救助的"燎原之势"

受到淄博和绵竹经验的启发和鼓舞,2004年底,山东省青岛市中级人民法院、浙江省宁波市两级法院也开始陆续建立了司法救助基金,专门用于对犯罪被害人的经济补偿。2006年,最高人民法院确定了10个高级人民法院为救助试点。2007年,检察机关则确定了11个省级检察机关为救助试点,同时有13省检察机关制定了27个规范性文件。同年,中国犯罪学会、最高人民检察院申诉检察厅以及江西省人民检察院先后举行两次"刑事被害人国家补偿研讨会",会中讨论了最高人民检察院刑事申诉检察厅建议

---

① 参见刘春雷、张潇扬:《淄博首创经济困难救助制度:政府出资救助刑事被害人》,http://news.bandao.cn/newsdetail.asp?id=6309,最后访问时间:2016年5月6日。
② 参见黄庆锋:《绵竹法院首创司法救助金不打判决"白条"》,http://www.sc.xinhuanet.com/content/2005-01/01/content_3493623.htm,最后访问时间:2014年11月12日。

第九章　我国犯罪被害人国家救助的制度实践

稿、江西省人民检察院控申处建议稿以及前两稿基础上的《中华人民共和国刑事被害人国家补偿法（建议稿）》，从而完成了对被害人补偿制度的立法论证，并以此为基础形成了建立刑事被害人补偿制度的第十一届全国人大第一次会议代表议案。2008年，检察机关进一步将被害人补偿纳入各级申诉检察部门职责之中。至2012年6月，共计20个省、直辖市、自治区以及130余地出台了关于被害人救助的具体文件，其中无锡市、宁夏回族自治区、包头市先后出台了地方性法规。据不完全统计，2009—2011年间，人民法院共办理被害人救助案件12978件，给付金额23377万；人民检察院共办理11521件，给付金额2377万；公安机关办理1479件，给付金额2377万。①

（三）地方被害人救助的"累累硕果"

2009年5月，江苏省第十一届人大常委会第九次会议批准通过了《无锡市刑事被害人特困救助条例》，于同年10月1日开始施行，由此该《条例》也成为了国内第一部专门针对刑事被害人给予物质救助的地方性法规。申请救助的前提包括：案件属于本市管辖，且被害发生于本市行政区域内。申请救助的适格主体包括两类：其一，因犯罪侵害造成人身重大伤害、无法及时获得加害人赔偿、工伤赔偿或者保险赔付等，而陷于严重生活困境的被害人；其二，是因被害人受侵害死亡，无法获得其他途径赔偿或者救助，而陷入严重生活困境的依靠被害人收入作为主要生活来源的被赡养人、被扶养人或者被抚养人。不予救助的情形则是：刑事被害人不法侵害直接导致加害行为的案件，以及存在隐瞒家庭收入、提供虚假材料的情形。该市人民法院、人民检察院、公安机关是刑事被害人特困救助的受理、审查、决定和救助金发放机关，救助金给付标准一般不超过1万元，特殊情况下不超过5万元。②

2009年11月，宁夏回族自治区第十届人大常委会第十四次会议批准通过了《宁夏回族自治区刑事被害人困难救助条例》，于2010年1月1日起施行，从而该《条例》成为了国内首部以救助刑事被害人为宗旨的省级地方性法规。该《条例》规定的申请救助的适格主体是：因严重暴力犯罪造成严

---

① 相关信息的整理，来源于中国法律年鉴编辑部：《中国法律年鉴》（2006—2009年），中国法律年鉴社。

② 《无锡市刑事被害人特困救助条例》，引自北大法宝，引证码：CLI.10.298700。

重伤残、被告人无力支付赔偿、且无能力维持最低生活水平所必需支出的被害人,以及因严重暴力犯罪导致被害人死亡、被告人无力支付赔偿、且无能力维持最低生活水平所必需支出、由其赡养、抚养、扶养的近亲属。刑事被害人事实不法侵害直接导致加害行为的,已获民事赔偿、保险机构赔偿、社会保障机构救助的,犯罪嫌疑人、被告人及其他赔偿义务人自愿赔偿损失但被拒绝的,被害人及其近亲属则不能获得救助。救助的决定和救助金的给付机关是办理刑事案件的人民法院、人民检察院和公安机关,救助金的拨付机关是同级财政部门。救助金的标准一般不超过1万元。极其特殊困难的,最高救助金额不超过5万元。①

二、中央统一部署阶段:呼应与设计

(一)中央对地方被害人救助实践的响应与规划

2005年12月,中央政法委发布《关于切实解决人民法院执行难问题的通知》[政法(2005)52号],将被害人救助的相关问题置于"执行救济"之中,明确提出了建立"执行救助基金"的思路:"探索建立解决特困群体案例执行的救助办法。各地可积极探索建立特困群体案件执行的救助基金,对于双方当事人均为特困群体的案件,如刑事附带民事赔偿,按一定程序给予申请执行人适当的救助,解决其生活困难,维护社会和谐稳定。"②事实上,人民法院"执行难"的问题,是始终困扰司法机关的老大难问题。该《通知》强调建立健全多元化纠纷解决机制,而以国家救助来作为犯罪人赔偿形式的补充,正是这一方面的探索。

2009年3月,最高人民法院发布《关于印发〈人民法院第三个五年改革纲要〉(2009—2013)的通知》,提出了"改革和完善司法救助制度"的总体目标。所谓司法救助制度,按照该《通知》的理解,应当包括刑事被害人救助制度、国家赔偿制度以及执行救助基金制度。其中,要求人民法院研究细则,"建立刑事被害人救助制度,对因受犯罪侵害而陷入生活困境的受害群众,

---

① 《宁夏回族自治区刑事被害人困难救助条例》,引自北大法宝,引证码CLI.10.358274。
② 《中央政法委关于切实解决人民法院执行难问题的通知》,http://www.lyc.cn/pufa-weiquan/view.asp?id=64,最后访问时间:2014年11月12日。

实行国家救助"①。由此可见,与地方实践混同使用"被害人救助"与"执行救助"不同,最高人民法院对二者进行了区别,将其共同的上位概念确定为"司法救助"。

(二)中央对全国被害人救助工作的规范与革新

2009年3月,中央政法委员会、最高人民法院、最高人民检察院、公安部、民政部、司法部、财政部、人力资源和社会保障部等八部委联合发布了《关于开展刑事被害人救助工作的若干意见》。②该《意见》的发布,既是对一些地方积极探索和尝试对刑事被害人开展救助工作,并取得良好社会效果的肯定,也同时从全局的高度,总结地方取得的经验教训,形成统一的指导意见,从而在全国范围内积极、稳妥、有序地开展刑事被害人救助工作。该《意见》为全国推进刑事被害人救助工作,提出了四点宏观原则:其一,切实维护好刑事被害人的合法权益——强调发挥现有机制来充分保护被害人;其二,立足国情,从实际出发——强调注意全国地区差异,从而循序渐进地构建刑事被害人救助机制;其三,突出重点,逐步推开——强调当前刑事被害人救助尚处于探索起步阶段,救助范围不应过大;其四,公正、便捷、及时——强调被害人救助机制运行的实效。

更进一步的革新始于2013年11月中国共产党第十八届三中全会通过的《关于全面深化改革若干重大问题的决定》,提出了"完善人权司法保障制度""健全国家司法救助制度"的整体构想。受《决定》的直接指引和有力推动,2014年1月,中央政法委牵头,联合财政部、最高人民法院、最高人民检察院、公安部、司法部等六部委印发了《关于建立完善国家司法救助制度的意见(试行)》。③该《意见》明确了司法救助的四项基本原则:其一,坚持辅助性救助原则——强调司法救助的个案性、一次性;其二,坚持公正救助——强调司法救助不应导致新的矛盾;其三,坚持及时救助——强调社会矛盾的及时化解;其四,坚持属地救助——强调由案件管辖地负责救助,反对以户

---

① 最高人民法院《关于印发〈人民法院第三个五年改革纲要〉(2009—2013)的通知》,参见北大法宝,引证码 CLI.3.114912。
② 《关于开展刑事被害人救助工作的若干意见》,参见湖南省人民检察院网站,http://www.hn.jcy.gov.cn/scqs/scfljx/2012/content_30945.html,最后访问时间:2014年12月15日。
③ 《关于建立完善国家司法救助制度的意见(试行)》,参见贵州司法行政网,http://www.gzsft.gov.cn/contents/38/4438.html,最后访问时间:2014年12月15日。

籍作为救助标准。令人侧目的是,该《意见》并未将救助对象仅仅限定于刑事案件中的被害人,而是扩大到民事案件中的被侵权人、申请执行人等。

根据中央政法委的统计数据显示,2014 年、2015 年,中央财政每年都下拨 7 亿元的国家司法救助资金。地方各级财政 2014 年安排救助资金 17.7 亿元,2015 年安排救助资金 22.4 亿元,年增长达到 26.5%。同时,各地政法机关把国家司法救助作为司法输送温暖的民生工程、民心工程,对符合条件的当事人依法实施救助。仅 2014 年一年,各地实际使用救助资金 16.6 亿元,救助了 80042 名当事人。目前,所有省级财政、95% 的市级财政、93.4% 的县级财政把国家司法救助资金纳入了财政预算。有 19 个省(区、市)实现了省市县三级财政预算全覆盖。截至 2015 年底,全国 31 个省(区、市)和新疆生产建设兵团都结合本地区实际,出台了国家司法救助的具体实施办法,不仅明确了救助条件,而且细化了救助审批发放流程,一套规范、可操作的国家司法救助工作机制逐渐成形。①

第三节 我国犯罪被害人救助演进的理路及逻辑

一、我国犯罪被害人救助兴起的三重维度

(一) 被害人救助的必要性

如上文所言,我国犯罪被害人国家救助的背景有三:其一,被害人保护的相关制度不仅存在着缺失,甚至还存在着制约被害人权益保护的机制和因素。其二,大量的犯罪人、被告人,根本无力承担其应尽的赔偿义务。有的案件中,即便犯罪人具有履行能力,但其往往将被告人赔偿履行与被害人同意刑罚减免的承诺相挂钩,被害人依然无法顺畅地获得应得的损害赔偿。其三,大量被害人及其被赡养人、被抚养人、被扶养人,在遭遇犯罪侵害后,亟须医疗救治或者生活陷入严重困难的境地,有的因此出现"恶逆变",从而严重影响到社会治安和秩序稳定。以上三种背景性因素,构成了我国犯罪被害人救助的必要性维度。

---

① 参见彭波:《司法救助,小钱解决大问题》,载《人民日报》2015 年 12 月 23 日第 18 版;徐日丹:《国家司法救助制度在全国基本建立》,载《检察日报》2015 年 12 月 8 日第 1 版。

事实上，上文对我国被害规模和趋势的分析，从实证的角度对这种必要性加以了确认。首先，从近十年的数据来看，我国每年平均刑事立案数高达4999771件，而当年破获案件数则为2198279件，平均破案率为43.96%。由此可见，仅在侦查阶段，就有近六成的案件无法查获犯罪人，从而无法确认赔偿义务人。其次，近十年各级法院年均给予刑事处罚的案件数为878423件，仅占年均刑事立案数的17.57%。换言之，根据犯罪明数，司法程序过滤掉了超过八成的刑事案件，仅仅不到两成的案件能够确定法定赔偿义务人。又次，即便通过司法程序，认定了法定赔偿义务人，但真正能够得到被告人赔偿的，则是少之又少。从我们抽样的1147份故意杀人案、6065份故意伤害案、3080份抢劫案判决来看，被害人实际获赔率分别仅为15%、44.4%、24.8%。再次，若再考虑犯罪明数之外的大量暗数的话，这种被害后无法获得加害人赔偿的规模会达到令人难以想象的地步。

2009年《关于开展刑事被害人救助工作的若干意见》开宗明义地点明了所针对的现实问题："在现实中，刑事案件尤其是造成被害人伤亡的案件中被告人及其他赔偿义务人没有赔偿能力或赔偿能力不足的情况大量存在，有的刑事案件发生后难以查获犯罪嫌疑人或者证据不足无法认定责任者，致使刑事被害人或其近亲属依法要求赔偿经济损失的权利不能实现。"2014年《关于建立完善国家司法救助制度的意见（试行）》更是进一步地指明："当前，我国正处于社会矛盾凸显期、刑事犯罪高发期。随着越来越多的矛盾以案件形式进入司法领域，一些刑事犯罪案件、民事侵权案件，因案件无法侦破、被告人没有赔偿能力或者赔偿能力不足，致使被害人及其近亲属依法得不到有效赔偿，生活陷入困境的情况不断增多。有的由此引发当事人反复申诉上访甚至酿成极端事件，损害了当事人合法权益，损害了司法权威，影响社会和谐稳定。"正是在解困被害人窘境、平复被害人情绪、减少被害人缠讼的意义上，我国被害人救助获得了最直接的推动力，是"事出有因"的。[①]

（二）被害人救助的正当性

在我国，犯罪被害人因遭遇犯罪而导致的人身财产损害，通常可以通过

---

① 这些实用性的考虑，在早期倡导建立被害人救助制度的报道中可窥一斑。例如田单威：《完善司法救助制度：社会和谐的呼唤》，载《人民法院报》2008年6月18日第5版；卢金增、滕晓海：《司法救助解被害人燃眉之急》，载《检察日报》2009年3月3日第2版。

刑事附带民事诉讼的方式，向犯罪人或者赔偿义务人主张损害赔偿。然而，一旦由于犯罪人和其他赔偿义务人无能力赔偿，或者因案件无法侦破、证据不足等原因而导致无法认定犯罪人时，对处在困境中的被害人，国家是否应当有所作为？在应然层面上，学术理论多从国家责任、社会福利、社会保险、风险分担、公共援助等不同路径来论证国家对被害人施以援手的正当性。①尽管犯罪被害人国家救助在很大程度上是由必要性推动起来的，然而这对于被害人救助工作而言是不充分的，正当性维度的考量恰好弥补了这种不足。

犯罪被害人救助正当性的讨论，同样为地方探索试点、中央统一部署提供了助力。起初，这种正当性具有浓重的功利性色彩，如2009年《关于开展刑事被害人救助工作的若干意见》，便将国家出资救助刑事被害人的正当性定位为"既彰显党和政府的关怀，又有利于化解矛盾纠纷，促进社会和谐稳定"。嗣后，正当性的讨论渐渐具有了纯粹道德论的意味，如2014年《关于建立完善国家司法救助制度的意见（试行）》，则是将国家司法救助理解为"帮助被害人摆脱困境，既彰显党和政府的民生关怀，又有利于实现社会公平正义，促进社会和谐稳定，维护司法的权威和公信"。此处的民生关怀、社会和谐稳定以及司法权威和公信，依然是功利主义的，但社会的公平正义，则是道德主义的。

我国被害人救助正当性的多重内涵，为救助实践从局地试点到全面铺开，奠定了规范和民意双方面的基础，从而保证了国家对被害人给予适当的物质救助"师出有名"，避免了对被害人国家救助是因"十分必要"而"盲目""被动"推行的质疑。同时，被害人救助正当性维度还为将来的制度立法提供了规范性的基础，进而为我国犯罪被害人的全面保护提供应然层面的根基。

（三）被害人救助的可行性

无论对国家救助被害人的正当性采取何种立场，只要国家对被害人给予物质救助，就必须考虑国家财政承担能力。正当性维度的各种立场上的争论，只是影响国家对被害人所承担的义务范围的广狭，而并不涉及国家对

---

① 参见郭建安：《论刑事被害人国家补偿制度》，载《河南省政法管理干部学院学报》2007年第1期。

被害人义务与责任的有无。已有论者从我国经济发展状况、国家财政收入、社会民众的心理认可程度以及与被害人国家救助具有亲缘性的国家赔偿法的实施状况等角度来论证犯罪被害人救助制度的可行性。[①]

事实上,我国被害人救助实践已经部分证明了犯罪被害人救助的可行性:首先,各地相继开展的被害人救助试点工作从侧面证实了该制度的局部可行性。其次,2009年《关于开展刑事被害人救助工作的若干意见》通过对地方经验的总结,部署了全国被害人救助工作的开展,这进一步证明了该制度在全国范围内的可行性。再次,2014年《关于建立完善国家司法救助制度的意见(试行)》在肯定近年来各地开展犯罪被害人救助、涉法涉诉信访工作所取得的成绩和效果的同时,扩大了国家所要救助被害人的范围,将部分民事案件的被侵权人纳入到了救助对象中来,这明显反映了该制度实践在我国的可行性。

其实,被害人救助的可行性维度,不仅关涉到国家财政承担能力,更为重要的是影响到制度的设计和立法的规划。换言之,可行性维度始终划定被害人救助工作的边界,因而是当下被害人制度设计必须考量的因素。例如过大的救助对象范围、过高的救助金额等不适当的制度设计,在加重国家负担的同时,也会激发民意的反弹,从而导致被害人救助工作的迟滞。简言之,被害人救助的可行性更多地关涉制度的设计,要求制度的设计者在被害人利益、国家负担能力、民意的支持之间寻求某种平衡。我国被害人救助经历了从个别探索到规划试点,从局部实践到全国开展的过程,这种积极、稳妥、有序的推进,确保了被害人救助工作始终在可控可行的范围内有效展开,因而是"政出有方"的。

(四)被害人救助的三维度关联

承上所述,被害人救助实践的演进嬗变,离不开必要性、正当性和可行性这三重维度的合力推动,也正因为"事出有因""师出有名""政出有方",被害人救助实践得以在全国范围内如火如荼地展开。然而,必要性、正当性与可行性所发挥和突出的功能,并不完全重合,而表现出不同的特点。首先,是必要性维度上的考量,发轫出被害人国家救助的思路,因而,必要性是被害人救助工作开展的直接动因。其次,是正当性维度上的投射,为国家物质

---

① 参见孙谦:《构建我国刑事被害人国家补偿制度之思考》,载《法学研究》2007年第2期。

救助被害人提供了正当化事由，从而减少了各方面的质疑和阻力。再次，是可行性维度上的考虑，使我国犯罪被害人救助工作，经历了"由下而上"和"自上而下"两个发展阶段，也经历了从"犯罪被害人救助"到"国家司法救助"的扩张性转型。

对于被害人救助的当下实践和将来的立法而言，三重维度的面向也各不相同：必要性维度主要面向实践层面，其作用在于检验被害人救助实践是否符合制度创设的预期以及达到实现制度目的的效果，具体标准则是是否及时有效地消弭了被害人的痛苦和不满，从而恢复了被犯罪所破坏的社会秩序。正当性维度主要面向理论层面，其作用在于为制度的建构和立法的设计提供一整套系统化了的正当化根据方案，具体内涵则是如何调和正当化内涵中的功利性因素和道德性因素，以及如何实现规范体系内外的正当化根据的融合。可行性维度则既面向实践，又面向理论，其作用在于保证被害人救助实践和制度创设，能够在合理可控的范围展开，具体的要求则是从国情和实际出发，检验被害人救助的地域性差异，进而形成对实践具有解释力的理论，反过来指导实践的进一步推进。

二、从刑事被害人救助到国家司法救助的转向

（一）刑事被害人救助的指向

从刑事被害人救助在我国兴起，就存在着被害人救助和被害人补偿的概念争议。一般而言，"被害人补偿"这一概念，在国际上较为通行，是相对成熟和内涵明确的概念，具体所指便是在犯罪人无能力赔偿时国家物资补偿被害人的特定制度。而"被害人救助"根据语境不同，存在多种理解的可能，其内涵指向并不特定和明确。从概念使用的主体来看：理论界很早便开始使用"被害人补偿"的概念，实务中则存在两种对立的阵营——以最高人民检察院为代表的检察机关系统，频繁采用的是"刑事被害人补偿"，而以最高人民法院为代表的法院系统，主要采用的是"特困刑事被害人救助"。此后，随着2009年《关于开展刑事被害人救助工作的若干意见》下发，实务中的概念之争渐趋平息，统一采用"被害人国家救助"的名称。但是，"刑事被害人补偿"与"特困刑事被害人救助"在指向上是否存在实质性差异，是值得探讨和研究的。

坚持"刑事被害人补偿"与"特困刑事被害人救助"存在实质性差异的区

第九章　我国犯罪被害人国家救助的制度实践

别论者认为:所谓的刑事被害人补偿的内涵是,当刑事被害人无法或者难以获得法定赔偿的场合,由国家以及具有行政主权的地区政府,基于法律所规定的"替偿义务",以给付刑事被害人或其他权利人一定额度的补偿费用的形式,弥补其因刑事犯罪所遭致的经济损失。而刑事被害人救助则是指,当刑事被害人无法或者难以获得赔偿而陷入窘境,以及与犯罪作斗争因而遭受不法侵害、且无法获得赔偿的被害人,由国家以及具有行政主权的地区政府,基于法律或准法律文件规定的"恩恤义务",酌情以给付刑事被害人或者其他利益相关主体一定额度的补偿费用的形式,向其"治下"社会成员提供的一种"关怀性"保护。① 正是在这层意义上,刑事被害人救助制度"为我国正式建立刑事被害人补偿制度提供了一个过渡性的刑事被害人救济模式"②。

从区别论者给出的定义来看,"被害人救助"与"被害人补偿"这一组概念,无论是在给付的场合与对象——无法或者难以获得法定损害赔偿的刑事被害人,还是从给付的依据和根基——主权者都需要根据规范性授权,对被害人的损害提供物质补偿,都存在高度的一致性,并不存在差异。所不同者,在区别论者看来,可能仅仅在于两个概念所导向的国家义务的性质和程度的不同:其中,前者指向的是"恩恤义务""关怀性保护",而后者指向的则是"替偿义务""法定性保护",也因此在义务程度上高于前者。申言之,从内涵上看,基于所谓的"恩恤义务",国家在与刑事被害人的关系中,更为从容、超然,表现为自上而下,是一种作为"施予者"的主体形象而存在着。而基于"替偿义务",则可以合理地与法定的"国家责任"相关联,从而使得只要是适格的刑事被害人,就具有权利向国家主张给付相应的损害赔偿金。由此,国家更为被动、消极,表现为由下而上,是一种作为"受动者"的客体形象而存在着。

尽管区别论者非常细致地论证了二者的差异,但基于本书的同一论立场,对区别论的观点并不认同,相反认为其论证并不充分,而两个概念所谓的内在区别也似是而非。首先,所谓的"恩恤义务下的关怀性保护"与"替偿义务下的法定性责任"争议的核心,指向的是国家物质救助被害人的正当性

---

① 参见陈彬等:《刑事被害人救济制度研究》,法律出版社 2009 年版,第 10 页。
② 同上书,第 56 页。

根基问题,也即这种物质救助的国家责任,应当以何种形式、在何种范围存在的争论,至于名称上的差别,则并非争议关注的重点。

其次,按照区别论给出的定义,由于"恩恤义务"和"替偿义务"都是由法律或者准法律的规范性文件加以规定,那么从规范性质上看,无论是哪一种义务,都确定了法定的国家责任。所谓的规范义务程度上的差别只受到规范性文件位阶的影响(是法律还是其他规范性文件),而并不因"恩恤"或者"替偿"的不同而不同。从比较法的视野来看,英国在最初考虑其刑事补偿方案(CICS)立法时,采取的便是决绝地否定可能导致任何政府或国家相关法律责任的基本立场,仅仅主张所谓的补偿来自于国家对国民的恩恤。值得注意的是,这并未因为其排斥国家法定责任的立场,而排斥被害人补偿这一概念。这意味将概念的差异与救助正当性挂钩的思路,并不妥当。

第三,退一步而言,即便承认区别论者所谓的实质差异,而认为不同的概念的确会导向不同的正当性根据时,同样也无法得出我国所开展的被害人救助实践,属于"恩恤义务"下的"被害人救助",而非"替偿义务"下的"被害人补偿"。因为,在本书看来,这两种义务唯一的区别,并非是规范性程度差别,而是在于国家在救助刑事被害人之后,能够据此对犯罪人加以追偿,而追偿权只能存在于"替偿义务"之中。以此作为标准,观察我国实践,可以发现我国实践中普遍规定了向加害人追偿的条款。以首部省级被害人救助立法《宁夏回族自治区刑事被害人困难救助条例》为例,其第11条便规定:"刑事被害人获得救助后,办案机关发现犯罪嫌疑人、被告人或者其他赔偿义务人有能力履行民事赔偿义务的,应当依法向其追偿"。这意味着该地方性立法确定的是国家替偿义务。换言之,若按照区别论者的立场,这里显然存在悖论——宁夏立法虽冠以了"救助"之名,但所行的却是"补偿"之实。

基于上述理由,本书认为我国所谓的"被害人国家救助"与各国所推行的"被害人国家补偿"并无不同,具有相同的内涵指向,其内容都是在犯罪人无法或难以履行赔偿义务的场合,国家或者具有主权性质的地区,以给予被害人补偿金的方式,来弥补和修复被害人因犯罪而遭受损害的政府行为。本书的这一立场,是与我国被害人救助的规范性文件的定义是一致的:在《关于开展刑事被害人救助工作的若干意见》中,被害人救助是指"在刑事被害人遭受犯罪行为侵害,无法及时获得有效赔偿的情况下,由国家给予适当的经济资助"。而《关于建立完善国家司法救助制度的意见(试行)》则重申

第九章　我国犯罪被害人国家救助的制度实践

了这一内涵——"对受到侵害但无法获得有效赔偿的当事人,由国家给予适当经济资助,帮助他们摆脱生活困境"。当然,被害人救助的概念具有多重意义,广义上可以指代所有旨在减轻被害人痛苦和增强被害人康复能力的活动,包括被害人补偿、被害人支持和服务等等[①],因而对被害人救助具体的内涵所指应当根据具体语境加以判断。

(二)司法救助内涵的嬗变

相比于被害人救助所指的多重性,司法救助的内涵更加地含混,其内容所指经历了损益变化的过程。从概念的最初起源来看,司法救助属于民事诉讼中的诉讼费用制度领域内的特定概念,其目的旨在保障民事诉讼的当事人诉权的顺畅实现。[②] 其具体定义,依据最高人民法院《关于对经济确有困难的当事人提供司法救助的规定》[③]第2条,"司法救助是指人民法院对于当事人为维护自己的合法权益,向人民法院提起民事、行政诉讼,但经济确有困难的,实行诉讼费用的缓交、减交、免交"。

由此可见,该《规定》中的司法救助有以下特点:其一,就适用的程序而言,其仅适用民事诉讼或者行政诉讼,而并不包括刑事诉讼程序。其二,就适用的阶段而言,其仅适用诉讼阶段,包括一审、二审以及审判监督程序,但并不包括案件的执行阶段。其三,就适用的内容而言,其仅包括对诉讼当事人诉讼费用的缓交、减交或者免交,并不涉及对当事人实体法上的利益。其四,就适用的目的而言,其仅仅在于保证当事人诉权的有效行使,从而保证诉讼的顺利进行,而并不涵盖对被害人一方的实质损害的弥补和修复。

将内容定位为诉讼救助,从而与执行阶段的救助相区别的立场,一直延续到2006年。该年中共中央出台的《关于进一步加强人民法院、人民检察院工作的决定》(中发[2006]11号文件)指出:"人民法院要改进和完善立案工作和控告、申诉受理工作,健全司法救助制度,让经济确有困难的群众打得起官司,确保有理有据的当事人打得赢官司",因而,司法救助功能依然

[①] 从理论上的界定来看,被害人救助更多与被害人援助、被害人救济等概念相似,在外延上较被害人补偿宽泛得多。参见麻国安:《青少年被害人援助论》,中国人民公安大学出版社2005年版,第1页。

[②] 刘家兴、潘剑锋主编:《民事诉讼法学教程》(第四版),北京大学出版社2013年版,第199页。

[③] 《关于对经济确有困难的当事人提供司法救助的规定》,引自北大法宝,引证码 CLI.3.57622。

定位为保障诉权。① 同年,最高人民法院按照上述《决定》的精神部署了九个方面的工作,根据其中内容②,"进一步健全和落实司法救助制度"和"加大执行力度,最大程度实现胜诉当事人的利益"是相并列的工作事项,二者不存在任何包容重合的关系。

这种将诉讼救助和执行救助相区分的立场,在 2007 年开始松动,变化始于最高人民法院出台的《关于为构建社会主义和谐社会提供司法保障的若干意见的通知》③。该通知中提及了两项任务:其一,"完善司法救助,彰显司法人文关怀",一方面强调各级法院针对经济困难的当事人给予缓交、减交、免交诉讼费,进一步制定具体条件和相应标准,另一方面要求重点研究和探索刑事被害人国家救助制度。其二,"完善执行工作机制,加强和改进执行工作",特别强调了"建立特困群众执行救助基金,为他们实现债权提供便利和帮助。"从这份通知意味着,作为当事人缓、减、免诉讼费的司法救助,和刑事被害人国家救助制度逐渐合流;同时也可看出,刑事被害人国家救助制度和特困群众执行救助基金并非同一制度。简言之,自此开始,司法救助不再仅仅是民事诉讼过程中救助的概念,逐渐开始涵盖刑事诉讼领域的执行阶段的物质救助。

司法救助内涵的进一步变化,来自于 2009 年最高人民法院出台下发的《人民法院第三个五年改革纲要(2009—2013)》④。该纲要提出"改革和完善司法救助制度",其核心的内容有三:其一,建立刑事被害人救助制度。对因受犯罪侵害而陷入生活困境的受害群众,实行国家救助,研究制定人民法院救助细则。其二,推进国家赔偿制度的完善。要求人民法院,配合有关部门一同推进,规范赔偿程序,加强赔偿执行。其三,完善执行救济程序,建立执行救助基金。显然,该纲要中的司法救助,是包含刑事被害人国家救助、国家赔偿以及执行救助基金在内的广义概念。更为重要的是,无论是刑事被害人国家救助,还是国家赔偿,抑或是执行救助,其所处的阶段都是裁判生

---

① 《关于进一步加强人民法院、人民检察院工作的决定》,http://www.cztnfy.gov.cn/plus/view.php? aid=8407,最后访问时间:2014 年 11 月 12 日。
② 《中国审判》编辑部:《深入学习贯彻〈决定〉推进人民法院事业全面发展——肖扬院长在全国高级法院院长座谈会上发表的重要讲话》,载《中国审判》2006 年第 6 期。
③ 《关于为构建社会主义和谐社会提供司法保障的若干意见的通知》,引自北大法宝,引证码 CLI.3.83501。
④ 《人民法院第三个五年改革纲要(2009—2013)》,引自北大法宝,引证码 CLI.3.114912。

效后的实体利益的救济,而不再是诉讼过程中的程序利益的保障。至此,司法救助不再仅是民事诉讼中的特定概念,而是扩张为执行阶段一系列实体救济的上位概念,其功能也同样从诉权保障转变为损害修复。

及至2014年《关于建立完善国家司法救助制度的意见(试行)》,司法救助的内涵被一锤定音地确定了下来。根据该《意见》,国家司法救助适用的案件类型,既包括刑事犯罪案件,也包括民事侵权案件;适用的对象是案件无法侦破或者被告人没有能力赔偿或者赔偿能力不足,致使得不到有效赔偿、生活陷入困境的被害人及其近亲属。由此,国家司法救助适用的必然是执行阶段,而非诉讼阶段。从而,国家司法救助制度,事实上将近年来施行的刑事被害人救助制度加以吸收,并适当扩大了适用的领域和范围。

承上所述,从原始意义上看,司法救助属于民事诉讼的特定概念,对应的是诉讼救助,而刑事被害人救助则属于刑事诉讼的概念,对应的是执行救助,二者在概念以及适用上都泾渭分明。然而,自2005年以来刑事被害人救助实践的不断推广,理论上开始出现扩张司法救助内涵,即通过扩大司法救助对象范围,来实现对刑事被害人救助的倾向。[①] 同时,实践中逐步建立起来的司法救助基金,通常既不对民事案件和刑事案件加以区分,也不关注案件处于诉讼中还是执行中,往往只是统括式地将诉权保障和损害赔付作为制度的目的,而极大地扩大了司法救助对象的范围。[②] 申言之,司法救助这一概念的嬗变就是不断被植入实体救济基因的过程,从而导致其在内涵上仅限于被害人国家救助,从而区别于传统诉讼费用制度中的缓交、减交、免交。同时,救助的范围也不再仅仅限于"刑事被害人",而是扩张为包括民事侵权的被害人在内的"犯罪被害人"。因此,下文所称的国家司法救助,是指国家对受到不法侵害(既包括刑事犯罪,也包括民事侵权)而无法获得有效赔偿的当事人,以适当经济援助的方式,帮助其摆脱生活困境的一项司法行政活动。

三、国家司法救助制度的内在逻辑与动机

从刑事被害人救助到国家司法救助的转向,我国实际上开辟了一条不

[①] 吴迪莱:《我国司法救助制度:现状、缺陷与改革》,载《法学杂志》2012年第9期。
[②] 罗书平:《建立执行司法救助基金实现司法为民的宗旨》,载《中国审判》2006年第10期;余建华:《浙江普遍建立司法救助基金》,载《人民法院报》2006年12月31日第1版。

同于美、德、日、韩等国纯粹被害人补偿之路。在本书看来,这种另辟蹊径的转向,不仅仅是语言修辞意义上的,更多地则因为制度目标和实现需要的不同。或许,这种包含民事和刑事案件的被害人救助在内的制度,在别国难以被理解。但是,若将其放置在正处于社会急剧转型、治理模式不断变革的中国,这种转向的逻辑动机是一贯、清晰的,内中是对实践需求的呼应,体现出了鲜明的实践理性的特点。事实上,被害人救助的兴起、司法救助内涵的演化,以至于形成当前整合并以刑事被害人救助为主要内核的国家司法救助,大体上受到了以下宏观、中观和微观三个层面的原因的影响:

第一,从宏观方面上看,根本性原因在于社会急剧转型中各种矛盾的激化、制度建设过于滞后。《关于建立完善国家司法救助制度的意见(试行)》指出:"当前,我国正处于社会矛盾凸显期、刑事犯罪高发期。"重特大恶性刑事案件频发,通常是社会矛盾最为激烈外化的表征和结果。从本书所统计晚近三十年来我国被害规模和趋势来看,尤其是从1992年的1582659件至2011年的6005037件,几乎显现出激增的趋势,这二十年间犯罪增长幅度高达279%。具体来说,就严重暴力犯罪类型的平均数来观察,近十年来,杀人案件年均立案总数为18510件,故意伤害案件为159252件,抢劫案件为297105件,强奸案件为34298件,各类型犯罪的总量呈现出较为稳定的居高不下的态势。

同时,中共十八届三中全会提出了"创新社会治理体系"的构想,在治理方式上,我国正经历着从社会管理向社会治理转型的过程。这意味着当下大量的制度面临着修正与重构,也因此,在制度层面上,处在过渡期的中国必然会遭遇制度缺位、滞后、缺乏衔接、甚至抵牾的情形。对被害人合法利益的保护,就属于此类情形——被害人通常不被刑事司法程序重视,后者更为重视的是对犯罪人合理地定罪处刑,而被害人合法利益,则并非传统刑事司法的终极制度目标。因此,正是在加害与被害规模日益扩大的趋势下,旨在事后保护被害人,从而维护司法权威和社会秩序的刑事被害人救助与司法救助的制度建设问题提上了议事日程。

第二,从中观层面上看,技术性原因是纠纷解决机制日益司法化。自中共十五大起,确立"以宪法和法律来治理国家"的基本方略,用司法手段解决问题和救济权利,成为了众多纠纷解决手段中最为举足轻重的方式。尽管纠纷解决侧重于司法途径,但一方面由于司法权威难以确立,另一方面也由于行政解决纠纷的传统,长期以来普通民众不习惯通过司法来定分止争,而是倾向于"信访不信法",大量涉法涉诉案件以信访渠道通过更高级别行政机关加以解决。① 因而,相对而言,众多具有复杂背景、激烈矛盾的纠纷并非通过司法途径加以解决,司法上对执行救济的需求并不急迫。

然而,随着2014年中央办公厅、国务院办公厅印发《关于依法处理涉法涉诉信访问题的意见》②的出台,大量涉法涉诉案件将最终导入司法途径加以终结定案。根据该《意见》的总体要求,在制度上应当将诉讼和信访加以明确分离,合理地将涉法涉诉信访事项导入司法程序机制,从而理顺信访体制和司法体制的关系,实现涉法涉诉案件处理的法治化。这实际上是将传统上部分作为信访事件处理的案件,分流到司法案件中来,这也就对司法机关提出了一个重大的考验,即如何进行制度安排来实现"涉法涉诉信访依法终结"的目标。由于大量涉法涉诉案件的信访人,并非限于刑事案件的被害人及其近亲属,还包括民事侵权案件的被害人等,因此晚近以来的作为事后救济手段的刑事被害人国家救助,就存在扩大救助范围的必要,从而制度实践从刑事被害人救助转向司法救助,也就顺理成章。事实上,司法救助的开展的确发挥了重要作用,"也是今年以来涉法涉诉信访形势总体向好、进京访同比下降7.8%的一个重要因素"③。

第三,从微观层面上看,直接性原因是刑事犯罪案件和民事侵权案件中赔偿执行难、空判率高。赔偿执行难是长期困扰法院审判工作的突出问题。有学者一针见血地指出了现行刑事司法体系执行难的根本性原因,在于我国《刑事诉讼法》所确定的刑事附带民事诉讼模式,其奉行的"先刑后民"原则所带来的最大危机便是执行难问题,部分地区的赔偿实际执行率不足5%。④ 同时,根据北京市第一中级人民法院的公开数据,近年来该院刑事附带民事诉讼案件呈现出实际执结率和结案绝对数"双降"的趋势。⑤

---

① 天津市检察机关联合课题组:《涉诉信访存在的问题与解决途径》,载《法学杂志》2009年第2期。
② 《关于依法处理涉法涉诉信访问题的意见》,http://www.gov.cn/xinwen/2014-03/19/content_2641873.htm,最后访问时间:2014年11月12日。
③ 王逸吟:《国家司法救助制度基本建立》,载《光明日报》2015年12月8日第3版。
④ 陈瑞华:《刑事附带民事诉讼的三种模式》,载《法学研究》2009年第1期。
⑤ 北京市第一中级人民法院刑一庭:《关于刑事附带民事诉讼面临的司法困境及其解决对策的调研报告》,载《法律适用》2007年第7期。

第三编　犯罪被害人救助制度之中国经验

与刑事附带民事赔偿相似的是,民事诉讼的执行同样不易。尽管从表面上看,自 2000 年到 2009 年间,民事案件总的执行数量方面的平均执行率为 87%,但是从实际执行标的的数额来看,年执行率仅仅为 58.55%。[1] 将两组数据加以对比,可以看出,虽然大量案件的执行过程业已完成,但从实际执行的效果来看,并不如执行数量的执行率那么理想。就执行效果而言,法院通过自身努力,例如不断加大执行人力的投入、提高执行的效率和处理能力,对执行效果来说,的确存在一定的效果。然而,归根结底地说,执行效果的改善更多的是由外部因素所决定的,例如执行案源的增加、案源质量较差等。[2] 在这种意义上,只要现有经济体制和市场利益格局不被触动而发生变革,那么通过变革司法诉讼体制来解决执行难的问题,多少显得有些徒劳无功。因而与其在变革诉讼执行制度上投入更多的司法成本,倒不如另辟蹊径,以国家救助作为犯罪法定赔偿的补充形式,来维护被害人的利益,从而弥补执行案件质量过差的"先天不足",实现案件终结、定分止争的目的。

---

[1] 栗峥:《中国民事执行的当下境遇》,载《政法论坛》2012 年第 3 期。
[2] 唐应茂:《法院执行为什么难——转型国家中的政府、市场与法院》,北京大学出版社 2009 年版,第 26 页。

第十章 我国犯罪被害人救助典型规范性文件个案研究

第一节 代表性的地方规范性文件之文本分析

一、《无锡市刑事被害人特困救助条例》

(一)规范的定义与目的

《条例》第3条给刑事被害人特困救助下了定义:系指无锡市有关国家机关对符合本条例规定的救助申请人给予的一次性经济救助。从该定义可以看出,其将救助金给付的次数和方式限定为一次性物质给付。

该《条例》第1条明确规定的规范目的有三点:第一,规范刑事被害人特困救助活动;第二,缓解刑事被害人的家庭生活困难;第三,维护社会和谐稳定。这三重目的分别对应着规范所欲追求的三重效果:其一是直接效果,规范当前的有关机关的救助行为,保证救助行为在对象、程序、标准等问题上统一,避免救助工作出现随意、擅断的现象。其二是核心效果,确保刑事被害人不因为受到犯罪侵害而陷入生活困境,这是刑事被害人特困救助的核心追求。其三是附随效果,即通过救助特困刑事被害人,从而恢复受到犯罪冲击的法秩序,实现实质秩序的稳定。

同时,该《条例》第4条对刑事被害人特困救助的基本原则作出了规定:首先,刑事被害人救助需要与经济社会发展水平相适应。这一原则是制度设计可行性要求的具体表现,其目的在于平衡救助被害人与公共财政给付之间的紧张关系,避免因该制度的推行而给社会增添过重的经济负担。其次,刑事被害人救助需要与社会保障和其他救助相结合。这一原则同样是制度设计可行性要求的具体表现,其目的在于充分协调新制度与现存制度的衔接,避免各项制度之间可能存在的抵牾和掣肘。再次,刑事被害人救助应当公正、公开、救急、便捷。与前两项原则不同的是,该原则侧重于对救助工作的具体要求,不涉及救助制度的可行性的考量。

(二)规范的实体性要素

1. 救助的适格条件

《条例》第10条和第11条分别从积极和消极两个方面规定了符合救助情形的要件。从积极要件来看,五项条件之间是且的关系,即适格的救助申请人(包括重伤的刑事被害人以及被害人死亡场合的被赡养人、被扶养人或者被抚养人)必须满足其全部条件,包括:(1) 刑事被害人遭受到侵害的犯罪行为,发生在无锡市行政区域内;(2) 无锡市司法机关对该宗刑事案件具有管辖权;(3) 犯罪行为所造成的侵害必须是导致被害人人身重大伤害或者死亡;(4) 救助申请人无法及时获得刑事犯罪人的赔偿、工伤或者保险的赔付;(5) 救助申请人因为亟须医疗救治而致使家庭生活陷入严重困境。

从消极要件来看,所列示三项条件属于或的关系,即救助申请人符合其中一项情形,即丧失被救助的资格:(1) 刑事被害人所遭受的加害行为,是因本人不法侵害所直接招致的;(2) 救助申请人对家庭财产、经济收入等信息存在隐瞒或者虚报材料的情形;(3) 属于兜底条款,即法律、法规规定的其他情形。

2. 救助金给付标准

根据《条例》第17条,人民法院、人民检察院、公安机关在救助金发放的决定上,应当充分考虑刑事被害人遭受犯罪行为而导致的实际损害、需要支付的医疗费用以及家庭生存现状,在一般情形中给付救助金不超过1万元,在特殊情况可以超出1万元,但最高不超过无锡市上一年度职工年平均工资的3倍。

所谓的特殊情况,具体来说是指:(1) 救治刑事被害人的医疗费用特别巨大;(2) 刑事被害人因犯罪侵害完全丧失劳动能力;(3) 刑事被害人死亡的场合,救助申请人没有劳动能力或者患有严重疾病,且无其他经济来源;(4) 救助申请人陷入其他特别严重困境的。

(三)规范的程序性要素

1. 救助机构的设定

根据《条例》第5条和第6条的规定,相关机关分别承担相应的工作和职责。其中,刑事被害人特困救助申请的受理、审查、决定以及救助金的发放,由人民法院、人民检察院、公安机关具体负责。而涉及救助申请人人身损害和生活状况的调查核实时,则由劳动和社会保障、卫生、金融等相关部

第十章 我国犯罪被害人救助典型规范性文件个案研究

门配合上述公安司法机关。民政部门直接负责刑事被害人特困救助专项资金的预算汇总编报、管理和核拨,财政、审计部门则就同级机关对该专项资金的使用和管理负有监督之责。

2. 救助申请的提出

救助申请的形式,以书面形式为原则,但特殊情况下,可以口头申请,由相关承办机关做好相关记录。此外,值得注意的是,即便没有提出相关救助申请,人民法院、人民检察院、公安机关可以根据案件的具体情况,对符合条件的被害人及其近亲属,直接提出救助意见和救助金额,并办理相关审批手续。这便是所谓的"主动救助"条款。

救助申请的递交对象,根据案件在刑事诉讼过程中所处的具体阶段,而向该阶段负责的公安司法机关,即采取了各机关分阶段负责的模式,公安机关负责立案侦查阶段、人民检察院负责审查起诉阶段、人民法院负责审判阶段。至于刑事附带民事诉讼案件,则提出的时间为审判和执行期间。

3. 救助申请的审批

救助申请的受理,根据《条例》第15条,只要申请材料齐全、符合要求,承办机关必须受理。若申请材料不齐全或者不符合要求的,承办机关应当在收到救助申请材料的当日,告知申请人补正。

不予受理的情形,包括:(1)已经获得本《条例》规定的一次性救助的;(2)救助申请已由其他机关受理尚未办结的;(3)未在本《条例》第12条规定的期间内提出救助申请的。若决定不予受理的,承办机关应当在收到申请材料之日起3个工作日内告知申请并说明理由。

救助申请的决定,应当在受理救助申请之日起10个工作日内作出。决定给予救助,应当自作出决定之日起3个工作日内向救助申请人一次性发放救助金;决定不予救助的,应当在作出决定后3个工作日内告知救助申请人,并说明理由。

4. 救助资金的来源

刑事被害人特困救助专项资金的来源,以国家财政负担为主,同时鼓励和支持基层组织、社会团体、企业事业单位、其他组织和个人进行捐助。其中,国家财政负担的形式是,无锡市与县级市、区人民政府分别设立专项救助资金,并列入本级财政预算,实行分级筹集、分级管理,单独核算,专款专用。

二、《宁夏回族自治区刑事被害人救助条例》

(一)规范的定义与目的

《条例》将刑事被害人救助定义为:因严重暴力犯罪造成被害人严重伤残或者死亡,刑事被告人无力支付赔偿,刑事被害人或者由其赡养、抚养、扶养的近亲属无能力维持最低生活水平所必需的支出,确有特殊生活困难,给予的一次性临时救助。该定义属于实质定义,其将救助的对象和条件置于了救助定义之中。

规范目的主要有两点:其一,为了帮助刑事被害人及其近亲属解决特殊生活困难;其二,维护社会稳定,促进社会和谐。第一点目的是制定《条例》的基础,属于核心目的;而第二点目的的实现,有赖于第一点核心目的的达成,因而属于附随或者效果目的。

(二)规范的实体性要素

1. 救助的适格条件

《条例》仅对消极条件作了专门规定,而将积极条件置于了刑事被害人救助的定义之中。从积极条件看:首先,必须是在自治区行政区域内因严重暴力刑事案件,而需要给予救助的被害人或者其近亲属。事实上,仍然是以案件发生在本行政区域作为前提条件。其次,被害人因严重暴力犯罪侵害而造成严重伤残或死亡的。又次,刑事被告人无力承担应当履行的赔偿义务。再次,刑事被害人及其近亲属生存低于最低生活生平线,存在特殊生活困难的情形。

不予救助的条件则是:(1)已获得民事赔偿、保险机构赔偿、社会保障机构救助的;(2)刑事被害人实施不法侵害直接导致加害行为的;(3)犯罪嫌疑人、被告人及其他赔偿义务人自愿赔偿受害人损失,但刑事被害人拒绝的。

2. 救助金的给付标准

《条例》第9条规定,救助金额给付的标准,应当重点参考如下四个方面的情况:(1)刑事被害人实际损害后果;(2)犯罪嫌疑人、被告人及其他赔偿义务人实际赔偿情况;(3)刑事被害人的家庭经济状况;(4)本地区维持最低生活水平所必需的支出。

与无锡相关条例相同,宁夏回族自治区所规定的救助金额,在一般情况

第十章　我国犯罪被害人救助典型规范性文件个案研究

下不超过 1 万元,而在极其特殊困难的情况下,最高金额也不得超过 5 万元。但《条例》并未进一步明确所谓的"极其特殊困难"的情形,应当认为其指向的是被害人伤残程度严重或者家庭生活极其恶化、难以为继的场合。

(三) 规范的程序性要素

1. 救助机构的设定

宁夏回族自治区条例将救助机构统称为"办案机关",具体指的是办理刑事案件的公安机关、人民检察院、人民法院,负责救助申请的受理、审查、决定以及救助金的发放。户籍所在地的民政部门负责出具刑事被害人特殊生活困难证明。同级的财政部门负责向办案机关拨付困难救助资金。审计部门则对刑事被害人困难救助资金的拨付、发放情况进行审计。

2. 救助申请的提出

救助申请的形式,只能是书面形式的救助申请书,并如实提供有效身份、实际损害后果、未获民事赔偿、保险机构赔偿、社会保障机构救助情况和特殊生活困难的证明。同时,尽管《条例》未明确规定各阶段分别负责受理的模式,但根据体系解释,处在刑事诉讼不同阶段的救助申请人,应当向该阶段负责的公安司法机关提交相关申请材料。

3. 救助申请的审批

救助申请的受理,仅规定了消极要件,即已经获得一次性救助或者困难救助申请已由其他机关受理尚未办结的,不予受理。在不予受理的场合,办案机关应当在 5 个工作日内书面通知救助申请人。

救助申请的决定,应当在受理困难救助申请之日起 10 个工作日内作出。对于决定给予救助的,办案机关负责办理相关审批手续,并对被救助人、救助资金等在救助申请人户籍所在地或者现居住地村(居)民委员会予以公示,接受社会监督。但是,对于决定不予救助的场合,并没有明确规定办案机关对救助申请人的告知说明义务。

4. 救助资金的来源

宁夏刑事被害人困难救助资金,主要由省市县各级财政部门列入本级财政年度预算,实行专项管理、专款专用。同时,省级财政部门安排一定的专项资金,用于贫困县(市、区)刑事被害人困难救助资金的预算补助。此外,也提倡和鼓励企业、事业单位、社会团体和公民为有特殊生活困难的刑事被害人提供捐助。

值得注意的是,《条例》第 11 条规定了所谓的"追偿权",即犯罪嫌疑人、被告人或者其他赔偿义务人有能力履行民事赔偿义务的,办案机关应当向其依法追偿。通过追偿获得的资金,扣除已经支付给刑事被害人的救助款项,用于补充刑事被害人救助资金;剩余部分则应支付给刑事被害人。

第二节　代表性的中央规范性文件之文本分析

一、《关于开展刑事被害人救助工作的若干意见》

《关于开展刑事被害人救助工作的若干意见》[①](下称《被害人救助意见》)是由中央政法委员会牵头,最高人民法院、最高人民检察院、公安部、民政部、司法部、财政部、人力资源和社会保障部等八个机关所共同制定的中央层面的规范性文件,其于 2009 年 3 月 9 日下发地方各有关机关。

(一)救助的目的与定位

《被害人救助意见》的出台有其必然性的一面:首先,各地在当地党委、政法委领导下,自发性地开展刑事被害人救助工作,已四年有余,成绩颇丰。通过出台中央层面的统一性文件,总结地方经验,来实现对各地差异较大的实践进行指导,便是顺理成章的事情。其次,由于大量案件中被告人及其他赔偿义务人没有赔偿能力或者赔偿能力不足,因不法侵害而伤亡的被害人及其近亲属,无法实现要求其赔偿经济损失的权利。再次,现实中存在着很多无法获得赔偿的被害人及其近亲属不断上访缠访,甚至引发恶性报复事件的例子,从而使得帮助这些无辜被害人摆脱生活困境,成为了重中之重的事项。

因此,就规范的目的而言,《被害人救助意见》所欲实现的效果,与无锡、宁夏的《条例》大致相同,主要包括:其一,物质救助特定的刑事被害人,缓解其生活困境,而由司法机关对其合法权利加以维护,反过来有利于司法权威的树立;其二,减少赔偿权利无法实现的被害人的缠访闹访,防范被害人因受害而发生恶逆变;其三,彰显党和政府的关怀,从而有利于化解社会矛盾。

---

① 《关于开展刑事被害人救助工作的若干意见》,参见湖南省人民检察院网站,http://www.hn.jcy.gov.cn/scqs/scfljx/2012/content_30945.html,最后访问时间:2014 年 12 月 15 日。

第十章　我国犯罪被害人救助典型规范性文件个案研究

《被害人救助意见》为被害人救助工作确定了三点定位：第一，就所处阶段而言，我国刑事被害人救助工作尚处于探索和起步阶段，制度上仍属于一种过渡性安排；第二，就与其他制度的关系而言，我国刑事被害人救助，既不是刑事被害人国家赔偿，也不同于现行其他社会救助，属于亟待形成和完善的特定制度；第三，就工作开展重心而言，应采取"突出重点、逐步推开"的思路，对被救助对象加以筛选，确保有限的资金用于最需要救助的对象，从而实现救助急迫、维护稳定、促进和谐的目标。

（二）救助的对象与条件

在救助对象的具体范围问题上，《被害人救助意见》在强调各地应根据本地区刑事案件情况和经济社会发展状况加以确定的同时，对需要重点救助的对象设定了条件。这些条件之间是且而非或的关系，包括以下三个方面：其一为"事因"，刑事案件的被害人因不法侵害而导致严重伤残或者已经死亡；其二为"现状"，刑事被害人或者与其共同生活或者依靠其收入作为重要生活来源的近亲属生活困难；其三为"前提"，必须是被害人的合法权利无法得到实现，即"无法通过诉讼及时获得赔偿"。

值得注意的是，《被害人救助意见》在"事因"的条件中，区分了所谓"严重暴力犯罪""过失犯罪"以及"不负刑事责任能力的人（如精神病人、不满刑事责任年龄的人）实施的刑事不法行为"等不同案件类型，并明确了"严重暴力犯罪"这一类型属于重点救助范围。尽管如此，针对后两种类型，其同样鲜明地提出"可以参照本意见予以救助"。换言之，《被害人救助意见》并未将不同的刑事案件类型作为一项排除救助的消极性限定条件，从而较之于宁夏的《条例》，救助范围明显扩大。

（三）救助的方式与标准

在救助金给付的方式上，《被害人救助意见》基本上采纳了地方性实践的经验，以一次性金钱给付为原则。具体的标准则是：以案件管辖地上一年度职工月平均工资为基准，在36个月的总额的幅度之内确定具体的救助数额。《被害人救助意见》作为宏观性的指导文件，并未以具体的金额作为给付的上限，而是采取了给定基准和幅度的给付标准，如此则避免了因各地经济发展水平和人均收入水平上的差距，而带来的救助给付不均、失当等问题。

救助金给付裁量幅度，具体包括五个考量因素：其一，刑事被害人遭受犯罪侵害所造成的实际损害后果;其二,犯罪嫌疑人、被告人及其他赔偿义务人实际民事赔偿情况;其三,刑事被害人对案件发生有无过错以及过错大小;其四,家庭经济状况;其五,维持当地基本生活水平所必需的最低支出等情况。其中,前三点原因属于"案内因素",是对案件发生的原因、被害人损害的程度以及加害人赔偿能力的考察;后两点则是"案外因素",是确保救助金的给付保持在"救困解难"所必要的幅度内。

(四)救助的组织与程序

根据被害人救助的制度分工,按照主体的不同,可以分为申请受理机关、审查批准机关、资金管理机关、资金拨付机关、资金发放机关。具体而言,公安机关、人民检察院、人民法院既是申请受理机关,也是资金发放机关;政法委是审查批准机关;由于被害人救助资金由地方各级财政部门统筹,因而各级财政部门既担负资金管理之责,同时也有将救助金拨付给资金发放机关的义务。

救助程序的基本流程,包括案件的申请与受理、案件的审批与决定、资金的发放与追偿等。

案件的申请既可以由刑事被害人或其近亲属书面提出,也可以由办案机关根据案件情况,依职权主动提出。其中,当事人提出申请的,应当如实提供身份证明、实际损害后果、获得民事赔偿情况等相关证明材料。依职权启动救助的,各办案机关根据案件性质和所处诉讼阶段具体提出:人民法院负责被告人及其他赔偿义务人无力履行赔偿义务,或因证据不足宣告被告人无罪的案件;人民检察院负责不起诉案件;公安机关负责无法移送检察机关追究刑事责任,或正在侦办的尚未抓获犯罪嫌疑人的案件。办案机关受理相关救助申请后,无论申请人是否适格,都应及时将审查决定告知申请人。

对于条件适格的案件,则应当及时提出救助意见和救助金额,并报送同级政法委审批决定。当地政法委审批同意后,财政部门应将救助资金拨付相应的办案机关,而办案机关则应及时将资金交付救助申请人。在给付救助金后,公安机关、人民检察院和人民法院有权向具有民事赔偿能力的被告人或者其他赔偿义务人追偿。

第十章　我国犯罪被害人救助典型规范性文件个案研究

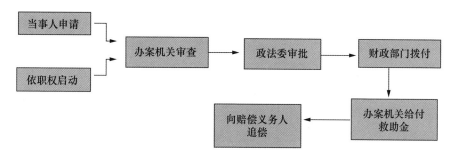

图 10-2-1　刑事被害人救助的工作机制与流程图

二、《关于建立完善国家司法救助制度的意见(试行)》

《关于建立完善国家司法救助制度的意见(试行)》[①](下称《司法救助意见》)是由中央政法委员会牵头,财政部、最高人民法院、最高人民检察院、公安部、司法部等六个机关所共同制定出台的中央层面的规范性文件,其于 2014 年 1 月 17 日下发地方各有关机关。

(一)救助的目的与定位

应当说,《司法救助意见》在制度目的上是与《被害人救助意见》一脉相承的,但同时在制度内涵上对《被害人救助意见》进行了部分的修正与扬弃,在一定程度上对《被害人救助意见》实现了革新与超越。《司法救助意见》出台的直接动因,是对中国共产党第十八届三中全会所通过的《关于全面深化改革若干重大问题的决定》的回应和落实。该《决定》要求进一步"完善人权司法保障制度"以及"健全国家司法救助制度",从而使得"国家司法救助"取代了"刑事被害人国家救助",成为了国家物质救助被害人的统一称谓。

《司法救助意见》的制度目的和预期,和《被害人救助意见》并无二致:由国家通过对受到侵害但无法获得有效赔偿的当事人给予适当经济资助的方式,彰显党和政府的民生关怀,实现社会公平正义,促进社会和谐稳定,维护司法的权威和公信。因此,司法救助制度的直接目的在于对适格被害人救困解难,间接的目的是借此伸张正义、达至公平,令民众感受到切实的国家关怀,从而凝聚大众共识,维护并实现社会的长治久安。

---

① 《关于建立完善国家司法救助制度的意见(试行)》,参见贵州司法行政网,http://www.gzsft.gov.cn/contents/38/4438.html,最后访问时间:2014 年 12 月 15 日。

司法救助制度的定位,是通过《司法救助意见》的四项基本原则加以确定的:其一,坚持辅助性救助。该原则为司法救助设定了一项前提——适格救助的对象必须是难以获得赔偿、补偿(例如犯罪人不具有赔偿能力的场合)的被害人,也因此救助的重点是解决特定案件当事人在生活上所面临的急迫困难。同时,这一原则也意味着对个体被害人及其近亲属而言,国家司法救助的给付是一次性的,从而与持续性给付的社会救助相区别。其二,坚持公正救助。该原则要求救助机关在给付救助金时,既需要查明个案被害人的具体情况,也需要考虑此类案件的一般救助标准,以防止产生同类案件不同处理的不公现象,杜绝对被害人的二次伤害。其三,坚持及时救助。该原则与辅助性救助原则密切相关,后者要求解决被害人生活中的急迫困难,正因为困难是紧迫,所以救助程序必须保证迅速和及时。其四,坚持属地救助。该原则将救助管辖权明确为案件管辖地,从而无论申请救助人是否属于本地户籍,只要符合救助条件,案件管辖地的救助机关就应当负责救助。

(二) 救助的对象与条件

在救助的对象及其条件的设定上,《司法救助意见》与《被害人救助意见》有传承相似之处,也有显著差异的地方。相似之处在于救助的基本条件:"因不法侵害导致损害",同时"无法经过诉讼获得赔偿",由此而"造成生活困难"。所不同者在于,《司法救助意见》一方面并未给予地方太多自由酌定的权限,而是直接提出了八种"应当予以救助"的类型,以及一种"可参照执行救助"的类型;另一方面,则通过将部分民事侵权案件的被害人、刑事犯罪案件中财产遭受重大损害的被害人纳入到救助对象的方式,将司法救助的范围大大地扩张,也因此先前的刑事被害人国家救助成为了司法救助的下位概念。

"应当予以救助"的第一至第五种类型,属于刑事犯罪案件中的被害人类型。前三种类型,是《被害人救助意见》的延续,分别针对的是刑事被害人重伤或者严重残疾时生活困难、危及生命时无力承担医疗救助、死亡时依靠其收入为主要生活来源的近亲属生活困难的三种情形。新增的两种类型为"财产遭受重大损失"的被害人与"因举报、作证、鉴定受到打击报复而致人身伤害或财产遭受重大损失"的被害人。事实上,第五种类型属于对司法工作人员的提示性规定,因为导致人身伤害或者财产重大损害的打击报复行为,属于刑法规制和处罚的行为,因而根据损害情形的不同,这一类型可以

第十章 我国犯罪被害人救助典型规范性文件个案研究

分别归入前述四种类型。因此,对刑事案件而言,救助的基本类型是"重伤或严重残疾""急需救助""死亡"和"财产重大损害"的被害人及其近亲属。

"应当予以救助"的第六和第七种类型,属于民事侵权案件中的被害人类型。具体来说,第六种类型是"追索赡养费、抚养费、抚育费"的被害人,第七种类型是"道路交通事故等民事侵权行为造成人身伤害"的被害人。应当注意的是,尽管第七种类型特别强调了"道路交通事故",但这仅表明其属于重点救助情形,而规范上的实质标准仍在于"民事侵权"与"人身伤害"。在这种意义上,第七种类型是与刑事案件中的救助类型相衔接的,即在造成人身伤害的场合,即便行为不构成刑事犯罪,只要属于民事侵权行为,同样可以进行司法救助。第八种类型属于授权性的兜底条款,即赋予地方党委政法委和政法各单位根据案件的实际需要自行救助的权力。

"可参照执行救助"的类型,指向的是涉法涉诉的信访人员:在信访人的诉求具有一定合理性,但通过法律途径难以解决,并且生活困难,愿意接受国家司法救助后息访息诉的场合,相关的政法机关可以参照《司法救助意见》的有关条件和程序执行救助。这一类型同样扩张了国家司法救助的范围,同时由于规定的是"可以参照",实际上也就扩大了地方救助机关的裁量空间。

由于《司法救助意见》对《被害人救助意见》所确定救助范围进行了较大规模的扩容,因而有必要对救助的消极和阻却条件加以规定。文件所明确列举的不救助情形包括七种:其一,对案件发生有重大过错的;其二,无正当理由,拒绝配合查明犯罪事实的;其三,故意作虚伪陈述或者伪造证据,妨害刑事诉讼的;其四,在诉讼中主动放弃民事赔偿请求或拒绝加害责任人及其近亲属赔偿的;其五,生活困难并非案件原因所导致的;其六,通过社会救助措施,已经得到合理补偿、救助的;其七,对于社会组织、法人,不予救助。

(三)救助的方式与标准

在救助方式上,国家司法救助以支付救助金作为主要方式,同时也强调支付救助金与思想疏导、宣传教育相结合,与法律援助、诉讼救济相配套,与其他社会救助形式相衔接。值得注意的是,《司法救助意见》鼓励有救助余力的地方探索多样救助方式,例如为刑事案件伤员建立急救"绿色通道"、为遭受严重心理创伤的被害人实施心理治疗、对行动不便的被害人提供社工帮助等。

在救助标准上,国家司法救助以一次性救助为原则。救助金额的给付,原则上仅在36个月工资总额的幅度内加以裁量,月平均工资的基准是案件管辖地上一年度职工月平均工资。裁量的因素需要综合考虑救助对象实际遭受的损害后果、有无过错以及过错大小、个人及其家庭经济状况、维持当地基本生活水平所必需的最低支出以及赔偿义务人实际赔偿情况。而对于损失特别重大、生活特别困难的被救助人,办案机关可以酌情突破36个月工资总额的限制,但其最高上限"不得超过人民法院应当判决的赔偿数额"。换言之,国家司法救助金额的裁量及其幅度,与被害人应当获得的损害赔偿金密切相关,后者为前者确定了救助给付的最高额度。

(四)救助的组织与程序

根据国家司法救助制度的分工,按照职能的不同,救助机关可以分为领导协调机关、救助告知机关、申请受理机关、救助审批机关、资金管理机关、资金拨付机关以及救助金发放机关。具体而言,领导协调机关是指由各地党委政法委牵头、财政和政法各单位等共同参加的国家司法救助领导小组,其职能在于负责研究制定国家司法救助的制度规范和配套措施、测算资金需求、定期检查各单位工作落实情况等。公安机关、检察机关和审判机关,既是救助的告知机关、申请受理机关,也是救助的审批和救助金的发放机关,属于国家司法救助的办案机关,直接全程地面对司法救助的申请人。由于各地国家司法救助资金是由地方各级政府财政部门列入预算、统筹安排,因此各级财政部门是救助资金的管理和拨付机关。

与《被害人救助意见》不同的是,《司法救助意见》的制定主体并不包括民政部和人力资源保障部,但这并非意味着《司法救助意见》仅仅将国家司法救助工作定位在司法领域,而忽视国家司法救助工作与社会救助工作之间的协调和衔接。恰恰相反,《司法救助意见》十分注重衔接机制的建立和完善:对符合司法救助条件的当事人,人民法院应当减免相关诉讼费用,司法行政部门应当提供法律援助。对于不符合司法救助条件或者获得救助后仍然生活困难的,办案机关有协调其他部门,为相关被害人提供社会救助的义务。

救助程序分工的一般原则是,公安机关、检察机关和审判机关按照职责范围和案件管辖分工,分别对救助申请进行审批。简言之,根据案件所处诉讼阶段的不同,而由该阶段主导的司法机关负责司法救助。若程序阶段发生变化,案件需要移送下一办案环节或者其他政法机关的,办案机关应当将国家司法救助的有关材料随案卷一并移送。救助程序分为申请救助程序和先行救助程序。其中,特别程序仅限于特殊和例外的情形,例如被害人亟须医疗救治的场合,办案机关可以依职权直接按照救助标准,先行垫付救助资金,在实施救助之后办理相关审批手续。

具体来说,国家司法救助的程序分为四个流程:首先,是告知阶段。公安机关、检察机关和审判机关对所办理案件、处理涉法涉诉案件时,负有向当事人告知其具有申请救助权利的义务。次之,是申请阶段。救助申请人可以在侦查、起诉和审判等任一阶段提出救助申请。救助申请原则上以书面形式为主,但书面提出确有困难的,可以采取口头提出的方式。申请所需要提交的材料,包括本人真实身份、实际损害后果、生活困难、是否获得其他赔偿的证明等。又次,是审批阶段。受理申请的办案机关,应当在10个工作日内作出是否给予救助和具体救助金额的审批意见。在不予救助的场合,办案机关对救助申请人负有及时告知和解释说明的义务。最后,是发放阶段。财政部门根据办案机关的批准,应当及时向办案机关拨付救助资金,办案机关在收到救助资金后,应当在2个工作日内,通知申请人领取救助金。

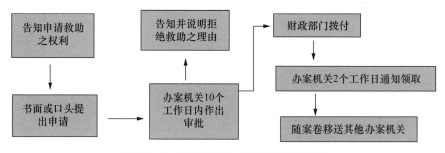

图 10-2-2　司法救助的工作机制与流程图

第三节　我国犯罪被害人救助文件之对比分析

本节所言的我国刑事被害人救助规范性文件,主要是前两节作为个案重点分析的四份规范性文件,分别是《无锡市刑事被害人特困条例》(下称《无锡条例》)、《宁夏回族自治区刑事被害人救助条例》(下称《宁夏条例》)、

《关于开展刑事被害人救助工作的若干意见》(下称《被害人救助意见》)、《关于建立完善国家司法救助制度的意见(试行)》(下称《司法救助意见》)。本节将首先对四种规范性文件的相似与差异进行对比和归纳,其后则对具有典型意义的不同点作详细分析,以便明确其差异内涵和利弊效果。

一、诸规范性文件异同之鸟瞰

宏观而论,四种规范性文件之间,呈现出以下两个方面、四种维度的互动关系:从横向方面看,地方层面上是无锡模式和宁夏模式的竞争,而中央层面则是刑事被害人救助模式向司法救助模式的演进;从纵向方面看,体制维度上是中央模式对地方模式的回应,时间维度上是当下司法救助对早期被害人救助的扬弃。

详言之,同为地方救助实践成果的《无锡条例》和《宁夏条例》,固然也存在时间的先后,也因此不可避免地存在后者对前者的借鉴,但由于制定主体及理念的不同一、规范适用范围的不同一等地方性特点,两个条例之间存在更多竞争而非继承关系。而同为中央层面的《被害人救助意见》和《司法救助意见》由于制定主体的同一、规范效力的互斥(后者的出台意味着前者的失效),因而更多地表现为后者对前者的继承。若以产生的时间先后看,则无论是《被害人救助意见》还是《司法救助意见》都是对《无锡条例》和《宁夏条例》的总结和回应,而我国的救助实践也经历了从刑事被害人国家救助向当下国家司法救助的转型。

(一)犯罪被害人救助规范性文件的共性

具体而论,四种规范性文件存在诸多共性,主要表现为以下五个方面:其一,救助的目的大致相同。四种规范性文件都包含三层维度的制度预期,首先是直接预期——规范被害人救助工作,确保其有序、公正、高效,其次是核心预期——维护被害人应然之权利,救被害人于水火,实现社会正义,再次是效果预期——彰显党和政府的民生关怀、捍卫司法权威、实现社会秩序的和谐稳定。其二,救助的定位几乎一致,即将被害人救助定位为辅助性救助、一次性救助、经济性救助。因此,无论是刑事被害人国家救助,还是国家司法救助,实际上都是对无法获得犯罪人有效赔偿的被害人,由国家一次性给予其经济补偿的行为。其三,救助的积极条件都包括刑事被害人因为犯罪而遭受重大伤害、严重残疾或死亡,被害人及其近亲属没有获得有效赔偿的渠道、申请救助人因为犯罪而导致生活陷入严重困难。其四,不予救助的情形均包括被害人因自身不法行为或者过错导致的被害。其五,在救助资金的筹集和管理上,以地方各级财政部门列入的预算为主,成立救助专项资金,同时鼓励社会各界和普通民众进行认捐。

表 10-3-1 四种规范性文件之共性

共性\内容	《无锡条例》《宁夏条例》《被害人救助意见》《司法救助意见》
救助制度的目的与预期	规范救助工作,保障程序有序、高效 维护被害人权利,保证公平正义的实现 捍卫司法权威、确保社会稳定和谐
救助制度的原则与定位	辅助性救助 一次性救助 经济性救助
适格被害人的积极要件	被害人遭受犯罪侵害 因犯罪而出现重大伤亡 被害人无法从犯罪人获得赔偿或者其他渠道获得补偿 被害人生活因遭受犯罪而陷入严重困难
拒绝或减少救助的事由	被害人因不法行为或是自身过错导致被害

(二)犯罪被害人救助规范性文件的个性

在共性之外,四种规范性文件同样存在着个性的一面:其一,导致被害人遭受损害的犯罪类型上,《无锡条例》并未加以限定;《宁夏条例》明确为"严重暴力犯罪";《被害人救助意见》虽然区分了"严重暴力犯罪"与"过失犯罪",但强调后者同样可以参照适用;《司法救助意见》则不仅未对犯罪类型加以限定,而且还将范围扩展到部分民事侵权类型。其二,被害人遭受的损害类型上,《无锡条例》规定为"人身重大伤害"和"死亡";《宁夏条例》和《被害人救助意见》规定的是"严重伤残"和"死亡",其中"严重伤残"应当包括"人身重大伤害"和"严重残疾";《司法救助意见》则在"重伤"、"严重残疾"、"死亡"之外,增加了"财产重大损害"这一类型。其三,在程序的启动上,《宁夏条例》和《司法救助意见》仅给予了救助申请人启动的权利,而《无锡条例》和《被害人救助意见》在此之外赋予了刑事案件的办案机关依据职权主动启动救助程序的权力。其四,实施救助后的程序,《宁夏条例》和《被害人救助意见》均设定了国家代位主动求偿的程序,而《无锡条例》和《司法救助意见》则并未规定。其五,尽管四种规范文件都拒绝对因自身不法行为或过错导致被害的申请人进行救助,但不法行为与自身过错之间依然存在明显不同,前者属于被害的"实质性原因",后者则是"诱发性原因",二者在对被害人应救助性的程度存在差异。其六,决定不予救助的场合,《无锡条例》和《司法救助意见》均要求办案机关履行拒不救助说明的义务,其中《无锡条例》明确规定了期限,而《宁夏条例》及《被害人救助意见》则未明确此一说明义务。其七,在救助受理和决定机关上,《无锡条例》《宁夏条例》和《司法救助意见》属于"同一模式",即作为办案机关的公安、检察院、法院既负责受理申请,也负责审查批准;而《被害人救助意见》则是"区分模式",办案机关负责受理并提出救助意见,而救助的决定权在于各级党委政法委。

表 10-3-2 四种规范性文件之不同

文件名 差异点	《无锡条例》	《宁夏条例》	《被害人救助意见》	《司法救助意见》
犯罪类型	无明确限定	严重暴力犯罪	重点救助严重暴力犯罪,过失犯罪参照适用	未限定,交通事故等民事侵权类型也可适用
损害类型	人身重大伤害、死亡	严重伤残、死亡	严重伤残、死亡	重伤、严重残疾、死亡、重大财产损害
程序启动	可依被害人申请,也可依办案机关职权	仅依被害人申请	可依被害人申请,也可依办案机关职权	仅依被害人申请
代位求偿	未规定代位求偿权	国家具有代位求偿权	国家具有代位求偿权	未规定代位求偿权
被害人的归责事由	被害人不法侵害直接招致被害	被害人不法侵害直接导致加害	被害人对案件发生有无过错及过错大小	被害人对案件发生有重大过错的
不救助的说明义务	3个工作日内告知并说明理由	未明确规定	未明确规定	及时告知并做好解释说明工作
申请的受理与决定	受理与决定机关均为办案机关	受理与决定机关均为办案机关	办案机关受理并提出意见,政法委负责审批决定	受理与决定机关均为办案机关

第十章　我国犯罪被害人救助典型规范性文件个案研究

二、以犯罪类型限定是否必要

《无锡条例》和《司法救助意见》没有对不法侵害的类型作出任何限定，其关注的重点仅仅在于该不法侵害所导致的损害后果——刑事被害人的重大伤害、严重残疾以及死亡等。相反，《宁夏条例》和《被害人救助意见》则特别强调不法侵害的类型应当是"严重暴力犯罪"。所谓严重暴力犯罪，是指犯罪人在故意的心态支配下实施的可能导致人身重大危险的犯罪行为。根据我国《刑法》第20条第3款之规定，这类犯罪通常是杀人、抢劫、强奸、绑架等行为。就此而言，若将救助的重点设定为严重暴力犯罪的被害人，则救助所适用的范围将因此限缩。从国家财政负担能力以及救助工作推进的可行性角度看，这种对犯罪类型的限定，可以极大地避免因救助被害人而带来的过重财政负荷，尤其对于处在探索实践阶段的被害人国家救助而言，似乎更为可行。同时，由于严重暴力犯罪在经验上往往必然导致被害人严重伤亡的后果，其暴力性及危害性对法秩序和公众的安全意识冲击最为显著，故而以此类犯罪类型的被害人加以重点救助，也难言不妥。

然而，当刑事被害人救助已从试点探索转向全面制度化时，这种对不法侵害行为加以类型化，从而缩小救助范围的做法，可能存在三个方面的问题：首先，适格救助对象的减少，反过来会制约刑事被害人救助工作的全面展开和实际效果。过于刚性的类型化限定，限制了救助机关酌情救助的裁量空间，将导致大量值得救助的被害人被排除在外，进而影响到被害人救助制度预期的实现。其次，由于刑事被害人救助的核心规范目的，在于对被害人因犯罪所遭受的损害的弥补和修复，在此基础上才可能实现捍卫司法权威、彰显党和政府关怀的目的。因此，这里更为重要的是犯罪侵害而产生的后果，而不是犯罪的侵害类型。再次，这种类型化的限定，会使得救助制度产生新的不公正，进而导致被害人遭受二次伤害。因为同样是犯罪侵害而导致伤亡的被害人，一个因为遭受了严重暴力犯罪而获得救助，一个却因为是过失犯罪而被拒绝救助。换言之，这种设定意味着刑事被害人救助的关注点不是被害人的损害而是犯罪人犯行，而这显然不能谓之公允、公正。

三、损害类型的扩张是否合理

从国际和各国（地区）的立法实践观察：联合国《为罪行和滥用权力行为

受害者取得公理的基本原则宣言》确定的损害类型是身体或健康遭受严重伤害以及因被害而死亡①;英国将损害类型规定为人身伤害,该伤害包括致命伤害的情形②;德国虽仅明文规定了人身伤害类型,但同时赋予了遗属请求照护的权利,因而可视为规定了被害人死亡类型③;我国台湾地区确定的是"死亡"以"重伤"类型④;日本明确规定了被害人因犯罪行为而导致的"死亡"、"重伤病"以及"残疾"这三种类型⑤。由此可见,"(重大)人身伤害"和"死亡"是各国立法例中所普遍设定的损害类型,"严重残疾"则通常可以归属于"人身伤害"的范畴。就此而论,无论是《无锡条例》《宁夏条例》,还是《被害人救助意见》,其设定的损害类型,是与各国立法实践相一致的。至于《司法救助意见》所规定的"重大财产损害"类型,属于特例。

一般而言,权利之间存在着程度和位阶上的差异⑥:不同属性的权利间,存在着位阶的先后——人身权优于财产权;相同属性的权利间,存在着程度上的轻重——生命权优于身体健康权、生命健康权优于一般人格权、重大财产损失高于轻微财产损失。根据权利的位阶原理,可以将犯罪可能导致的损害由重到轻进行排列——死亡、重大伤害或者严重残疾、普通伤害、其他人身损害、重大财产损失、财产损失。因此,国家优先并重点救助严重程度的损害便是理所当然,各国也正是在这一范围上达成了救助共识。而当该范围扩展至重大财产损害时,自然不免产生一个疑问,"程度更重的其他人身损害类型难道不应当加以救助"? 由于《司法救助意见》的规定存在一个类型和位阶上的跨度,那么就会产生价值衡量上的难题,例如一个遭受性侵害却未遭到人身伤害的被害人,在规范判断中是否不如一个遭受财产重大损害的被害人更值得接受国家救助?

另一方面,国家救助的类型限定在人身重大伤亡或者残疾,并不会存在政治哲学上的质疑,而将救助扩展到财产损害的被害人,则恰好相反。由于

---

① 参见该《宣言》第12条。
② 尽管同时也规定了精神伤害类型,但一般限于身体伤害或者涉及性侵犯导致的精神伤害。参见英国《刑事伤害补偿方案》第9、26、37条。
③ 分别为德国《暴力犯罪被害人补偿法》第1条第1款和第5款。
④ 参见我国台湾地区《犯罪被害人保护法》第1条。
⑤ 参见日本《关于向犯罪被害人等支付给付金等支援犯罪被害人等的法律》。
⑥ 各种权利的位阶关系,参见王利明:《民法上的利益位阶及其考量》,载《法学家》2014年第1期。

第十章　我国犯罪被害人救助典型规范性文件个案研究

国家救助的内涵便是通过国家财政——因而是纳税人之财富——救助作为弱者的被害人,因而其背后始终存在着被害人利益和纳税人利益的冲突。从当下来看,将国家救助限定在被害人死亡或者重伤场合,至少不会挑起并激化这一冲突,而扩展至重大财产损害,就意味着扩大了对被害人的福利,则国家救助不免会面临"家长主义"的诟病,从而遭受来自自由主义阵营的攻讦①。这种限定的合理性在于与法秩序保护的一致性:我国整体法律秩序对人的生命权和重大人身权采取了一种绝对保护主义的立场。以刑法为例,一般而言,行为的不法可以因为被害人的承诺而消除,但这并不包括威胁到被害人生命以及重大身体法益的情形,其法理在于刑法专断性地否定了被害人对这些法益的处分权限。② 同时,我国《刑法》第 20 条第 3 款同样证明了法秩序对生命和人身重大法益保护的优先性:该款属于"无限防卫权"的规定,强调被害人对正在行凶、杀人、抢劫、强奸等严重危及人身安全的犯罪实施防卫行为并不存在防卫限度的限制。

四、依职权主动救助的利与弊

被害人国家救助程序的启动,一般而言,都是由刑事被害人及其近亲属提出申请,继而由具体办案机关受理,如《司法救助意见》和《宁夏条例》。然而,《无锡条例》和《被害人救助意见》却在刑事被害人及其近亲属未提出相关申请的场合,允许人民法院、人民检察院、公安机关主动依职权,为符合《条例》的适格被害人及其近亲属提供经济救助。

通常,公权力机关依职权主动进行的行为,要么涉及国家、公共或者第三人利益,要么便是弥补当事人能力的缺陷,从而辅助其顺畅地实现合法权利,例如民事诉讼中司法机关依职权对证据的收集。③ 从这一点上看,设定主动救助的初衷,极有可能是出于对刑事被害人及其近亲属全面保护的考虑,通过加强救助机关的主动性,尽最大努力地救助的适格被害人。而事实上,在被害人救助实践的初期,大量的刑事被害人及其近亲属很难了解到本

---

① 参见〔美〕桑福德·莱文森:《福利国家》,载〔美〕丹尼斯·帕特森编:《布莱克维尔法哲学和法律理论指南》,汪庆华等译,上海人民出版社 2013 年版,第 558 页以下。

② 参见张明楷:《刑法学》(第四版),法律出版社 2011 年版,第 217 页;车浩:《论被害人同意在故意伤害罪中的界限——以我国刑法第 234 条第 2 款中段为中心》,载《中外法学》2008 年第 5 期。

③ 参见刘家兴、潘剑锋主编:《民事诉讼法学教程》(第四版),北京大学出版社 2013 年版,第 143 页。

地的救助政策和具体的救助条件,这种依职权主动进行的救助,在很大程度上可以实现对适合救助的主体的及时保护,具有妥当性。

然而,长远来看,这种无限制的依职权的主动救助存在严重弊端:其一,这种未对申请材料进行先期审查、不以文本资料为据的主动救助,其准确性不无疑问;其二,这种凭借办案机关一方、办案人员主观感受的主动救助,极容易出现擅断和任意操作的空间,从而导致这种便民的制度设计异化为办案机关压制刑事被害人主张和要求的工具,例如强迫被害人同意刑事和解等;其三,若认为申请救助是某种法定权利的话,这种依职权的主动救助就必须被严格限制在申请救助人因客观原因无法提出救助的场合,毕竟"自己才是本人利益的保护者","法律并不鼓励躺在权利上睡觉的人"。因此,更为妥当的方案是《司法救助意见》的规定,通过设置告知程序,增加救助机关对适格申请人的告知义务,从而使得依职权主动救助的前提假设——被害人不知有申请救助之权——不复存在,因而也无存在的必要。

五、代位主动求偿的隐含之意

在救助机关对刑事被害人及其近亲属给付救助金之后的作为问题上,《无锡条例》《司法救助意见》和《宁夏条例》《被害人救助意见》给出了不同的方案:前两者并未设置任何程序,来为救助机关进行给付程序结束后的指引;后两者则根据情形的不同,要求在刑事被告人或者法定赔偿义务人具有赔偿能力的场合,替代刑事被害人及其近亲属,对其进行主动求偿。在获得相应的赔付后,将已给付给被害人的资金归入刑事被害人专项救助资金,而剩余部分则交付给刑事被害人及其近亲属。

这里的不同之处在于:在前一种给付模式中,只有救助机关和刑事被害人及其近亲属这两方;而在后一种给付模式中,实际上引入刑事被告人及其他赔偿义务人作为第三方,从而在某种程度上,使得救助机关在此成为了犯罪人和被害人的损害赔偿关系的中介者。这两种模式的差异,可以推导出不同的责任属性,前者属于社会福利给付模式,而后者属于民事赔偿补充模式。①

---

① 从台湾被害人救助的实践来看,其实务部门的态度更加倾向于将救助视为民事赔偿补充的立场。参见卢映洁:《我国犯罪被害人保护法施行成效之研究——以被害补偿排除条款的运用为探讨中心》,载《政大法学评论》2004年第77期。

第十章　我国犯罪被害人救助典型规范性文件个案研究

在社会福利给付模式中,责任主体是救助机关,而权利主体是刑事被害人及其近亲属。在民事赔偿补充模式中,责任主体依然是刑事犯罪人以及其他法定赔偿义务人,权利主体是刑事被害人及其近亲属,而救助机关所代表的国家则更接近民法中的连带债务人。连带之债,是指债权人或债务人有数人,各债权人得请求全部之给付或各债务人负有为全部给付之义务,唯因一次之全部给付,而其债之全部关系归于消灭之债权债务关系。① 具体说来,这种连带之债属于不真正连带债务②,刑事犯罪人与国家分别因为不同的行为而导致了刑事被害人的损害,从而对刑事被害人形成了竞合之债。对此,国家作为第二顺位债务人,仅在主债务人无法履行责任时,对刑事被害人履行补充责任。

这种区分刑事犯罪人直接责任和国家作为代位者的间接责任的做法,暗合了某种国家替代责任说。该说认为,国家责任分为直接责任和间接责任,前者指的是赔偿责任、自己责任,而后者是补偿责任、代位责任。而国家救助刑事被害人,正是在这种补偿代位责任的意义上,具有了正当性的理论根据。③ 可见,是否设置代位求偿的程序,不仅仅是补充救助资金的需要,更是涉及刑事被害人国家救助的立法思路和整体设计。

六、被害人可归责事由之规定

实际上无论是《无锡条例》《宁夏条例》所言的"被害人不法侵害直接招致被害",还是《被害人救助意见》《司法救助意见》所规定的"被害人对案件发生的(重大)过错",其规范上指向的就是"被害人应当对何种情形自行承担损害责任"的问题,也即"被害人可归责事由"。一般而言,被害人对自身被害可能存在五种类型的责任:其一,完全无责任的被害人,是为理想型被害人,例如被拐卖的儿童;其二,较少责任性的被害人,是为无知型被害人,例如因无知而尝试堕胎的女性;其三,与加害人同等责任的被害人,是为自

---

① 史尚宽:《债法总论》,中国政法大学出版社 2000 年版,第 642 页。
② 不真正连带责任是指多数行为人违反法定义务,对同一受害人实施加害行为,或者不同的行为人基于不同的行为而致使同一受害人的民事权益受到损害,各行为人产生的同一内容的侵权责任各负全部赔偿责任,并因行为人之一的责任履行而使全体责任人的责任归于消灭,或者依照特别规定多数责任人均应当承担部分或者全部责任的侵权责任形态。参见杨立新:《论不真正连带责任类型的体系与规则》,载《当代法学》2012 年第 3 期。
③ 参见卢希起:《刑事被害人国家补偿制度研究》,中国检察出版社 2008 年版,第 47 页。

发型被害人,例如自杀未遂的被害人;其四,较多责任性的被害人,是为诱发的被害人,例如引发口角争端的被害人;其五,完全责任性的被害人,例如攻击他人的被害人(正当防卫)。①

因此,所谓的"被害人不法侵害直接招致被害"应当属于负完全责任的被害人类型,被害人对自己的被害的责任程度最高;而重大过错相对而言属于第四种类型,即被害人遭受损害的原因往往在于先前的挑衅刺激;故较之前者,后者将更多的被害人排除在救助范围之外。值得注意的是,《被害人救助意见》并未将被害人过错作为绝对排除救助的类型,而是作为酌情减免救助金额的因素。这种给予救助机关根据具体案件加以裁量的设定,是应当肯定的。

在被害人具有完全责任的场合,意味着"加害人"是正当防卫人,而"被害人"之行为才是法秩序所反对的,国家显然不应救助此类"被害人",例如德国明文规定了"当损害是由被害人所引起的被害人不能获得救助"②。因而,设置绝对排除救助的条款,具有合理性,其不予救助的规范内涵在于被害人对被害具有的"实质原因",即"当被害人举止必须达到故意的层次才可以评价为实质性原因"③,进而认为其缺乏需保护性,拒绝对其救助。同时,将被害人在个案中具体过错的大小作为救助金减免的主要依据之一,从而既可以保证被害人国家救助的公平性——"任何人不应从自己的过错中获益",又可以确保个案救助的妥当性。

七、决定不予救助的说明义务

同样,在救助机关决定不予救助的场合,对"是否需要告知救助申请人并作出解释说明"的问题,四种规范性文件给出了不同的答案。《司法救助意见》增加了救助机关的告知和解释义务,《无锡条例》甚至为这种告知和解释设定了3个工作日的期限,《宁夏条例》和《被害人救助意见》则并未明确规定此类告知程序。

这种对不救助决定不予告知的做法,存在两个层面的问题:其一,不告

---

① 参见〔日〕诸泽英道:《被害者学入门》,日本成文堂2001年版,第123页。
② 德国《暴力犯罪被害人补偿法》第2条第1款。
③ 卢映洁:《论被害人补偿制度中排除条款的适用问题》,载《台大法律论丛》2001年第3期。

知的这种姿态过分衬托出救助机关的"高高在上",极易疏远救助机关和救助申请人的关系,从而不仅与刑事被害人救助制度的理念相背离,制约了救助实践的效果,也影响到刑事被害人对诉讼程序的参与性及其对公安司法机关的配合度。其二,救助申请人因为迟迟无法等到救助决定,而心生怨恨,从而在制度层面上受到了区别于犯罪行为的"二次伤害"。事实上,当了解到存在国家救助时,申请者期待可能会提升,而当这种过程存在过度漫长、资格苛刻、救助官员的态度以及补偿数额等原因时,他们会感到受到伤害,因而不再申请补偿。①

八、受理与决定间的分工机制

一般来说,申请受理和批准决定的分工存在以下几种模式:其一,自理自决模式,即办案机关自己负责受理并最终作出救助决定;其二,横向报决模式,即办案机关实际受理,但最终决定需要交由同级其他机关;其三,纵向报决模式,即办案机关实际受理,但最终决定的权力在上级机关。《被害人救助意见》属于横向报决模式,而《无锡条例》《宁夏条例》以及《司法救助意见》实际上是自理自决模式,因此,救助的审批主体具有多元性,包括刑事诉讼各阶段的参与机关。从各国(地区)立法例来看,其通常设定单一化的审批机关。英国设立刑事损害补偿局、美国联邦司法部下设刑事被害人署、法国设立恐怖活动及其他犯罪被害人补偿基金管理委员会,这是专设救助机构的模式;而日本由都道府县公安委员会负责救助批准事宜,德国则由地区补偿局负责受理申请、社会法院裁定,我国台湾地区则由当地"地方法院检察署"内设的犯罪被害人补偿审议委员会负责,这是委任现有机构的做法。②由此可见,各国确立救助机关是因国别而有异的。

根据"新法优于旧法"的原则,由于制定主体相似,《司法救助意见》可以视为《被害人救助意见》的继承和替代性文件。也因此,可以认为,自理自决模式取代了横向报决模式,故当下分工机制更加倾向于各机关分别救助,从而使得法院、检察院和公安机关共同分享了救助决策权。这在某种程度上

---

① R. Elias, *Victim of the System: Crime Victims and Compensation in American Politics and Criminal Justice*, New Brunswick, 1983.
② 参见卢希起:《刑事被害人国家补偿制度研究》,中国检察出版社2008年版,第78页。

遵循了我国《刑事诉讼法》"分工负责"的思路,保证了诉讼各阶段救助受理和决定机关均在场,使得受害人的保护得以周延。事实上,自理自决模式更加注重效率,避免救助因受理和决定机关的不同而带来的迟延,同时也可以避免决定机关对案件缺乏了解的弊病。结合《司法救助意见的》其他制度革新的规定,例如将救助金发放时间从5个工作日缩短为2个工作日,增加被害人急需医疗救助场合的"先行垫付、事后补批"的特殊程序等,可以证明上述判断,即《司法救助意见》更加注重司法救助程序的效率,从而减少程序上不必要的转换和延宕,实现及时救助的制度目标。

第十一章　犯罪被害人救助立法的公众认知

第一节　公众对救助制度立法的态度与倾向

一、研究目的及其调查方法

正如《关于开展刑事被害人救助工作的若干意见》指出的,"开展刑事被害人救助工作是在当前相关法律制度尚未建立的特殊时期,为解决刑事被害人特殊困难而采取的一种过渡性安排,既不同于国家赔偿,也有别于现行其他社会救助。"这种过渡性、政策性的制度安排,对理论研究重点提出了要求,即应当以观察和归纳实践经验、整合并形成自洽理论为核心,服务于被害人国家救助制度化和立法化。换言之,对当下刑事被害人救助的实践和理论而言,其共同的目标是早日启动制度立法的进程,确保制度实践的权威和稳定。

近代以来被奉为圭臬的人民主权理论,以及晚近的协商民主理论,确定了公众群体在立法中不可或缺的地位,公众认知对于立法而言举足轻重。公众认知反映的是社会公众的立场和态度,属于民意的范畴,其往往通过舆论予以表达。但公众认知不同于公意,后者具有强制力,"任何人拒不服从公意的,全体就迫使他服从公意"[1],因而公意体现的便是立法者的意志,"是经过相应的正当程序(如立法程序)表达、竞争、筛选、折中、平衡和集中了的,而民意至少不具有这样的过程特点"[2]。尽管有所不同,但也可以看出公众认知与公意的某种联系,前者通过正当程序便可转化为后者,故而在某种程度上可以说公众认知催生了公意,趋同的公众认知往往是公意的前奏和序曲,推动着立法的进程。因此,对公众认知的探寻和分析,是立法民主的内在要求,是立法合法性的保证。

---

[1] 〔法〕卢梭:《社会契约论》,何兆武译,商务印书馆1997年版,第29页。
[2] 孙笑侠:《公案的民意、主题与信息对称》,载《中国法学》2010年第3期。

立法的"合法性"能够保障所制定之法得以"真正"实施,避免法律的难以适用,防止其与社会生活的脱节。正如论者指出的那样,法律难以实施的原因并非完全在于立法技术问题,而是在立法和公民关系的问题上处理不当,也即立法合法性出了问题。① 换言之,立法应当尊重并呼应公众认知,在保证形式与内容正当合法的同时,也促成了自身与社会的交融,进而实现法的目的。这是现代民主制度的题中之意,因为"没有任何一种统治,自愿地满足于仅仅以物质的动机或仅仅以情绪的动机,或者仅仅以价值合乎理性的动机,作为其继续存在的机会,毋宁说,任何统治都企图唤起并维持对它的'合法性'的信仰"②。

这里还需要明确一下公众认知与民意的关系。一般而言,民意指的是"人民共同的意见和愿望"③,其表达的外在形式便是舆论。在现代性的制度安排中,民意以不同的形式广泛地影响着立法选择、行政决策以及司法裁量,其合理性便于民意是"人类本性的堡垒,或者更不如说是人类本性的庙堂"④,反映着一定范围内人类共同体在道德和价值方面的偏好。而本章所言的公众认知,无论是在共同体的广度方面,还是在意见和愿望深度方面,均不如民意,而只是处在民意概念的下位范畴,指代的是"一定的范围和身份的公众对某一公共事务的倾向和态度"。

本章实证研究的目的就在于此:通过对公众认知的收集和剖析,探求立法的必要性和妥当性,为统一的被害人救助制度的立法提供核心思路和可行方案。当然,由于公众认知的形式和内涵具有多样性,课题组无意也无能力进行超大样本的调查,而仅仅针对有代表性的公众群体,展开小规模问卷调查和访谈,希冀以"管窥蠡测"的方式,达到"可见一斑"的效果。因此,本章所言的"公众认知"仅仅在课题组所调查观测的样本所展现的信息范围内有效。同时,由于本书主要是在立法论意义上展开的,故而所讨论的公众认知,只是包括其关于被害人救助制度构建的态度和立场,并不涉及其与具体

---

① 陈端洪:《立法的民主合法性与立法至上——中国立法批评》,载《中外法学》1998年第6期。
② 〔德〕马克思·韦伯:《经济与社会》(下卷),林荣远译,商务印书馆1997年版,第239页。
③ 中国社会科学院语言研究所词典编辑室编:《现代汉语词典》(第5版),商务印书馆2005年版,第951页。
④ 〔英〕威廉·葛德文:《政治正义论》(第二、三卷),何穆礼译,商务印书馆1997年版,第452页。

个案司法的关系。①

在研究方法上,课题组以投放调查问卷,并通过 SPSS 数据分析软件,来发掘和梳理公众认知。其中,我们所投放调查问卷中多数属于结构性问题,便于运用 SPSS 将所调查内容进行类型化录入,从而实现对问卷进行量化和数据分析。调查的对象分别为普通社会公众、一般法律从业人员和专职刑事被害人国家救助人员(专职救助人员)这三类。之所以以专业和职业的标准将公众认知划分成三种类型,是力图发现不同人群对被害人国家救助的看法异同,以便进一步厘清公众认知中趋同和差异的因素,更好地为统一立法提供某种公共认知上的共识。另一个原因则是研究路径上的偏好,笔者曾在少年司法改革的研究中,采取过此类实证分析公众认知的方法。②此外,为了查明专业和职业对受访者态度和选择的影响,我们对数据进行了 Pearson 相关系数检验,以确定其是否存在显著的相关关系。③

二、三类受访群体基本信息

课题组将受访群体以专业和职业为标准,划分为普通社会公众、一般法律从业人员和专职救助人员,其中,一般法律从业人员的具体职业分别为警察、法官、检察官以及律师等,而专职救助人员则主要是各地具体从事刑事被害人救助工作的检察官④。具体有效回收的问卷数量,分别为:普通社会公众有 649 份、一般法律从业人员有 408 份、专职救助人员 122 份,其中一般法律从业人员中身份为警察的 155 份、法官的 112 份、检察官的 86 份、律师的 53 份。以下将对这三部分问卷的基本信息分别以图表及说明的形式展现:

---

① 关于法官在疑难案件中如何处理民意的问题,参见苏力:《法条主义、民意与难办案件》,载《中外法学》2009 年第 1 期。
② 赵国玲、常磊:《少年司法改革中法官与公众认知之比较》,载《国家检察官学院学报》2010 年第 1 期。
③ 所谓相关关系,既有可能是因果关系,也有可能仅是伴随关系。因此,若事物之间存在着因果关系,则必然存在相关关系。具体检验方法,参见杜强、贾丽艳编著:《SPSS 统计分析:从入门到精通》,人民邮电出版社 2011 年版,第 258 页。
④ 2013 年 5 月最高人民检察院刑事申诉检察厅举办了"全国检察机关国家赔偿暨刑事被害人救助业务培训班",本书所谓专职救助人员指的就是参加这次培训班的刑事被害人救助骨干检察官。

(一) 普通社会公众

1. 受访公众性别

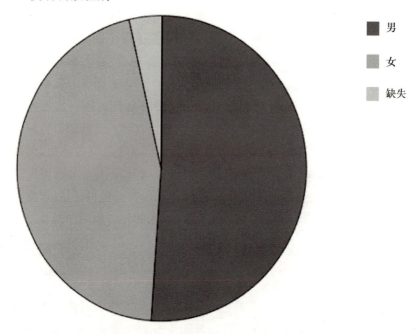

图 11-1-1　受访公众性别分布图

从公众性别的有效数据来看,受访男性为 252 人,占 52.9%,受访女性为 224,占 47.1%,男女比例大致相当。

2. 受访公众户籍

从受访公众的分布来看:来自华东和华北的比例相对较高,其中又以北京(15%)、山东(12%)的受访者居多;而西南、西北、华中等地区受访人数相对较少。但若将地域按中西部地区(西南、西北和华中)、东部偏南地区(华东、华南和港澳台)、东部偏北地区(华北和东北)划分,则地域分布较为均匀,其占样本的比例分别为 33.1%、32.9%、34%。

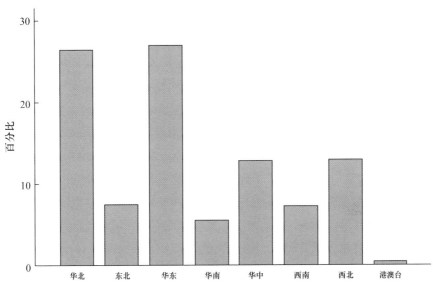

图 11-1-2　受访公众户籍分布图

3. 受访公众学历

表 11-1-1　受访公众学历统计表

		频率	百分比	有效百分比	累计百分比
有效	初中	3	0.6	0.6	0.6
	高中	28	5.7	5.7	6.3
	大学	309	62.6	62.8	69.1
	研究生及以上	152	30.8	30.9	100.0
	合计	492	99.6	100.0	
缺失	系统	2	0.4		
	合计	494	100.0		

从受访公众的学历来看,大学学历的最多,有309人(62.8%),次为研究生及以上学历152人(30.9%),再次为高中学历28人(5.7%),最末为初中及以下学历的3人(0.6%)。

4. 受访公众的被害经历

表 11-1-2 受访公众及其家庭成员被害经历调查表

被害类型	选项	人数	有效百分比
自身是否遭受过犯罪侵害	是	297	60.7%
	否	192	39.3%
家庭成员是否遭受过犯罪侵害	是	336	70.1%
	否	144	29.9%

由上表可知,半数以上的受访公众认为自己或者自己的家庭成员属于遭受过犯罪侵害的被害人。

(二)法律从业人员

1. 法律从业人员性别

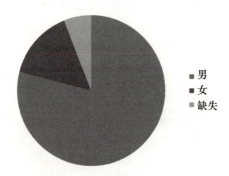

图 11-1-3 法律从业人员性别分布图

剔除未填写的 24 份数据,受访的男性法律从业人员总数为 303 人,有效比重为 78.9%,远远高于受访的女性法律从业人员的 81 人(比重为 21.1%)。

2. 法律从业人员户籍

受访的法律从业人员中,来自华东和华北的同样较多,其中又以北京(12.5%)、上海(8%)、四川(6.9%)的受访者居多;而东北、华中、华南等地区受访人数相对较少。以中西部地区(西南、西北和华中)、东部偏南地区(华东、华南和港澳台)、东部偏北地区(华北和东北)划分,其所占比例分别为 38.7%(143 人)、35.4%(131 人)、25.9%(96 人),故而在地域分布上也并没有畸轻畸重的现象。

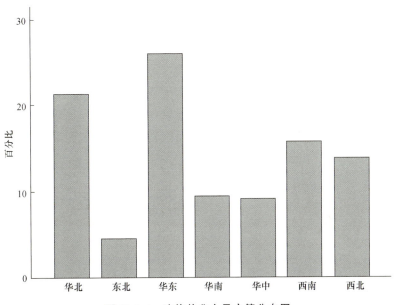

图 11-1-4　法律从业人员户籍分布图

3. 法律从业人员的年龄

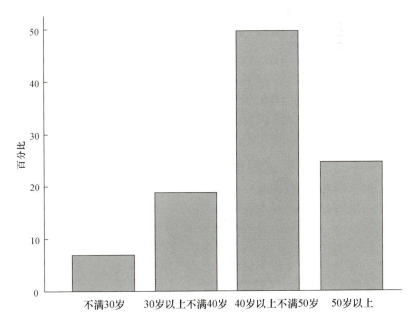

图 11-1-5　法律从业人员年龄段分布图

受访的法律从业人员中,以 40 岁至 50 岁的人居多,比例为 49.6%。其具体年龄的跨度,从 25 岁至 58 岁,均值年龄为 44 岁。

4. 从事法律职业的年限

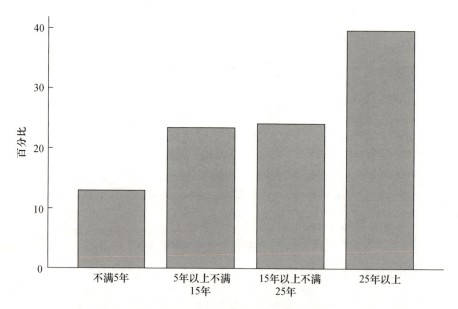

图 11-1-6　从事法律职业年限分布图

就从事法律职业的年限来看,新老法律职业人的比例依次为 12.9%、23.4%、24.1%、39.6%,平均从业年限为 18.68 年。

(三)专职救助人员

1. 专职救助人员性别

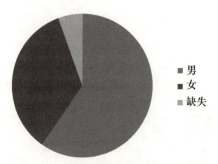

图 11-1-7　专职救助人员性别分布图

专职救助人员性别中,男性受访者明显偏多,几乎是女性数量的两倍,分别为 63.2% 和 36.8%。

2. 专职救助人员户籍

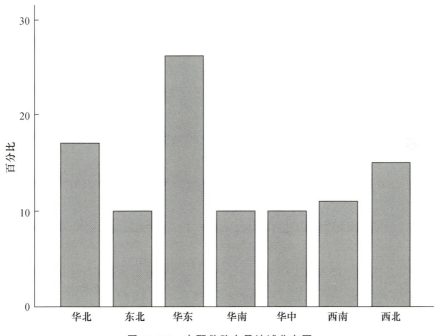

图 11-1-8 专职救助人员地域分布图

从专职救助人员户籍来看,华东地区的人数最多,来自福建省的受访者达到了总数的 17%,其余各省均为 10% 以下。从大区域划分来看,中西部地区(西南、西北和华中)为 36.4%、东部偏南地区(华东、华南和港澳台)为 36.4%、东部偏北地区(华北和东北)为 27.2%,相对而言,专职救助人员的地域分布更为平均。

3. 专业救助人员年龄

年龄的跨度从 29 岁至 59 岁均有分布,平均年龄为 44.96 岁。其中,超过半数(53.6%)的专职救助人员处于 40 岁至 50 岁区间,50 岁以上也占到了 25.5%,换言之,40 岁以上的受访者是主要受访群体,比例高达 79.1%。

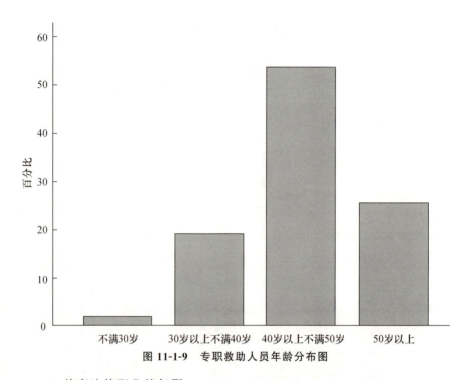

图 11-1-9　专职救助人员年龄分布图

4. 从事法律职业的年限

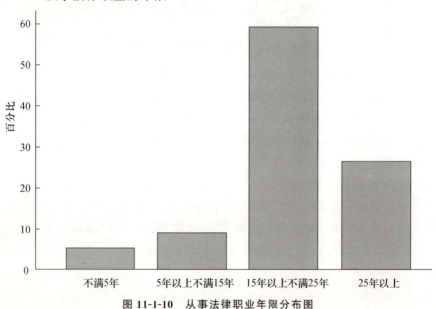

图 11-1-10　从事法律职业年限分布图

受访者从事法律工作的年限,最短的为3年,最长的34年,均值为20.15年。其中,多数受访者(85.5%)的法律工作年限达到了15年以上,可见当下从事被害人国家救助工作的检察官大多为熟悉业务的骨干人员。

三、民意的具象与多维分析

(一)对加害与被害双方的基本认知

1. 对犯罪人的态度

表 11-1-3　受访者对犯罪人的态度

		作答群体					
		普通社会公众		法律从业人员		专职救助人员	
		频数	比例①	频数	比例	频数	比例
选项类型	非常同情	10	2.1%	2	0.5%	0	0
	同情	120	24.8%	84	21.3%	14	11.5%
	无所谓	53	11%	39	9.9%	11	9%
	罪有应得	300	62.1%	269	68.3%	97	79.5%

总的说来,三类群体中的多数②均认为犯罪人属于"罪有应得"型,但具体比重呈现出由普通公众向专职救助人员递增的趋势:从事法律职业的人往往更倾向于谴责犯罪人,其中以救助被害人为专职的人表现得最为明显。

2. 对被害人的态度

表 11-1-4　受访者对被害人的态度

		作答群体					
		普通社会公众		法律从业人员		专职救助人员	
		频数	比例	频数	比例	频数	比例
选项类型	非常同情	147	29.9%	183	45.5%	32	26.2%
	同情	282	57.4%	215	53.5%	87	71.3%
	无所谓	13	2.6%	4	1%	3	2.5%
	罪有应得	49	10%	0	0	0	0

---

① 下文若无明确说明,比例皆为剔除缺失数据后的有效比例。
② 本章所称的多数,是指超过50%的简单多数。

在对被害人的态度上,尽管三类人群对被害人持同情以上态度的比重为绝大多数①,但却并未呈现出随着身份和职业递增的趋势:法律从业人员中接近半数对被害人"非常同情",专职救助人员则更多地持"同情"态度,而普通公众竟有部分比例对被害人持谴责的态度。事实上,这可能因三类人群与被害人关系、对加被害事实的了解程度相关:于普通公众而言,缺乏与被害人直面的机会,对被害人的态度很大程度上受到内心正义感、媒体舆论宣传等影响,故而其对被害人的评价呈现多样化;于法律从业人员而言,由于专业学习以及职业接触等原因,对被害人有直接面对的机会,诸如警察、检察官等往往是和被害人处在同一个阵营,因而对被害人更加同情;于专职救助人员而言,一方面因职业特点而定位为保护被害人的角色,因而倾向于同情被害人,但另一方面其具体施救力度往往需要结合被害人自身责任,因而又制约其同情的态度。

3. 对被害人自身责任的看法

表 11-1-5　受访者对被害人自身责任的态度

		作答群体					
		普通社会公众		法律从业人员		专职救助人员	
		频数	比例	频数	比例	频数	比例
选项类型	完全责任	7	1.4%	2	0.5%	0	0
	主要责任	30	6.1%	27	6.9%	0	0
	次要责任	386	78.1%	288	73.8%	98	82.4%
	毫无责任	66	13.4%	73	18.7%	21	17.6%

在"被害人通常对自身被害负有何种责任"的回答中,绝大多数人都认为被害人仅仅负有次要以下的责任。所不同的是,普通公众与法律从业人员的立场大致接近,四种类型均有分布,而专职救助人员则更普遍地认为被害人通常不负担主要的责任。

---

① 本章所称的绝大多数,是指超过 66.7% 的绝对多数。

第十一章 犯罪被害人救助立法的公众认知

(二)对被害人保护效果的基本评价

1. 现行刑事司法体系是否有效地保护被害人

表 11-1-6　受访者关于现行司法体系保护效果的看法

选项类型		作答群体					
		普通社会公众		法律从业人员		专职救助人员	
		频数	比例	频数	比例	频数	比例
选项类型	有效	64	13.4%	73	18.6%	15	12.3%
	一般	310	64.7%	271	69.1%	95	77.9%
	无效	62	12.9%	34	8.7%	12	9.8%
	不太清楚	43	9%	14	3.6%	0	0

认为现行刑事司法制度不足以保护被害人的,是三类群体中的绝大多数,其中专职救助人员的比例最高(87.7%),而法律从业人员(77.8%)则略高于普通社会公众(77.6%)。

2. 制约现行刑事司法体系保护效果的因素是哪些

表 11-1-7　受访者对制约因素的认知调查表

选项类型		作答群体					
		普通社会公众		法律从业人员		专职救助人员	
		频数	比例	频数	比例	频数	比例
选项类型	被害人保护制度建设滞后	350	73.2%	297	77.1%	96	82.1%
	被害人保护观念缺乏	256	55.7%	167	43.4%	48	41%
	司法工作人员保护能力低下	233	48.7%	154	40%	30	25.6%
	司法工作人员责任心不强	432	48.9%	119	30.9%	23	19.8%

在可能制约当下被害人保护效果的诸多因素中,"被害人保护制度建设滞后"属于绝大多数受访者所公认的原因,认同的比例呈现出由普通社会公众向专职救助人员递增的趋势。同时,半数左右的普通公众认为"被害人保护观念缺乏""司法工作人员保护能力低下"以及"责任心不强"同样制约着被害人保护效果;但法律从业人员以及专职救助人员则似乎并不太认可这

三种因素,其支持的比例恰好相反,呈现出由普通社会公众向专职救助人员递减的趋势。

3. 本地区所开展的被害人国家救助效果如何

表 11-1-8　受访者所在地被害人救助工作的宣传效果

选项类型		作答群体			
		普通社会公众		法律从业人员	
		频数	比例	频数	比例
选项类型	听说过本地存在被害人救助实践	182	37.1%	280	69%
	未听说过本地存在被害人救助实践	308	62.9%	126	31%

对于普通社会公众以及一般法律从业人员而言,可能并不清楚本地的被害人国家救助实践的具体效果,故课题组代之以"有无听说本地的被害人救助实践"的问题,从而从侧面了解当地被害人救助实践在本地的影响。数据显示,多数普通民众并不知晓这一实践,而绝大多数的法律从业人员则对此有所耳闻。

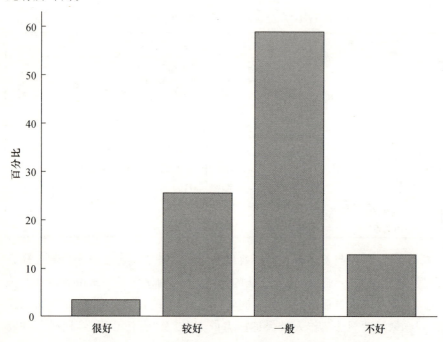

图 11-1-11　受访者所处地方的被害人救助实际效果分布图

对于专职救助人员而言,其是实施救助的主体,因而更为知晓本地被害人救助的具体效果。从数据上看,仅3.3%的人认为效果"很好",半数以上(59%)的人则认为效果一般。如果加上"效果不好"的比重,对本地被害人救助实践持消极看法的人,占到了绝大多数(71.3%)。

(三)对国家保护被害人的基本立场

1. 国家应当采取何种措施来保护被害人

表 11-1-9 被害人救助的各项措施支持率统计表

选项类型		作答群体					
		普通社会公众		法律从业人员		专职救助人员	
		频数	比例	频数	比例	频数	比例
	经济补偿	391	82%	301	79.6%	114	93.4%
	医疗救助	363	75.8%	289	74.7%	94	80.3%
	诉讼支持	426	88.9%	341	88.1%	102	87.2%
	心理干预与辅导	368	76.8%	293	75.7%	92	78.6%
	就业指导与帮助	172	35.9%	180	46.5%	73	62.4%
	再次被害的预防教育	254	53%	162	42.1%	60	51.3%

总体而言,三类群体对诉讼支持、经济补偿、医疗救助和心理干预与辅导等措施均表达了高程度的支持;其中,普通公众和法律从业人员支持率的前三是诉讼支持、经济补偿与心理干预与辅导;而专职救助人员则为经济救助、诉讼支持与医疗救助。就对各项措施的具体支持程度而言,三者存在普遍的数量上的差异,表现为普通社会公众＜法律从业人员＜专职救助人员。若以是否与具体犯罪侵害直接相关性为标准,则上述措施属于与犯罪高度相关的被害保护措施,其中诉讼支持属于追诉犯罪,而经济补偿、医疗救助和心理干预属于被害恢复,至于就业指导和被害预防,与具体犯罪并无直接相关性。事实上,三类群体更加青睐于与具体犯罪具有直接相关性的被害人保护措施。

课题组进一步就"是否应当建立包括上述措施在内的被害人综合性保护制度"问题询问专职救助人员,115人(94.3%)认为应当建立,但其内部存在分歧:超过半数的(54.8%)受访者认为由于立法难度较大,应就经济补偿和医疗救助方面专项立法,实现制度上的突破;而另一部分人(45.2%)则认为应当及时一次性进行综合立法。至于认为国家不应当承担过重责任的比重,仅为4.9%。

2. 是否有必要吸收社会力量参与被害人保护

表 11-1-10　对社会力量参与救助的态度

		作答群体					
		普通社会公众		法律从业人员		专职救助人员	
		频数	比例	频数	比例	频数	比例
选项类型	有必要	383	80.5%	291	78.6%	85	72%
	没必要	60	12.6%	62	16.8%	31	31%
	不清楚	33	6.9%	16	4.6%	2	1.7%

无论何种类型群体,绝大多数受访人都支持和鼓励社会力量加入到被害人保护之中。值得注意的现象是,支持的比例上,呈现出普通社会公众＞法律从业人员＞专职救助人员的现象。换言之,从事法律业务或者专职被害人救助的人,更容易排斥社会力量。被害人保护不是国家力量和社会力量角力的舞台,而应当是二者合力的场域,这种排斥的倾向值得思考。

3. 国家救助被害人是否必要

表 11-1-11　国家对犯罪被害人进行经济补偿有无必要

		频率	百分比	有效百分比	累计百分比
有效	有必要	112	91.8	91.8	91.8
	无必要	2	1.6	1.6	93.4
	不清楚	8	6.6	6.6	100.0
	合计	122	100.0	100.0	

通过对专职救助人员的调查,发现几乎全部的受访者都认为对被害人的经济补偿是非常必要的。这显示专职救助群体在对被害人经济补偿的问题上,认为不仅(道义伦理)应当,而且(功利角度)必要。

第十一章 犯罪被害人救助立法的公众认知

4. 国家救助的正当性根据何在

表 11-1-12　国家救助被害人的原因

问题类型		选项			
		是		否	
		频数	比例①	频数	比例
问题类型	国家负有保护不周和追诉不力的责任	66	55.5%	53	44.5%
	国家负有帮扶助困和分担风险的义务	84	70.6%	35	29.4%
	国家基于社会控制和被害安抚的考虑	89	74.8%	30	25.2%

在此一问题上,课题组仅对专职救助人员设问,从上表 11-1-12 可知:绝大多数的受访者将社会控制、被害安抚和帮扶助困、分担风险作为国家救助被害人的正当性根据,这实际上是对刑事被害人救助中的刑事政策说、社会福利说、社会风险说的认同。至于国家负有保护不周和追诉不力的国家责任说,则存在势均力敌的对抗,仅仅为简单多数的支持,不具有压倒性优势。

(四) 对被害人救助类型的基本态度

表 11-1-13　对需救助被害人类型的基本态度

		受访者类型					
		普通社会公众		法律从业人员		专职救助人员	
		频数	比例	频数	比例	频数	比例
肯定类型	所有刑事案件均可申请救助	103	22.3%	101	29.4%	29	24.4%
	故意造成被害人死亡的案件可救助	348	75.5%	258	75%	102	85.7%
	过失致被害人死亡的案件可救助	305	66.2%	245	71.2%	88	73.9%
	故意造成被害人重伤的案件可救助	319	69.2%	264	76.7%	107	89.9%
	过失致被害人重伤的案件可救助	281	61.1%	238	69.2%	90	75.6%

---

① 三个问题的缺失数据均为 3 份。

(续表)

		受访者类型					
		普通社会公众		法律从业人员		专职救助人员	
		频数	比例	频数	比例	频数	比例
肯定类型	故意造成被害人伤害的案件可救助	199	43.2%	174	50.9%	66	55.5%
	故意造成被害人财产重大损害案件可救助	262	56.8%	200	58.5%	82	68.9%
	故意造成被害人财产一般损害案件可救助	173	37.5%	140	40.9%	49	41.2%

总体而言,不同类型的绝大多数受访者均反对不加区分地对全部刑事案件被害人加以救助的做法。具体而言,人们倾向于对故意造成被害人死亡或者重伤、过失致他人死亡或者重伤害的案件加以国家补偿,而在故意致被害人普通伤害、重大财产损害或者财产一般性损害的情形中,不应给予物质补偿。尽管从权利的规范视角看来,人身权高于财产权,但是很显然的是,支持在财产重大损害场合加以救助的比例远高于在人身普通伤害的场合。

事实上,三类受访者群体都更加关注被害人实际受到的侵害类型(生命权、健康权还是财产权)以及受到侵害的程度(严重还是一般),换言之,社会公众始终侧重于损害结果,多数人主张在生命权和健康权受到严重损害时国家应给予补偿。而至于案件性质属于故意还是过失,对于支持程度的影响并不明显——尽管在同等损害情形下,支持对故意犯罪中被害人加以救助的比例通常较高。

另外,有两个值得注意的现象:其一,在是否对所有案件都给予国家补偿的问题上,较之于公众,有不少比例的法律从业人员以及专职救助检察官持肯定态度。其二,在所有的救助范围标准的调查中,专职救助检察官支持救助的态度非常明显,支持率均高于普通公众和普通法律职业人。通过Pearson相关系数检验发现,具有专职救助检察官这一身份的,与各种类型救助标准的高支持率保持着相关关系,这意味着这一类型的受访者表现出对被害人更为积极的补偿意愿。

第十一章 犯罪被害人救助立法的公众认知

（五）对被害人排除条款的基本倾向

表 11-1-14　对被害人排除条款的态度

被害人类型		选项				
		不应当给予国家补偿				
		普通社会公众		法律从业人员		专职救助人员
		频数	比例	频数	比例	频数	比例
被害人类型	已获全部或部分赔偿的	187	39.7%	175	50.4%	44	37.9%
	未因犯罪陷入生活困难的	136	29.1%	163	48.2%	45	40.2%
	同一家庭成员的	161	34.5%	119	35.5%	37	31.9%
	对自身被害存有过错的	129	27.6%	90	26.9%	21	21.7%
	不具有本国籍的	69	15%	63	19.6%	12	10.6%
	已从其他途径获得补偿的	157	33.5%	165	49.4%	67	58.3%
	拒绝赔偿义务人赔偿的	158	33.8%	174	51.8%	92	80%
	缠访闹访而影响治安的	167	35.7%	154	45.7%	45	40.2%
	未报案或不配合司法机关的	175	37.6%	138	42.2%	58	51.8%

尽管在具体的支持比例上普通公众、法律从业人员和专职救助人员之间存在着一定的差别，例如在是否对未报案或者给予司法机关配合的被害人予以救助的问题上，无论是专职检察官还是普通法律从业人员，都更加倾向于拒绝救助；相反，普通公众则较高比例支持救助。然而，这是否意味着职业和专业影响着被调查者的立场和态度呢？通过 Pearson 相关系数检验，仅仅只有"未因犯罪陷入生活困难""已从其他途径获得补偿"以及"拒绝赔偿义务人赔偿"情形中的数据与受调查者身份呈现正相关关系。这种显著相关说明，较之于普通公众，从事法律业务、具有法律知识背景的受调查者，往往倾向于否定对未因犯罪陷入生活困难、从其他途径获得补偿或者拒绝他人赔偿的被害人给予救助。

（六）对救助机关之设定的基本看法

表 11-1-15　对救助机关设定的看法

<table>
<tr><th colspan="2" rowspan="2"></th><th colspan="6">受访者类型</th></tr>
<tr><th colspan="2">普通社会公众</th><th colspan="2">法律从业人员</th><th colspan="2">专职救助人员</th></tr>
<tr><th colspan="2"></th><th>频数</th><th>比例</th><th>频数</th><th>比例</th><th>频数</th><th>比例</th></tr>
<tr><td rowspan="8">设定模式</td><td>公安机关主导</td><td>31</td><td>6.8%</td><td>10</td><td>2.8%</td><td>1</td><td>0.8%</td></tr>
<tr><td>检察机关主导</td><td>26</td><td>5.7%</td><td>13</td><td>3.7%</td><td>未设该选项①</td><td>未设该选项</td></tr>
<tr><td>审判机关主导</td><td>50</td><td>11%</td><td>52</td><td>14.6%</td><td>8</td><td>6.7%</td></tr>
<tr><td>分阶段分别主导②</td><td>98</td><td>21.5%</td><td>56</td><td>15.8%</td><td>48</td><td>40%</td></tr>
<tr><td>政法委员会主导</td><td>10</td><td>2.2%</td><td>29</td><td>8.2%</td><td>7</td><td>5.8%</td></tr>
<tr><td>司法行政部门主导</td><td>31</td><td>6.8%</td><td>24</td><td>6.8%</td><td>0</td><td>0</td></tr>
<tr><td>民政部门主导</td><td>72</td><td>15.8%</td><td>64</td><td>18%</td><td>9</td><td>7.5%</td></tr>
<tr><td>设立专门机构主导</td><td>137</td><td>30.2%</td><td>107</td><td>30.1%</td><td>30.1%</td><td>39.2%</td></tr>
<tr><td colspan="2">合计</td><td>455</td><td>100%</td><td>355</td><td>100%</td><td>120</td><td>100%</td></tr>
</table>

从上表 11-1-15 可知，三种类型受访者的基本看法是大约一致的，只是具体排位有所不同：于普通社会公众而言，前三位的模式为专门机构主导、分阶段分别主导、民政部门主导；于法律从业人员而言，前三位的模式为专门机构主导、民政部门主导、分阶段分别主导；于专职救助人员而言，前三位的模式为分阶段分别主导、专门机构主导、民政部门主导。事实上，分阶段分别主导只在专职救助人员中支持率畸高，民政部门主导也只在普通社会公众和法律从业人员中支持率较高，这意味着这两种模式并非受到一致性的认可，而受到一致认可的是设立专门机构来负责被害人国家救助事宜。

---

① 因受访的专职救助人员身份均为检察官，为避免选择自己所任职的检察机关作为主导机关，故特未设"以检察机关为主导"的选项。

② 所谓的"分阶段分别主导"，是指立案侦查阶段由公安机关负责、审查起诉阶段由检察机关负责、审判阶段由审判机关负责。

第十一章 犯罪被害人救助立法的公众认知

（七）对救助资金之来源的基本建议①

1. 何种模式有利于被害人救助资金的保障

表 11-1-16 何种模式有利于被害人救助资金的保障

		频率	百分比	有效百分比	累计百分比
有效	中央全额拨款为主	26	21.3	22.2	22.2
	地方财政拨款为主	9	7.4	7.7	29.9
	中央财政支持、地方配套为主	82	67.2	70.1	100.0
	合计	117	95.9	100.0	
缺失	系统	5	4.1		
	合计	122	100.0		

在救助资金的主要来源方面，绝大多数的专职救助人员选择的是"中央财政支持、地方配套"的模式。

2. 救助基金应设置在哪一级别

表 11-1-17 被害人救助基金设置在哪一级别较为合适

		频率	百分比	有效百分比	累计百分比
有效	国家被害人救助基金	20	16.4	17.1	17.1
	省级被害人救助基金	33	27.0	28.2	45.3
	地市级被害人救助基金	41	33.6	35.0	80.3
	县区级被害人救助基金	23	18.9	19.7	100.0
	合计	117	95.9	100.0	
缺失	系统	5	4.1		
	合计	122	100.0		

在被害人救助基金的级别设置上，以地市级和省级的支持度最高，次之为县区级，最末为国家级。这意味着，多数专职救助人员倾向于将资金置于

---

① 该项以下问题均专门为专职救助人员设计，因为救助资金来源和保障等属于技术性较强的问题，普通公众和一般法律从业人员并不是适宜的受访者。

第三编 犯罪被害人救助制度之中国经验

中层,从而既能实现一定区域内的基金统筹与协调,又能确保资金的承接与监管。

3. 救助资金应否限于国家财政

表 11-1-18 被害人救助资金渠道

		频率	百分比	有效百分比	累计百分比
有效	单一化(国家财政拨款等)	37	30.3	31.9	31.9
	多元化(吸收社会捐助等)	79	64.8	68.1	100.0
	合计	116	95.1	100.0	
缺失	系统	6	4.9		
	合计	122	100.0		

绝大多数的受访者认为应当保证救助资金渠道的多元化,从而在减少国家财政负担的同时,实现被害人救助的社会参与。

第二节 公众认知的厘清与立法政策的呼应

一、三类群体认知的共识与启示

(一)不同群体的相同认知

从上一节对具象性和多维性的民意的梳理,可以明确清晰地归纳出受访三类人群的相互趋近的立场和态度。总体来说,三类人群所展现的公众认知,在主流趋势上保持一致,并不存在明显的对立现象:

首先,在对加害与被害双方的基本认知上,绝大多数受访者均表现出了对犯罪人的谴责与对被害人的同情之态度。一般而言,犯罪人与被害人处在正义天平的两端,对犯罪人加以谴责,与对被害人抱有同情应当具有某种成比例的相关性。然而,从具体数据上看,对受害人持同情态度的比例远高于对犯罪人谴责的比例,这意味二者虽然相关,但并不成比例。由于对受害人同情,既包括对其遭遇犯罪的怜悯,也包括对被害后身处困境的不忍,因而这种高比例的同情度,极大地受到诸如被害人保护制度及其实践效果等因素的制约。

事实上,绝对多数的受访者认为现行刑事司法体系对被害人是缺乏关

第十一章 犯罪被害人救助立法的公众认知

照和保护的,其中最为重要的原因是被害人保护方面的制度性缺失与观念性缺乏。换言之,本书认为,对受害人高程度的同情,意味着由于我国被害人保护的滞后,公众更为重视被害人的损害恢复,相比之下对犯罪人的处罚则退居次席。而这种"重损害修复、轻犯罪惩处"的公众认知,则恰好与传统刑事司法倚重对犯罪人加以刑罚处遇的理念相左。

其次,在国家保护被害人的基本立场上,绝大多数的受访者认为国家应当并且侧重于从经济补偿、医疗救助、诉讼支持与心理干预等方面对被害人进行保护。更进一步而言,绝大多数专职救助人员认为,对被害人施以援手,于国家而言,不仅应当,而且必要。同时,主流的公众认知也主张整合国家和社会力量,从而形成保护被害人的合力。从制度和实务上看,当下所开展的被害人救助以及国家救助,是旨在对被害人加以经济补偿和医疗救助,这是当下我国被害人保护的重点;而对被害人的法律援助,则属于诉讼支持范畴;至于心理干预等措施,则并不常见。以作为重点的被害人救助而言,绝大多数的专职救助人员对当下救助效果并没有积极评价,而多数普通公众甚至没有对本地的救助有所耳闻。举重以明轻,被害人救助的效果已然如此,对被害人的其他保护性措施的实际效果可想而知。

再次,在对被害人救助立法的基本倾向上,绝大多数受访者反对不设标准地对所有类型被害人加以补偿。在具体的补偿类型上,三类人群中超过六成的公众均侧重于对死亡和重大伤害类型的被害人加以救助,至于导致损害的犯罪系故意还是过失,则并无紧要关系。在具体排除条款上,对于被害人具有外国籍、对自身被害存有过错或者与加害人属于同一家庭成员的场合,多数公众反对一概性地排除救助,主张视具体情形酌情加以救助。在救助资金模式及其来源上,绝对多数的受访者倾向于以国家推进为主、社会参与为辅的模式,从而相应的资金来源便是以国家财政为主,社会捐助为辅。

最后则是关于救助机关的设定,三类群体中均有超过三成的受访者表示应当成立专门机构办理被害人国家补偿的事宜,这是三方认知的交集和共识。至于支持分阶段由不同机关救助,则仅在专职救助人员群体获得较高支持率,其部分原因可能在于,受访者受到了《关于开展刑事被害人救助工作的若干意见》中"各机关分工负责、政法委审批"模式的影响,从而惯性或者下意识地选择支持分阶段救助模式。

(二)趋同认知的实质启示

上述不同群体的相同认知,分别从三重维度照应着我国被害人救助制度的建构:

第一,思路的重构。传统刑事司法制度的基本假设在于,国家通过垄断刑罚权,来取代被害人私力救济,以对犯罪人判处并实施刑罚,作为对被害人核心诉求的回应。然而,实现对被害人的惩罚,仅仅只是被害人诉求的一个方面,甚至不是最为重要的。从可以探求的公众认知来看,实现被害人损害的修复,可能是更为重要的一个方面。这种对损害修复的忽视,事实上是将被害人作了非人化、客体化处理,从而对被害人构成了再度伤害。换言之,"只要刑事司法体制仍是以惩罚犯罪人为导向,那么它就将继续不能满足被害人的需求、继续使被害人承受痛苦"[1]。因此,刑事司法制度的关注点必须从科处刑罚转移到损害恢复。

第二,立法的需求。尽管报应与补偿对于秩序平衡的恢复都具有重要的象征意义,然而较之于将犯罪人拉低到被害人同等损害的报应而言,旨在恢复和提升被害人价值的补偿则是平衡恢复的更为具体且妥当的方法。而从被害人的角度看,其的确比公众更愿意接受修复性而非惩罚性的裁判。[2]换言之,刑事司法制度关注点的转移,在立法和制度层面,要求从被害人需求着眼。事实上,趋同的公众认知青睐并支持以被害人国家救助立法的方式,来回应遭受犯罪侵害的被害人的重要需求——经济补偿、紧急医疗、心理辅导等。

第三,制度的设计。在最微观的制度建构层面,公众认知的共识主要集中在三个方面:其一,国家不应当对所有类型的被害人均加以救助,换言之,被害人救助意义上的国家责任,并不是无边无际、无所限制的。其二,重要的救助类型,是因犯罪而导致死亡、重伤或者严重残疾的被害人。国家应当以人身法益的严重损害而非犯罪的主观心态,作为救助对象的实质性标准。其三,救助机关及其参与力量,应当遵循国家主导、社会与个人参与下的互动模式,这既确保了制度初始建构的主导推动力,也保障了制度长期存在的

---

[1] 〔英〕格里·约翰斯通:《恢复性司法:理念、价值与争议》,郝方昉译,中国人民公安大学出版社 2011 年版,第 86 页。

[2] 参见〔美〕霍华德·泽尔:《视角之变:一种犯罪与司法的新焦点》,狄小华等译,中国人民公安大学出版社 2011 年版,第 163 页。

第十一章　犯罪被害人救助立法的公众认知

社会根基。

由此可见，无论是从公众认知，还是从现实操作来看，被害人救助立法的时机业已成熟，处在需要"临门一脚"的关头。这种借由公众支持、呼应现实需求的立法，属于"回应型立法"，从而区别于"追赶型立法"：后者的典型类型是超前立法，前者之于后者的优势则在于适时与适度。① 因此，若不及时将被害人救助立法提上相关议程，则势必导致立法的滞后和不适应。在这层意义上，大致趋同的公众认知，明确表现出了受访者对国家物质救助被害人的可接受态度，从而也就确定了被害人救助立法的大势。

二、三类群体认知的分歧与原因

相对地，三类人群认知同样存在分野，各种分歧主要集中在以下方面：

其一，公众更愿意将司法工作人员的被害保护知识不足、能力不够、责任心不强作为当下被害人保护的重要制约因素。然而，于具有法律知识或者从业背景的人群而言，则出现了相反的倾向：法律从业人员和专职救助人员（尤其是后者），认为主要的制约因素在于制度性缺失，而拒绝将保护不力的责任归咎于司法工作人员。

其二，在对被害人救助类型的基本态度上，对各类型被害人加以救助的支持度，基本上出现出"普通社会公众＜法律从业人员＜专职救助人员"由低向高的渐变趋势：具有法律知识或者从业背景的，在救助或者补偿被害人的态度上，更为慷慨。其中，又以受访的专职办理救助案件的检察官为最。

其三，在对被害人排除条款的基本倾向上，对于已经从犯罪人或其他途径获得赔偿，拒绝加害人赔偿或者不给予司法机关配合、闹访缠讼的被害人，较之于普通社会公众，具有法律知识或者从业背景的人群更加倾向于拒绝补偿，其中尤以专职救助检察官为甚。

其四，从事法律职业的人群往往易于选择自己所从事的机构作为救助决定机关。同时，超过九成的专职救助人员认为国家救助被害人不仅应当而且必要，而超过七成的专职救助人员认为当前救助工作效果不甚理想。另外，在吸收社会力量参与被害人保护的问题上，则呈现出"普通社会公众＞法律从业人员＞专职救助人员"由高向低的渐变趋势。换言之，具有法律

---

① 江国华：《立法：理想与变革》，山东人民出版社 2007 年版，第 289 页。

知识或者从业背景的人,对吸纳社会力量参与,存在犹豫甚至是质疑的倾向。

这些分野与受访者的职业背景和知识结构有密切关联:一方面,从事法律职业的人比普通社会公众更为直接地接触到被害人司法保护的有关工作,从而更加清晰了解现行制度存在的问题。因而,在对现行制度的看法问题上,当专业人群比普通公众表现得更为激进时,则专业人群的意见是基本可信的,例如在制度性缺失和观念性缺乏导致刑事司法体系忽视被害人保护,以及在被害人损害已经从其他途径获得弥补时应当排除补偿等问题上。

另一方面,这种法律职业又往往影响着受访者的选择,即在涉及自身群体的评价问题(司法工作人员是否缺乏保护被害人的知识、能力或者责任心)时,往往会作出否定回答;在涉及保护力度和范围(国家是否应当且必要救助被害人以及补偿的标准)时,则常常支持加大力度或者扩大范围;在补偿的排除条款问题上,法律职业群体更加希望通过国家救助制度来强化被害人与司法机关的联系,以发挥该制度的刑事政策功能。申言之,职业身份既可以揭示问题,也会使问题得以掩盖。本书正是通过将不同的公众认知进行类型化对比,才促使有效信息得以甄别。

三、三类群体认知对立法的投射

(一)公众认知与政策趋势的合流

当下主导我国被害人救助的实践的公共政策依据是2014年《关于建立完善国家司法救助制度的意见(试行)》(下称《司法救助意见》),由于其已经实质性地整合并扩张了2009年的《关于开展刑事被害人救助工作的若干意见》,因此仅需将所调研而得的公众认知与《司法救助意见》进行对比分析。

其一,在对现行刑事司法制度和被害人保护的基本立场上,《司法救助意见》与多数民众的看法(即现行制度对被害人救济不足,进而有必要加强对被害人保护)是一致的。《司法救助意见》指出在当前社会矛盾凸显期、刑事案件高发期,一些刑事犯罪案件和民事侵权案件的被害人由于案件无法侦破、被害人无能力赔偿或赔偿能力不足而无法通过诉讼程序获得赔偿,从而陷入生活困境。因而有必要对这些被害人加以国家救助,既可以彰显党和政府的民生关怀,又有利于实现社会公平正义。

其二,在对国家救助被害人的基本认知方面,《司法救助意见》认为救助

第十一章　犯罪被害人救助立法的公众认知

义务源于帮扶济困的福利义务以及安抚被害人以重建秩序的目标——既帮助被害人摆脱生活困境，又要实现社会和谐稳定、维护司法的权威和公信，而这与专职救助人员的基本倾向完全吻合。同时，《司法救助意见》主张司法救助应以支付救助金为主，其他帮扶手段为辅，这也与三类群体所主张的以经济补偿为先的渐进性思路不谋而合。

其三，在国家救助被害人类型的基本态度方面，过半公众支持的类型（包括被害人死亡、重伤、财产重大损失的场合）都被《司法救助意见》所接受，所不同的是《司法救助意见》在各种类型中均设置了"生活困难"的限制性条件。

其四，在排除条款的基本倾向上，《司法救助意见》也倾向于对"被害人重大过错""放弃对加害人赔偿主张的""拒不配合司法机关调查或作伪证及虚假陈述的""生活困难非因犯罪所致"以及"已获其他救助的"等情形排除救助。

其五，在对救助机关和资金来源的看法上，《司法救助意见》与主流认知也是相互呼应，即主张依不同阶段司法机关分工负责、采取政府主导、社会参与的筹资方式。

（二）公共认知对制度立法的倾向

通过对公共认知和当下政策的对比分析，我们认为被害人救助或补偿立法势在必行，其中既有包括法律专业人员在内的广泛公众基础，同时也符合当下政策所指明的方向。尽管《司法救助意见》在很大程度上反映了公众认知，但由于其本身的政策性和试行性，仍有为立法谋划之必要。因此，我们认为被害人救助立法应当从以下维度对公众的意愿共识和趋同认知加以回应：

（1）立法模式。多数民意认为，在当前对被害人进行全面保护条件尚不成熟的背景下，不应一步到位地制定包括心理辅导、诉讼支持、法律援助与物质补偿在内的广义被害人救助法或保护法，而应当渐进式推进立法，即首先制定旨在物质补偿的狭义被害人救助法。由于当前实践和理论中的问题，主要是狭义被害人救助法缺失所导致的——无论是从各国被害人补偿的经验，还是问卷调查的公众认知来看，对被害人给予物质救助都是最为重要的一环，所以以经济救助作为立法切入点，既回应了当下的中国问题，又能回避一体式立法所面临的分歧和阻力。

(2) 立法根据。从世界范围来看,被害人救助立法根据,大致存在着国家责任说、社会福利说、社会公正说、刑事政策说等。① 从专职救助人员的倾向上看,相关支持度从国家基于社会控制和被害安抚的考虑、负有帮扶助困和分担风险的义务到负有保护不周和追诉不力的责任逐渐递减,但即便是最低的国家责任类型,亦获得了过半数的受访者支持。因此,对立法而言重大的课题在于,如何整合纷繁复杂的各种立法根据理论,使之既呼应民意,又能辐射到制度细节。

(3) 救助类型。应当以损害类型而非犯罪类型作为具体救助对象的标准,其中又应以人身遭受重大损害的被害人作为优先或者重点救助对象。换言之,只要被害人因犯罪侵害而导致死亡、重伤或者严重残疾的,不论是否属于故意犯罪或者暴力犯罪,都应当属于适格的被救助对象。

(4) 排除条款。应将被害人对自身被害可归责的、不配合司法机关的、已获赔偿的、拒绝加害人赔偿的或者给予救助有违公平的情形,作为拒绝或减量救助的依据。被害人系外国籍的,应以是否存在国家间对等互利的约定为准。被害人与加害人为同一家庭成员的,应确保救助款项用于被害人恢复治疗或遗属的抚恤。至于是否需要设置"被害人陷于生活困难"的限制性条件,将在下一编有关被害人补偿制度建构中加以详论。

(5) 救助机构。应由独立机构担当救助决定机关,以保证救助的中立和公平。刑事程序中各办案机关的职能则是协助被害人提出救助申请,避免"既当运动员、又当裁判员"的角色混同现象。

(6) 救助资金。应当设立国家刑事被害人救助专项基金,经费来源应以中央和地方财政支持为主,社会各界捐助为辅。

(7) 社会参与。应以国家为现阶段被害人救助的主体,同时吸收社会力量的参与,从被害发生到救助申请,确保官方和民间力量在场。同时,社会力量的参与又会极大地推动广义被害人救助法的立法进程。

---

① 各种立法根据理论的利弊对比,以及综合理论的详细论证,下一编将详细论述。

第十二章　我国犯罪被害人救助双重困境及其突围

第一节　犯罪被害人救助的实践困局

我国刑事被害人救助实践自2005年以来，凡十年有余。其中，对地方经验加以归纳、并长期起指导作用的是2009年的《关于开展刑事被害人救助工作的若干意见》（下称《被害人救助意见》）。自2014年起，我国刑事被害人救助出现了制度性转向，直接原因是《关于建立完善国家司法救助制度的实施意见（试行）》（下称《司法救助意见》）的出台。因而本节首先分析近十年来我国被害人救助实践中的问题，而后则主要讨论转向后的司法救助的相关特点，最后对当下司法救助制度加以检讨、以期完善。

一、犯罪被害人救助存在的问题

尽管《被害人救助意见》对各地开展的被害人救助工作具有指导和规范作用，各地也不同程度地根据该《意见》的基本要求制定了相应的救助细则，有的甚至为此进行了地方性立法。① 然而，一方面因我国被害人救助肇始于地方性实践，并非基于完整理论的演绎，缺乏顶层制度设计，另一方面因试点和探索的性质，各地自由裁量的空间很大，制度安排多有不同。因此以被害人救助的必要性、正当性以及可行性为检验，我国被害人救助实践主要存在三大困境：

---

① 将《被害人救助意见》加以细化、便于具体操作，是各地的通行做法，例如江苏省政法委等八机关联合制定了《关于开展刑事被害人救助工作的实施办法（试行）》等。而针对救助工作加以立法的，则是少数，例如无锡市通过的首部被害人救助地方性法规——《无锡市刑事被害人特困救助条例》，宁夏回族自治区通过的首部省级被害人救助地方性法规——《宁夏回族自治区刑事被害人困难救助条例》。

其一,政策规定秘而不宣,规范效力悬而未决。① 笔者在网络上以"关于开展刑事被害人救助实施办法"为内容搜索查询各省市自治区对《被害人救助意见》的细化规定,发现这些实施办法均不见于各地相关职能部门的网站,而是偶见于文档分享类的网站之中。不仅各地的实施办法未予以公开,就连《被害人救助意见》这样的中央层面的文件也未公开,甚至"还设定了密级为'秘密'"②。由此可见,自《被害人救助意见》而下的被害人救助的相关政策规定均属于"内部文件",无论是一般公众还是被害人都无法完整知晓本地区的相关救助规定。且不论如此设密在行政法上是否妥当③,单就其内部文件的性质而论,由于内容并不对外公开、国民并不可知,就难以保证被害人救助"师出有名"。然而即便将《被害人救助意见》予以公开,其规范效力依然存在质疑之处——八部委既不具有立法主体资格,也未履行《立法法》相应程序,因而《被害人救助意见》既非法律,也非行政法规、部门规章。

同时,这种秘而不宣的做法产生了两种负效应:一方面,非刚性的内部文件在放开各地束缚、扩大救助机关和办案人员自由裁量空间的同时,也加剧了各地被害人救助工作的随意性。由于被害人无从知晓是否可以获得救助以及如何获得救助,救助的主导权往往仅在救助机关和办案人员一方,无论是在救助程序的启动还是救助标准的决定上,都无法保证被害人救助的客观公正性,从而产生救助决定"政出多门"、救助给付"同案各异"的现象。

另一方面,导致被害人救助工作变成了政府一力支撑的黑箱,社会及公众既无法参与,也无法监督。实践中被害人救助资金的普遍短缺、救助的社会效果不明显,均与制度的秘密性和缺乏参与性有关。因此,制定具有规范效力的行政法规、部门规章,乃至于为被害人救助进行专项立法,可以在保证被害人救助制度效力的同时,有助于明确被害人救助程序、分配相应救助

---

① 需要注意的是,在《司法救助意见》出台之初同样存在着内容保密不公开的问题,但在试行一年后的 2015 年底,该意见被相关权威报刊全文刊登,这可以视为我国司法救助实践的一项自我革新,是该制度不断完善的重要证明。《司法救助意见》全文于 2015 年 12 月 8 日刊登于《法制日报》第 3 版和《检察日报》第 3 版。

② 黄华生:《我国刑事被害人国家救济的现状、问题与对策》,载《河南大学学报(社会科学版)》2013 年第 2 期。

③ 由于被害人救助于被害人而言具有直接利害关系,而给付资金又系公帑,与纳税人息息相关,属于《中华人民共和国政府信息公开条例》第 9 条所规定"涉及公民、法人或者其他组织切身利益的"与"需要社会公众广泛知晓或者参与的"情形,且不涉及国家秘密、商业秘密和个人隐私。因此,相关救助政策的不公开并没有行政法上的依据。

第十二章　我国犯罪被害人救助双重困境及其突围

预算,吸收公众参与,鼓励民间捐款,实现被害人救助的社会化。如此,既减少国家一力之责,又增进了救助制度的社会认同,放大了被害人救助的社会效益。

其二,救助范围过于狭窄,救助标准近于苛刻。从各国(地区)救助范围来看,英国、美国、德国、日本等均对故意暴力犯罪的重伤害被害人及死亡被害人的遗属加以救助,韩国则将范围进一步扩张到普通伤害,我国台湾地区则以因犯罪而死亡或者重伤的被害人或遗属为对象,而不限于故意暴力犯罪类型。① 因此,各国通常通过"严重暴力犯罪""被害人重伤或死亡"等要素来划定范围。我国《被害人救助意见》所划定的救助对象分为两类:一为因严重暴力犯罪造成严重伤残、无法通过诉讼获得赔偿的被害人,二为生活困难的被害人或者因犯罪致死或重伤而失去重要生活来源的被害人及其遗属。而我国各地的具体实践中,又进一步对《被害人救助意见》加以限缩理解,通过"本区域""因严重暴力犯罪""被害人严重伤残或死亡""被告人无力支付赔偿""被害人及其近亲属生活陷入困境"等要素对被害人救助范围加以限定。② 通过中外对比,我国实践中实际上在各国通行做法之外增设了"生活显著困难"的限定,从而使得救助标准更为严苛。

以被害人及其近亲属的生活状况作为限定条件,在减少需救助被害人人数的同时,还存在以下几个方面的缺陷:第一,既难以证明,又有缓不济急之感。③ 被害人救助应当及时迅速,而调查被害人财力无疑使得救助程序过于延宕,加重决定机关的审查义务。第二,以生活陷入困难作为条件,无疑会有使被害人"污名化"的嫌疑,从而导致领取国家救助的被害人与一般贫困人群无异。因此,从避免被害人二次被害的角度,该限定条件亦不妥当。第三,在被害人救助之中过分强调生活困难的要素,会模糊被害人救助和一般社会福利的区别,从而弱化被害人救助制度的独特性和重要性,二者在给付原因和轻缓程度上均有所不同。因此,若不考虑此一条件,同样可以实现

---

① 各国被害人救助法的规定,部分参见赵可:《犯罪被害人及其补偿立法》,群众出版社 2009 年版,第 268 页以下。

② 以《宁夏回族自治区刑事被害人困难救助条例》第 3 条规定为例,"本条例所称刑事被害人救助,是指因严重暴力犯罪造成被害人严重伤残或死亡,刑事被告人无力支付赔偿,刑事被害人或者由其赡养、抚养、扶养的近亲属无能力维持最低生活水平所必需的支持,确有生活困难,给予的一次性临时救助"。

③ 参见许福生:《刑事政策学》,台湾三民书局 2005 年版,第 562 页。

对生活陷于困难的被害人予以充分保护,即被害人可以先以遭受犯罪侵害而申请国家救助,俟后又可以申请最低生活保障。

其三,制度定位趋于功利,公平正义略显黯淡。被害人救助的兴起,既迎合了平复被害人情绪进而维护秩序的必要性,也与重视被害人地位、实现公平正义的正当性相契合。可以说,被害人救助制度始终应当平衡必要性所考虑的功利主义和正当性所考虑的社会正义。然而,由于具有较大的自由裁量权(部分原因是救助政策的非公开和不统一),救助机关和办案人员在实践中为了防止被害人的过激行为,"基本都以息诉罢访或者接受调解结案为给予救助金的'潜规则',不接受'规则'的申请人很难获得救助"[1],即以给付专项救助资金的条件换取被害人放弃部分权利的承诺[2]。可见,被害人国家救助制度日趋功利化的同时,伴随的是公平正义的逐渐沦丧。

从《被害人救助意见》来看,尽管开展被害人救助工作的基本目标之一是防止被害人恶性报复、久访不息、维护社会和谐稳定,但是更为重要的是国家对被害人在无法从犯罪人处获得赔偿时弥补其损害,因而保护被害人既是被害人救助工作的目标,也是救助工作的实体内容,制度的定位应当是以保护被害人为本位,重视国家救助被害人所体现的社会公正,避免过于功利化、工具化地对待被害人救助制度。在这层意义上,救助机关和办案人员应当以被害人实际损害为主要标准,杜绝"不闹不给、小闹小给、大闹大给"的不公平现象。

此外,还存在各地为政、条块分割、具体程序的启动不一、各地区给付标准的高低不同等问题,这些同样是被害人救助实践中饱受诟病的地方。但需要注意的是,这些问题更多的是与被害人救助当前所处的政策指导阶段相关的,既非真正的困境所在,也不会影响到被害人救助立法的趋向。换言之,在被害人实践相对成熟之后,通过立法将其法定化、规范化之后,各地做法不一、给付金标准不同的现象将会消失。

---

[1] 李科:《犯罪被害人国家救助制度在我国的构建——以无锡、宁夏实践模式为视角》,载《法治研究》2013年第5期。

[2] 参见江苏省无锡市中级人民法院课题组:《刑事被害人国家救助制度的理性构建》,载《人民司法》2009年第11期。

二、犯罪被害人救助制度的特点

（一）功利主义根基的选择

任何一项现代性的政治制度，在理论根基方面都必须接受严格的审查，这是该制度得以正当化的证明过程。作为制度的国家司法救助，同样不能例外。事实上，由于司法救助制度是对被害人国家救助制度的继承和发展，因而后者有关正当化根基的理论也适用于前者。一般而言，司法救助可以从国家责任、社会福利、社会保险、公共援助、刑事政策、政治利益等学说中实现证成。[①] 尽管学说林立，但本书依然认为通过对上位概念的溯及，可以发现学说之间最为根本的对立，源自于"权利"与"福利"这对范畴。所谓"权利"，意味着被害人有主张国家给予救助的主体地位，对应的是基于分配正义立场的国家责任义务。而所谓"福利"，则意味着国家对被害人的超然地位，对应的是基于功利主义的国家抚恤义务。在功利主义者看来，幸福的总量是可以计算获得的，可以通过对人们追求自身幸福或者快乐的冲突和抵消等方式，实现一种社会平衡，而这一平衡意味着最大社会福利，从而最终实现公共福祉。[②]

从《司法救助意见》的全文来看，虽然并未明示其在制度的正当性根基方面选择了功利主义，但是从具体行文中、尤其是文件对建立完善司法救助制度的意义的阐述中，可以得到正反两方面的互证。从正面而言，文件强调司法救助的制度化，在对深陷困境被害人的及时救助的同时，"既彰显党和政府的民生关怀，又有利于实现社会公平正义，促进社会和谐稳定，维护司法的权威和公信"。从反面而言，文件认为若司法救助不能建立或者完善，则会直接导致大量民事刑事案件的当事人因为无法获得有效赔偿而陷入困境，从而间接地"引发当事人反复申诉上访甚至酿成极端事件，损害当事人合法权益，损害司法权威，影响社会和谐稳定"。

由此可见，司法救助制度的规范化、制度化的背后，暗含的是规范制定者对公共秩序的维护和对公共利益的追求。这导致我国司法救助的实践更多地表现为自上而下的对被害人的一种国家恩恤与安抚，而这种恩恤与安

[①] 参见卢希起：《刑事被害人国家补偿制度研究》，中国检察出版社 2008 年版，第 46 页以下。
[②] 参见〔英〕边沁：《道德和立法原理导论》，时殷弘译，商务印书馆 2005 年版，第 21 页。

抚需要同社会治理加以紧密结合,成为社会治理的重要手段。换言之,国家通过对被害人的损害加以弥补,可以极大地减少因犯罪而带来的对社会秩序的冲击,进而实现社会的和谐稳定。

(二)保护生活模式的倡导

司法救助制度对功利主义根基的青睐,也直接影响到该制度救助重点的选择。《司法救助意见》一开篇便提及了制度的核心内涵——"切实做好司法过程中对困难群众的救助工作",申言之,司法救助制度的核心对象是处在司法过程中的困难群众。《司法救助意见》根据实务经验,归纳出了应当救助的八种被害人类型以及一种可以参照前者加以救助的特别类型,无一例外地都对被害人设置了"生活困难"的限制性条件。同时,在排除救助的条款设计上,"生活困难并非案件原因所导致的"场合,属于一般不予救助情形,在此强调的是生活困难与司法案件之间的因果关联。换言之,若被害人并没有出现生活困难的状况,即便其重伤、残疾、甚至是死亡,国家亦不需加以救助。

这种典型的"救急解困"——以被害人具体生活水准作为判断基准的救助模式被称为"保护生活模式"。在立法例上,我国台湾地区曾经在被害人保护法草案中选择了该模式,但此后在立法院审议时随即被删除。① 本书以为,之所以采取该种模式,主要是出于以下两个方面的考虑:一方面,与世界性、区域性宣言、条约以及各国立法来看,我国司法救助所明示的适格救助的被害人类型非常宽泛,不仅包括刑事领域中的过失犯罪被害人,而且还扩展到民事侵权领域的被侵权人、被赡养、抚养、扶养人等。通过"因不法行为而陷入生活困境",可以有效地限缩实际救助的范围,从而避免国家财政过重的负担。另一方面,从制度的效用上看,由于多数反复申诉上访的被害人多属于生活难以为继的群体,因此将这一群体作为救助的重点,能够有效地减少被害人对社会秩序恢复的阻碍。从这一点可见,保护生活模式的选择,在一定程度上是与"功利主义"立法根基相伴而生的。

(三)救助对象范围的扩张

以国家司法救助之名来取代实践多年的刑事被害人救助,直接原因便是被救助的对象不再限于刑事被害人及其近亲属(尽管仍然是以刑事案件

---

① 参见许福生:《刑事政策学》,台湾三民书局2005年版,第562页。

第十二章 我国犯罪被害人救助双重困境及其突围

作为救助的重心),而这种扩张也成为司法救助区别于各国救助实践的一个突出特点。根据《司法救助意见》所列出的救助类型,以被救助人涉及的案件性质来看,可以分为刑事类型、民事类型和其他类型这三种。刑事类型的救助对象包括:受到犯罪侵害重伤或严重残疾的被害人;受到犯罪侵害危及生命,急需救治,无力承担医疗救治费用的被害人;被害人因犯罪侵害而死亡,从而丧失主要生活来源依靠的近亲属;受到犯罪侵害,财产遭受重大损失的被害人;因举报、作证、鉴定受到打击报复,导致人身受到伤害或财产受到重大损失的举报人、证人、鉴定人①。民事类型的救助对象包括:追索赡养费、扶养费、抚养费的申请执行人;道路交通事故等民事侵权行为中的受害人。其他类型则主要包括:救助机关认为应当救助的情形;诉求具有一定合理性且同意接受救助而息诉息访的涉法涉诉信访人。

从比较的视野观察各国(地区)立法例,可以发现,尽管各国(地区)在具体的救助对象上存在一定的差异——英国、美国、德国为故意性暴力犯罪的受害人,日本规定为故意犯罪的受害人,我国台湾地区则是因犯罪行为侵害的受害人;但是,其在核心范围上存在共性,即主要以人身遭受重大伤亡的被害人及其近亲属作为救助对象。② 申言之,各国(地区)救助对象的最大公约数是(故意)暴力犯罪场合重伤的直接被害人以及直接被害人死亡场合的间接被害人(近亲属)。因此,日本所规定的故意犯罪,导致其救助对象的范围略宽于英国、美国、德国等国,而我国台湾地区所规定的"犯罪行为",则进一步扩展到了包括过失犯罪在内的所有刑事犯罪。无一例外是的,在救助对象的标准上,各国大多通过所谓的"犯罪类型+损害后果"的方式加以界定。

两相对比,很显然,我国司法救助制度所确定的标准为"损害后果+生活困难"。其中,在损害后果方面,《司法救助意见》的救助范围从各国公认的人身法益的重大损害,迁延到了财产法益的重大损害。更有甚者,《司法救助意见》在排除救助条款的设置上,仅就被害人对自身被害负有重大过

---

① 本书认为,《司法救助意见》对举报人、证人、鉴定人的规定属于提示性的"注意规定",即由于被害人因为打击报复而受到伤害或者财产重大损失的场合,加害人往往涉嫌触犯刑法,因此可以视案件分别归入前述三种情形,不属于独立情形。
② 参见孟红:《刑事被害人救助制度之救助对象范围略论》,载《东南大学学报(哲学社会科学版)》2011年第6期。

错、拒不配合司法机关、放弃或者已经获得被害赔偿或补偿、并非因案件导致生活困难等情形加以规定,而对于英国、美国、日本、韩国等国通常作为限缩条件的"加被害双方属于同一家庭成员""被害人非本国籍或者本地区籍"则并未规定。这意味着,我国司法救助制度中的救助对象,分别从积极和消极要件上加以扩张。由此可见,我国的司法救助范围,至少在文本层面上,远远广于其他国家。

（四）救助程序的多元决策

受到《被害人救助意见》的影响,我国各地的救助决定程序,往往是经由具体办案的公安司法机关受理相关救助申请,并就此提出救助意见和具体给付金额,最后交由同级政法委员会作审批决定。然而,《司法救助意见》改变了《被害人救助意见》的决策模式,其具体规定为"人民法院、人民检察院、公安机关和司法行政机关对符合救助条件的当事人,负有救助申请告知义务。当事人及其近亲属的申请需要向办案机关提出,而办案机关应当在10个工作日内作出审批意见并及时告知当事人"。因此,就当下救助程序而言,救助的决策权是属于横向层面的多元主体所共享的。

与这种审批主体多元化不同,多数国家(地区)的救助决策权往往集中在单一、专门的审批机构,具体可以分为两类:其一,特设救助机构模式。例如,美国在联邦司法部中设置刑事被害人署,英国设立刑事损害补偿局,法国则成立了恐怖活动及其他犯罪被害人补偿基金管理委员会。其二,委任现有机构模式。例如,德国系由社会法院裁定救助申请,日本则由都道府县公安委员会对救助事宜加以批准,我国台湾地区则在"地方法院检察署"内设犯罪被害人补偿审议委员会。由此可见,各国关于救助决定权的授予存在着国别的差异。

《司法救助意见》实际上采取的是委任现有司法机关的模式,所不同点在于决策权的风险,从而导致救助主体多样并存,凸显了我国司法救助模式的特殊性。本书认为,采取这种多元化模式的原因,主要有以下三点:其一,根据我国《刑事诉讼法》以及传统司法经验,公安机关、检察机关和审判机关遵循"分工负责"的原则,从而为救助决策权的分享扫清了理念和规范上的障碍。其二,通过救助决策权的分享,可以保证诉讼各个阶段均有对案件有充足了解的办案机关在场,从而实现了被害人的周延保护。其三,考虑到《司法救助意见》在救助金发放时间上的缩短,以及增设了被害人亟须医疗

第十二章　我国犯罪被害人救助双重困境及其突围

救助场合下的先行垫付的救助程序,可以认为司法救助制度更为追求程序的效率。因此由办案机关直接作出救助决定,可以有效地避免因程序上的转换而带来的不必要的延宕,从而及时救助被害人。

三、对当下司法救助制度的检讨

(一)司法救助的运作机理

具体而言,《司法救助意见》所确定的制度运作的机理非常简明,即对因刑事犯罪或者民事侵权而遭受损害,并因此陷入生活困难的被害人,由国家通过给付救助金的方式实施救助。这固然是司法救助或者刑事被害人救助运作机制的核心,然而将制度仅限于此则存在明显的缺陷,即司法救助是否终止于国家对被害人支付救助金?关于此一问题,先前的《被害人救助意见》则作出了不同的回答,其在救助程序中增设了国家求偿这一重要的环节。换言之,在《被害人救助意见》看来,司法救助制度的终端不是国家支付救助金,而是对犯罪人进行追偿,这涉及的是赔偿责任的最终分配与归属。

若司法救助制度对赔偿责任分配和归属不加以明确的话,可能导致两个方面的问题:其一,完全不考虑对犯罪人求偿,则意味着国家财政一力承担了被害人救助,这在加重国家司法救助负担的同时,也容易将国家司法救助混淆为一种直接责任形式。其二,缺少追偿的程序,便在事实上减轻了犯罪人的赔偿责任,导致往往造成重大损害后果而无力赔偿的犯罪人,因为国家的介入和救助,而实际上免除了赔偿的责任,这是难以令人信服的。因此,司法救助的完整运作机理应当是:被害人受到不法行为的侵害——适格的被害人提出救助申请——国家给予被害人救助金——被害人在救助金范围内向国家转移了赔偿请求权——在法定期限内国家向犯罪人追缴救助款额。

由于我国司法救助的功利主义倾向,使得制度的建构特别受到了实现民事损害赔偿责任——或者说赔偿判决的有效执行——的驱动和引导,从而司法救助成为了加害人和被害人间债务实现的担保制度。这种债实现的担保是通过当事人获得救助金并向国家转移债权来运作的,本质上属于基于法律规定而发生的债权移转。① 这种法定的债权移转也称为清偿代位,指就债之履行有利害关系的第三人,因为向债权人代为清偿,而在清偿范围内得向债务人行使权利。② 具体来说,清偿代位需要满足三方面要件:首先,就清偿人而言,应当是债之履行有利害关系的第三人,通常是连带债务人、保证人、共有人等。其次,就制度目的而言,是为确保债权人之求偿权得以满足,根据程度而分为全部实现或者部分实现。再次,清偿人须对于债务人在清偿限度内有求偿权,所谓"无求偿权者,无代位"。③

将我国司法救助制度的运作理解为法定的债权移转,赋予国家代位求偿权,是符合《司法救助意见》的整体思路和基本立场的。其一,从《司法救助意见》对排除条款的规定上,对于在诉讼中主动放弃民事赔偿请求或拒绝加害责任人及其近亲属赔偿的,一般不予救助。若将司法救助的运作定位为"未获赔偿、生活困难而给予救助",那么上述情形同样符合救助条件,而不应排除救助。只有将司法救助的运作理解为债权的移转,才能理解《司法救助意见》的隐含意图:由于被害人通过放弃或拒绝的方式处分了债权,从而使得司法救助既不能实现债权——债权已经不复存在,更无法通过替偿的方式来获取代位求偿权,所以对此种情形不予救助。其二,《司法救助意见》规定救助标准应在以案件管辖地上一年度职工月平均工资为基准的36个月工资总额之内,特殊场合需要突破限额的,也不得超过人民法院应当判决的赔偿数额。很显然,只有根据清偿代位的法理才能理解救助标准的规定:司法救助的标准不是无边无际的,应当具有规范根据,而规范的根据就在于受害人对加害人在民事上的债权。因此,原则上的司法救助标准属于部分代位清偿,而突破救助限额的场合,其救助上限应当是全部债权的实现。

(二)司法救助的理论根基

从各国有关被害人救助的制度建构与实践来看,为其提供原始动力和立法动机的功利主义,是无论如何都无法回避的。事实上,由于"政府应该

---

① 债权转移通常包括三种方式:基于法律规定、基于裁判命令以及基于法律行为,基于法律行为的债权转移又称为债权让与。参见韩世远:《合同法总论》(第三版),法律出版社2011年版,第466页。
② 裴丽萍:《论债权让与的若干基本问题》,载《中国法学》1995年第6期。
③ 史尚宽:《债法总论》,中国政法大学出版社2000年版,第806页以下。

第十二章　我国犯罪被害人救助双重困境及其突围

采取措施努力改进持久的社会问题"①，因而对被害人问题加以重视，至少能够向社会一般公众展现一种具有象征意义的积极的政治姿态，而这种政治姿态则有利于政府的形象与秩序的稳定。我国在被害人救助实践方面，尚处于起步阶段，因而与各国制度实践的初期无异，将功利主义作为制度内核，极大地调动了官方推动的热情。从这一层意义上而言，我国司法救助制度将理论根基定位为功利主义，则并无明显不妥之处。

事实上，在功利主义的正当化维度视野中，存在着并行不悖的多种解释路径，其中从政治利益以及刑事政策角度切入的较为典型：所谓政治利益说着眼于收获被害人的支持与社会公众的认同，其核心观点在于由于传统刑事司法制度并不能对被告人和被害人利益加以平衡保护，那么通过对被害人提供相应的救助，可以对已经失衡的司法制度加以矫正，从而赢得被害人信任。也因为救助制度的构建，使得公众不必人人自危，从而提升了大众的安全感，从而获得选民的认同与支持。而刑事政策说则关注于国家对犯罪的预防与控制，其将对被害人的救助视为争取被害人、一般公众与司法机关合作的制度性工具，从而既能更加有效地打击犯罪，又能安抚被害人、舒缓公众愤怒，从而及时地恢复因不法侵害而受损的法律秩序和社会秩序。②正是在这个意义上，救助制度可以为被害人增设相关的义务，在履行义务的前提下方能获得救助。例如《司法救助意见》明确规定，若被害人"无正当理由，拒绝配合查明犯罪事实的"或者"故意作虚假陈述或者伪造证据，妨害刑事诉讼的"，则不予救助。

尽管如此，以功利主义为主导的司法救助，由于进行过多的政治考量和犯罪防控的算计，而存在根本性的偏差。因为这种功利主义的司法救助，虽然对个案中的被害人加以救助，但是其根本的出发点与归宿并非被害人。换言之，与传统刑事司法制度相似，被害人在司法救助制度中，同样不具有主体地位：在前者中，被害人扮演着犯罪见证者的角色，而后者中，被害人仅仅是社会秩序恢复的工具。因此，在传统司法程序中受到"二次伤害"的被害人，同样可能在被害人救助制度中受到"三次伤害"，从而加剧被害人对司

---

① 〔美〕安德鲁·卡曼：《犯罪被害人学导论》（第六版），李伟等译，北京大学出版社 2010 年版，第 397 页。

② 关于政治利益说与刑事政策说的内涵，可参见董文蕙：《犯罪被害人国家补偿制度基本问题研究》，中国检察出版社 2012 年版，第 56 页以下。

法机关的不信任感,无法实现功利主义的制度预期。① 由此可见,这种功利本位的思路,与强调被害人主体本位的世界性保护趋势,在根本上是背道而驰的。

在本书看来,在司法救助制度的建构和实践中,功利主义均可以提供重要的支持,其作用主要在于:为各方力量推动司法救助提供了可欲的制度性预期,从而形成立法上的合力。然而,司法救助的正当性并不限于此一维度。功利主义的维度仅仅是在效果层面上的正当化,而制度在应然性上的价值内涵,则需要其他维度的正当化根据。简言之,功利主义的正当性论证在于"如此行动会有良好之结果",而司法救助制度还需"为何应当如此行动"的论证。

其实,关于国家在应然层面上的义务,《司法救助意见》中同样可以寻得踪迹。由于文件将国家在司法救助程序中的角色定位为代位清偿者,而代位清偿者通常是诸如物的共有人、债的保证人、连带债务人等与系争物、债关系具有利害关系的人,那么问题在于作为代位清偿者的国家,是如何参与并成为加被害双方损害赔偿关系的利害关系人的?日本学者齐藤诚二在研究德国《暴力犯罪被害补偿法》后,认为德国补偿立法的基础"无非系考量国家独占犯罪追诉的权利,在无法防止犯罪及犯罪被害的发生,对此即应负起责任以及基于社会国家的思想基础,不能由被害人自己承担犯罪所造成的不幸"②。申言之,这种立法思路必须在还原到社会契约论中,才能得以明晰:国家得以建立的前提在于缔约的国民让渡自己的部分权利,从而国家存在的目的首要便是保护国民的权利。在这个意义上,国家扮演的是人民权利的委托人和保护人角色,因而犯罪发生以后,国家有责任设置相关诉讼程序,要求犯罪人履行赔偿义务,并施以刑罚。当犯罪人无能力进行赔偿时,作为保护者的国家则应当通过对被害人的救助,补偿其受到的损害。简言之,国家因为与公民之间的某种委托保护关系,而应当对保护失败、追诉或

---

① 现实中,救助机关和办案人员在实践中为了防止被害人的过激行为,"基本都以息诉罢访或者接受调解结案为给予救助金的'潜规则',不接受'规则'的申请人很难获得救助"。参见江苏省无锡市中级人民法院课题组:《刑事被害人国家救助制度的理性建构》,载《人民司法》2009 年第 11 期。

② 〔日〕齐藤诚二:《被害补偿制度的基本问题》,日本风间书局 1977 年版,第 183 页。

者执行不力承担代位责任。① 《司法救助意见》在对救助对象的规定中,特别强调了"案件无法侦破""无法经过诉讼获得赔偿"以及"被执行人没有执行能力"等要素,而这三种要素对应的便是保护失败、追诉不力或执行不能。由此可见,《司法救助意见》暗合了社会契约论范畴中的国家责任说的核心主张。

(三)司法救助的对象范围

承上所述,为了应对日益增多的受害人无法获得犯罪人赔偿的现象,司法救助作为整体性解决方案应运而生。其在功利主义内核的驱动下,打破了民事和刑事案件的区隔,而以重大损害作为救助的条件,同时辅之以"生活困难"条款对过宽的救助范围加以限缩。这是当下制度以功利主义作为唯一正当化根基的自然之理:重大损害,包括人身伤亡和财产重大损失,对法秩序和民众的法安全感的冲击最大;同时,当受害人因此陷入"生活困难",则有平复被害人报复情绪、防止受害向加害"恶逆变"的必要。事实上,尽管《司法救助意见》对救助对象分别进行了列举式说明,但这种类型化仅仅具有形式意义。因为其在列举七种救助类型后,还都兜底性和参照性规定:"党委政法委和政法各单位根据实际情况,认为需要救助的其他人员"。甚至对于涉法涉诉的信访人,"其诉求具有合理性,但通过法律途径难以解决,且生活困难,愿意接受国家司法救助后息诉息访的",也可以获得救助。

然而,若将国家代位责任作为正当化根基之一,则应当将关注的视角从事后转向事前,从效果主导转向权利主导,进而有必要对司法救助的对象范围进行调整和规范,为类型化的救助对象附加实质意义。司法救助因为涉及利用纳税人的收入来资助受害人,所以被冠以"政府家长式制度"之名,这种制度不仅无助于国民独立自救和自我负责性格的养成,而且会刺激新的、昂贵的官僚主义的潜滋暗长。② 为了防范这些不良倾向,就必须讨论国家代位责任边界,即司法救助在何种范围内存在的问题。

宪法和法律对不同权利的保护力度各有不同,从而权利的位阶也各不

---

① 需要注意的是,不同于直接责任,代位责任属于间接责任。因此,行为人因不法行为承担直接责任,国家则承担间接责任,在实施救助后有向行为人追索赔偿的权利。
② 〔美〕安德鲁·卡曼:《犯罪被害人学导论》(第六版),李伟等译,北京大学出版社2010年版,第399页。

相同,其中人身权益高于财产权益,生命健康权优于一般人格权。① 生命健康权是个人生存和人格发展的前提,属于基本人权范畴,法律对该权利的处分作出了严格的限制。以刑法为例,得被害人承诺可阻却行为的不法,其原因在于被害人对被侵害法益具有相应的处分权限。但在生命法益和重大人身法益的场合,被害人承诺无效。② 这意味着刑法对可能危及生命权的自我处分进行了家长式的干预,体现了对生命和重大人身法益的优越性保护。由此,国家对死亡或重伤场合的受害人进行救助,具有法秩序保护的一致性。相反,重大财产法益并没有这种规范保护上的优越地位。因而,从类型化的角度看,国家司法救助的对象应当是遭遇不法侵害而死亡(侵害生命权)或者重大伤害(侵害健康权,但危及生命权)的受害人,而非重大财产损害的受害人。

第二节 犯罪被害人救助的理论困境

一、犯罪被害人救助理论研究之现状

虽然被害人救助实践尚十年有余,但我国理论界早于上世纪后期便开始对被害人救助制度的关注。据不完全统计,截至目前,以被害人国家补偿为主题的专著有 7 本之多③,以被害人救助或者补偿为名的博士论文计有十余篇,至于期刊文献,仅自 2005 年以来,中国知网收录的论文就达千余篇。仅从数据上看,我国被害人救助的理论研究起步较早,于本世纪以来,关注被害人救助或者补偿的论文逐年递增、层出不穷,一时间出现了被害人救助理论研究欣欣向荣、异彩纷呈的局面。

其中,国内最早的一篇关于被害人救助的文献,来自于赵可教授于《中外法学》1990 年第 2 期上发表的《对犯罪被害人补偿立法浅议》。该文围绕

---

① 王利明:《民法上的利益位阶及其考量》,载《法学家》2014 年第 1 期。
② 参见张明楷:《刑法学》(第四版),法律出版社 2011 年版,第 217 页。
③ 董文惠:《犯罪被害人国家补偿制度基本问题研究》,中国检察出版社 2012 年版;王瑞君:《刑事被害人国家补偿研究》,山东大学出版社 2011 年版;陈彬等:《刑事被害人救助制度研究》,法律出版社 2009 年版;赵可:《犯罪被害人及其补偿立法》,群众出版社 2009 年版;卢希起:《刑事被害人国家补偿制度研究》,中国检察出版社 2008 年版;曲涛:《刑事被害人国家补偿制度研究》,法律出版社 2008 年版;莫洪宪主编:《刑事被害救济理论与实务》,武汉大学出版社 2004 年版,等等。

第十二章　我国犯罪被害人救助双重困境及其突围

着"犯罪被害之补偿立法的概念""犯罪被害之补偿立法的理论依据""犯罪被害之补偿立法的原则""犯罪被害之补偿立法的主要内容"等四个方面加以展开:首先,该文对被害人补偿、国家冤狱赔偿以及犯罪人赔偿进行了类型化的界分。其次,该文从国家责任说、命运说、社会福利说等三个方面论述了补偿立法的正当性根据。再次,该文提出了"保护原则""实事求是原则""货币补偿原则"与"福利原则"作为被害人补偿立法的主要原则。最后,该文就补偿的目的与任务、对象与范围、金额与标准、机构和程序等,分别提出了立法对策。① 应当说,该文一开我国被害人救助理论研究的先河,并为此后关于被害人救助制度构建的研究搭建了理论的框架。

然而,在 20 世纪 90 年代,整个刑事法的研究主要是围绕着两部基本法——《刑法》和《刑事诉讼法》的修订而展开的,因此被害人救助理论研究处在蛰伏和停滞的状态。当我国现代刑事司法体系随着《刑法》与《刑事诉讼法》的确立而建构起来时,处在正义天平另一端的被害人利益,也重新引起了学界的关注与兴趣。有学者尝试为被害人补偿制度寻求哲学层面上的价值,提出了补偿制度的"内在价值"和"外在价值":前者基于矫正正义,主张通过补偿将被害人处境还原到被害之前;而后者强调犯罪防控、防止加被害的转换,同时提升被害人对司法机关的信任。②

真正进入到被害人救助研究高潮阶段,则是在 2005 年各地开始自行试点救助被害人之后。较为有代表的文献主要有:《构建我国刑事被害人国家补偿制度之思考》③,该文的贡献在于关注并论证了建立刑事被害人国家补偿制度的必要性和可行性,这是先前文献所缺失的。《论刑事被害人国家补偿制度》④,该文不仅推测和估算了我国大致的被害规模,而且就补偿对象和救助资金的来源作了详细地论证。《论建立刑事被害人救助制度》⑤,该文更是结合我国具体国情,就救助的对象、获救的条件、救助金的种类与标准、救助机构和救助程序、救助资金的来源等提出了详细的对策性建议。

---

① 参见赵可:《对犯罪被害人补偿立法浅议》,载《中外法学》1990 年第 2 期。
② 邓晓霞:《试论犯罪被害人补偿制度之价值》,载《法商研究》2002 年第 4 期。
③ 孙谦:《构建我国刑事被害人国家补偿制度之思考》,载《法学研究》2007 年第 2 期。
④ 郭建安:《论刑事被害人国家补偿制度》,载《河南省政法管理干部学院学报》2007 年第 1 期。
⑤ 陈彬、李昌林:《论建立刑事被害人救助制度》,载《政法论坛》2008 年第 4 期。

总体而言,理论界以被害人救助或者补偿立法建议为内容的文章不可谓不多,然而,总体上却没能跳脱赵可教授所搭建的"概念界定—理论根基—立法原则—具体构建"的研究范式。的确,由于被害人救助制度尚处于论证试行阶段,因而理论界以立法对策和制度设计作为研究重点,并无不妥。事实上,学界从被害人国家救助的历史沿革、理论学说、价值分析、立法模式、制度设计等方面作出了深入的分析,从而使得我国刑事被害人国家救助制度的理论研究日益成熟、完善,为我国建立此制度提供了坚实的理论基础。但是,始终没能跳脱传统研究范式,则令人遗憾。

传统研究的范式存在两个方面的问题:其一,在研究方法上过于倚重"比较—引入",习惯于以被害人救助实践渐趋成熟的各国立法例及其行之有效的实践经验作为参照,由此形成所谓的立法建议与对策。由于我国是被害人救助的后起国家,将他国经验和教训作为我国理论的素材,是无可厚非的,"拿来"是应当而且必需的。问题的关键是"拿来"之后怎么办?我国被害人救助理论恰恰在此处陷入到某种困境,理论上总是围绕着"比较—引入"做文章,多少有些照搬他国经验为本国立法的味道。从最初的"立法浅议"到当下的"理性构建",这固然部分源于被害人救助迟迟未能立法,理论不断发声为立法营造氛围,但更多地反映出理论的裹足不前,长期停滞在制度引介阶段,低水平对策性文章的重复生产,知识增量明显不足。由此带来的问题是,被害人救助理论热衷于"介绍和评论",忽略了"归纳和整合",导致理论的解释力明显不足,进一步影响到理论和实践的互动。

其二,在研究思路上,缺乏各理论之间的系统化整合,仅仅满足于对被害人救助理论的"碎片式""个案式"的研究,因而总有一种"头痛医头、脚痛医脚"的感觉。我国被害人救助理论研究中,通常是将"概念界定""理论根基""立法原则"以及"具体建构"加以分别论述,系统完整的理论被切割为几大部分,彼此应有的关联和照应往往被忽视。多数文献对理论根基报以研究的热情,然而,对其作为立法根基的作用,却通常语焉不详。在这种"碎片式"思路中,似乎各个理论部分可以彼此独立,而分别带入自己所认为妥当的域外立法例,从而极有可能导致最终的立法成了"四不像"。

二、犯罪被害人救助理论研究之转向

鉴于上述两方面的问题,我国被害人救助的理论研究有逐渐转向的

第十二章 我国犯罪被害人救助双重困境及其突围

趋势:

在本土性研究方面:《由救助走向补偿——论刑事被害人救济路径的选择》[①]一文认为,我国当下所开展的被害人救助制度,并非各国所谓的被害人补偿制度。考虑到我国的具体国情,不宜贸然选择补偿立法模式,而应当采取分阶段过渡性立法的形式,逐渐从被害人救助走向被害人补偿。《刑事被害人国家补偿的本土化——被害人国家补偿实践尝试和理念认知的调研》[②]一文,则是首篇针对刑事被害人救助试点调研、制度的可行性与民意基础展开的实证分析论文。该文认为被害人救助和被害人补偿之间并没有实质区别,同时强调了刑事附带民事案件"空判率"较高,促使了被害人救助试点的推行。《特困刑事被害人救助实证研究》一文[③],则更为详细地就三省四市的被害人救助现状与效果、司法工作人员和社会公众对被害人救助的认知展开了调查,最后基于司法机关实际运作的效果以及社会公众的认同,提出了具体的立法建议。

在系统性整合方面:《刑事被害人国家补偿制度研究》[④]一书,试图为刑事被害人救助寻找宪法性基础,以我国《宪法》第33条第3款"国家尊重和保障人权"作为国家救助刑事被害人的义务性规范基础,从而为国家责任说寻求了实证法上的依据。同时其强调刑事被害人国家救助的社会保障原则,这为被害人国家救助与社会救助的关系研究,提供了充足的想象空间。《刑事被害人救济制度研究》[⑤]一书,开始尝试将救济模式与不同的立法思路相结合,提出了被害人救助模式对应于国家道义责任,体现的是自上而下的国家恩恤关怀;而被害人补偿模式则属于国家规范责任,展示的是自下而上的被害人主体地位。《犯罪被害人国家补偿制度基本问题研究》[⑥]一书,更是在对刑事被害人国家救助的主要理论加以梳理的基础上,将其制度的正当性根据区分为基于"权利义务中优位法益多重保护"的"内生性根据"和基于

---

① 陈彬:《由救助走向补偿——论刑事被害人救济路径的选择》,载《中国法学》2009年第2期。
② 王瑞君等:《刑事被害人国家补偿的本土化——被害人国家补偿实践尝试和理念认知的调研》,载《甘肃政法学院学报》2009年第6期。
③ 宋英辉等:《特困刑事被害人救助实证研究》,载《现代法学》2011年第5期。
④ 卢希起:《刑事被害人国家补偿制度研究》,中国检察出版社2008年版。
⑤ 陈彬等著:《刑事被害人救济制度研究》,法律出版社2009年版。
⑥ 董文蕙:《犯罪被害人国家补偿制度基本问题研究》,中国检察出版社2012年版。

"风险社会中危险共担"的"外生性根据"。并据此推导出被害人救助制度的性质定位——具有刑事法与刑事政策色彩、具有补充性质的新型社会法制度,进而提出了"法定""必要""妥当"及"及时"四大救助原则。此外,其还对排除救助的条款进行了适度的抽象,类型化为"被害人可归责事由"与"被害补偿的妥当性考量"两种。要之,应当肯定这种试图打破被害人救助立法根据与制度定位、具体条款之间区隔与分裂的学术努力,这对于避免立法脱节、理顺立法内在逻辑大有裨益。

因此,中国理论界也已经逐步意识到理论研究范式的落后,适时地开始对现有理论和实践加以整合了。在对制度加以立法建构,从无到有的过程里,理论界必须在引介的外国既有经验和中国的正在发生的实践之间往返流转,而不是以外国经验的"履"来削中国实践的"足"。这需要勤于归纳总结,不断修正既有经验,从而为实践提供一套富有解释力、具有操作性的理论方案。

三、犯罪被害人救助理论研究之突围

由上可知,被害人救助理论研究的突围关键,在于两个方面:其一,理论研究必须关注被害人救助实践,包括我国被害规模、加害人赔偿情况、各地救助实际运行效果等,从而为被害人立法提供重要的实证素材。此所谓"归纳"。其二,理论研究必须整合被害人救助现有理论,其中立法的理论根据提供了重要的指引。立法根据论不是与其他制度部分(定位、原则、具体条款)毫不相关的孤立的理论存在,其对整个制度目标定位、对具体条款的指引以及对实践的解释等均有影响。以此作为重点,可以实现被害人救助立法内部的逻辑一贯和自洽,从而促进被害人救助立法研究往纵深方向推进。此所谓"整合"。

对于当下理论研究而言,一项最具优先级的使命便是推动被害人救助制度的立法。无论是"归纳"还是"整合",都旨在为一部垂范久远的被害人救助法奠定理论基础。上一节的被害人救助的困境,对应在理论中其实是在追问"为什么立法""制度应有何种定位与价值""救助什么样的被害人"等问题。其中,"为什么立法"就直接与立法根据理论相关,而后两个问题,则同样可以通过立法根据理论加以推导演绎。由此可见,对立法而言具有举足轻重、提纲挈领作用的立法根据理论,是我国被害人救助理论破局重整的

关键所在。

具体而言,被害人救助立法存在着宏观、中观和微观三维视角,分别对应的是"立法根据理论""基本原则理论"和"具体条款理论"这三层理论层次。长期以来学理中对这三层次理论的研究,通常是孤立的、不可推导的。然而,无论是理论还是立法,其组成部分均应当进行系统化而非碎片式处理。试想一下,若没有中观层面的基本原则作为依托,微观层面的具体条款的设计必然只能是自说自话,无可反驳,当然也就无从检验。而若没有宏观层面的立法根据作为基础,所谓的基本原则仅仅只表现法定化而已,而缺乏存在的实质理由,出现"知其然不知其所以然"的局面。本书关于被害人救助理论的研究偏好正在于此:通过重构立法根据理论,进而推导出立法基本原则,最后指导立法具体条款,形成"宏观—中观—微观"理论层次谱系。这种互相可以推导证成的理论谱系,可以确保学界每一个具体问题的讨论和争议能够经由这三维视角还原并加以检验,从而使得有关理论和立法上争论不至于流于论说者的直观好恶和价值偏向,进而具有学术上的可争辩性和可延续性。

第四编

我国犯罪被害人救助制度的建构与完善

本编旨在构建并完善符合我国国情的犯罪被害人救助制度。需要说明的是,尽管犯罪被害人救助制度与社会救助制度具有种属关系,故都具有社会法的属性,但前者是刑事领域的专门救助制度,同时具备刑事法的属性。因此,基于专业性和特殊性的考虑,有为犯罪被害人救助单独加以立法的必要。犯罪被害人国家补偿、司法权益保护以及被害援助制度,是构成犯罪被害人救助制度的"三驾马车"。对此,多数国家采取分别立法的方式,即分别建构上述三种制度,少数国家则采取统一立法的方式,即建构全面的犯罪被害人救助制度或者保护制度。然而,无论采取何种立法方式,作为狭义被害人救助的国家补偿,都是各国犯罪被害人救助制度的核心部分。本编的基本思路为"优先并重点建构犯罪被害人国家补偿制度,同时兼顾被害人司法权益的完善以及被害援助制度的建构"。

第十三章　犯罪被害人补偿制度的建构与完善

第一节　犯罪被害人补偿制度的立法模式与选择

一、各国犯罪被害人补偿立法的主要模式

一般而言,"一个国家创制法律的惯常套路、基本体制和运作程式等要素所构成的有机整体常被称为'立法模式',它从来都具有历史性,但依然现实地约束或拘束整个立法活动"①。自20世纪中叶起,一股围绕着被害人权益保护之制度建构的尝试成为了世界性趋势:1964年新西兰颁布和实施《犯罪被害人补偿法》以来,包括英国、美国、法国、日本、韩国、我国香港和台湾地区等在内的三十几个国家或地区,相继完善了犯罪被害人补偿制度,关于被害人补偿、司法权益以及被害援助的法律法规,蔚为壮观。

从各国(地区)立法模式上看,大致存在四种模式的区分②:其一为"专项保护单一主体"的模式,其二为"多项保护单一主体"的模式,其三为"保护多主体"的模式,四为"纳入诉讼立法"模式。其中,受到各国广泛采纳并通行的是"专项保护单一主体"模式。下面将对四种模式一一举例介绍:

首先,"专项保护单一主体"模式,是指专门针对刑事被害人这一主体而进行经济资助的狭义补偿立法的模式。从下表可以看出,采用该种模式的国家以欧洲国家居多。

表13-1-1　专项保护单一主体立法模式

时间(年)	国家或地区	法律或规范性文件名称
1972	奥地利	《刑事被害人补偿法》
1974	芬兰	《刑事损害补偿法》

---

① 江国华:《立法模式及其类型化研究》,载《公法评论》(第四卷),北京大学出版社2007年版。
② 陈彬等:《刑事被害人救济制度研究》,法律出版社2009年版,第39页。

(续表)

时间(年)	国家或地区	法律或规范性文件名称
1975	荷兰	《刑事伤害补偿基金法》
1976	丹麦	《刑事被害人国家补偿法》
1978	瑞典	《刑事伤害补偿法》
1980	日本	《犯罪被害人等抚恤金付给法》
1983	欧盟	《欧洲暴力犯罪被害人补偿公约》
1984	卢森堡	《补偿某些因犯罪和破产诈欺遭受身体伤害的被害人的法律》
1995	英国	《刑事伤害补偿法》
1996	德国	《刑事伤害补偿法》
2009	中国	《关于开展刑事被害人救助工作的若干意见》

其二,"多项保护单一主体"模式,是指专门针对刑事被害人这一主体而进行包括补偿、赔偿或者援助在内的广义补偿立法的模式。从下表可以看出,采取这种立法模式的国家(地区),通常冠以"被害人保护法"的名义,因而也可以成为"综合保护法模式"

表 13-1-2 多项保护单一主体立法模式

时间(年)	国家或地区	法律或规范性文件名称
1984	美国	《刑事被害人法》
1991	葡萄牙	《暴力犯罪保护人保护法》
1991	西班牙	《暴力犯罪和侵犯性自主的犯罪》
2002	台湾地区	《犯罪被害人保护法》
2010	韩国	《犯罪被害人保护法》

其三,"保护多主体"模式,是指虽以刑事被害人主体为主,但也不限于此,同时可以将其他不法行为被害人包括在内,例如公权力滥用的被害人、民事侵权被害人等等。需要注意的是,根据保护措施的单一与否,该模式项下仍可分出两种类型——"单项保护多主体"与"多项保护多主体"。据此,我国内地和我国香港地区的司法补偿制度属于"单项保护多主体"模式,而比利时和联合国则采取的是"多项保护多主体"模式。

表 13-1-3　保护多主体的立法模式

时间(年)	国家或地区	法律或规范性文件名称
1973	香港地区	《暴力及执法伤亡赔偿计划》
1985	比利时	《关于财政和其他措施的法律》
1999	联合国	《为罪行和滥用权力行为受害者取得公理的基本原则宣言》
2014	中国	《关于建立完善国家司法救助制度的意见(试行)》

第四种模式,"纳入诉讼立法"的模式,是指将补偿的相关内容规定在本国的刑事诉讼法之中,因而也成为"诉讼法保护"模式。例如法国在《刑事诉讼法典》第四卷第十四编规定了"某些被害人对犯罪引起的损害请求补偿的程序",其中不仅规定了补偿申请、审查、决定程序,而且规定了补偿条件和标准。[①] 许多国家都规定了被害人补偿的相关程序,但是在刑事诉讼法中规定补偿程序的不多。

二、我国犯罪被害人补偿立法的应然选择

如上所述,不同模式的区分标准主要有三:其一,要不要专门就被害人利益加以立法?若不需要,则势必将被害人保护的相关规定,纳入其他法律部门之中,例如"诉讼法保护模式"。其二,是否仅就刑事被害人之保护加以专门性立法?如不是,则必然属于"保护多主体"模式。其三,是否仅限于对被害人进行经济补偿?如是,则只可能是"专向保护单一主体",而非"多项保护单一主体"。

从我国被害人补偿制度和实践来看,经历了从《关于开展刑事被害人救助工作的若干意见》向《关于建立完善国家司法救助制度的意见(试行)》转变的过程。其中,前一规范性文件所代表的是"专项保护单一主体"模式,而后一规范性文件体现的是"专项保护多主体"模式。由此可见,我国犯罪被害人补偿的推动主体,至少已经对上述两标准作出了回答:其一,我国犯罪被害人补偿工作向来以专门的完整性的文件加以规范,既不属于立法解释,也不属于司法解释,很难采取"搭车立法"的形式,通过增补而纳入刑事诉讼法典或者刑法典。换言之,当下实践指向的是专门立法。其二,司法救助制

---

① 陈彬等:《刑事被害人救济制度研究》,法律出版社 2009 年版,第 41 页。

度对刑事被害人补偿制度的扩张，主要体现在纳入了民事不法行为的被害人。换言之，当下的被害人救助实际上是以多种主体多重法域中的被害人为对象而展开的。①

至于第三个标准，我国立法是否应当包括被害人援助等内容？若是则属于"综合性保护立法"的模式，若否则属于"犯罪被害人补偿立法"的模式。本书认为，由于我国被害人救助实践起步较晚，且救助工作的重点在于对被害人进行经济补偿，被害人援助相关工作，虽然各地亦有开展，但无论是规范程度还是急迫程度，都远远不如被害人国家补偿。同时，从立法的阻力和公众的共识来看，以物质补偿的方式补偿被害人更易受到公众青睐，也因为制度调整的范围有限，而易于通过立法表决。另外，从立法技术的角度看，当下被害人救助的相关规范性文件，都为后续的立法划定了框架、奠定了基础。

第二节　犯罪被害人补偿立法根基的比较与重构

一、代表性的理论学说及其解构

（一）主要理论之梳理

犯罪被害人补偿立法根基的主要理论，都旨在论证国家通过物质对被害人加以补偿的正当性，其实质上是在追问"国家负有何种义务？"以及"为什么推动补偿立法？"这两个问题。总体而言，可以将学理上对上述两问题的不同回答，归纳为以下五种立场：

（1）国家责任说。国家责任说是最先发展起来的学说，自20世纪60年代刑事被害人救助运动兴起以来，该说作为通说而被确立下来。② 该说根据社会契约，认为国家通过公民让渡私人暴力的权利，垄断性地掌握了追诉犯罪和施加惩罚的权力，便因此承担着保护公民免受犯罪侵害的责任。③ 由于

---

① 本书对犯罪被害人与刑事被害人加以区分，并最终采用犯罪被害人（可涵盖遭受所有类型不法行为损害的人）这一称谓的一个重要原因，也在于此。
② 参见柳建华、李炳烁：《权利视野下的基层司法实践——刑事被害人救助制度研究》，江苏大学出版社2010年版，第49页。
③ 参见[美]安德鲁·卡曼：《犯罪被害人学导论》（第六版），李伟等译，北京大学出版社2010年版，第398页。

第十三章　犯罪被害人补偿制度的建构与完善

国家的本质和功能在于在公民确有需要的时候提供公共防御、谋求和实现社会稳定和平①,因此,国家对被害人补偿的义务来源于对公民防御和社会和平的"保护失败":极端的国家责任说会认为,一旦出现犯罪侵害,国家就应承担损害填补的直接责任,也即"无论具体原因是什么,公民受到了犯罪侵害,就是国家没有尽到防止犯罪发生的责任"②。而温和的国家责任说则会认为"如果对受到犯罪伤害而陷于困境的被害人不予以补偿,就不是一个负责任的国家"③,换言之,只有在国家不能有效追诉犯罪或者犯罪人无法充分赔偿时,才认为国家对亟待补偿的被害人存在某种间接或替偿责任。

（2）社会福利说。该说基于连带互助,认为,"作为共同体生活的一项原则,伙伴身份要求每个成员不能对其他任何成员漠不关心,并要在需要时提供力所能及的帮助。因此,这授予每个处在困扰中的人享有霍菲尔德所说的从其伙伴成员那里获得帮助的要求权"④。在这种意义上,"国家对被害人予以补偿,是社会增进人民福利的一项重要任务"⑤。申言之,这种思路是以国家应当对共同体中的弱势群体给予帮助为假定的,而遭受犯罪侵害而伤亡的被害人及其亲属,属于社会弱势群体,便得因此获得相应公共援助（福利）。据此,所谓犯罪被害人补偿作为一种社会福利类型,被纳入到社会补偿制度和社会保障体系之中,从而使得被害人补偿的制度目标是"保护（被害人）生活"。由此,在社会福利说看来,国家补偿的被害人的事由在于,道义抚恤与连带互助义务。

（3）社会保险说。该说源于风险分散,认为由于犯罪存在于所有类型的所有社会,是人们虽不愿意但是又不可避免的正常的社会学现象。⑥ 就这层意义而言,人类社会中所有的人都是潜在的被害人,而所谓的被害人不过是这种必然性风险在个体上的偶然实现,也即被害人替代了其他潜在的被

---

① 〔法〕卢梭:《社会契约论》,何兆武译,商务印书馆1987年版,第7页。
② 赵可主编:《被害者学》,中国矿业大学出版社1989年版,第217页。
③ 赵国玲:《犯罪被害人补偿:国际最新动态与国内制度构建》,载《人民检察》2006年第17期。
④ 〔英〕米尔恩:《人的权利与人的多样性——人权哲学》,夏勇、张志铭译,中国大百科全书出版社1995年版,第165页。
⑤ 樊学勇:《关于对刑事被害人建立国家补偿制度的构想》,载《中国人民大学学报》1997年第6期。
⑥ 参见〔法〕迪尔凯姆:《社会学方法准则》,狄玉明译,商务印书馆1995年版,第84页。

害人成为了社会风险的牺牲品。由于犯罪风险具有整体性特质,其本身指向的是社会及社会的每一个人,并且根据犯罪原因论的一般观点,不断发展并复杂化的社会是导致犯罪发生的重要原因,故而被害人因犯罪行为而遭受的损失就不应由其个人承担。因此,通过将被害人补偿制度类比于一般保险制度,将全体公众所缴纳的税金视作保险费,从而当被害发生时,国家通过物质补偿的方式,转嫁了被害人所遭受的损害,正符合"社会保险说"之本意。① 此外,与该说具有相近立场的是"宿命说"以及"公共援助说",三种学说的核心在于,国家补偿被害人源于道义责任与利益平衡。

(4)社会公正说。该说发轫于分配正义,根据亚里士多德的分类,正义包括分配正义和矫正正义,前者关注的是如何在社会成员或者群体中配置权利、权力、义务和责任的问题,而后者则在一条分配正义的规范被违反时发挥作用,其意义在于将受到破坏的不平等境况还原回最初的平等状态。② 当犯罪人实施犯罪并造成损害后,矫正正义不仅要求国家对犯罪人予以惩罚,而且要求犯罪人对损害予以填补。而当被害人无法获得犯罪人的有效赔偿时,意味着矫正正义的部分落空,这时正义要求国家通过相应地分配,弥补被害人之损失,此即为分配正义。换言之,这实质上是国家对犯罪人和被害人之间利益的平衡保护:当二者之间的利益平衡因犯罪人的犯罪行为致使被害人法益受损而发生倾斜时,妥当的方法则是通过对被害人补偿来纠正和恢复原本的均衡态势。③ 因此,该说依照分配正义,认为必须通过再分配,将社会上处境较好者的部分利益通过合法的途径移转到处境不利者,以达到对后者利益的适当补偿,如此才能在一定意义上体现社会的公平和正义。④

(5)政策利益说。该说主要基于功利主义,认为国家对被害人物质补偿,在总体上将会产生更大的利益,此即为补偿制度的正当性所在。在对所谓"政策利益"解读的问题上,存在着两种典型的并行不悖的理论径路:其一为刑事政策上的路径,其二为政治利益上的路径。从刑事政策的角度看,将

---

① 参见〔日〕大谷实、齐藤正治:《犯罪被害给付制度》,日本有斐阁1982年版,第51—53页。
② 参见〔美〕博登海默:《法理学、法律哲学与法律方法》,邓正来译,中国政法大学出版社1999年,第265—267页。
③ 参见田思源:《犯罪被害人的权利与救济》,法律出版社2008年版,第85页。
④ 参见〔美〕罗尔斯:《正义论》,何怀宏等译,中国社会科学出版社2001年版,第7页。

被害人补偿纳入犯罪防控体系之中,可以有效地恢复因犯罪而失衡的法秩序,维持并确保国民对刑事司法信赖以及缓和社会报应感情,实现相应的刑事政策目标。① 简言之,被害人国家补偿被视为实现刑事政策目标的手段和方式。从政治利益的角度看,由于传统刑事司法制度过于强调对犯罪人的保护,从而疏远了被害人。而通过引入各国流行的被害人补偿制度,既可以赢得被害人的合作,也可以赢得社会普通公众的支持。② 简言之,被害人国家补偿被视为政治姿态的宣示以及弥补现行司法制度之不足的工具。

(二)主要理论之解构

国家责任说存在三个缺陷:其一,规范上的疑问。且不论社会契约只是理论假定而非现实存在,仅从"国家有保护公民不受犯罪侵害的义务",也很难推导出"国家对被害人之损害承担赔偿责任",理由在于前一义务属于政治哲学范畴,若要实现有效推导,则必须具有法律规范性根据的存在,否则不能直接转化为法规范范畴的责任。其二,结论上的失当。一方面,该说认为只要存在国家义务,便可以产生赔偿责任。那么依此逻辑,不仅限于犯罪被害人,国家可能对任何非正常现象的产生都存在责任。例如,由于国家对公民负有教育责任,犯罪人可因教育失败而向国家主张赔偿责任。③ 这显然是不能被接受的。另一方面,该说将国家保护落空与经济补偿间建构起了一种合逻辑的关联,有导致国家对所有被害人承担责任的可能,这无疑极大地加重了国家负担,从而反过来成为被害人补偿制度立法的障碍。其三,性质上的偏差。该说视国家为责任主体,多少使其成为被谴责的角色,反而会淡化对犯罪人的负面评价,而事实上,恰恰是犯罪人而非国家导致了被害人的损害。基于此,1983年欧洲召开的暴力犯罪被害人会议拒绝将补偿视为被害人权利,否认存在国家责任,而代之以社会连带与平等的利益作为正当化根基。④

社会福利说同样面临两方面的质疑:一方面,一个前提性的质疑在于,

---

① 参见〔日〕大谷实:《刑事政策学》,黎宏译,中国人民大学出版社2009年版,第340页。
② Peggy M. Tobolowsky, *Crime Victim Rights and Remedies*, Carolina Academic Press, 2001, p.159.
③ 参见赵国玲主编:《中国犯罪被害人研究综述》,中国检察出版社2009年版,第67页。
④ Mawby and Walklate, *Critical Victimology: International Perspectives*, SAGE Pub., 1994, p.12.

"所谓的连带互助的假定是否存在宪法和法律上的依据"？若有，则社会福利说将滑向国家责任说，因为这在某种意义上构成了国家法定责任；若无，则意味着与国家责任说相似，该说同样在道义责任和法定责任之间存在跳跃，"社会福利"在规范依据方面不无疑问。另一方面，社会福利说无法为专门构建犯罪被害人补偿制度提供充分说理，因为若不考虑犯罪被害人身份，则直接施予一般性的社会补偿即可，无需特别的制度构建。① 换言之，该说为被害人补偿冠以"社会福利"的称谓，尽管可以省略对国家提供一般性社会福利展开正当性方面的实质论证，但是问题在于，对犯罪被害人这类人群的福利供给的正当性论证，则无法回避。由此可见，社会福利说仅仅是通过福利概念在字面上论证了正当性，缺乏赖以支撑的深层次理由。

社会保险说实质上是将被害人国家补偿类比为社会保险，在某种程度上是社会福利说的变体，因而对社会福利说的质疑同样可以适用于社会保险说之上。也就是说，作为整体性风险的犯罪损害不应由个人承担的理念背后，同样会产生出某种国家承担风险和弥补损害的结论，这是否导向了国家责任说？另外，该理论的类比思路同样存在问题，因为诸如养老保险、工伤保险、失业保险等社会保险发挥的领域往往是劳动领域，缴费的主体特定且具有强制性，制度的目标在于维持劳动力再生产，而接受国家补偿的被害人既可能属于没有纳税能力和义务的弱势群体②，也并不属于劳动领域的生产作业者，因而类比不当。

社会公正说面临的诘难主要是政治哲学方面的：反对者认为，被害人国家补偿，实际上是在维持警察、法院、监狱等专政机关运行的必要费用外，增加了纳税人的负担，而这对纳税人而言是不公正的。③ 这种依赖于税收的被害人补偿制度，会助长国家的"家长主义"，从而削弱个人主义。事实上，反对的观点认为被害人损害应由矫正正义而非分配正义来实现，后者会造成被害人受益而公众受损的局面。换言之，从反对者看来，被害人的正义，仅仅来自于被害人的赔偿，以及对被害人的惩罚，而国家擅自补偿，则会导致

---

① 相似的观点，另参见许启义：《犯罪被害人保护法之实用权益》，台湾永然文化出版公司2001年版，第28页。
② 董文蕙：《犯罪被害人国家补偿制度基本问题研究》，中国检察出版社2012年版，第56页。
③ R. Elias, *Victims of the System: Crime Victims and Compensation in American Politics and Criminal Justice*, New Brunswick, 1983, p.25.

第十三章 犯罪被害人补偿制度的建构与完善

对公众的不正义。

政策利益说的最大缺陷来自于其立论的基础——国家通过补偿被害人从而实现最大化的刑事或公众政策上的利益,如法秩序的恢复、国民对法正义的期待、被害人与一般公众的支持。在这里,重要的不再是亟须获助的被害人,而是秩序维护和他人信赖等政治利益诉求,在某种程度上是将被害人作为工具,从而背离了被害人保护的理念。因此,政策利益说也同样面临着"家长主义"的诘难,因为在其理论中被害人不是作为主体形象出现的,国家则扮演着"全知全能"的角色,从而被害人利益可能会因行政当局的政策偏向而被牺牲[1]。

综上所述,有关被害人补偿各种立法根基的理论学说,都存在种种缺陷,其理论体系的逻辑自洽性无法得到保证。事实上,从被害人补偿的历史来看,该制度的建立与被害人孤立无援的处境及国民对之的同情存在密切之相关,相关立法往往便是国家及立法机构对民意诉求响应与跟进的产物。[2] 这意味着被害人补偿实践是现实倒逼的产物,因此,理论要获得解释力并达到逻辑自洽,就必须考察各国被害人补偿立法之根基理论,从而在先归纳的基础上演绎符合实践和逻辑的立法根基理论。

(三) 各国采纳之模式

1. 政治道义模式

以英美等国为代表,既拒绝任何导向国家责任的学说,也反对从分配正义及其引申的社会保险的学说,仅将被害人补偿视为彰显国家对暴力犯罪无辜被害人的同情并呼吁团结的一种政治性姿态,故其补偿方案在"理论连贯性"上饱受质疑。[3] 申言之,尽管未加以明确,但这种对政治性效果的强调接近于刑事政策说的立场。

---

[1] L Zedner, "*Victims*", in M Maguire, R Morgan and R Reiner(eds.), *The Oxford Handbook of Criminology*, Oxford University Press,2002, p. 442.

[2] 以日本为例,尽管20世纪五六十年代被害人保护运动风起云涌,但直到1974年发生了政治上极左的暴力分子爆炸东京三菱重工大楼事件,并造成了8人死亡、380人受伤的重大损害,才引起了政治人物与公众对被害人损害修复的关注,并产生了推动补偿立法的动议。为了呼应民意,国会最终于1980年通过了《犯罪被害人等给付金支给法》,从而在日本建立起了被害人补偿制度。参见〔日〕大谷实、齐藤正治:《犯罪被害给付制度》,日本有斐阁1982年版,第37页以下。

[3] P. Duff, "*The Measure of Criminal injuries compensation*", Oxford Journal of Legal Studies, Vol. 18(1), 1998, p. 107.

英美法模式最大的特点在于否定补偿的权利化,拒绝国家责任,强调制度的恩惠性、政策性。仅仅通过政治性利益来论证正当化,既不够充分,也难以为制度设计提供依据。以适格被害人的标准为例,仅从恩惠性的角度,很难解释英美等国的补偿法案为何将过失犯罪的被害人排除在补偿之外,因为即便是过失场合,重伤或死亡的被害人同样值得恩恤。另外,这种自上而下的补偿模式,还存在给付随意性较大以及由于过分要求被害人配合而产生的二次伤害或者不能同等给付的可能[①]。由此可见,由于补偿法案并未给予被害人明确的补偿预期,从而极大地限制了补偿法案的实践效果。

2. 宪法义务模式

以德国、韩国为代表,从宪法层面上为其被害人补偿寻求根基。基于德国《基本法》第 20 条和第 28 条引申出来的法治国原则和社会国原则,国家有义务补偿暴力犯罪的被害人,暴力犯罪被害人补偿法应当依照社会法法典(SGB)的总则及第十编有关行政程序等规定适用[②]。申言之,德国实际上兼顾了国家责任与社会福利,将国家补偿的范围限定在被害人重大伤亡的场合。韩国在补偿义务宪法化的路上走得更远,其《宪法》第 30 条将对补偿生命和人身伤害(不限于重伤害)的被害人的补偿义务作了明文规定。因此,与德国一样,其亦是通过国家责任宪法化的方式来增进被害人之福祉[③]。

这一模式最大特点在于国家责任宪法化、被害人权利明确化,从而使得被害人补偿具备了实证法基础。这种国家责任是积极责任,是社会法性质的国家义务。然而,这种模式也不无疑问:其一,既然宪法以保障生命和身体健康为目标,那么德国、韩国等国补偿立法既不应设置排除补偿的条款,也不应对过失犯罪中伤亡的被害人拒绝补偿。其二,由于规范体系并非自发自为的存在,所以即便有宪法作为背书,其实质正当性理由也并不充分。

3. 政策目的模式

以日本和我国台湾地区为代表,强调被害人补偿的实质意义在于实现

---

① 例如美国《联邦犯罪被害人法》第 311(b) 条规定:"若补偿机构面临财政困难,则该机构可以在必要限度内减少、迟延或部分迟延支付补偿金。"

② 参见郭明政:《德国暴力犯罪被害人补偿制度之研究》,载《政大法学评论》第 52 期。

③ 2010 年,韩国通过《被害人保护法》,施行二十多年的《被害人补偿法》同时废止。参见金昌俊:《韩国新的被害人保护制度及其启示》,载《河北法学》2011 年第 11 期。

预设的政策目的。日本便将其定位为"补充侵权行为制度之不足、社会福利政策之扩充、修正刑事政策之不公平"①。我国台湾地区《被害人保护法》立法旨趣则是"保障人民权益"和"促进社会安全的目的"。② 因此,该模式的立法根基属于社会福利和刑事政策的融合。

该模式最大的特点是:既强调被害人获得补偿的权利,也注重补偿制度的实际效果。将被害人补偿制度与刑事政策目标相结合,为设置相应的排除条款提供了根据,例如对不配合司法机关的被害人不予补偿。但比之德国法模式,该模式在国家责任的问题上"犹抱琵琶半遮面",如此则依然存在规范根基含混不清的质疑。

4. 小结

三种典型模式的正当性叙述是分别循着规范体系内和规范体系外的两种路径展开的:宪法义务模式试图为被害人国家补偿寻找实定法的依据,而宪法的授权便为其赋予了规范效力;政治道义模式和政策目的模式则属于规范体系外的正当性论证,前者着眼补偿的恩恤性和道义性,后者强调补偿的手段性和功利性。若仅依赖规范体系内的正当性,就会陷入"为什么补偿是正当的——因为宪法和法律规定"的循环论证;若仅侧重规范体系外的正当性,则被害人国家补偿会因缺乏明确的规范性授权,而无法实现补偿工作的常态化、制度化。因此,关于被害人补偿正当性根基的正确思路,是打通规范体系内外的隔阂,使其各自承担不同正当性论证:在规范体系内确保被害人权利与国家责任逐步正当化,而规范体系外的路径则是对规范体系内的正当性提供实质正当性依据。

同时,从各国(地区)立法例来看:在补偿范围上,多数国家仅在被害人严重伤害或者死亡的场合加以补偿,韩国则扩展到了普通伤害。在犯罪类型上,主要国家或地区均排除对过失犯罪被害人的补偿,但我国台湾地区则为例外。在补偿的消极条件上,多数立法例在被害人对自身被害具有可归责事由、拒绝配合司法机关以及给予补偿会导致不公平等场合,倾向于拒绝给予补偿。这实际上是立法在筛选其所需要补偿的对象,而这本身也需要

---

① 参见〔日〕川出敏裕:《关于日本犯罪被害人对策的变迁与展望》,载《第五届中日犯罪学学术研讨会论文集》。

② 参见许福生:《刑事政策学》,台湾三民书局2005年版,第563页以下。

正当化的理由。换言之,犯罪被害人补偿立法根基,既要论证"国家补偿被害人"的正当性,也要为"补偿何种被害人"提供根据。

二、立法根基理论的多元化重构

(一)综合性思路的"内外展开"

有关立法根基的各种理论学说,往往都是"只及一点不及其余"。各国(地区)实践中的三种典型模式都并非某个单一模式的纯粹演绎,而是同时兼及多种理论。这预示着各种正当性理论之间并不存在无法跨越的鸿沟,相反存在着相得益彰的可能性,例如宪法义务模式中社会福利说可以通过宪法性规定而与国家责任说关联。"国家对犯罪被害人提供国家补偿的理论基础应当……兼容并包地加以寻找,恐怕很难以某一种学说作为国家补偿完全的理论基础"①,事实上国家对被害人补偿的应然性具有多维属性,国家责任说、社会福利说、社会公正说和刑事政策说只是从不同层面加以论证而已,诸说之间并无本质上的矛盾。本书认为传统理论的问题在于过分迷信单一理论的辐射力,而忽略了多元化综合性思路的探寻。因此,关键的问题在于将各理论论证角度与重点进行层次化重构,进而形成一套体系性的立法根基方案,实现多维度的正当化。

以规范体系内外作为层次化论证的标准,国家责任说和社会福利说属于规范体系内的正当化根基,而社会公正说和政策利益说则属于规范体系外的正当化根基。就前者而言,国家责任说通过规范效力的确认,使得国家补偿被害人"于法有据";社会福利说则是对国家责任形式的限定,国家的补偿责任不应定位在国家赔偿意义上的消极责任,而是一种建构社会安全体系,保障个人生存权和人身权意义上的积极义务;换言之,国家责任和社会福利之间存在着实质与表征的关系。就后者而言,其为国家补偿被害人的授权规范提供了政治哲学的基础,其中社会公正说侧重于分配正义的道德主义,而政策利益说之立场则倾向于发挥制度效果的功利主义,二者为补偿规范自身的正当性提供了实质性说理。

(二)分配正义中的"家长主义"

社会公正说是通过国家补偿而非犯罪人赔偿——因而也是分配正义而

---

① 赵国玲主编:《中国犯罪被害人研究综述》,中国检察出版社2009年版,第168页。

第十三章 犯罪被害人补偿制度的建构与完善

非矫正正义的方式——来实现被害人正义,其面临的最大诘难来自于自由主义,特别是其众多谱系中的个人主义。在个人主义的政治和社会哲学里,个人自由被赋予了很高的价值,强调个人是目的本身,社会只是个人目的的手段,而不是相反;所有的人在道德上都是平等的,任何人都不能被当作其他人福利的手段。① 因此,这种个人至上的自由主义,崇尚主体的个人意志、市场的作用和最小国家理论,反对父爱主义、道德立法以及对收入或财富的再分配。②

与此相对的则是家长主义,是指国家为了保护个人的利益而像父亲对待孩子那样,教导、指引其个人行为,从而干预甚至限制其自我决定。③ 根据个人自我决定有无被压制作为标准,家长主义可分为强式家长主义和弱式家长主义,前者明显地侵入到了个人自治领域,后者并不构成实质侵犯。在部分家长主义论者看来,弱式家长主义非但没有威胁行为人的自由,反而增进了行为人的自由,是与自由主义相容的。因而,毋宁说弱式家长主义根本就不是家长主义,而属于自由主义者所认可的伤害原则的范畴。④ 显然,国家通过物质救济犯罪被害人,并存在对其自我决定权的干预,而恰恰是对深陷困境的被害人的保护,从而促进了个人自由的延展。就此而论,被害人国家补偿自始就具有一种家长形象,而这并不构成对个人的威胁。

尽管在政治哲学上国家对被害人的补偿负有责任,但这种责任不是没有限定的,这种限定来自于法秩序对利益的保护。根据人身权优于财产权的理念,被害人因犯罪所可能遭受的损害类型存在程度和位阶上的差异。由于生命权和健康权属于基本人权,是个人实现自由和幸福最为重要的前提,故死亡和重大伤害类型具有优先保护性。将补偿的对象主要限定为死亡和重大伤害的被害人,可以与刑法两相呼应。刑法对生命和重大人身法益采取绝对保护的立场,否定被害人承诺的有效性。⑤ 而当生命和重大人身

---

① 参见顾肃:《自由主义哲学的基本理念》,中央编译出版社 2005 年版,第 3—22 页;李强:《自由主义》,中国社会科学出版社 1998 年版,第 147—172 页。
② 参见〔美〕迈克尔·桑德尔:《公正:该如何做是好》,朱慧玲译,中信出版社 2011 年版,第 69—70 页。
③ 参见孙笑侠、郭春镇:《法律父爱主义在中国的适用》,载《中国社会科学》2006 年第 1 期。
④ 参见黄文艺:《作为一种法律干预模式的家长主义》,载《法学研究》2010 年第 5 期。
⑤ 参见张明楷:《刑法学》(第四版),法律出版社 2011 年版,第 217 页;车浩:《论被害人同意在故意伤害罪中的界限》,载《中外法学》2008 年第 5 期。

法益被不法行为危及时，被害人可以实施"无过当防卫"。由于这种法秩序保护的一致性，因此，至少在被害人死亡、重大伤害或者严重残疾的场合，国家给予相应的补偿并不会助长"家长主义"，损害公众利益。

（三）刑事政策中的"功利主义"

刑事政策说为立法提供了不同于道德主义的另一条途径——功利主义的正当性根据。功利主义认为，幸福总量是可以计算的，伦理就是对幸福总量的计算，人生的目的都是为了使自己获得最大幸福，增加幸福总量。由于每个人都为最大限度实现自身功利，人们在实现这种幸福或快乐的过程中，通过冲突和抵消，最终可以达到一种社会平衡，从而构成最大社会福利，而最有利于公共利益。① 由于福利是由效用构成的，经济福利在很大程度上受到国民收入数量和国民收入在社会成员间分配方式的影响，例如同样一英镑收入对富者而言所享受的福利程度远不如贫者的大。由此，功利主义者得出结论，提高穷人所获得的实际收入的绝对份额，一般来说将会增加经济福利。②

上述功利主义仅仅一般性地奠定了国家财政补偿社会弱势群体的正当性基础，通过增加贫弱者收入来实现整体效用增大的国家补偿都具有社会法的面向，但这对于特殊类型的犯罪被害人国家补偿而言尚不充分。因而此处的功利主义必须融入刑事政策的考量，即以补偿被害人为手段，恢复犯罪人破坏且无法修复的加被害关系，干预被害向加害的转变③，在强化对生命和人身法益特别保护的同时，也能够实现刑法的一般预防功能。在这个意义上，犯罪被害人补偿也具有刑事法的面向。因此，在制度构建中，可以基于刑事政策的考量，设置排除性条件，例如对不配合司法机关以及自己导致损害的被害人不予补偿。

（四）规范体系中的"法律授权"

规范体系内的正当新根据，旨在证成国家与犯罪被害人之间的权利义务关系，主要围绕两方面问题展开：其一，这种权利义务关系的性质是什么？

---

① 参见〔英〕边沁：《道德和立法原理导论》，时殷弘译，商务印书馆2005年版，第21页。
② 参见〔英〕庇古：《福利经济学》，朱泱等译，商务印书馆2006年版，第89页、第123页。
③ 事实上，研究证明不论哪个年龄阶段，暴力犯罪的受害者都更容易自己去从事犯罪或使用精神类药物。参见〔美〕斯蒂芬·E. 巴坎：《犯罪学：社会学的理解》（第四版），秦晨等译，上海人民出版社2011年版，第135页。

第十三章　犯罪被害人补偿制度的建构与完善

其二,能够通过现行的规范体系中推导出这种权利义务关系。就义务的性质而言,由国家保护义务和给付义务派生的国家责任属于积极义务,以与国家赔偿中的自己责任或者代位责任等消极义务相区别。自己责任是指因公务人员代表国家,故其执行职务中的侵权责任,可以直接归于国家;而代位责任是指公务人员执行职务中的侵权责任,本质上属于其个人,但因个人财力有限,恐有保护不周之虞,同时避免执行公务中的畏惧心理,而由国家代为承担,并产生追偿权。① 在被害人国家补偿的问题上,反对国家责任说的核心就是反对自己责任,而国家责任说所拥护的则作为间接形式的代位责任。② 然而,无论何种责任都给国家补偿披上了"侵权"的色彩,这无疑加剧了实践和理论对国家责任说的抵触和否定。

在本书看来,国家补偿被害人并非是对侵权行为的赔偿,而是通过恢复被害人健康或者遗属生活,来保障公民的基本权利不因犯罪侵害而落空。详言之,宪法赋予公民的基本权利具有受益权功能,从而使得国家负有保护和给付义务。保护义务宣示了国家保护国民人权的立场和态度,给付义务则是保护义务的具体化。③ 具体而言,我国《宪法》第 33 条第 3 款规定的"国家尊重和保障人权"确立了国家的保护义务,而第 45 条第 1 款"中华人民共和国公民在年老、疾病或者丧失劳动能力的情况下,有从国家和社会获得物质帮助的权利",则为国家给付义务提供了依据。被害人的生命和重大人身法益属于基本人权,因而存在国家的保护责任。只是疑问在于,公民获得物质帮助权是否限于"年老、疾病或者丧失劳动能力"? 有论者提出了通过目的解释的方法④,即将此规定理解为例示性、泛指性规定,从而扩张该规范的适用。申言之,这种宪法上的国家积极义务,才是社会福利说在规范上的归宿。通常理解的社会福利是指"一种由社会福利计划、社会福利津贴和社会服务构成的,帮助人们满足对维持社会运转必不可少的社会需要、教育需要

---

① 参见翁岳生编:《行政法》(下册),中国法制出版社 2002 年版,第 1558 页以下。
② 参见卢希起:《刑事被害人国家补偿制度研究》,中国检察出版社 2008 年版,第 47 页。
③ 基本权利的受益权功能是指公民基本权利所具有的请求国家作为某种行为,从而享受一定利益的功能。参见张翔:《基本权利的受益权功能和国家的给付义务》,载《中国法学》2006 年第 1 期。
④ 参见吕翰岳:《过错被害人国家补偿问题刍议》,载《犯罪研究》2013 年第 3 期。

和健康需要的国民制度"①,其概念仅仅强调国家对国民基本需要的满足,而并未揭示其背后的授权规范。可见,国家对被害人遭受的损害予以弥补,便属于社会福利类型。同时,必须只有与规范层面的国家积极义务相对应,这种社会福利的特殊类型才是正当的。

(五)内外证成下的"综合理论"

从对立法根基的各种理论的解构性分析来看,任何单一的理论既无法完整叙述补偿的正当性,又不能理顺立法根基与补偿对象、排除条款的关系。而从各国被害人补偿立法来看,三种典型模式都兼顾了多种理论。这反映出被害人补偿立法的实践性而非理论建构性的特点,同时也预示着存在一种体系化的可能。为国家补偿被害人提供正当化根据的途径有二:其一为规范体系之中,其二为规范体系之外。前者为补偿立法提供了实证法上的效力保证,后者则为这种效力保证提供政治哲学上的论证。从规范体系中导出的国家对被害人的责任,是一种社会法意义上的积极义务,其表征为社会福利,因而在性质上与国家赔偿意义上的直接责任、绝对责任存在区别,积极义务的大小是与财政负担能力和国民法感觉密切相关的。而政治哲学上的正当化,则是通过分配正义和功利主义来实现的,其中法秩序对国民生命和重大人身法益的绝对保护为分配正义提供了共识,而由国家来补偿被害人进而实现秩序恢复和定分止争,又成为国家推动被害人补偿立法的政策动机和价值目标。

被害人国家补偿立法应当具有社会法和刑事法的双重特征,其中,社会法特征对应着分配正义,而刑事法特征则对应着功利主义。分配正义和功利主义经由国家保护义务和给付义务导入到规范体系之内,确保了国家对被害人的补偿既具有自然法意义上的正义和良善,又具有实定法意义上的当为与义务。详言之,分配正义要求国家扮演生命和重大人身法益受损的被害人及其遗属的"家长";功利主义则为补偿制度设定了刑事政策目标。宪法规范通过设定保护义务和给付义务来回应分配正义和功利主义的呼求。基于此,国家对被害人补偿的行为,既不是对国家侵权的损害赔偿——因而不是消极责任和绝对责任,也不仅仅是出于道义的恩恤——因而应当

---

① 〔美〕威廉姆·H.怀特科等:《当今世界的社会福利》,解俊杰译,法律出版社2013年版,第29页。

立法化和权利化,而是保障和促进个人在社会整体制度中得以自由发展的前提的积极责任和相对责任。因此,国家对被害人进行补偿的范围以及给付的数额,通常应当和国家的经济状况以及国民整体物质生活状况相关。

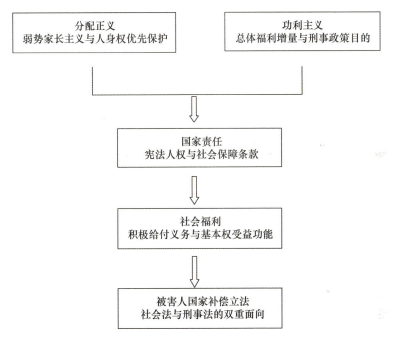

图 13-2-1　立法根基综合理论的逻辑演绎图

三、多元化立法根基理论的意义

首先,有关立法根基的各种学说之间并不存在非此即彼的排他关系,诸学说所欲正当化的对象是一致的,所不同者是其着眼层次和切入角度。通过区分政治哲学基础和法律规范授权,综合理论可以有效地统摄分配正义、刑事政策、社会福利等理论,从而证成国家对被害人的补偿。法谚云,"法律一经制定便已落后于时代",其固然有夸张之处,但却道出了制定法对变动不居的现实回应的滞后性。系统化的综合理论则可以使得立法具有较强的适应性,即可以通过合理地解释及局部地修改,从而化解立法和实践之间的张力。

在综合理论看来,国家对被害人实施补偿,实际上是一种经由政治哲学和宪法规范许可的特殊福利。这种特殊福利优先适用于生命和重大人身法益受损的被害人,这也是当下各国被害人补偿的共性。然而,同样存在着突破这种限制的努力,强调对过失犯罪、普通伤害甚至是财产损害的被害人加以补偿。如此便扩张了福利适用范围,正是在这个层面上,家长主义才面临是否妥当的质疑。[①] 综合理论恰好可以避免此类纯粹价值对立,其在分配正义之外需要算计补偿成本和刑事政策的收益。因而理论仅仅强调在扩大补偿范围问题上,必须要考虑国家财政负担能力、扩张的政策意义,具体的价值权衡则由国民和立法者自主辩论与选择。因此,时代变迁,主流民意主张扩张保护,也不必否定立法根基,只需修改补偿条件即可。简言之,综合理论具有广阔的解释空间,从而保证立法根基的弹性。

其次,通过消弭理论间的纷争,可以促使理论和实践同心协力地推动被害人补偿立法的制定。一方面,理论上诸多学说的竞争使得立法根基的抉择、甚至是具体制度安排的设计都变得困难,例如大至是否确立以及确立何种国家责任的讨论,小到补偿范围是否限于"生活陷入严重困难"的被害人及其近亲属等等。另一方面,由于理论的聚讼不已,我国的被害人补偿实践担心加重国家责任,为了避免争议而采取更换名称、先行试点的做法。尽管这体现出了某种实践智慧,但是却因此或多或少回避了对国家责任形式以及立法正当性基础的追问。这些无异于成为了被害人补偿统一立法的阻力。

事实上,多元化立法根基之所以称为多元,正在于其对各种理论之共性的提炼,避免剑走偏锋,务求中道,这恰恰为理论和实务提供了取得共识的可能性;尽管根据国家保护义务和给付义务确定了积极的国家责任,但不同于国家侵权行为所导致的直接责任,后者的赔偿是绝对的、确定的,并不需要特别考虑国家的给付能力,而前者对于被害人而言属于特殊的福利,是相对的,必须在国家具有给付能力的前提下进行。如此,便在并未实质性加重国家负担的情形下,实现了被害人补偿立法的规范正当性。

再次,多元化的立法根基也有利于对世界和地区性被害人补偿共识加以逻辑自洽的解释,从而在被害人补偿立法上与国际接轨。根据联合国《为

---

① 〔美〕桑福德·莱文森:《福利国家》,载〔美〕丹尼斯·帕特森编:《布莱克维尔法哲学和法律理论指南》,汪庆华等译,上海人民出版社2013年版,第558页以下。

罪行和滥用权力行为受害者取得公理的基本原则宣言》，国家应当对因犯罪而遭受严重伤害或者因犯罪而死亡或者身心残废被害人的家属，在未能自加害人或其他单位获得完全补偿时，给予财物上的补偿。《宣言》为国家补偿被害人设定了两个条件：未从加害人或其他单位获得完全补偿；犯罪导致被害人死亡或重伤。综合理论完全可以合理化地解释这两个设定：其一，是犯罪人而非国家应当对被害人承担赔偿的消极责任，国家补偿是一种积极义务，带有福利色彩，并非替代犯罪人来偿还被害人；其二，对被害人死亡或者重伤的情形予以补偿，理由既包括国家如慈父般在生命和重大健康方面为国民所提供专断性保护，也包括国家对因犯罪冲击的法秩序的修复和重塑国民对生命身体的尊重以及对法律规范的期待。

综上所述，将被害人补偿立法根基体系化的综合性理论，既能使得各种单一理论并行不悖地为国家补偿被害人提供正当性解释，避免单一理论逻辑上的难以自洽或者对实务探索的关照不足，又能化解立法中不同立法根基理念之间的对立和攻讦，为被害人国家补偿立法凝聚共识。同时，至少同样重要的是，这种综合性理论在保证立法符合被害人补偿的世界共识的前提下，降低立法根基理论自身刚性，提高理论对实践的投射性和适应性，为未来制度的修正留下了理论的余地。

第三节　犯罪被害人补偿的制度价值与基本原则

一、被害人补偿制度价值的阐述

根据价值属性和功能的不同，可以将被害人补偿制度的价值分为本体价值和效用价值：本体价值是指为相关立法与制度之正当性提供根本性和基础性论证的理念，缺少这种价值，则无异于否定了立法及其制度。对本体价值而言，最为核心的内涵在于"正义"，"如果某种'法律'不能促进公平或者正义的实现，或者其本身就是不公正或不正义的，那么这种'法律'就不应该称为法律或根本就不是法律"[①]。而效用价值是指相关立法制度与实践所能实现的，从而提升立法正当性的实际效益。尽管效用价值在正当性方面

[①] 谢鹏程：《基本法律价值》，山东人民出版社2000年版，第118页。

的论证仅仅是辅助性的,但在经济分析学派看来,其与作为本体价值的正义同等重要,"正义的第二种意义,简单地讲,就是效益"①。

(一) 制度的本体价值:实体正义与人权保障

正如罗尔斯(J. Rawls)在其经典著作《正义论》的开篇所言,"正义是社会制度的首要价值,正像真理是思想体系的首要价值一样。一种理论,无论它多么精致和简洁,只要它不真实,就必须加以拒绝和修正;同样,某些法律和制度,不管它们如何有效率和条理,只要它们不正义,就必须加以改造和废除。每个人都拥有一套基于正义的不可侵犯性,这种不可侵犯性即使以社会整体的利益之名也不能逾越。"②简言之,正义是检验立法制度正当性的第一标准。当然,正义并不是一种空洞的概念存在,其下位存在着"分配的正义"和"矫正的正义"的区分。③ 两种类型的正义在两个方面存在明显的差异:其一,在适用主体上,立法者是分配正义的主体,而司法者则是矫正正义的主体。其二,在适用领域上,分配正义通常出现在立法和公法领域,而矫正正义则往往调整司法和私法领域。④

一般而言,被害人的正义通常应当通过矫正正义加以实现。然而传统刑事司法体系,在被害人矫正正义实现方面,明显捉襟见肘:一方面,在面对犯罪人时,司法机关一直以来都被想当然的公共利益所主导,强调对国家力量的展示和威慑,而并不关注被害人更为个别化的需求满足。⑤ 换言之,传统刑事司法更加注重打击犯罪和惩处犯罪人,而非还被害人以正义。另一方面,大量的犯罪人根本没有能力对被害人加以赔偿,即便被害人对之提起民事赔偿诉求,往往也只能获得一纸空判。简言之,传统制度中的实现矫正正义的途径并不通畅。

因此,通过立法建立犯罪被害人补偿制度,在传统刑事司法制度之外增加一条实现被害人正义的途径,就成为理所当然的选择。换言之,所谓的犯

---

① 〔美〕理查德·A.波斯纳:《法律的经济分析》,蒋兆康译,中国大百科全书出版社 1997 年版,第 1 页。
② 〔美〕约翰·罗尔斯:《正义论》,何怀宏等译,中国社会科学出版社 1997 年版,第 1 页。
③ 〔美〕博登海默:《法律学、法哲学及其方法》,邓正来译,中国政法大学出版社 1999 年版,第 279 页。
④ 胡水君:《法律的政治分析》,北京大学出版社 2005 年版,第 18 页以下。
⑤ 〔英〕格里·约翰斯通:《恢复性司法:理念、价值与争议》,中国人民公安大学出版社 2011 年版,第 81 页。

罪被害人补偿制度,实质上是立法者通过对公共财富进行了重新分配,通过分配正义的形式对被害人损害加以弥补。当然,由于犯罪人首先破坏了原有的法律秩序,因而犯罪人的赔偿是首要的,而仅当被害人无法获得有效赔偿时,才能通过国家补偿获得补偿,在此意义上,矫正正义优先于分配正义。

这种通过专门制度对被害人正义的恢复,是符合我国宪法与政策精神的。我国《宪法》第33条强调"国家尊重和保障人权"。2013年11月12日中共十八届三中全会《关于全面深化改革若干重大问题的决定》对"完善人权保障制度"作出了总体部署。人的生命和重大人身法益,都属于基本人权的范畴,因此当因犯罪而遭受人身重大损害的被害人,或者因被害人遭遇犯罪死亡而缺少生活依靠的近亲属,无法获得犯罪人的赔偿,由国家进行经济补偿,便是国家保障的人权的直接体现。

(二)制度的效用价值:防控犯罪与社会和谐

犯罪被害人补偿制度的直接目的在于对被害人损害的弥补,而其附带性的效果则在于平复了被害人的愤懑甚至是报复情绪。相反,若不对被害人的需求加以关注,而放任其负面情绪,则极有可能导致被害者向犯罪者方向转化,也由此招致被害人与社会公众对包括刑事司法在内的法秩序的不信任感,从而削弱刑法的规制机能。① 若从微观和宏观的角度,对制度的效用价值作一个区分,则可以分为防控犯罪与社会和谐两部分。

就防控犯罪而言,通过给予被害人经济补偿,至少可以两个方面获得实益:其一,以经济补偿的形式,拉近司法机关与被害人的联系,从而鼓励被害人对司法机关的配合、对司法程序的参与,进而有效地实现对犯罪人的追诉。其二,通过对被害人损害的弥补,使被害人恢复到遭遇犯罪前的状态,从而减少其因犯罪带来的剥夺感和不公平感,阻断被害人因陷入贫困、报复心态等原因向犯罪者方向的"恶逆变",从而减少罪案的发生。

就社会和谐而言,犯罪被害人补偿制度,同样可以获得诸多效用:其一,增强公众对刑事司法制度的信任感,强化一般社会公众对法规范的忠诚意识,从而有利于实现刑法的积极一般预防。积极一般预防,不同于消极一般预防,它并不崇尚以刑罚加以威慑,而是强调提升民众的"一般法律意识",

---

① 〔日〕大谷实:《犯罪被害人及其补偿》,黎宏译,载《中国刑事法杂志》2000年第2期。

来影响行为人的是否作出违反规范的决定。① 通过补偿被害人,减少一般公众对法律保护的蔑视,可以形成公众的守法认同。其二,促进刑罚的轻缓化。事实上,平息和消除民愤最直接的方式便是对被害人加以补偿,借此既可以淡忘和消除被害人对犯罪的仇恨与记忆,也避免了因被害人的处境而被激发的民怨。由此,可以否定以被害人损害为由提出的重刑主张,为刑罚的轻缓化营造一种和谐的社会氛围。

二、综合理论对基本原则的派生

本书所主张的立法根据的综合理论并不直接地写入立法之中,而是透过其衍生的被害人国家补偿立法基本原则,实现对立法和司法的指导,因为"基本法律原则是整个法律活动的指导思想和出发点,构成法律体系的神经中枢"②。被害人国家补偿立法的基本原则,不仅应当在逻辑上与立法根据的综合理论相一致,而且必须与被害人补偿实践相互照应,如此才能成为理论和实践的纽带,成为"实践修正理论、理论指导实践"的切入口。

(一)及时性原则

及时性原则对立法的要求是尽可能简化补偿程序,保证被害人能够及时获得补偿;对司法的要求则是补偿机关和办案人员应当及时发现被害人并给予补偿。该原则是由立法根据的社会正义和刑事政策层面推导出来的。通常需要国家补偿的对象是,因犯罪侵害而遭受损害,且无法通过犯罪人赔偿等方式弥补损害的被害人及其近亲属。"迟来的正义非正义",社会正义要求国家尽可能及时地补偿孤立无援的被害人及其近亲属,使其尽快从被害的阴影中走出。同时,从刑事政策方面看,通过及时加以补偿,有助于犯罪侵害的社会关系和秩序的修复,更为迅速地满足国民对法秩序正义价值的期待。由此可见,及时性原则保证了补偿的便捷,从而有效地防止被害转化、缠访缠诉的情形,及时地恢复正常的法秩序。

(二)妥当性原则

妥当性原则对立法和司法的要求在于甄别适格的被害人,确保被害人

---

① 〔美〕马库斯·德克·达博:《积极的一般预防与法益理论》,杨萌译,载《刑事法评论》2007年第2期。
② 张文显主编:《法理学》(第三版),高等教育出版社、北京大学出版社2007年版,第123页。

国家补偿工作的合理适当。这意味着国家既可以通过立法,设定相应的排除条款,拒绝不适格的被害人;也可以通过司法,在个案中对被害人酌情减免补偿款。该原则同样是由立法根据的社会正义和刑事政策衍生的。根据加害与被害互动理论,被害人或许参与或导致了自己的被害。假若被害人高程度地导致自身的被害,如正当防卫中严重伤残的"被害人",依然能够获得国家补偿的话,则既不符合社会正义的要求,又可能在刑事政策上产生鼓励人们从事不法行为或其他高度冒险行为的负效果。因此,妥当性原则能够发挥被害人国家补偿的行为指引和导向功能,据此,诸如因"见义勇为"、协助司法机关办案而遭受损害的被害人自然是国家补偿的对象;相反,自身存在过错的被害人则往往不能获得补偿或全额补偿。

(三)重大性原则

重大性原则要求立法和司法优先补偿重大法益遭受侵害的被害人,具体而言就是生命法益和重大身体法益受损的被害人。该原则同样是由社会正义和刑事政策导出的。其一,从分配正义和基本权利的视角来看,生命和人身健康是人格发展的前提,是人权的核心,在"家长主义"看来,属于绝对保护的利益,例如在我国刑法中,被害人对生命法益和威胁生命的健康法益不具有处分权限。由此可见,生命法益和重大人身法益无论是在政治哲学还是规范体系的话语中都十分重要,对之加以特别保护属于自然之理。其二,导致被害人死亡或者重伤的案件,尤其是针对人身的故意暴力犯罪案件,对法秩序和国民规范认同的冲击和破坏最为严重。同时,在这类案件中,被害人的处境通常十分艰难,易于引发舆论的关注和同情,因而优先补偿重大法益受损的被害人具有刑事政策意义。

(四)福利性原则

福利性原则要求立法应当结合国家发展阶段和财政能力来确定补偿范围和补偿金标准,要求司法根据个案被害人的具体情形给予补偿。该原则是从国家责任和社会福利层面推导的。因为福利性原则意味着国家对被害人的补偿属于积极责任,不是国家侵权或者代位犯罪人赔偿意义上的消极责任,所以不仅补偿的范围并不涵盖所有被害人,而且补偿金的标准也并不完全以被害人实际损害为依据。世界上目前尚没有任何一个国家对所有的被害人加以补偿,这不仅是受制于国家实际承受能力,而且还在于被害人国家补偿不是赔偿责任,而是福利义务。因此,福利性原则既可以保证被害人补偿权利化,又能够发挥限制补偿范围、减轻国家财政负担的效果,从而在实践导向上具有可行性。

(五)一次性原则

一次性原则排斥立法和司法通过多次或分期的方式对被害人给予补偿,主张对被害人的补偿一步到位,使被害人国家补偿得以区别于其他分期给付的社会福利。这是因为被害人国家补偿不仅因为分配正义而具有社会法的属性,而且因为刑事政策目标而具有刑事法属性,所以被害人国家补偿的首要价值不在于"救贫"而在于"救急",从而也就排斥在被害人补偿范围中增设"生活陷入困难"条款的做法。同时,该原则减少了办案机关的实际工作量,有利于提升整个补偿程序的效率,从而符合了实践可行性方面的内在需求。另外,该原则保证了补偿给付更为便捷,从而与及时性原则相得益彰。

第四节 犯罪被害人补偿立法的具体制度与程序

一、补偿对象之划定

(一)补偿申请人范围

(1)直接被害人的范围。一般而言,犯罪被害人补偿立法中的直接被害人,就是指犯罪所直接针对,并遭受相应损害的被害人。然而,是否仅按照刑法上的因果关系来认定直接被害人? 事实上,学界已有扩张范围的呼吁,主要包括两种情况:其一,应将同犯罪作斗争、见义勇为受到伤害的人纳入直接被害人范围①;其二,应将在犯罪过程中偶然受到伤害的人(例如因犯罪事件引起的骚乱过程中摔倒或被挤压、踩踏的人)作为直接被害人②。

本书认为,应当适度扩大直接被害人的范围,使其能够涵盖上述两类人群。理由有三:其一,从语义上看,"遭受犯罪侵害"既包括被犯罪刻意针对,也包括偶然遭遇犯罪,只要犯罪行为与被害人损害之间具有条件关系即可,不需要严格的刑法意义上的因果关联。其二,从制度的功利效用来看,偶然

---

① 尹伊君:《建立适合中国国情的被害人补偿制度》,载《人民检察》2006 年第 9 期。
② 陈彬等:《刑事被害人救济制度研究》,法律出版社 2009 年版,第 77 页。

遭遇犯罪侵害而受到侵害的被害人,同样值得加以救助。其三,见义勇为的被害人,不仅对自身的被害没有过错,而且应当受到国家和社会的赞许,不将其纳入直接被害人的范围,难以令人接受。

(2)间接被害人的范围。关于间接被害人的标准,大致存在三种:其一,以近亲属关系作为标准,可以涵盖死者之配偶、子女、父母、孙子女、祖父母以及兄弟姐妹;其二,以抚养、扶养、赡养关系为标准,要求间接被害人依赖于死者而维持生活;其三,以前两者结合作为标准,《司法救助意见》即属于此类,其具体规定为"依靠其收入为主要生活来源的近亲属"。

从范围上看,第三种标准最为狭窄,第二种标准较为适中,而第一种则较为宽泛。本书倾向于以近亲属关系作为间接被害人的标准。同时,应当根据我国《继承法》第10条,将间接被害人分为两个申请顺位:其中,第一顺位为配偶、子女、父母;第二顺位为兄弟姐妹、祖父母、外祖父母。

(二)犯罪与损害类型

从各国补偿立法的规定来看,英国、美国、德国所补偿的犯罪类型是严重暴力犯罪,日本和韩国的救助范围是故意犯罪,而我国台湾地区救助的则是犯罪行为。具体来说,在犯罪类型的规定上,英国、美国、德国实际上与日本、韩国的规定是一致的,都是强调故意的侵害类型,而我国台湾地区立法并未排除过失犯罪中的被害人。在被害人实际损害程度的规定上,英国、美国、德国、日本和我国台湾地区立法要求为被害人人身严重损害或者死亡,韩国通过修法将普通伤害亦纳入到救助范围之中。[①] 而1985年联合国通过决议发布的《为罪行和滥用权力行为受害者取得公理的基本原则宣言》要求成员国在对因严重暴力犯罪而遭受身体严重伤害,无法从犯罪人或其他途径完全弥补损害的被害人或者因被害而死亡的近亲属加以经济救助,这意味着以"故意犯罪＋人身重大伤亡"作为补偿范围的做法较为通行。然而根据我国《被害人救助意见》,因过失犯罪或者不负刑事责任的人实施的刑事不法行为,导致严重伤残或者死亡的刑事被害人,在无法通过诉讼获得赔偿的情形中,同样可以参照《被害人救助意见》予以救助。而根据《司法救助意见》,不仅未对故意犯罪和过失犯罪作限制,而且将救助对象扩张到财产重

---

① 参见孟红:《刑事被害人救助制度之救助对象范围略论》,载《东南大学学报(哲学社会科学版)》2011年第6期。

大损害的被害人。

多数国家立法明文排除过失犯罪行为,通常基于以下原因:一则,尽管仍然存在加害人无力赔偿的可能,但是过失犯罪中的被害人往往可以依赖责任保险加以救济;二则,较之于过失犯罪,故意犯罪表现出更多的法敌对意志,对社会秩序的冲击更大,而被害人所遭受之精神打击也更重[①];三则,司法实践中较难认定责任人的过失,过失和意外事件的界限并不清晰[②]。本书并不认同这种做法:首先,我国当下责任保险制度尚不完善,排除过失犯罪被害人缺乏制度性理由。即便责任保险制度发达,也不应一概排除过失犯罪的被害人,可以将责任保险和过失被害人救助作为互斥选项,由被害人择一选择。其次,被害人国家救助关注的重点是法益受损的状态,其制度的主要内容就是填补损害,至于犯罪是否故意,主观恶性是否重大,并非关键。再次,司法论意义上的"难以认定",不能取代立法论上的"是否保护",至于过失和意外事件的界分,也往往只在少数个案成为难题,故不能因噎废食。

本书认为,应当根据重大性原则,将被害人救助的范围设定为因犯罪行为而死亡或重伤、残疾,且无法从犯罪人或其他途径弥补损害的被害人及其近亲属。这是因为被害人生命法益和重大人身法益在法益体系的位阶最高,具有优先保护特性;被害人所遭受的实际损害,不会因为犯罪人出于故意或过失的心态而有所区别。至于财产重大损害的情形,则可将救助决定权给予救助机关,酌情参照人身重大损害情形进行救助。

(三)保障生活之条款

在我国各地被害人补偿实践中,通常将"被害人陷于生活困难"作为补偿必要条件,这与我国台湾地区"保护生活论"如出一辙。[③] 所谓保护生活,是指只有当被害人因犯罪而致死或重伤,并因此导致生活难以为继时,国家才予以补偿。保障生活论的核心问题在于仅仅面向了社会法上的"功利主义",而忽略了刑事政策上的"功利价值"。事实上在犯罪被害人补偿中,刑事法面向优先于社会法面向,否则就无必要就犯罪被害人专门立法,径行适

---

① 参见〔日〕大谷实、齐藤正治:《犯罪被害给付制度》,日本有斐阁 1982 年版,第 67 页。
② Tatsuya Ota, The Development of Victim Support and Victim Rights in Asia, Wing-Cheong Chan (ed.), *Support for Victims of Crime in Asia*, NY: Routledge, 2008, p.121.
③ 有关台湾地区被害人补偿立法草案提出的保护生活理论,参见台湾地区"法务部":《犯罪被害人保护研究汇编》,台湾 1998 年版,第 108 页。

用社会保障法即可。由于社会保障法具有长期长时性,而被害人补偿法具有一时一事性,二者的适用并不同一。当然,在刑事被害的场合,被害人在获得国家补偿后,仍可申请社会补偿,两种补偿制度得以衔接适用,从而更为周延地保护被害人。因此,不应以"被害人及其近亲属陷入生活困难"对补偿范围加以限制。

二、排除条款之设置

(一)排除条款的类型

排除条款的作用在于筛选过滤,被害人即使符合补偿范围的要求,但仍然可能因为某些事由而无法获得补偿或全额补偿。从本书第二编可知,各国被害人补偿的排除条款通常包括但不限于:被害人过错、被害人属于外国籍、被害人与犯罪人属于同一家庭成员、被害人不配合司法机关等。归纳而言,这些排除条款可以类型化为"自我引起被害"和"补偿有违公平"这两类,二者的上位依据便是妥当性原则。在"自我引起被害"的场合,涉及被害人过错或者被害人自冒风险,这种过错和风险必须具有规范性,即要求被害人因自己的冒险或过错行为,不仅在事实上增加了被害风险,而且在规范上具有实质引发和促进作用。在"补偿有违公平"的情形,对被害人国籍的限制,主要是考虑到分配正义和福利义务具有国别性;对被害人和犯罪人身份关系的限制,主要是考虑到同一家庭成员的财产共有,对被害人的补偿实际上使犯罪人受益;而要求被害人配合司法机关,则是基于刑事政策上的考虑,即通过被害人的报案和配合,来及时侦破和追诉犯罪。

(二)排除条款的效果

至于排除条款的效果,则要么完全拒绝给付,要么酌情减少给付。排除条款的适用和其效果设定具有密切关联,例如德国立法将排除条款的效果限定为完全拒绝给付,从而导致了实务上对排除条款的限缩理解和严格解释①。德国这种"一有俱无"的模式,对司法实务提出了较高的要求因而并非是各国通行的模式。从可行性的角度看,将排除条款的效果规定为酌情减免补偿金更为妥当。采取这种可伸缩性模式,一方面原因是被害人过错具

---

① 参见卢映洁:《论被害人补偿制度中的排除条款的适用问题——以德国法为说明》,载《台大法学论丛》2003年第3期。

有多样性特征,有的过错类型既不适合全额给付,也不适合拒绝给付;另一方面这也为补偿机关个案判断提供了充足的自由裁量空间,以便视情况酌情给付。事实上,《司法救助意见》便采取了这种可伸缩性的模式。

三、补偿程序之类型

(一)补偿之一般程序

补偿程序一般包括补偿的申请和启动、补偿的审查和决定、补偿的复议和救济等。在具体程序的设置时,应当以及时性原则为依据,即不仅需要规定补偿机关的审查和决定时效,而且需要对补偿的申请和启动、补偿的复议和救济规定时效,以确保整个补偿程序从开始到终结都符合快捷及时的要求。具体来说:补偿程序的申请和启动既可以由被害人提出,也可以是办案机关主动代位申请,对前者设定的时效可以是案件终结后的若干时间,因为只有案件终结后才能最终确认犯罪人是否能够赔偿,而后者的时限则由办案机关在刑事诉讼程序中的时限决定,因为办案机关只能在案件处在本机关负责的阶段具有代位申请权。同时,为确保及时发现和侦破案件,可以对被害人专门设定报案时限,期限内未报案的则不予或减少补偿,从而发挥被害人国家补偿的刑事政策功能。

(二)补偿之特别程序

所谓补偿特别程序,不同于一般补偿程序,后者以确认犯罪人及其他赔偿义务人无法赔偿为原则,而前者却可在案件事实和赔偿可能尚未查清的情形下,提前决定对被害人补偿,是一般补偿程序的例外程序,又可以称为先行补偿程序。先行补偿程序鲜明地体现出及时性原则,因为被害人国家补偿的主旨是"救急",当被害人处于急迫补偿情形时,对其加以物质补偿实属合理。本书认为,补偿特别程序通常适用于下列两种类型:其一,被害人因犯罪而遭受重伤,需要紧急医疗救助的场合,应当启动补偿程序;其二,被害人及其近亲属因犯罪而陷入生活困难的场合,可以启动补偿程序。

(三)补偿之救济程序

被害补偿决定机关在收到补偿申请之后,有三种处理结果可以加以选择:其一,决定补偿;其二,拒绝补偿;其三,减额补偿。对于第一种结果,补偿申请人自无救济之必要,而对于后两种结果,则对补偿申请人产生实质性影响。若其对决定机关的处理结果不服,则可以事实认定错误或者责任归属有误为由,向特定的救济机关申请复议。由于被害人补偿属于政府具体行政行为,因此,若对复议之结果仍然不服,则补偿申请人可依据《行政诉讼法》向人民法院提起诉讼。

(四)补偿之追偿程序

由于国家并非被害人损害之直接责任人,因而在对补偿申请人进行经济补偿后,国家可以在补偿给付金的范围内获得"代位求偿权",从而在补偿程序结束之后,得以向犯罪人启动追偿程序。在规定的追偿期限内,补偿决定机关可以随时就发现的犯罪人及其赔偿义务人之财产进行追缴,同时亦可从犯罪人入狱劳作的收入中提取。若犯罪人及其赔偿义务人,存在隐匿、转移个人财产的,则补偿决定机关不受追偿期限的限制。

四、补偿决定之机关

补偿决定机关存在着司法机关决定模式、非司法机关决定模式以及专门机关决定模式。如前文已述,从实践来看,司法机关决定模式中由于办案机关和补偿决定机关角色的融合,可能产生以补偿为手段,压制被害人正当诉求的弊病,从而使得被害人补偿异化为司法机关维稳的工具。而所谓的非司法机关决定模式,往往指的是民政机关担当补偿的决定机关。由于犯罪被害人国家补偿制度属于社会救助制度的一种,因而由民政机关担当也似乎并无不妥。然而,由于被害人补偿往往涉及专业性较强的判断[①],例如被害人之行为、对自身被害的可归责事由等等,同时也涉及如何最大化地实现被害补偿的制度效用的问题,因此,似乎也不应以民政机关担当补偿决定机关。

因此,余下可选择之模式只能是专门机关决定模式:在专门机关的组成上,应当充分强调补偿的专业性和社会参与性,故应由具有一定职业年限的法官、检察官、律师、医生、警察、具有相关知识背景的学者以及对被害人救助具有热心的社会公众组成。在专门机关的设置上,应当分为省和地市两级,省级为补偿复议机关,地市级则为补偿决定机关。不在县级或区设补偿机关,主要是出于专业性和补偿案件数量等方面的考虑。另外,省市两级补偿机关的主管机关可以设置在中央社会管理综合治理委员会下,同样由具

---

① 董文蕙:《犯罪被害人国家补偿制度基本问题研究》,中国检察出版社2012年版,第288页。

第四编　我国犯罪被害人救助制度的建构与完善

有相关背景的实务界和理论界人士组成专门委员会,从而对全国范围内被害人补偿工作进行指导、监督、协调。在专门机关的权限上,主要包括对被害人情况、系争案件的调查权、对补偿申请的审议决定权、对犯罪人的代位求偿权等等。在专门机关的审议决定方式上,应当采取多人合议制的形式,原则上一人一票,实行多数决原则。

五、补偿资金之相关

(一) 补偿资金的来源

如何保障补偿资金充实,一直是困扰被害人国家补偿实践的大问题,早在上世纪20年代,因为资金难以为继,墨西哥和古巴两国的被害人补偿实践被迫中断。从本书第二编关于各国实践的梳理来看,补偿资金的来源主要包括:国家财政的直接拨付或者编列预算、犯罪者的犯罪所得、被罚没的财产、犯罪者服刑劳作所得等以及社会、组织与个人的捐献等。

本书认为,为了保证被害人补偿制度的持续运转,应当将国家财政拨付或者编入预算的资金作为"主要资金来源",而其他则为"辅助资金来源"。就"主要资金来源"而言,应当就被害人补偿专门编列预算,其中根据我国各省市实际状况,确定某种比例,从而明确中央财政和省级财政的负担。就"辅助资金来源"而言,鼓励社会各界、企事业单位以及公民个人进行捐助;补偿决定机构应当积极向犯罪人追偿,所得款项归入补偿基金;考虑将与犯罪人相关的犯罪所得、罚金、劳作所得、罚没的财物、保释金等并入被害人补偿基金之中。

(二) 补偿资金的项目

通常包括两种类型:在被害人重伤或者严重残疾场合,其补偿项目包括医疗费用、医疗辅助器械费用、人工护理费用、误工费、营养费等;在被害人死亡场合,其补偿的项目包括丧葬费、医疗费、近亲属所丧失的抚养、赡养、扶养利益等。较为有争议的是,是否包括对被害人精神损害的补偿?本书认为,就目前我国被害人补偿实践而言,尚不宜将精神损害纳入到补偿项目中。

原因有三:其一,从法秩序统一的角度看,根据最高人民法院相关司法解释①,"对于刑事案件被害人由于被告人的犯罪行为而遭受精神损失提起的附带民事诉讼,或者在该刑事案件审结以后,被害人另行提起精神损害赔偿民事诉讼的,人民法院不予受理"。由于国家代位清偿角色,补偿资金的上限原则上是犯罪人应赔偿数额。因此,若补偿被害人精神损害,势必导致赔付标准的不同一,这也违背了补偿为赔偿之补充的原理。其二,从务实性的角度看,应当重点补偿人身重大损害及其直接损失,精神损害的补偿尚属"奢侈品"。其三,从技术性角度看,由于精神损害的估算难度较大,对补偿决定机关专业性要求较高,将其纳入补偿项目,可能导致因被害人不满具体给付金额而要求复议的案件增多,而这无疑是尚处于初级阶段我国被害人补偿制度所不能承受之重。

（三）补偿额度与方式

如上所述,根据代位清偿的一般原理,国家对被害人的补偿额度之上限,为犯罪人应当赔偿之额度。由此可见,本书所述之上限,属于非确定的、个案裁量式的上限,并非以固定数额作为补偿的限额,从而既能还原出国家补偿之运作机理（代位清偿）,又能避免因时代变迁、立法滞后而带来的制度性限制。

至于补偿金的支付方式,根据补偿制度的原则,应当以一次性金钱给付为原则。如此,既将犯罪被害人补偿制度与其他社会救助制度加以界分,又能够减少补偿机构的工作任务与负担,还能达到及时纾解被害人伤痛之效果。

---

① 2002年最高人民法院《关于人民法院是否受理刑事案件被害人提起精神损害赔偿民事诉讼问题的批复》。

第十四章　犯罪被害人诉讼权利制度的建构与完善

第一节　我国刑事诉讼法中犯罪被害人的诉讼权利

新中国建立至今,我国先后共有三部刑事诉讼法。在这三部刑事诉讼法中,被害人的诉讼地位和诉讼权利发生了一些变化,尤其是前两部刑事诉讼法之间变化很大。下面对三部刑事诉讼法中被害人的诉讼权利进行梳理。

一、1979年《刑事诉讼法》中被害人的诉讼地位和诉讼权利

被害人虽然与系争案件具有切身的利害关系,并且案件的处理结果也对其有直接的影响,但在我国1979年《刑事诉讼法》中,法律并没有赋予其当事人的诉讼地位,被害人只属于一般的诉讼参与人,不能独立行使控诉职能。根据1979年《刑事诉讼法》,被害人的诉讼权利主要有:对犯罪嫌疑人进行控告、检举的权利;对公安机关不立案的决定申请复议的权利;提起刑事附带民事诉讼的权利;对人民检察院免予起诉、不起诉的决定进行申诉的权利;参加法院审判、出席法庭并参与庭审调查和辩论的权利;对刑事判决中附带民事判决上诉的权利。在1979年《刑事诉讼法》中,被害人的权利与被告人的权利相比是严重不平衡的,主要体现在许多法律赋予被告人的诉讼权利,被害人却不享有,如申请回避权利、对证人和鉴定人有申请发问的权利、对证据有辨认权、上诉权等,从而对司法实践中被害人合法权利的保护产生了不利影响。例如,被害人没有权利申请办案人回避,就有可能使本应当回避的人办理案件,案件的公正处理就缺乏了程序上的保障;被害人没有上诉权,对法院不当或者错误裁决的纠正,则主要依靠检察院的抗诉,在检察院不抗诉的情况下,犯罪人就得不到应有的惩罚,司法公正的实现无疑会受到不利的影响。

第十四章　犯罪被害人诉讼权利制度的建构与完善

二、1996年修订的《刑事诉讼法》中被害人的诉讼地位和诉讼权利

针对1979年《刑事诉讼法》对被害人权利保护存在的诸多问题,1996年修订的《刑事诉讼法》对被害人的诉讼地位和诉讼权利进行了重大修改。该部《刑事诉讼法》将被害人的诉讼地位确立为当事人,从法律上确立了被害人的控诉主体地位,这有力地加强了被害人追究犯罪的权利。与此相适应,法律为被害人新增完善了许多诉讼权利。根据1996年修订的《刑事诉讼法》,被害人的诉讼权利主要有:

(1) 对犯罪行为的控告、检举和申请复议权。我国《刑事诉讼法》第84条第2、3款规定,被害人对侵犯其人身、财产权利的犯罪事实或者犯罪嫌疑人,有权向公安机关、人民检察院或者人民法院报案或者控告。公安机关、人民检察院或者人民法院对于报案、控告、举报,都应当接受。对于不属于自己管辖的,应当移送主管机关处理,并且通知报案人、控告人、举报人;对于不属于自己管辖而又必须采取紧急措施的,应当先采取紧急措施,然后移送主管机关。第85条第3款规定,公安机关、人民检察院或者人民法院应当保障报案人、控告人、举报人及其近亲属的安全。报案人、控告人、举报人如果不愿公开自己的姓名和报案、控告、举报的行为,应当为他保守秘密。第86条规定,人民法院、人民检察院或者公安机关对于报案、控告、举报和自首的材料,应当按照管辖范围,迅速进行审查,认为有犯罪事实需要追究刑事责任的时候,应当立案;认为没有犯罪事实,或者犯罪事实显著轻微,不需要追究刑事责任的时候,不予立案,并且将不立案的原因通知控告人。控告人如果不服,可以申请复议。

(2) 申请司法人员回避权。我国《刑事诉讼法》第28、29、30条规定,当事人及其法定代理人认为审判人员、检察人员、侦查人员与案件有关,可能影响案件的公正处理,有权要求他们回避。

(3) 委托诉讼代理人权。我国《刑事诉讼法》第40条规定,公诉案件的被害人及其法定代理人或者近亲属、附带民事诉讼的当事人及其法定代理人,自案件移送审查起诉之日起,有权委托诉讼代理人。自诉案件的自诉人及其法定代理人、附带民事诉讼的当事人及其法定代理人,有权随时委托诉讼代理人。人民检察院自收到移送审查起诉的案件材料之日起3日以内,应当告知被害人及其法定代理人或者其近亲属、附带民事诉讼的当事人及

其法定代理人有权委托诉讼代理人。人民法院自受理自诉案件之日起3日以内,应当告知自诉人及其法定代理人、附带民事诉讼的当事人及其法定代理人有权委托诉讼代理人。

(4) 对人民检察院不起诉决定有权进行申诉或者直接起诉。我国《刑事诉讼法》第145条规定,对于有被害人的案件,决定不起诉的,人民检察院应当将不起诉决定书送达被害人。被害人如果不服,可以自收到决定书后7日以内向上一级人民检察院申诉,请求提起公诉。人民检察院应当将复查决定告知被害人。对人民检察院维持不起诉决定的,被害人可以向人民法院起诉。被害人也可以不经申诉,直接向人民法院提起诉讼。

(5) 对公安机关或者人民检察院不予追究刑事责任的案件有权直接起诉。根据我国《刑事诉讼法》第170条第3项的规定,被害人有证据证明对被告人侵犯自己人身、财产权利的行为应当依法追究刑事责任,而公安机关或者人民检察院不予追究被告人刑事责任的案件,被害人有权直接向人民法院提起刑事自诉。

(6) 法庭审理过程中有权对被告人发问、参与法庭辩论。我国《刑事诉讼法》第155条、第160条规定,公诉人在法庭上宣读起诉书后,被害人、附带民事诉讼的原告人和诉讼代理人,经审判长许可,可以向被告人发问。经审判长许可,公诉人、当事人和辩护人、诉讼代理人可以对证据和案件情况发表意见并且可以互相辩论。

(7) 有权对作为证据使用的鉴定结论申请补充鉴定、重新鉴定。我国《刑事诉讼法》第121条规定,侦查机关应当将用作证据的鉴定结论告知犯罪嫌疑人、被害人。如果犯罪嫌疑人、被害人提出申请,可以补充鉴定或者重新鉴定。

(8) 请求抗诉权。我国《刑事诉讼法》第182条规定,被害人及其法定代理人不服地方各级人民法院第一审的判决的,自收到判决书后5日以内,有权请求人民检察院提出抗诉。人民检察院自收到被害人及其法定代理人的请求后5日以内,应当作出是否抗诉的决定并且答复请求人。

(9) 对生效判决和裁定的申诉权。我国《刑事诉讼法》第203条规定,当事人及其法定代理人、近亲属,对已经发生法律效力的判决、裁定,可以向人民法院或者人民检察院提出申诉,但是不能停止判决、裁定的执行。

(10) 提起附带民事诉讼权。我国《刑事诉讼法》第77条第1款规定,被

第十四章 犯罪被害人诉讼权利制度的建构与完善

害人由于被告人的犯罪行为而遭受物质损失的,在刑事诉讼过程中,有权提起附带民事诉讼。

(11)其他诉讼参与权。我国《刑事诉讼法》在刑事诉讼的各个阶段都赋予了被害人较充分的诉讼权利:在案件的审查起诉阶段,被害人及其代理人有权提出法律意见,人民检察院应当听取;在审判阶段,人民法院应当向被害人送达传票、判决书。被害人在法庭审理过程中,有陈述权、发问权、质证权、辩论权等。

在上述权利中,申请回避、委托诉讼代理人、直接起诉这几项诉讼权利对于确立被害人当事人的诉讼地位具有重要的意义。

三、2012年修订的《刑事诉讼法》中被害人的诉讼地位和诉讼权利

2012年,我国《刑事诉讼法》进行了较大幅度的修改,但是关于被害人诉讼权利部分只是进行了微调,在主要权利方面与1996年《刑事诉讼法》变化不大。总结起来,此次对被害人诉讼权利的修改主要有:

(1)增加了在被害人作证时人身安全受保护的权利。该法第62条规定,对于危害国家安全犯罪、恐怖活动犯罪、黑社会性质的组织犯罪、毒品犯罪等案件,被害人因在诉讼中作证,本人或者其近亲属的人身安全面临危险的,人民法院、人民检察院和公安机关应当采取保护措施;被害人认为因在诉讼中作证,本人或者其近亲属的人身安全面临危险的,可以向人民法院、人民检察院、公安机关请求予以保护。

(2)在立法中明确了被害人死亡或者丧失行为能力的,被害人的法定代理人、近亲属有权提起附带民事诉讼。这一制度在以前的司法解释中就有规定,这次在《刑事诉讼法》中得以体现。

(3)进一步细化了被害人及其诉讼代理人在审查起诉中有提出意见的权利。该法第170条规定,人民检察院审查案件,应当讯问犯罪嫌疑人,听取辩护人、被害人及其诉讼代理人的意见,并记录在案。辩护人、被害人及其诉讼代理人提出书面意见的,应当附卷。

第二节 我国犯罪被害人诉讼权利救助存在的问题

被害人诉讼权利救助是指当被害人不能有效地行使法律赋予其的诉讼

第四编　我国犯罪被害人救助制度的建构与完善

权利时,有关组织和个人对其救助,帮助其行使诉讼权利,从而更好地保障被害人的合法权益。从现状看,我国被害人诉讼权利救助仍然存在相当多的问题,并且没有引起足够的重视。总体而言,我国犯罪被害人诉讼权利救助存在的问题主要体现在法律制度方面,也正是由于相关法律制度的缺失或者不完善,才直接导致司法实践中对被害人诉讼权利救助不力的局面。

一、立法尚未确认被害人的法律援助权

法律援助是国家对因经济困难无力支付或者不能完全支付法律代理费用的公民给予免收费或者由当事人分担部分费用的法律帮助,以维护法律赋予公民的权益得以平等实现的一项司法保障制度。[①] 我国系统的法律援助制度始于 1996 年 3 月修订的《刑事诉讼法》的第 34 条。[②] 为了具体落实刑事诉讼法的刑事法律援助制度,1997 年最高人民法院、司法部联合发布了《关于刑事法律援助工作的联合通知》;最高人民检察院、司法部发布了《关于在刑事诉讼活动中开展法律援助工作的联合通知》,对犯罪嫌疑人、被告人的法律援助作了具体规定。但是,1996 年修订的《刑事诉讼法》没有任何关于被害人法律援助问题的规定。1996 年 5 月通过的《律师法》规定了公民(应该是包括被害人和犯罪嫌疑人、被告人)有权获得法律援助。[③] 2003 年 7 月通过的《法律援助条例》首次以行政法规的形式明确赋予了犯罪被害人得到法律援助的权利。[④] 虽然我国《律师法》和《法律援助条例》的上述规定对于犯罪被害人的法律援助有一定的积极意义,但是上述规定缺乏具体

---

① 宫晓冰主编:《中国法律援助制度研究》,中国方正出版社 2004 年版,第 3 页。
② 我国 1996 年修订的《刑事诉讼法》第 34 条规定:"公诉人出庭公诉的案件,被告人因经济困难或者其他原因没有委托辩护人的,人民法院可以指定承担法律援助义务的律师为其提供辩护。被告人是盲、聋、哑或者未成年人而没有委托辩护人的,人民法院应当指定承担法律援助义务的律师为其提供辩护。被告人可能被判处死刑而没有委托辩护人的,人民法院应当指定承担法律援助义务的律师为其提供辩护。"
③ 我国 1996 年《律师法》第 41 条规定:"公民在赡养、工伤、刑事诉讼、请求国家赔偿和请求依法发给抚恤金等方面需要获得律师帮助,但是无力支付律师费用的,可以按照国家规定获得法律援助。"
④ 我国《法律援助条例》第 11 条规定:"刑事诉讼中有下列情形之一的,公民可以向法律援助机构申请法律援助:(一)犯罪嫌疑人在被侦查机关第一次讯问后或者采取强制措施之日起,因经济困难没有聘请律师的;(二)公诉案件中的被害人及其法定代理人或者近亲属,自案件移送审查起诉之日起,因经济困难没有委托诉讼代理人的;(三)自诉案件的自诉人及其法定代理人,自案件被人民法院受理之日起,因经济困难没有委托诉讼代理人的。"

操作性,远不能满足对犯罪被害人实施法律援助的需要。从立法等级上看,犯罪嫌疑人、被告人的法律援助明确规定在《刑事诉讼法》这一国家基本法中,但是被害人的法律援助却在《刑事诉讼法》中没有得到任何反映。2012年修订的《刑事诉讼法》进一步强化和扩大了犯罪嫌疑人、被告人的法律援助制度,但是对于被害人的法律援助问题却仍然没有作出任何规定。2013年2月4日,最高人民法院、最高人民检察院、公安部、司法部对2005年9月28日联合印发的《关于刑事诉讼法律援助工作的规定》进行了修改,以与修订的《刑事诉讼法》内容一致。但是,该《规定》只在第3条规定了被害人法律援助制度①,至于如何具体保障被害人法律援助权的行使,该《规定》则没有涉及,这必然会严重影响被害人法律援助权的实现。

二、被害人的诉讼代理权存在立法缺陷

被害人委托诉讼代理人参与刑事诉讼,对于保障其行使诉讼权利,维护其合法权益具有重要的意义,所以,被害人的诉讼代理权也是被害人诉讼权利救助的重要内容之一。我国《刑事诉讼法》明确规定公诉案件和自诉案件中的被害人享有诉讼代理权,但是在具体制度方面却存在诸多问题,导致被害人诉讼代理权在司法实践中的行使遭遇重重障碍。有学者指出,由于法律相关规定有失具体,导致被害人委托诉讼代理制度仅仅具有象征意义,其公理性并未得到应有体现。② 被害人诉讼代理权存在的主要问题有:

(1)在委托诉讼代理人的时间上存在滞后性。对于犯罪嫌疑人,我国1996年修订的《刑事诉讼法》第96条中规定,犯罪嫌疑人在被侦查机关第一次讯问后或者采取强制措施之日起,可以聘请律师为其提供法律咨询、代理申诉、控告等活动。2012年修订的《刑事诉讼法》更是明确地将犯罪嫌疑人委托律师作为辩护人的时间从之前的审查起诉阶段提前到侦查阶段。但是,对于犯罪被害人,无论是1996年修订的《刑事诉讼法》还是2012年修订的《刑事诉讼法》均规定,公诉案件只有在审查起诉阶段,被害人才能委托诉

---

① 《关于刑事诉讼法律援助工作的规定》第3条规定:"公诉案件中的被害人及其法定代理人或者近亲属,自诉案件中的自诉人及其法定代理人,因经济困难没有委托诉讼代理人的,可以向办理案件的人民检察院、人民法院所在地同级司法行政机关所属法律援助机构申请法律援助。"

② 杨正万:《刑事被害人问题研究——从诉讼角度的观察》,中国人民公安大学出版社2002年版,第417页。

讼代理人参与诉讼,在侦查阶段,被害人无权委托诉讼代理人。理论界普遍认为,这种限制代理人介入阶段的做法是不合理的。①

(2) 没有明确规定诉讼代理人的阅卷权和调查取证权。我国《刑事诉讼法》对于犯罪嫌疑人、被告人委托的辩护律师的阅卷权和调查取证权都有明确的规定,2012年修订的《刑事诉讼法》还扩大了上述权利,但是,1996年修订的和2012年修订的《刑事诉讼法》对于诉讼代理人的阅卷权和调查取证权都没有任何规定。值得肯定的是,最高人民法院和最高人民检察院在各自制定的司法解释中,赋予了诉讼代理人的阅卷权和调查取证权。② 但是,这些司法解释的规定仍然存在一定问题,一是,诉讼代理人的阅卷权与辩护人相比,受到一定限制,即必须要经人民检察院、人民法院的许可,而辩护人并不需要;第二,辩护律师可以申请法院签发准许调查书,但作为诉讼代理人的律师却不享有这一权利。立法上的缺陷直接导致在司法实践中,代理律师向检察院申请阅卷和调查取证,要么被拒绝,要么阅卷范围受到严格限制,这严重影响了代理律师的正常履行职责,从而不利于被害人诉讼权利的保障,甚至导致被害人诉讼权利的虚置。如果代理律师没有阅卷、调查权,就难以帮助被害人行使公诉转自诉的起诉权。

三、在被害人知悉权方面存在明显不足

被害人知悉权是指被害人有权知悉其享有哪些诉讼权利、通过何种程序参与诉讼、案件的进展过程及处理结果等情况,而负责提供信息的一方应以合理的方式提供信息并加以保障。我国《刑事诉讼法》中有关于被害人知悉权的规定,如在立案阶段,案件已经依法移送其他机关处理的,侦查机关应告知被害人;侦查机关不立案的,应将不立案的理由告知被害人。侦查阶段,被用作证据的鉴定意见应告知被害人。审查起诉阶段,检察院应告知被害人有权委托诉讼代理人;检察院对案件作出不起诉决定的,应将不起诉决

---

① 赵国玲主编:《中国犯罪被害人研究综述》,中国检察出版社2009年版,第141页。
② 最高人民法院《关于适用〈中华人民共和国刑事诉讼法〉的解释》第57条规定:"经人民法院许可,诉讼代理人可以查阅、摘抄、复制本案的案卷材料。律师担任诉讼代理人,需要收集、调取与本案有关的证据材料的,参照适用本解释第51条至第53条的规定。"《人民检察院刑事诉讼规则(试行)》第56条规定:"经人民检察院许可,诉讼代理人查阅、摘抄、复制本案的案卷材料的,参照本规则第47条至第49条的规定办理。律师担任诉讼代理人,需要申请人民检察院收集、调取证据的,参照本规则第52条的规定办理。"

定告知被害人。审判阶段,法院应将开庭时间、地点在法定期限内告知被害人,还应告知被害人有权申请回避,对于判决内容、上诉期限和法院也应告知被害人。但在知情权的内容和范围方面仍然存在不完全、不全面的问题,导致大量权利落空,如:

(1)并未将犯罪嫌疑人、被告人、罪犯的诉讼处境纳入告知的范围。犯罪嫌疑人、被告人是否被拘留、逮捕,是否被采取其他强制措施,罪犯是否被释放,现行法律都没有规定司法机关相应的告知义务。被害人作为诉讼当事人,有权知道案件的进展情况和办案中的重大事项,如果被害人不能及时获取这些信息,那么其就无法及时行使申诉等权利。更有甚者,罪犯因服刑完毕、假释、脱逃等原因离开监狱等服刑场所,被害人因无法获知讯息,对自己可能面临的被罪犯报复的危险浑然不觉,从而可能导致再次被害。

(2)不能及时知晓起诉书的内容。根据我国《刑事诉讼法》规定,人民法院决定开庭审判后,应在开庭10天之前向被告人送达起诉书副本。根据这一规定,法院并不需要向被害人送达起诉书副本。因此,对于公诉机关的指控和事实、理由,被害人在开庭前并不知晓,也就无法在开庭前进行相应准备,很难在开庭审判过程中提出正确的主张。

(3)告知规则不完善,如根据我国《刑事诉讼法》规定,侦查机关应当将用作证据的鉴定意见告知犯罪嫌疑人、被害人,如果犯罪嫌疑人、被害人提出申请,可以补充鉴定或者重新鉴定。从此规定看,法律没有规定侦查机关告知的时间,也没有规定侦查机关告知的方式是书面还是口头,这些都导致司法实践中公安司法机关履行告知义务的随意性。

(4)我国《刑事诉讼法》缺乏对公安司法机关告知义务的制约制度。"无救济则无权利",没有相应的程序性惩罚,就没有权利的有效保护。公安司法机关违反告知义务不需要承担相应的法律后果,这就造成刑事诉讼法中被害人知情权的规定处于一种虚置的状态。

第三节 完善我国犯罪被害人诉讼权利的对策建议

一、完善被害人法律援助权

长期以来,在刑事诉讼领域中,面对公诉机关的强势地位,理论界与实务界对被告人的权利保护表现出极大关注,形成了一种以被告人为中心的格局,被告人的权利保障一直处于核心地位。相比之下,被害人的权利却遭到了人们有意无意的忽视,人们通常认为公安司法机关就完全能够代表和保障被害人的利益。但实际上,公安司法机关所代表的国家利益却与被害人所代表的个人利益并非完全一致,从而无法完全代表被害人。被害人诉讼权利的实现程度对于被害人合法权益的维护和身心的康复无疑具有重要的意义。给被害人以法律援助,是维护诉讼平衡、保障被害人诉讼权利得到真正实现的重要手段。我国《刑事诉讼法》虽然规定了被害人委托诉讼代理人的权利,但却没有考虑到被害人的实际困难。很多被害人在遭受犯罪行为侵害后,生活可能会陷入困境而缺乏经济能力来聘请律师代理自己参加诉讼;有些被害人因生理或者心理遭受损害而不能有效地行使诉讼权利,在这些情况下,应该有专业人员为他们提供法律援助,进而让被害人能充分地行使控诉职能,享有各项诉讼权利,维护自己的合法权益,也只有这样才能将被害人的当事人地位真正从纸面上落实到实践当中。

当然,也有人反对赋予被害人法律援助权。理由主要有三点:第一,将被害人纳入刑事法律援助的受援范围,导致了被害人与被告人诉讼权利的失衡。作为控诉方的公诉机关而言,其享有的诉讼地位和诉讼权利天然就高于辩护方,权力的天平早已向控诉方倾斜。辩护方在强大的控诉方面前,就显得十分弱小。被害人作为刑事诉讼的当事人,具有积极主动参与诉讼过程,影响裁判结局的愿望和实现使被告人受到应有惩罚的应求,就其性质而言,应属于控诉方。控辩平等追求的是实质的公平与平等,如果让被害人完全享有与被告人一一对应的诉讼权利,这种形式上的平等必然导致被害人与被告人诉讼权利的冲突与失衡,控辩平等也不可能实现。第二,赋予刑事案件被害人申请法律援助权,既无必要,也不经济。公诉人所具备的专业技能和经验,完全可以维护被害人的合法利益,帮助其最大限度地实现利益诉求。而且,法律援助资源具有稀缺性,但需要接受法律援助的群体却是庞大的,为了最大限度地合理配置资源,必须将有限的资源分配给最需要援助的人。相对于刑事案件被害人而言,被告人更需要作为稀缺资源的法律援助。第三,赋予被害人刑事法律援助请求权的实际实施情况并不理想。有人对江苏省金坛市人民法院2006年全年公诉案件中的被害人申请法律援助的情况和相关项目作了一个调查:2006年,该院共审结刑事案件407件,

第十四章 犯罪被害人诉讼权利制度的建构与完善

有188位辩护人参加诉讼,而被害人委托的诉讼代理人0人,申请法律援助0人。① 本书不赞同上述观点,被害人应该被赋予法律援助权的具体理由前文已述,至于目前被害人法律援助权实际运行状况不佳,本书认为主要原因正是在于我国《刑事诉讼法》中没有规定被害人的法律援助权,仅仅在《法律援助条例》中规定了被害人的法律援助权,被害人的法律援助权在司法实践中很难得到落实,这也证明了刑事诉讼法中确立被害人法律援助制度的重要性。

法律援助范围的大小能在一定程度上反映一个国家的司法人权保障状况和社会的文明进步程度。我国应当在赋予被告人法律援助权的同时,在《刑事诉讼法》中明确规定被害人的法律援助权。有关的国际公约也明确规定了被害人的法律援助权。如,为被害人提供援助是联合国《为罪行和滥用权力行为受害者取得公理的基本原则宣言》的基本要求之一。该《宣言》第6条第3款规定,应当"在整个法律过程中向受害者提供适当的援助",这里的援助当然包括法律援助。这些规定表明,犯罪被害人有权与被告人平等享有政府和律师提供的法律帮助。

关于被害人法律援助的立法方式,本书认为,首先应该在我国《刑事诉讼法》中确立被害人的受法律援助权,同时,在专门的法律援助法律中对被害人援助的具体制度作出明确规定,只有这样才能保证被害人得到与被告人同等的法律援助权。关于被害人法律援助制度的具体立法,应当重点考虑以下几个方面:

第一,被害人的法律援助权应当贯穿于整个刑事诉讼过程,即从侦查到审判的全过程。公、检、法机关都应在相应的诉讼阶段告知被害人有申请法律援助的权利。被害人可以向办案机关提出,也可以直接到法律援助机构申请。办案机关在接到被害人的法律援助申请时,应当迅速联系当地的法律援助机构。至于被害人是否符合法律援助的条件,由法律援助机构审查并作出决定。

第二,确立被害人申请法律援助的审查标准。从对象方面看,所有遭受人身伤害的犯罪被害人和部分财产遭受损害的犯罪被害人都应纳入法律援

---

① 陈建:《对被害人实施刑事法律援助存在的问题及对策》,http://www.chinacourt.org/article/detail/2007/07/id/258014.shtml,最后访问时间:2014年12月20日。

助的范畴。但是,司法资源和经济资源毕竟是有限的,不可能所有的被害人都能成为法律援助的对象,所以,必须确立被害人申请法律援助的审查标准。一般而言,被害人的经济状况是各国(地区)在确定申请刑事法律援助时的主要审查标准,一般都要求申请人的收入须符合当地最低收入。我国在制定被害人申请援助审查标准时可以参考。本书认为,除了下述几类特殊的被害人,一般被害人申请法律援助的主要审查标准就是被害人的经济状况,即被害人在经济条件上应当不高于当地最低工资标准,包括原本收入就低于最低工资标准和因犯罪侵害导致其收入低于最低工资标准两种类型。

第三,区分特殊被害人和一般被害人,并在申请法律援助的条件上有所区别。有人认为,我国《刑事诉讼法》针对特殊被告人规定了强制辩护,既然法律可以针对特殊被告人予以强制辩护,那么针对特殊被害人法律也应予以强制代理,以此达到双方权益维护的平衡。本书认为,不能简单地以被告人的强制辩护制度来推导出被害人的强制代理制度,因为,被告人除了律师之外,没有其他机关或者个人帮助其行使诉讼权利,对于特殊的被告人,如果没有辩护律师的参与,被告人的辩护权很难得到实现,也不利于诉讼的正常进行。但是被害人则不同,除了被害人的代理人之外,公诉机关通常也是保护被害人合法权利的重要主体。对于特殊的几类被害人,确实应该在法律援助的申请条件方面与其他被害人有所区别。对于因犯罪导致死亡的被害人、聋盲哑被害人、未成年被害人、因犯罪丧失行为能力的被害人以及性犯罪的被害人等五类被害人,法律应普遍地落实其法律援助权,不管其经济状况如何,办案机关都应通知法律援助机构为其提供法律援助,法律援助机构都应提供律师作为被害人的诉讼代理人,在非被害人拒绝的情况下,法庭应当在有诉讼代理人出庭的情况下开庭审理。但是,这五类被害人没有必须接受法律援助的义务,他们可以接受法律援助机构提供的诉讼代理人,也可以不接受,且并不因此影响诉讼的进行。

第四,明确被害人法律援助权的保障和救济措施。首先在刑事诉讼法中明确,如果公安司法机关违反法律规定导致被害人的法律援助权受到侵害,如应该告知被害人而没有告知,应该通知法律援助机构而没有通知等,应当承担的法律责任。其次,在申请阶段,如果被害人的法律援助申请被拒绝,被害人可以申请复议。最后,如果被害人应当获得法律援助而实际上没有，那么其可以此为由要求检察机关提起抗诉。

第五，建立政府的法律援助和社会组织的法律援助相互协作机制。政府的法律援助资源毕竟是有限的，只能使部分被害人得到法律援助，要让更多的被害人得到法律援助，就必须要将政府的法律援助与社会组织的法律援助结合起来。我国现行法律法规没有明确包括律师与法律工作者协会、律师事务所与法律服务所、科研院校、共青团与妇联等社会群团组织设立的法律援助机构的地位、作用和申办程序，社会法律援助机构办理的法律援助案件也不被计算在国家统计的法律援助案件数量之内，社会法律援助机构大多挂靠在大学或者社会群团组织下自发开展法律援助工作。为进一步推动被害人法律援助工作的开展，司法行政主管机关与民政部门可以在国家尚无相关法律法规之前，制定相应的规范性文件，明确社会法律援助机构的地位，规定社会法律援助机构的申请、审批程序，同时行政主管机关也可酌情在资金、政策等方面给社会法律援助机构以支持，鼓励各种社会力量对被害人提供法律援助。同时，政府法律援助机构应当与各种社会法律援助组织相配合，统一协调开展被害人法律援助工作的调研和专业培训，引导和帮助辖区内的各种社会法律援助机构开展被害人法律援助工作。

二、完善被害人诉讼代理权

（一）被害人委托诉讼代理人提前参与诉讼

与侦查阶段犯罪嫌疑人、被告人可以聘请辩护律师相对应，立法应明确规定，侦查阶段被害人也有权聘请律师维护自己的合法权益，并对律师在这一阶段享有的权利作出明确规定，为律师在侦查阶段的活动提供法律依据。

（二）完善被害方诉讼代理人的阅卷权

有些观点认为，如果赋予被害人本人阅卷权，可能会对被告人不利。如在法院未判决被告人有罪之前，被害人如果将通过阅卷而掌握的案件材料公开散布，这将使被告人遭受不利影响；更有甚者，被害人还可能对案件材料断章取义，利用网络等媒体制造对被告人不利的舆论，以影响司法审判。另外，被害人在法庭上对案件事实有陈述权，如果被害人在陈述之前掌握了全部案件材料，不能排除被害人出于自身利益考虑，对案件事实作出不客观陈述。对此，本书认为，赋予被害人阅卷权弊大于利，但赋予被害人的委托代理人阅卷权就显得极为必要。我国《刑事诉讼法》应该明确规定被害人委托的诉讼代理人在审查起诉阶段和审判阶段的查阅案卷权,并且和辩护人一样,阅卷权的行使不需要经过检察院和法院的许可。只有这样,诉讼代理人才能与公诉机关、审判机关和被害人进行充分的沟通,才能进行充分的准备,并制定能最大限度保护被害人合法权益的代理方案和意见。

(三)完善被害人诉讼代理人的调查取证权

禁止被害人的代理律师调查、收集证据或者要求必须经办案机关同意才能调查取证的规定,既违背我国《律师法》第31条的规定,也违背我国《刑事诉讼法》的基本精神。被害人既然享有起诉权,其委托代理人就必须要享有独立的、充分的调查取证权,否则被害人的起诉权就很难得到保障。另外,被害人委托代理人享有调查取证权,也是被害人和律师的法律地位决定的。律师作为独立的诉讼主体,享有独立的法律地位,完全可以按照律师法的规定行使调查权。作为诉讼代理人的律师也可以向法院申请签发调查书,从而更好地行使调查取证权。

三、完善被害人信息知悉权

被害人知悉权是犯罪被害人最基本的权利和利益。知悉权既有助于被害人的精神恢复,并提升对公安司法机关的认同,同时也有利于防止再次被害。另外,被害人知悉权也是很多诉讼权利得以行使的前提。被害人只有知道自己享有哪些诉讼权利,才有可能去行使。联合国《为罪行和滥用权力行为受害者取得公理的基本原则宣言》第6条中也肯定了被害人享有知悉权。

部分国家和地区的法律对被害人知悉权也作出了明确规定。1986年原联邦德国《被害人保护法》规定,应被害人的要求,被害人必须被告知关于其权利和刑事司法程序的结果,被害人有权在整个程序中获得律师的帮助,被害人或者其律师有权查阅法庭案卷等。2004年韩国制定的《刑事被害人保护和救助指导》规定:检察官应当向刑事被害人或其家属通报起诉的最后决定、审判时间、地点、判决结果、被告人是否上诉以及犯罪人释放、假释的情况。2006年1月日本通过的《刑事诉讼法典修正案》规定,检察官有义务向被害人通报起诉、审判日程、判决以及犯罪人关押等信息。① 1996年

---

① 〔日〕太田达也:《刑事被害人救助与刑事被害人权利在亚洲地区的发展进程》,武小凤译,载《环球法律评论》2009年第3期。

第十四章　犯罪被害人诉讼权利制度的建构与完善

我国香港特别行政区律政司出台的《被害人章程》对被害人知悉权的规定与上述韩国的法律规定基本相同。

日本法律及司法实践对被害人知悉权的规定和执行相当完善。在案件的侦查阶段,警察厅于1996年制定了被害人联络制度,该制度规定:承办案件的刑侦人员负责与杀人、伤害、性犯罪等侵犯人身权利的犯罪及交通肇事逃逸、被害人死亡等重大交通案件的被害人及其遗属联络,向其告知案件及嫌疑人的一系列信息,保障其知悉权的实现。这些信息具体包括:刑事案件的办理程序、被害人保护法律制度的内容、嫌疑人的基本情况、到案状况、移交检察机关及检察机关对嫌疑人起诉与否等处理结果。另外,检察厅也从1999年开始实施"被害人等通报制度",规定检察机关应向被害人及其遗属告知案件是否起诉、已经起诉案件的公诉事实要点、开庭日期、审判结果,对不起诉的案件,应告知不起诉决定书的内容、嫌疑人是羁押还是保释等状况。① 日本法律中的被害人知悉权还延伸到判决后的矫正和保护阶段,被害人有权知悉加害人的服刑结束预定时间、假释时间、刑满释放时间。为防止被害人再次被害,根据犯罪的动机、加害人和被害人的关系、加害人的言行等判断,如果认为加害人释放后对被害人仍有威胁时,还应向被害人告知加害人释放后的居住预定地等内容。此外,从2007年起,加害人服刑的监所、徒刑的劳动作业名称、监管分类、优待分类等处遇状况的有关事项也应向被害人告知。②

本书认为,借鉴以上国家或地区的制度,有必要从以下方面完善被害人的知悉权和办案机关的告知义务:

(1)增加被害人的知悉权内容。立案阶段被害人知悉权的内容应增加:第一,接受被害人报案或者控告的机关,如果决定将案件移送其他机关,则受移送机关接受案件或者移送机关发出案件材料后应通知被害人。第二,被害人对公安机关不立案有异议向检察院提出的,检察机关应在收到公安机关的不立案理由说明书后将该理由及检察机关的决定通知被害人。第三,立案机关在作出立案决定后,应该在法定期限内通知被害人。侦查阶段

---

① 〔日〕太田达也:《刑事被害人救助与刑事被害人权利在亚洲地区的发展进程》,武小凤译,载《环球法律评论》2009年第3期。
② 〔日〕川出敏裕:《关于日本犯罪被害人对策的变迁与展望》,载《第五届中日犯罪学学术研讨会论文集》。

被害人知悉权应增加的内容有：第一，撤销或者变更强制措施，决定机关应在决定作出后法定期限内告知被害人。第二，在不影响侦查的情况下，被害人享有案件进展知悉权。审查起诉阶段被害人知悉权应增加的内容有：第一，撤销或者变更强制措施的，决定机关应在决定作出后法定期限内告知。第二，被害人享有案件进展知悉权。第三，有权了解检察机关有关案件法律适用方面的意见。审判阶段被害人知悉权应增加的内容有：获得起诉书副本的权利。执行阶段被害人知悉权应增加的内容有：罪犯服刑的场所、罪犯被假释和释放的日期等。

（2）增加规定每个诉讼阶段公安司法机关告知被害人诉讼权利的具体期限和形式，在每个诉讼阶段，办案机关应该以书面形式告知被害人在该阶段享有的各项诉讼权利。

（3）增加规定公安司法机关违反告知义务的法律后果，以保障被害人的知悉权得到落实。这些法律后果包括：办案人员承担的纪律处分后果、对诉讼行为效力的影响等。

第十五章 犯罪被害援助制度的建构与完善

第一节 被害援助制度概述

当被害人遭受犯罪侵害后,刑事司法机关通过对犯罪人的追诉定罪,在一定程度上帮助被害人实现了正义,但并不能完全帮其摆脱困境。同时,事实上,即便是诉讼的参与,被害人有时也无法独立完成,需要非司法的社会组织或人员的专门协助。因此,被害人正常生活的恢复,除了通过司法路径外,还需要社会更加多元的帮助力量,需要来自社会各方的援助。

一、被害援助的概念

(一)国际社会对被害援助的界定

20世纪六七十年代,西方国家在司法制度领域开展了许多犯罪被害人权利保护的运动和改革,其中最为重要的成果是各国普遍建立起来了被害人国家补偿制度。与此同时,这些国家发现在被害人的司法权利保护之外,被害人的其他非司法困境也应得到社会的认可和帮助,如因犯罪而造成的被害人的身心伤害、生活、职业困难等;而纸面上的被害人司法权利,则需要一些辅助措施保障其顺利行使,被害人通常对刑事诉讼程序、国家补偿程序并不了解,更遑论其所享有的司法权益。另外,在被害人保护运动中,妇女运动成为其重要内容,其中为家庭暴力受虐妇女提供保护又是妇女运动的核心部分。开展妇女保护运动的人士逐渐意识到,住所、生活等基本生存条件的限制令受虐妇女很难离开施暴配偶,哪怕是暂时躲避施暴者。为此,他们建立了"受虐妇女庇护所"以解决受虐妇女的实际困难,由此而衍生出医疗帮助、心理帮助、教育帮助、就业帮助等措施。这些独立于刑事司法制度之外、帮助解决犯罪被害人困境的活动就是被害援助。

随着西方国家被害人保护运动的开展,该运动得到联合国的关注和支持。1985年联合国大会通过了《为罪行和滥用权力行为受害者取得公理的基本原则宣言》,该《宣言》共分为"A"和"B"两大部分。"A"又包括五方面的内容:罪行受害者、取得公理和公平待遇、赔偿、补偿、援助。《宣言》规定:"受害者应从政府、自愿机构、社区方面及地方途径获得必要的物质、医疗、心理及社会援助。"由此可见,在该《宣言》看来,被害援助不同于犯罪赔偿、被害补偿和司法权益保护,而应作为独立的内容予以规定。

综上所述,就国际公认的定义而言,被害援助是国家有关部门、社区、社会组织或个人给予被害人的司法救济之外的经济、医疗、心理、法律和其他方面的支持与帮助,又被称为被害支持、被害服务。它是社会和个人基于良心、同情、公正、福利等道义而建立的制度和采取的方法,是对司法救济有益的补充。

(二)我国对被害援助的界定

我国台湾地区"犯罪被害人保护法"第 29 条规定:"为协助重建被害人或其遗属生活,法务部应会同内政部成立犯罪被害人保护机构。"第 30 条规定:"犯罪被害人保护机构应视人力、物力及实际需要办理下列业务:(一)紧急之生理、心理医疗及安置之协助。(二)侦查、审判中及审判后之协助。(三)申请补偿、被害援助及民事求偿等之协助。(四)调查犯罪行为人或依法应负赔偿责任之财产之协助。(五)安全保护之协助。(六)生理、心理治疗及生活重建之协助。(七)被害人保护之宣导。(八)其他之协助。"由此可见,我国台湾地区的被害援助类似于以联合国《宣言》为代表的国际共识,将其视为向犯罪被害人提供的独立于司法救济外的支持和帮助措施的总和。

祖国大陆对被害援助有不同的称谓和含义。具体包括:

第一,名为"被害援助",但含义与国外的有所不同。如:"被害援助就是指所有旨在减轻被害人痛苦和增强被害人康复能力的活动。从广义上说,它包括下列活动:被害人赔偿、被害人补偿、被害人的权利、案件进展情况、支持团体、被害人和罪犯之间的调解与和解、服务热线、危机介入、被害人咨询与治疗、紧急医疗服务、社会服务、陪同出庭、保护免遭二次被害等等。"[①]该定义中的被害援助内容非常广泛,具体包括三方面的内容:(1)与被害人相关的法律制度,如被害人和罪犯之间的调解与和解;(2)司法制度中的被害人权利保护,如被害赔偿权、被害补偿权、保护免遭二次被害等;(3)西方

---

① 麻国安:《被害人援助论》,上海财经大学出版社 2002 年版,第 1 页。

国家所认为的被害援助,如案件进展情况的告知、服务热线、支持团体、危机干预、被害人咨询与治疗、紧急医疗服务、陪同出庭、其他社会服务。因此,该广义的被害援助,接近于本书所谓的最为广义被害人救助,既包括对被害人事后的一切救助与帮助,也包括对被害人事前的被害预防等方面的指导和保护。

第二,名为"社会支援"。有学者认为,从学理上,被害人享有接受社会支援的权利,而社会支援,就是社会对被害人的关怀和帮助。具体措施有:"建立和完善被害人支援组织和支援体系,设置必要的生活设施,提供被害之后的金钱支援以及为了支援的费用援助,开展犯罪被害以及犯罪人的实情调查以谋求各种各样的被害保护对策等。"[①]换言之,此处的社会支援,接近于本书所谓的广义的被害人救助,主要着眼于被害后的帮助与保护,既包括经济补偿,也包括心理、诉讼等方面的协助。

此外,还有"被害社会救助"[②]"被害人社会援助服务"[③]等,其概念多与国际共识中的"被害援助"存在较大的差异。在此不一一赘述。

(三)本书对被害援助的界定

从上文可见,除去称谓上的差异之外,我国和通行的被害人援助共识间的区别在于是否应当将司法制度中的被害人纳入到援助制度之中。我们认为被害援助与司法制度中的被害人在基本理念、运作机制上有较大的差异,二者不可混淆。为此,本书赞同联合国《宣言》中对被害援助的界定,认为被害援助又称为被害支持、被害服务,是指国家有关部门、社区、社会组织或个人给予被害人司法救济外的经济、医疗、心理、法律和其他方面的支持与帮助。

二、被害援助与相关概念的辨析

要正确理解被害援助的含义,首先需要厘清其与被害赔偿、国家赔偿、被害补偿、被害人救助等相关概念的关系。

[①] 田思源:《犯罪被害人的权利与救济》,法律出版社2008年版,第35页。

[②] 详见柳建华、李炳烁:《权利视野下的基层司法实践——刑事被害人救助制度研究》,江苏大学出版社2010年版,第176—191页。

[③] 任克勤:《被害人学新论》,广东人民出版社2012年版,第322—325页。

(一) 被害援助与被害赔偿

被害援助与被害赔偿都属于被害人权利的保护,但二者又有如下的不同:(1) 二者主体不同。被害援助主体包括国家有关部门、社区、社会组织或个人;而被害赔偿主体则为犯罪人,具体包括实施犯罪行为的自然人、法人等。(2) 二者内容不同。被害援助的内容有转介绍服务、代为处理生活、诉讼援助、经济援助、身体医疗援助、心理援助、公共教育等内容。而被害赔偿则只有金钱赔偿,没有其他形式内容。(3) 二者义务来源不同。虽然被害援助也有一定的法律规定,但其规定多为原则性、道义性的倡导,而非强制性规定,更没有罚责性的内容,所以被害援助的义务源于社会道德;被害赔偿则有着严格的实体和程序规定,其义务源于法律规定。(4) 二者性质不同。被害援助是社会、个人基于良心、同情、公正、福利给予被害人的支持和帮助,是一种社会道义行为;而被害赔偿是犯罪人对因犯罪行为所造成损失的责任承担,是一种法律制度。

(二) 被害援助与国家赔偿

被害援助与国家赔偿存在如下不同:(1) 性质不同。被害援助是社会道义行为;而国家赔偿是一种法律制度。(2) 主体不同。被害援助主体包括国家有关部门、社区、社会组织或个人;而国家赔偿的主体则为侵权的国家机关。(3) 内容不同。凡是除司法救济外的能给被害人支持与帮助的方式都属于被害援助的内容。而国家赔偿则只有金钱赔偿这个单一内容。(4) 义务来源不同。被害援助的义务源于社会道德;而国家赔偿的义务源于法律规定。

(三) 被害援助与被害补偿

被害援助与被害补偿存在如下不同:(1) 性质不同。被害援助是社会道义行为;被害补偿是国家对被害人损失的弥补,是一项法律制度。(2) 主体不同。被害援助主体包括国家有关部门、社区、社会组织或个人;而被害补偿的主体则为国家。(3) 内容不同。被害援助的内容丰富,有转介绍服务、代为处理生活、诉讼援助、经济援助、身体医疗援助、公共教育等;而被害补偿则只有金钱给付单一内容。(4) 义务来源不同。被害援助的义务源于社会道德;而被害补偿的义务源于法律规定。

(四) 被害援助与被害人救助

前文指出,被害人救助是指国家、社会组织、个人为因犯罪侵害而陷入困境的被害人提供的帮助,具体包括被害补偿、被害人司法权益的保护、被害援助等。可见,被害人救助是比被害援助更宽泛的概念,被害援助包含在被害人救助之中,被害人救助中除了被害援助外,还有与之并列的被害补偿、被害人司法权益的保护等内容。

三、被害援助制度的概念及构成

被害援助制度是指为开展被害援助工作而构建的,由规则、主体、内容、方式等内容所组成的体系,具体包括援助规则、援助主体、援助对象、援助内容和援助方式。援助对象在前文已有论述,援助方式可贯穿于援助内容的阐述中,下文将围绕着援助规则、援助主体、援助内容展开论述。

第二节 我国被害援助规则和主体的现状及其完善

一、我国被害援助规则的现状及其完善

权利在法律上的肯定,是围绕该权利构建其制度的前提和基础,从立法上承认被害援助权,是对犯罪被害人应有的尊重,也为被害援助制度的构建和应有地位提供了法律保障。从前文可以看出,国际社会认为被害援助权是犯罪被害人的基本权利,理应以法律的形式予以实现。在我国,2003年7月国务院颁布的《法律援助条例》首次确立了犯罪被害人的法律援助权,2013年最高人民法院、最高人民检察院、公安部、司法部颁布的《关于刑事诉讼法律援助工作的规定》再次确定被害人的法律援助权。2014年1月,中央政法委、财政部、最高人民法院、最高人民检察院、公安部和司法部联合颁发的《关于建立完善国家司法救助制度的意见(试行)》进一步规定了医疗援助、心理援助、社工帮助等被害援助形式。可见,法律援助、医疗援助、心理援助、社工帮助等被害援助类型已规定在我国国家司法救助制度中,我国已以行政法规以及其他规范性文件的形式确立了被害人享有被害援助权。

在肯定的同时,我们还需看到我国的被害援助法律制度有待进一步完善,这种完善体现在:第一,由于行政法规和其他规范性文件在规范效力和适用位阶上,都无法与全国人大及其常委会所制定的法律相提并论,因而法律援助权应当早日以法律形式加以确认;第二,被害援助的内容尚不够具

体,应当通过省级法规、行业规范等将之细化,从而规范具体的被害援助组织及其行为,使被害援助能够在制度化、专业化的轨道上长期、稳定运行。

二、我国被害援助主体的现状及其完善

虽然我国有关被害援助的法律尚未予以颁布,但我国被害援助已有多年的实践,从现有实践状况来看,被害援助主体丰富多彩,既有国家机关、企事业单位,也包括民间组织、研究机构、个人。具体可分为八种类型:(1)国家行政机关及其下属单位。在我国被害援助实践中,国家行政机关包括民政部门、卫生部门、人力资源与劳动保障部门。其中,民政部门、人力资源与劳动保障部门负责被害人的基本生活保障,通过社会救济制度援助被害人,卫生部门则向被害人提供医疗援助。其下属单位包括国家机关下属的事业单位、基金会。如由民政部发起的中国社会福利基金会、中华慈善总会等救助机构。(2)民主党派主办的基金会,如中国初级卫生保健基金会。(3)政府背景的群众性组织,包括妇联、共青团、工会、(村)居委会。它们分别通过热线、基金会、与企事业单位、非政府组织合作等形式向特定被害人提供援助。(4)非政府组织。一些心理咨询中心、法律咨询服务中心、儿童救助中心等非政府组织向被害人提供法律、心理、庇护所等方面的救助。(5)研究机构。例如,中国法学会、陕西省妇女理论婚姻家庭研究会等机构不仅关注妇女、未成年被害人援助的理论研究,而且致力于具体的被害援助实践。(6)企事业单位。包括国营、私营等不同性质的企事业单位,如心理危机干预中心、律师事务所、心理咨询中心、妇女会馆、旅馆等。在我国,有些地方妇联就与当地信誉较好的旅馆合作,将无家可归的受虐妇女安置其中。①(7)国际组织。在我国被害援助中,也不乏一些国际组织的身影,如著名的中国SOS儿童村,就是由中国政府和国际SOS儿童村组织(KDI)合作的救助孤儿的福利机构。该组织并不专门针对儿童被害人,但在其救助的儿童中也会有因犯罪丧失家人的孤儿。此外,如世界卫生组织在中国开展了"国际安全社区计划",其计划之目的就是帮助家庭暴力的被害人。(8)媒体及公民个人。

---

① 陈钢:《陕西设立首家家庭暴力庇护所》,http://news.xinhuanet.com/mrdx/2008-03/06/content_7733389.htm,最后访问时间:2014年12月30日。

第十五章　犯罪被害援助制度的建构与完善

虽然,我国的被害援助主体类型多样,但仍然存在缺陷,主要表现在:

第一,缺乏专门化的、统一的全国性被害援助组织。被害援助是一项复杂、系统化的工作,涉及广泛,具体包括对援助组织和人员培训相关被害后果及被害援助知识,与法律、医疗、心理等各类组织的合作,获得立法部门、政府的支持,资金的募集和调配,对专业人员进行培训,被害援助的指导与监督,保证被害援助的专业化程度,促进被害援助信息的交流,被害援助的理论研究及宣传等等。这些工作需要有一个以被害援助为专门职责的组织长期规划、统筹安排。我国的被害援助主体虽然丰富多样,但缺乏一个全国性的、专门从事被害援助工作的机构,以统筹、安排、监督、指导全国的被害援助组织、资源、信息,这便使得我国的被害援助工作很大程度上处于松散的状态,各自为政、各管一摊,无法形成合力,这既让现有的被害援助组织缺乏后劲,甚至浪费本就不足的现有资源,也令绝大多数被害人无法得到援助。

第二,现有的被害援助人员缺乏相应培训。由于犯罪被害的特殊性,处于不同的社会、文化背景下,被害人所受到犯罪的影响亦存在差异,因而由此产生的被害人需求也有所不同。这就需要援助人员熟悉相关知识,了解相应影响和需求,而接受相关培训是实现上述目标的必要途径。如针对受虐妇女的援助,就需要援助人员懂得社会性别理论,学习社会性别理论。成为一名合格的援助人员必须接受相关培训。然而,由于我国的被害援助工作尚未真正开展,更未形成专门制度,制度组成中的培训也很少,通过相关资料我们了解到,目前我国只开展过少量针对受虐妇女、儿童的援助的培训。在援助人员中也出现因未受过相关培训而感觉到专业技能不足所带来的工作压力的现象。

另外,现有的被害援助机构和人员数量明显太少,也是被害援助主体中的问题之一。

针对上述问题,我们认为,(1)应当成立全国性的被害援助机构,整合被害资源,统筹规划被害援助工作,其根本的解决之道是尽快将被害援助制度化。(2)培育和发展被害援助机构与人员的数量,提高现有被害援助的质量。具体包括加强对被害援助人员的培训,提高其救助素养与能力以及充分发挥民间力量在被害援助中的作用。

第三节　我国被害援助内容的完善

一、被害援助的内容

所谓被害援助的内容,就是指在被害援助中,被害人获得的支持形式和帮助项目。通过对联合国的相关规定和世界各国被害援助理论与实践的研究,我们发现被害援助的内容可以总结为法律援助、医疗援助、心理援助、经济援助、转介绍服务、对被害人人身安全的保护、生活照料和公众教育八个方面。

（一）法律援助

对被害人的法律援助就是指为经济困难或者特殊类型的被害人减免费用的法律帮助制度。具体包括为被害人提供法律咨询,代拟法律文书,提供刑事、民事、行政诉讼代理,非诉讼法律事务代理和公证。其中,特殊类型的被害人通常包括未成年被害人、老年被害人、受虐女性、少数民族被害人、残疾被害人等。法律援助具有重要意义,首先,司法的高度专业性和复杂性要求参与司法活动的人员具有丰富的法律专业知识和经验,没有经过专业训练和实践经验的人员难以胜任,被害人缺乏法律专业人员的帮助,就可能因不懂法使其合法权利受损。其次,咨询法律知识,聘请法律专业人员代理诉讼需要高额费用,经济困难的被害人往往无力支付或无力全额支付。再次,对于一些特殊类型的被害人,由于其身心、社会地位的弱势及其他特殊性,没有法律专业人员的帮助很可能遭受二次伤害。最后,"法律面前人人平等"是世界各国法律制度的基本原则,法律援助权是罪犯享有的基本权利,如果遭受犯罪侵害的被害人缺失该权利,这种情形显然是对该原则的侵犯。

（二）医疗援助

对被害人的医疗援助是指有关组织或人员对因犯罪而遭受身体损害的被害人的身体康复所提供的支持与帮助。医疗援助对于遭受了身体损害、需要医治,又无力医治的被害人而言不可或缺。医疗援助一般通过两种渠道为被害人提供支持和帮助。第一,医疗机构和医务人员的直接援助。医疗机构的援助具体包括:对于无钱医治的被害人,通过减免、延迟交纳医疗费帮助他们;安排医务人员接受被害援助的培训,使其具备被害援助能力;

第十五章　犯罪被害援助制度的建构与完善

建立与其他援助机构的信息交流与合作机制。医务人员是直接接触许多被害人的人员，在医疗援助中发挥着至关重要的作用。首先，医疗人员可以医治被害人的身体疾病，为被害人的健康恢复带来信心；其次，医疗人员可能是第一个接触被害人的人员，可以倾听被害人的陈述，安抚其恐惧、悲伤、愤怒的情绪；再次，医疗人员可以搜集犯罪证据，为被害人诉讼提供病情证据；最后，医疗人员还能向被害人提供转介和进一步获得支持的信息。第二，非医疗机构的医疗援助。非医疗机构的援助具体表现在：为被害人提供所需的医疗信息；当被害人缺乏医治费用，为其筹措医疗费或者与医疗机构、有关部门协商减免其费用；提供被害人接受治疗所需的其他措施，如陪伴被害人到医院，帮助其办理门诊、住院及其他相关手续，陪护住院被害人等。

（三）心理援助

1. 心理援助概述

犯罪行为不仅给被害人带来有形的财产、身体损害，还会造成无形的心理损伤，被害人的心理损害可能造成普通的心理问题，也可能形成创伤后应激障碍，影响可短可长，甚至可能伴随终生。物质损害需要金钱援助，身体损害需要医疗援助，心理损害同样也需要社会的支持和帮助，需要心理援助。对犯罪被害人的心理援助是指有关组织或人员在因犯罪而遭受心理损害的被害人的心理康复上所提供的支持与帮助。对被害人的心理援助有着不同的类型，既有面对被害人紧急危险状况的危机干预，也有临时性的心理安抚与支持，还有长期的心理咨询；既有心理专业人员的援助，也有非专业人员的援助。

2. 对被害人的危机干预

当个人遭受严重心理伤害时，可能会出现毁物伤人、自杀等危险行为，也可能突发高血压、心脏病、脑溢血等威胁生命的紧急病症。犯罪是导致严重后果的行为，甚至会引起死亡、重伤等情况，给被害人带来强烈的惊恐、愤怒、伤悲、无助的感受，出现严重心理损害现象。当个体出现或可能出现严重心理失衡现象时，有关组织或人员要及时采取干预措施，帮助被害人摆脱心理困境，避免严重后果的发生。对被害人的危机干预，是对心理严重失衡或有严重失衡可能的被害人所采取的紧急处理技术，以避免发生自伤自残、伤害他人等严重后果的心理干预。心理危机通常是突发情形下的应激反应，干预一定要及时。再加上被害人的心理危机绝大多数发生在犯罪后不久，与被害人接触的第一人对危机干预便起到重要作用，一方面，许多被害人在向这些组织和人员求助时，心理处于极度恐慌、悲伤、无助或愤怒的应激状态，出现认知、行为障碍，易激惹，甚至实施自伤或他伤行为。如果第一接触的组织和人员能够恰当地倾听和陪伴，就会疏泄被害人的不良情绪，使其感到安全，而心理疏泄、感觉安全是缓解应激程度的核心方法。另一方面，当被害人面对上述组织和人员时，内心具有强烈的想被帮助的需要，这些组织和人员能否在第一时间予以适当满足可能成为被害人摆脱困境、信任社会的基础所在。实践中，第一接触人通常为警察，所以警察应当接受一定的危机干预培训，了解危机干预知识以及专业机构的信息；在条件允许的情况下，再及时与专业机构联系，让专业机构接手危机干预。危机干预不仅能帮助被害人，而且也有利于警察工作。证据的搜集是开展侦查的基础，越及时、充分地搜集证据就越有利于案件的快速侦破，被害人是证据搜集的主要来源，当被害人出现危急情形时，情绪激动、表达不清甚至神志模糊，很难配合警察办案；尽快平复被害人情绪，帮助其恢复常态，使其有能力回答警察的询问，为进一步侦查提供线索，迅速而及时的干预便能发挥这样的作用。除警察外，医务人员也可能是被害人的第一接触人，为此，医务人员也应当具有危机干预的意识和知识，掌握危机干预专业机构的信息。危机干预除了具有及时性的特点外，还具有专业性的特征。危机干预是一项专业性很强的工作，其间将面对被害人身心处于严重危险的情境，须由接受过危机干预训练和具有丰富干预经验的专业人员从事。解决专业化的办法有两种，一是警察、医院等部门配备专门的危机干预人员。二是各地建立专门的被害人危机干预机构，使被害人、被害人家属有可以求助之处，警察、医务人员也有可转介之地。我国已经建立了少量危机干预机构，如北京回龙观医院的危机干预中心，专门针对家庭暴力的红枫热线。然而，目前这些机构还主要以开展电话热线业务为主，面对面的危机干预较少，尚未形成完善的系统化干预制度。

3. 被害人的心理咨询

危机干预是针对被害人应急情形下的心理援助，短时间内平复被害人严重心理失衡现象，帮助被害人渡过危机，摆脱危险情形。然而，危机干预一般并不能完全解决被害人的心理伤害，还需要心理专业人员的进一步帮助，否则将引起心理、生理和社会交往方面的不良状况。被害人的心理咨询,是指受过专业培训、并具有资质的心理专业人员运用专业理论和技术帮助被害人解决心理问题的援助活动。与危机干预相比,心理咨询的专业化程度要求更高,没有受过心理咨询训练、不具备心理咨询资质和能力的人员等无法替代。另外,对于不同类型的被害人,心理咨询人员的专业要求也有所不同,例如对于受虐女性的心理咨询,专业人员就应当具备相应的社会性别理论。根据心理咨询形式的不同,被害人的心理咨询分为热线电话、网络咨询和面询;根据援助对象的数量和种类的不同,分为个体咨询、家庭咨询和团体咨询。其中,团体咨询,是指针对多人以上的被害人所开展的心理咨询,实践中,通常是有着被害经历的被害人一同组成支持性小组,在咨询师的带领下开展。

心理咨询对每一位无法通过自身和社会支持系统恢复心理健康的被害人而言都是必要的,然而,实践中自救能力弱和社会支持资源匮乏的被害人群更需要心理咨询,如家庭暴力中的受虐妇女。研究表明,家庭暴力可能对受虐妇女的心理造成严重的伤害,已被世界公认的"受虐妇女综合征"就是心理损害后果的具体表现。受虐妇女的心理损害主要表现在"普遍会产生恐惧、情绪不稳定、焦虑、抑郁、情感淡漠等症状;有的可能出现行为退缩、酗酒、吸毒等行为问题;甚至诱发或导致精神疾病。如创伤后应缴障碍(PTSD)、睡眠障碍以及神经症等"。家庭暴力对女性儿童的影响更为严重,目前的研究结果表明:"受虐儿童可出现精神紊乱,如延迟性应激障碍、儿童情绪障碍,或促使精神疾患提早发生,受到性虐待的青春期受虐者多有抑郁症状和自杀倾向;粗暴打骂可诱发儿童出现多动,而且影响其发展和预后;若暴力反复发生,尤其是暴力突然发生难以预料,会导致儿童神经质,从而对个性的形成有重要影响。有儿童受虐史的成人易患焦虑障碍、酒精依赖、反社会人格及其他精神障碍。这种情况在女性受虐者中更为明显。"[①]可见,精神受到损害的被害人需要心理咨询。

4. 对被害人的心理安抚与支持

心理安抚与支持是指社会组织、公众及被害人的亲朋通过尊重、陪伴、倾听、支援被害人而给其带来的心理安慰和情感支持。心理安抚与支持是一种范围广泛的心理援助形式,可能发生在很多情形下,如亲朋的安慰与陪

---

① 张亚林、曹玉萍主编:《家庭暴力现状及干预》,人民卫生出版社2011年版,第59页。

伴,司法机构对被害人痛苦的耐心倾听,给其表达痛苦的机会,媒体、社会所形成的同情、支援被害人的氛围等。倾听与陪伴对于被害人非常重要。内心痛苦的被害人很需要一个倾听、陪伴的对象,当其面对援助组织和人员时,会有强烈的倾诉需求,这时,援助人员要耐心倾听,倾听可以帮助被害人梳理混乱的内在状态;通过倾听,援助人员也可以向被害人传递对其关注的信息,无声地鼓励其表达,给被害人以支持。在倾听中,有关人员要做到以被害人为核心,要能接纳、共情和尊重。具体表现为不要急于给被害人出主意,不对被害人的倾诉表现出不耐烦、厌烦的态度,更不能指责被害人在犯罪中也有错。倾听并不意味着一句话不说,当被害人未能清楚地表达出其内在感受和内容时,倾听者可适当地帮助其表达,使被害人感受到援助人员始终与其处于同一阵营,关注着其状况和需要。另外,社会公众和被害人周围的人应当努力创造一个充满爱心的、宽容的生存环境,为被害人提供情感支持,帮助其重返社会。社会不能歧视被害人,更不能以"咎由自取"之类的字眼谴责被害人。新闻机构应当遵守职业道德,尊重被害人的情感和隐私,有节制地报道案件,不能为了追求独家效应纠缠、窥探被害人的隐私。对于一些恶性暴力案件,应当考虑被害人的心理感受,不能过分渲染案件中具体、残忍的情节,也不能为了扩大影响而连篇累牍地反复报道。这不但会使被害人感到不公和愤懑,而且还会勾起被害人痛苦的回忆,造成心理上的反复受伤。[①] 当然,对于媒体报道人性化的有力解决之道还是在于以法律规制媒体人的行为。

（四）经济援助

被害人在遭受犯罪行为侵害后,本人或其家庭的物质生活可能陷入困顿,尤其是对于原本就生活困难的被害人而言更是如此。为了解决被害人的生活困难,社会需要向被害人提供生活用品、金钱、就业援助或者帮助其获得理应得到的赔偿或补偿。从目前的实践来看,被害人的经济援助包括直接的经济援助,保险、补偿的申请帮助以及就业援助三个方面。

1. 直接的经济援助

尽管许多国家已经建立起了被害赔偿和被害补偿制度,然而,一方面,被害赔偿与犯罪人赔偿能力直接相关,被害人在很多案件中难以获得有效

[①] 罗大华等:《论刑事被害人的心理损害及其援助》,载《政法学刊》2001年第5期。

赔偿；另一方面，被害补偿作为被害赔偿的补充形式，可以实现被害损害的恢复，但补偿金以犯罪人赔偿数额为限，于很多被害人而言，往往杯水车薪。另外，无论是被害赔偿还是被害补偿，都可能因为诉讼程序和决定程序的漫长而无法及时有效地保护被害人。因此，被害援助的直接经济援助，是作为赔偿和补偿的一种物质援助的补充形式。

2. 保险、补偿的申请帮助

购买过保险的被害人需要申请理赔，符合被害补偿条件的被害人也需要申请补偿。保险、补偿都要经过申请、送审、核实、批准等过程，但对于有些身心受伤或者文化水平较低的被害人来说，这些程序过于陌生，操作困难，这就需要被害援助组织为其提供相关服务，由具有相关知识的志愿者或工作人员代为申请。

3. 就业援助

补偿、直接的经济援助虽可帮助被害人渡过生活难关，但并非长久之计，而且人们也想通过职业实现自身的社会价值，让自己成为一个有用的人，重拾信心与尊严。一些被害人很难在没有外力的情况下保留或寻找到工作，需要其他组织或人员伸出援助之手帮助解决就业问题。就业援助具体包括帮助被害人寻找就业信息、帮助他参加职业技能培训以及与雇主、招聘者协商等。有的国家就采取与社会机构接触的方式，将生活无着落的被害人安排到社区服务机构中去，从而使被害人能渡过难关，恢复正常的生活。被害人就业援助的对象并不限于被害人本身，也可能是其家庭成员。

（五）转介绍服务

被害人所承受的被害后果存在区别，被害人自身条件也有所差异，这使得不同的被害人所要求的被害援助形式和内容有所不同，千差万别的被害援助由一家援助组织提供在实践中是不可能实现的；不同被害援助组织的条件和建立宗旨有所不同，也决定了不同的援助组织服务对象和服务内容有所不同。例如，有的援助组织仅给儿童提供帮助，有的只给家庭暴力的受虐妇女提供支持，有的只提供心理援助，有的则以法律援助见长。被害人所要求的援助内容不可能是单一的，一个援助组织又无法完全满足被害人的需要，这便存在将被害人介绍到其他能为被害人提供援助的社会服务组织的转介绍服务。具体而言，转介绍援助是指援助组织或人员将被害人介绍给其他能为其提供进一步援助的组织，其目的是让被害人得到更专业化和更好的服务。转介绍服务要求社会为被害援助的创立和发展提供充分的条件和支持,从而在一定地区范围内形成被害援助网络,构成完善的被害援助体系。同时,援助组织的信息也要充分公开,方便社会、援助组织间的了解。在转介绍中,转介的组织和人员一定要向被害人解释清楚转介的原因,并直接与转介机构联系,确保被害人得到进一步的援助。这种方式与有些被害人的心理状态和实际情况有关,有些被害人因犯罪内心很不安全,有很多低自尊、低评价、觉着自己令人讨厌的想法和感受,当其不能清楚第一援助组织和人员将其转介的原因,很可能因此而感到被遗弃,再次陷入不安全状态。另外,许多被害人经济文化和社会适应水平低,没有他人的帮助,可能连与后续援助的组织联系都是困难的。为此,非专业组织和人员要代被害人与转介组织联系,确保被害人得到进一步的援助,并在一段时间后跟踪、询问被害人的现状,是否已得到应有的援助。在实践中,为保证转介绍援助的效果,有关部门应制定相应的规定,建立配套制度。这也说明,成立一个对全国或某一地区的被害援助工作予以统筹和联络的组织是非常必要的。

可被转介绍的机构包括:危机干预中心、社区咨询机构、性侵害中心、家庭暴力中心、庇护所、法律帮助热线、工作服务项目和医疗关怀等。在我国,则可包括未成年人保护委员会、各级政府部门的妇联组织、工会、法律援助中心、148 法律服务专线、消费者协会、110 报警服务、急救中心、红十字会,等等。①

(六)对被害人人身安全的保护

被害人遭受犯罪侵害后,若不就此远离犯罪人或其亲属,可能会遭到进一步的伤害,这种现象在家庭暴力、被害人与犯罪人认识、生活在同一社区的案件中时常发生,因此,为被害人及其家人提供人身安全保护就尤为必要。在家庭暴力中,许多被害人报案后还不得不和犯罪人生活在一起,犯罪人并未因此而停止暴力,而是加重伤害被害人或其子女,出于对这种情况的恐惧,被害人只得忍气吞声,不敢报案。此类被害人非常渴望她及孩子能有个安全的庇护场所,对此,需要被害援助组织的帮助。在此呼声下,性犯罪和受虐妇女庇护所应运而生,20 世纪 70 年代的西方国家创办了最早的庇护所,目前许多国家都建立了此类机构。被害人来到庇护所的主要原因是

---

① 李伟主编:《犯罪被害人学》,中国人民公安大学出版社 2010 年版,第 145 页。

第十五章　犯罪被害援助制度的建构与完善

找到一个安全的栖身之处，庇护所应充分考虑安全因素，"香港'和谐之家'对入住者只有一个要求，出于保密的需要，家不能在庇护所附近住，若是附近的，会被转到其他庇护所去。"①

（七）生活照料

有的被害人在遭受犯罪侵害后，身心的创伤使其丧失了照料日常生活的能力，洗衣、做饭、接送孩子、照顾老人，需要援助人员代为打理，以保证其正常生活。

（八）公众教育

被害援助需要社会公众包括被害人的理解和支持，其前提是公众有机会了解被害人的损失和痛苦、所需的帮助；了解被害援助对被害人的作用，如何参与到被害援助活动之中，被害援助组织都提供哪些服务，联系方式；社会公众如何预防被害及被害人如何避免重复被害。所以，公众教育是对被害后果、重复被害的预防、被害援助的作用及其相关信息的公开、广泛宣传与教化。公众教育是被害援助必不可少的内容，也是其他援助内容的前提和基础，因为许多被害人并不了解被害援助，也不知如何得到服务，这便需要积极宣传，让更多的人了解、熟悉这项服务。其次，被害援助的许多工作也依靠社会公众的理解和参与，理解和参与的基础是了解，由此公众教育也就必不可少。

具体而言，公众教育包括：(1) 介绍被害后果，使公众明白被害人需要大家的爱护与支持，树立被害援助意识。(2) 介绍被害援助对于被害人及其家庭恢复正常生活的重要作用与效果。(3) 介绍被害人能获得被害援助的组织、机构和它们提供的服务种类、内容、联系方式以及申请被害援助的方式与程序，以便被害后知道能够得到什么样的援助和怎样获得援助。(4) 重复被害的预防。有的被害援助组织还向已然被害人提供相关的被害预防建议和训练，以避免其重复被害。

总之，许多被害人在被害后需要生活、工作、法律、医疗、心理等多方面的支持和服务，被害援助是其恢复正常生活必不可少的条件。不过，被害人获得援助的前提是要了解存在被害援助这一事物，很多被害人根本就不知

---

① 刘一丁：《多地家暴受害者庇护机构因入住门槛等遭冷遇》，http://news.sina.com.cn/c/2012-03-12/022924097655.shtml，最后访问时间：2014年12月30日。

道社会上还有一些组织能为其提供帮助,对此,除公众教育外,相关组织和人员的告知也很重要,尤其是首先与被害人接触的警察或医务人员,他们最方便在履行职责中告诉被害人享有被害援助权及其援助组织的信息,告知被害援助信息应当成为这些人员职责的组成部分。

二、我国现有被害援助的类型

虽然被害援助这个概念是随着20世纪80年代犯罪被害人学的传播由西方国家传入我国的,但早在1949年新中国成立初期,党和政府便针对贫困人群制定了救济政策和措施。由于因被害导致贫困的被害人不在少数,因而可以认为当时的救济的政策和举措应当覆盖到了被害人群。此后,经六十余年的发展至今,我国已先后出现了法律援助、医疗援助、心理援助、经济援助、转介绍服务、对被害人人身安全的保护以及公众教育等援助形式,具体情形如下。

(一)我国犯罪被害人的法律援助

我国的法律援助制度开始于20世纪90年代,最早的法律援助机构——武汉大学"社会弱者保护中心"成立于1992年。[①] 犯罪被害人的法律援助也随之开展。虽然,在一些相关报道中我们可以看到,犯罪被害人在我国的法律援助制度建立之初就开始得到各类法律援助的帮助,可那时的法律援助只是非制度化的偶然性行为,法律并没有赋予犯罪被害人诉讼援助权,即使1996年修订的《刑事诉讼法》规定了被告人的诉讼援助权,犯罪被害人的法律援助权还是被排除在外。直到2003年国务院的《法律援助条例》出台,才将之纳入其中。《法律援助条例》第11条规定:"刑事诉讼中有下列情形之一的,公民可以向法律援助机构申请法律援助:……(二)公诉案件中的被害人及其法定代理人或者近亲属,自案件移送审查起诉之日起,因经济困难没有委托诉讼代理人的;(三)自诉案件的自诉人及其法定代理人,自案件被人民法院受理之日起,因经济困难没有委托诉讼代理人的。"这一条是犯罪被害人在刑事诉讼中获得诉讼援助的依据。另外,《法律援助条例》第10条规定:"公民对下列需要代理的事项,因经济困难没有委托代理人的,可以向法律援助机构申请法律援助:……(三)请求发给抚恤金、救济

[①] 吴茗:《法律援助:情系贫弱群体 撑起正义蓝天》,载《中国合作经济》2004年第10期。

金的;(四)请求给付赡养费、抚养费、扶养费的;……"可见,符合条件的被害人在请求国家救济以及赡养费、抚养费、扶养费时也可以申请诉讼援助。2013年最高人民法院、最高人民检察院、公安部、司法部发布的《关于刑事诉讼法律援助工作的规定》再次规定被害人享有法律援助权:"公诉案件中的被害人及其法定代理人或者或者近亲属,……因经济困难没有委托诉讼代理人的,可以向办理案件的人民检察院、人民法院所在地同级司法行政机关所属法律援助机构申请法律援助。"但是2012年修订的《刑事诉讼法》并没有对被害人法律援助权作出规定。也就是说,被害人的法律援助权仅限于行政法规以及其他规范性文件之中。

在我国,为被害人提供法律援助的组织与人员有司法行政组织、妇联、工会、共青团等社会群众团体、非政府组织、律师事务所、法律服务机构及律师。其中,法律援助基金和基金会在法律援助资金上发挥着重要作用,其中较为著名的有中国法律援助基金会、中国妇女维权与法律帮助专项基金等。

(二)我国犯罪被害人的医疗援助

在我国,实践中已经存在针对被害人的医疗援助现象,只是还未形成长期、稳定、专业化的制度。通过对相关资料的搜集,我们发现被害人得到的医疗援助主要有以下渠道:第一,当发生重大交通事故、火灾、污染事件等后果严重、被害人众多的犯罪时,政府有关部门组织医疗机构和人员抢救和治疗。第二,被害人到医院就诊,无力支付医疗费用,由医院代为垫付或减免。第三,个别案件的被害人,其案件及遭遇被媒体曝光,为社会所关注,由政府有关部门出面提供治疗,或者某基金会提供治疗资金,再或者社会捐助,解决治疗资金。前文已经指出提供援助的医疗机构和人员除了需要具备医疗资格和专业知识外,还需具备倾听、共情能力,能够尊重被害人,因此,医疗援助的机构和人员应该接受相关培训,以具备相应的能力,或者某些医疗组织成为被害人医疗援助的定点单位,对这些组织的相关人员进行培训。

对此,我国开始在受虐妇女和儿童的医疗援助上作了些尝试。2000年,中国法学会反家庭暴力网络在北京市丰台区铁营医院试点了第一个家庭暴力医疗干预项目,并编写《医务工作者资源手册》《医疗系统反对家庭暴力简明手册》,下发给相关人员并对其进行培训。2004年,丰台区卫生局在区内7家医疗机构推广铁营医院的经验,并成立了区级家庭暴力医疗干预专家组。与此同时,中国法学会反家庭暴力网络开始在更多的省市开展此项项目。2004年起,该网络在河南漯河、河北张家口、湖北孝感、湖南望城、宁夏回族自治区银川市妇幼保健院等地区开展此项目。2005年6月,张家口市妇联和卫生局发布《关于在全市医疗卫生机构开展医疗干预家庭暴力的通知》,要求:各级医疗卫生单位要将医疗干预家庭暴力工作纳入医政管理,为受虐妇女提供优先接诊、优先治疗、优先处理的"三优先"服务,并为生活困难的受虐妇女提供医疗援助。2005年11月,河北省首家医疗干预家庭暴力定点医院在张家口市河北北方学院附属第三医院挂牌。2006年11月,河南省焦作市在解放军第91中心医院设立该省首家家庭暴力诊疗中心。2007年7月,沈阳市作出规定:市、县财政部门每年安排一定资金对因家庭暴力受到伤害的妇女给予适当医疗补助。2008年3月3日,平顶山市卫生局和妇联联合发文,要求全市所有一级以上医疗机构(包括乡镇卫生院)在3月底前设立"反家庭暴力门诊",并指定业务骨干诊治。随着受虐妇女医疗援助实践的推进,某些省市开始将此活动以法律的形式予以明确。2003年湖北省人大常委会《关于预防和制止家庭暴力的决议》规定:医疗卫生机构在诊疗活动中应当注意发现家庭暴力行为,并告知受害人维护自己合法权益的途径。① 河北、青海、吉林等省也作出了类似规定。西安博爱儿童虐待预防救助中心则是为受虐儿童提供医疗援助的机构,该中心成立于2006年,由国际组织资助,陕西省防止虐待与忽视儿童协会等单位发起筹建,是一家以儿童发展成长作为神圣使命的非营利、非政府的公益性组织。主要为遭受身体虐待、情感虐待、性侵犯与疏忽照顾的18岁以下儿童提供免费的身体医疗和心理咨询服务,为受虐儿童提供免费的诊断治疗。②

(三)我国犯罪被害人的心理援助

迄今,在我国还没有建立以全体被害人为对象的心理援助制度,但具有针对特定类型以及灾难性案件中的被害人的心理援助。前者有受虐妇女、儿童以及性侵害少女的心理援助。后者如飞机失事、高铁出轨等交通灾难性案件,在此类案件的救援队伍中安排了心理援助人员,为受伤者提供紧急的心理援助。

---

① 吕频主编:《中国反家庭暴力行动报告》,中国社会科学出版社2011年版,第71页。
② 开洋:《西安博爱儿童虐待预防救助中心》,http://www.minifashion.cn/huodong/Volunteer/20140725/29069.html,最后访问时间:2015年2月23日。

第十五章 犯罪被害援助制度的建构与完善

迄今,我国被害人心理援助的形式有热线电话、网络咨询、面询、心理支持小组。其中,热线电话因其方便快捷、成本较低,是最先开始,也是目前为止最主要的心理援助方式。在为受虐妇女开通的心理援助热线电话中,其援助者有全国及各地妇联、民间公益组织、心理咨询公司及其他公司。其中,影响广泛的心理援助热线有北京红枫妇女心理咨询中心、全国妇联玫琳凯反家暴热线16838198等。从目前的资料来看,我国只开展了针对受虐妇女或儿童的个体面询。开展该类咨询的组织有四类:第一,民间组织。民间组织通常为受虐妇女、儿童提供公益性、专业性的心理咨询,根据受虐妇女、儿童的经济情况,完全免除或减少咨询费用。其中,著名的有北京红枫妇女心理咨询中心、云南省西双版纳州妇女儿童心理法律咨询服务中心、陕西省妇女理论婚姻家庭研究会等。第二,地方妇联的心理咨询机构。如青岛市李沧区妇联于2007年11月建立心理卫生咨询康复中心,为受虐妇女、儿童提供专业、免费的心理咨询。柳州市妇联也于2007年11月成立妇女儿童心理咨询中心,由心理咨询师利用业余时间义务为妇女儿童提供心理咨询。[①] 第三,医院。全国各类精神疾病专科医院及许多设有心理门诊的综合类医院也为受虐妇女、儿童提供心理援助,但这些医院并不可能总是提供免费或低价的咨询和治疗。第四,社会上的心理咨询公司。这类公司有的是低价、优惠或免费为受虐妇女、儿童提供咨询。

从目前的资料来看,我国专门以被害人为对象的团体咨询开展的并不多,搜集的资料全部是针对受虐妇女的,而且开展的也较少。如2000年,陕西省妇女理论婚姻家庭研究会开始举办受虐妇女支持小组,至2005年5月统计共有100余人参加13期活动。北京市丰台区右安门街道在中华女子学院教师的帮助下,在社区内开展了"幸福家庭成长小组"活动,帮助那些有家庭暴力现象的夫妻,并为受虐妇女开设支持小组。至2006年2月,该街道共开办了4个"幸福家庭成长小组"、3个受虐妇女支持小组。在北京,2003年开办了一个受虐妇女支持小组。该小组以"建立有效的支持网络,助人自助"为目标,以"保密和尊重"为原则,从女性主义出发,为受虐妇女提供个人反家暴能力建设。[②]

[①] 阮萃:《柳州成立妇女儿童心理咨询中心》,载《中国妇女报》2007年11月22日。
[②] 吕频主编:《中国反家庭暴力行动报告》,中国社会科学出版社2011年版,第64—65页。

(四)我国犯罪被害人的经济援助

在我国,还没有专门针对犯罪被害人的经济援助项目,也没有有关保险、补偿申请帮助以及就业援助活动的报道。但犯罪被害人可以通过以下渠道得到经济援助。第一,接受国家救济和抚恤。国家救济是指国家对因自然灾害或其他经济、社会原因而无法维持最低生活水平的社会成员给予援助,以保障其最低生活水平的制度。我国的救济对象有城市的低保户、农村的五保对象,由民政部门向他们发放居民最低保障金。还有的以残废或牺牲、病故的革命军人、国家机关工作人员或其家属为抚恤对象,国家向其一次性或定期发放抚恤事业费。当个人或家庭因犯罪侵害而成为五保、抚恤对象和低保户时,他们所接受的社会救济与抚恤就具有被害援助的性质。第二,基金会、慈善机构的捐助。目前我国已成立了中华慈善总会、中华见义勇为基金会、中国社会福利基金会等慈善机构,虽然这些组织并未明确指出向被害人提供经济援助,但根据其组织职责范围,相关被害人也可得到经济帮助。如中华慈善总会在救灾、扶贫、安老、助孤、支教、助学、扶残、助医等八大方面开展慈善项目;中华见义勇为基金会的主要任务之一是表彰奖励见义勇为先进分子;中国社会福利基金会的业务包括援助困境中的老年群体,改善教育和生活质量。这其中就会有人因犯罪行为而成为捐助、奖励对象。第三,组织或个人的捐助。对于某些个别案件的被害人,有的组织或个人自愿捐款,向其提供经济帮助。

(五)我国犯罪被害人的庇护场所

我国受虐妇女庇护所的创建和运营始于20世纪末,先后经历了三个发展阶段。第一阶段(1995—2003年):地方妇联依托企业设立阶段。最早的一家妇女庇护所出现于1993年河北省玉田县,由县妇联与当地刺绣厂总经理陈玉云合办。1993年12月,玉田县妇女庇护所挂牌成立。至2002年,有48名妇女及其9名子女得到庇护所援助。后因企业经营陷入困境,无力再办庇护所,到2005年"玉田县妇女庇护所"基本已处于关闭状态。1995年9月,湖北武汉侨光调料公司的经理、女企业家张先芬投资13万元兴建了"新太阳女子婚姻驿站"。该站为受虐妇女免费提供必要食宿和生活保证。若在此打工,按劳付酬。但后来被指变相招收廉价劳动力,甚至一些受虐者的丈夫跑到驿站闹事,逼妻子离开,还扬言要报复张先芬。迫于各方压力,驿站解散。① 1996年1月,上海出现了一家名为上海南方妇女儿童家庭暴力援助中心的庇护所,也是一个私营企业家捐资开办的。中心开通了热线,设有10个床位,供受虐妇女暂时居住。但中心仅成立两个月就关闭了。原因是中心需要到政府机构注册,但有关部门认为它既不是工商企业,不能到工商局注册;也不是社团,不能到民政局注册,结果只好关门。吉林省永吉县家庭暴力避险中心在开办一年多后,由于借用的房屋被收回等原因停办。②从上述资料可见,我国早期的妇女庇护所多由地方妇联依托企业设立,由于缺乏政府支持,不具备相应的法律地位和经费、安全保障,生存艰难,先后被迫关闭。

第二阶段(2003—2006年):政府民政和社区援助并存阶段。自2003年后,民政系统开始将妇女庇护纳入其援助工作之中,其主要形式是由民政系统和妇联合作开办,在援助站内附设庇护所。与此同时,随着社区建设和功能的完善与开展,也开始在社区内的一些活动场所接收受虐妇女。"2003年4月,天津市民政局与天津市妇联联合成立了全国第一家省级妇联援助中心,到2004年4月,各级妇联共与民政部门合作建立妇女庇护所、援助站400多个。在一些城市社区,也开始尝试依托社区活动场所为受害妇女提供庇护。"③在此阶段的另一个重要特色是,一些地方法规明确了政府具有向受虐妇女提供庇护的责任。《河北省预防和制止家庭暴力条例》规定:地方各级人民政府根据实际情况应当指定或建立援助场所,为家庭暴力受害者提供临时紧急援助。

第三阶段(2006年至今):多元化、快速发展阶段。2006年后,我国受虐妇女庇护所的发展进入多元化、快速发展的阶段,其具体表现是:(1)各地纷纷创建妇女庇护所。"现有庇护机构的省、直辖市、自治区至少有22个,其中辽宁有597个。"④(2)设立场所多样。有的设于民政援助站和社区内,这是目前妇女庇护的主要形式;有的设立在医院、妇女会馆等处;有的与当

---

① 也有学者认为湖北武汉"新太阳女子婚姻驿站"是我国第一家妇女庇护所,参见吕频主编:《中国反家庭暴力行动报告》,中国社会科学出版社2011年版,第47页。
② 《多地家暴受害者庇护机构因入住门槛等遭冷遇》,http://news.sina.com.cn/c/2012-03-12/022924097655.shtml,最后访问时间:2014年12月30日。
③ 吕频主编:《中国反家庭暴力行动报告》,中国社会科学出版社2011年版,第47页。
④ 同上。

地安全性较高的旅馆建立长期联系,向有安置需求但不愿入住庇护所的妇女提供小额资金支持,将其安排住在这些旅馆内。① (3) 推动主体多样。其中包括妇联、民政部门、研究机构、民间组织和国际机构等。理论研究机构如陕西省妇女理论婚姻家庭研究会,国际机构如世界卫生组织在中国开展了"国际安全社区计划",2007年共有11个社区被命名为"国际安全社区"。(4) 理论研究和培训推动受虐妇女庇护所的专业化发展。"2006年11月起,民政部社会福利和社会事务司与联合国妇女发展基金合作开展'家庭暴力本土化理论研究、宣传和推广项目',探索庇护所运作新模式,推广民政系统开设庇护所的先进经验。并于11月中旬,在徐州对全国18个省、直辖市、自治区的60多名民政工作者进行了社会性别培训。"②

在我国,除了为受虐妇女提供庇护外,有关组织还建有福利机构,为孤寡老人和儿童提供保护,遭受犯罪侵害的孤寡老人、弃儿、孤儿可以在这些机构生活、接受教育。

三、我国被害援助内容的完善

从上述内容来看,我国已经采取了被害援助措施,开展了一定的被害援助活动,有的历史还很长。然而,仔细研究相关内容,就会发现我国的被害援助还存在较多问题,需要予以完善。

(1) 需要进一步扩展被害援助的形式和内容。目前,虽然七种被害援助形式在我国都已先后出现,然而从被害人的需要来看,开展的规模和数量都偏少,长期性也明显不足。绝大多数的被害援助仅为少量的短期行为,被害事件所造成的后果严重,影响大,被害援助的内容就相对全面丰富,但没有造成巨大社会影响的普通刑事犯罪的被害人却很难得到援助。而且已有的被害援助还仅存在于少数城市,绝大部分地区,尤其是经济不发达的偏远地区几乎没有被害援助,有的也只是极少数个案。有的被害援助内容如经济援助中的保险赔偿申请、就业援助在全国就几乎没有。为此,需要进一步扩展被害援助的内容,根据被害人的需要增添新的形式,对已有的内容也要

---

① 陈钢:《陕西设立首家家庭暴力庇护所》,http://news.xinhuanet.com/mrdx/2008-03/06/content_7733389.htm,最后访问时间:2014年12月30日。
② 吕频主编:《中国反家庭暴力行动报告》,中国社会科学出版社2011年版,第48—50页。

第十五章 犯罪被害援助制度的建构与完善

在地区、数量上进一步扩大。

（2）需充分利用并改善现有条件，如完善受虐妇女庇护所。当前，我国存在着一方面大量受虐妇女遭受家暴后无处可去，另一方面，庇护所又很少有受虐妇女入住的"悖论"现象，并且这种现象是各地庇护所面临的共同问题。"云南首家反家庭暴力妇女庇护所，2008年11月28日在昆明市援助站正式挂牌。7个月过去，没有一个人到庇护所暂住过。"[①]"长沙市家庭暴力庇护援助中心成立一年多了，至今没有迎来第一个入住者。宁波市预防和制止家庭暴力庇护所成立两年，只有一名入住者。"[②]从目前我国受虐妇女庇护所运行情况来看，之所以存在如此尴尬的现象，是与庇护所入所限制、保密性差、功能无法满足受虐妇女需求以及受虐妇女尊严未被尊重有关。

首先，鉴于我国传统文化的影响，对孩子或其他亲人的牵挂，家庭暴力的受虐妇女通常是在走投无路的情况下，才会离开家庭，向社会求助。她们需要在最短的时间内有一个安身之处，也希望尽可能少的人知道她的个人信息，否则，庇护所的紧急援助功能就很难实现。然而在我国，入住庇护所不仅需要真实身份公开，而且有着繁琐的入住手续。"陕西红雨伞妇女之家规定，受家暴伤害的妇女可以通过妇联组织进行伤情鉴定，由陕西省妇联或西安市妇联出具相关证明才能入住。长沙家暴中心规定，要持当地派出所出具的报警证明和本人身份证明材料向所在区妇联提出申请，如实填写《申请庇护登记表》，经市妇联审核批准并签字盖章后，受庇护人方可入住。并要求入住时间一般不超过7天，因特殊情况需要延长入住时间的，须办理续住手续，经市妇联审核批准后，延续日期最长不超过3天。重庆家庭暴力庇护所则规定只有当申请人'遭受家庭暴力'和'无家可归'两个条件同时具备，经工作人员审核通过后，才能入住。还要经过对申请人所在的街道、居委会和周边的群众进行调查，申请人方可入住。"[③]如果要满足庇护所的条件，则要求身心陷入困境的受虐妇女不仅要办理复杂的手续，可能还会因办理手续而被施暴者知道现在的庇护地点，被亲朋好友知道受虐事实，因为上

---

① 谭蓉、生华芳：《昆明妇女庇护所7个月未开张》，http://news.sina.com.cn/c/2009-07-02/142815887592s.shtml，最后访问时间：2014年12月30日。
② 《多地家暴受害者庇护机构因入住门槛等遭冷遇》，http://news.sina.com.cn/c/2012-03-12/022924097655.shtml，最后访问时间：2014年12月30日。
③ 同上。

述手续需要原居住社区组织配合,施暴者、受虐妇女的亲朋可能也居住在该社区。

其次,受虐妇女逃出家庭是为了避免进一步的伤害,这便要求她所去的庇护所不为外人所知,以免受到施暴者的进一步侵害。为此,国外和港台地区的庇护所通常建立在不为人所知之处,这种做法也有利于庇护所的工作免遭干扰。目前,我国庇护所通常建在世人皆知之处,成立时大多还会高调宣传。施暴者可能很快就找到受虐妇女。

再次,受虐妇女来到庇护所时,生理、心理都受到严重伤害,有的还想通过法律渠道维护自身的权益。为此,她们需要的绝不仅仅只是一个暂时的栖身之处,而是需要及时、专业的医疗、心理和法律援助。目前,我国的庇护所还缺乏相应的功能,无法满足受虐妇女的需求。另外,国内的家暴庇护中心很多设在援助站内。一些受虐妇女心理上无法接受自己和行乞人员、流浪人员一样属于被援助对象。[①] 同时,有孩子的受虐妇女还会担心、牵挂孩子的生活、安全,希望孩子也能住进庇护所内,如果无法满足这样的需求,受虐妇女宁愿不接受庇护。

针对上述问题,建议庇护所尊重受虐妇女的需要,简化入所手续;学习香港"和谐之家"的经验,注重庇护所的保密性,庇护所自身要低调,只有机构受过训练的专门人员知道,由这些人员将受虐妇女送至庇护所。并且,最好采取异地庇护的方式,即受虐妇女不要在施暴者熟知、经常活动的场所附近,而是远离施暴者的庇护所。与此同时,尽可能与社会其他组织合作,为受虐妇女提供医疗援助、危机干预、心理辅导、法律援助,关注受虐妇女对孩子和其他家庭成员的关心需要,尊重受虐妇女的尊严。

(3)需要加强被害援助的宣传与研究。我国现有的被害援助内容并不多,对现有资源利用和整合也难言充分,被害援助理念和做法还远没有普及。我国公民对被害援助知之甚少,在媒体宣传中,只有对少量案件或类别的被害人援助的宣传,以建立被害援助制度为主题的宣传尚未见到,有关被害援助的研究在我国也明显不足。有关部门应当加强对被害援助的重视和宣传,提高其在民众中的知晓率,并加强对其的研究,提高理论研究水平。

---

① 《多地家暴受害者庇护机构因入住门槛等遭冷遇》,http://news.sina.com.cn/c/2012-03-12/022924097655.shtml,最后访问时间:2014年12月30日。

第十六章　犯罪被害人救助与社会救助的衔接机制

相对于社会救助而言,犯罪被害人救助属于一项特殊的专门救助制度。社会救助制度则是具体普遍意义的,即适用于普通民众的制度。同时,社会救助制度并不仅仅指代一项措施,而是多项具体救助措施的总称。具体而言,根据目前《社会救助暂行办法》以及社会救助实践,普通社会救助制度包括最低生活保障、特困人员供养、受灾人员救助、医疗救助、住房救助、就业救助、临时救助等救助措施。犯罪被害人虽然可以获得专项救助,但其作为普通公民,在符合法定条件的情况下同样可以获得普通社会救助。如此便存在犯罪被害人专项救助和普通社会救助之间的协调、衔接问题。确保作为特殊形式的犯罪被害人救助与普遍形式的社会救助制度的衔接,既可以实现犯罪被害人保护工作的"事半功倍",又可以最大限度地整合并节约国家救助资源。

第一节　衔接机制概述

一、衔接机制的概念

"机制"一词来自英文 mechanism,原指机器的构造和工作原理,后来逐渐延伸扩展到其他学科,泛指系统的运作方式和过程,具体来说,是指事物的结构产生功能的方式和过程[1]。良好的机制有助于使一个社会系统接近于一个自适应系统,同时能在外部条件发生不确定变化时迅速作出反应,调整既定的政策和措施,实现目标的最优化。[2] 机制有两种特征:第一,运行的整体效果是判断质量优劣的最重要因素。第二,为了提高运行的整体效果,

---

[1] 储槐植:《刑法机制论要》,载《刑法评论》(第8卷),法律出版社2005年版,第205页。
[2] 参见陈至立:《辞海》(中),辞书出版社1979年版,第2862页。

人们需要与实践相结合,发现问题后不断地加以改良,通过不断进步、适应的方式予以完善机制①。

在法律领域,衔接机制一般是指两项相关的法律制度之间的过渡性规则的总和。建立衔接机制的目的往往在于提高效率、降低制度运行成本、实现效益最大化。例如,在刑事诉讼过程中,存在侦查、起诉、审判、执行等制度之间的过渡问题,刑事诉讼法就这些问题所作出的规定就形成了刑事诉讼中的"衔接机制"。有关衔接机制的规定有利于降低司法成本,提高诉讼效率,并实现诉讼目的。

基于我国目前的立法技术,同一法律部门中不同制度的衔接机制一般会明确规定在法律当中,但不同法律部门之间的制度的衔接机制,往往没有规定或者没有详细明确的规定,并由此而导致制度衔接不灵等问题。例如,行政执法和刑事司法之间的衔接问题,虽然相关法律有所规定,但却无法完全适应实践的需要,因此导致实践中存在有案不移、以罚代刑等问题。

在被害人救助法律领域,专门的被害人救助法与社会救助法之间也存在衔接机制问题,但目前也缺乏专门的法律规定,因此在实践中也存在衔接不到位的危险,需要学术界加以研究并提出切实可行的政策建议。我们认为,犯罪被害人救助与社会救助的衔接机制指的是犯罪被害人救助和社会救助两项制度之间选择适用的规则总和。详言之,指的是为了使刑事案件办案机关、犯罪被害人救助机关与社会救助机关等能够向犯罪被害人提供良好的救助和服务、节约国家财政资源、有效执行被害人救助法律及社会救助法律,而建立起来的案件移送、信息共享、联席会议、情况通报等关于分工、合作、协调、配合、对接等规则形成的有机整体。

二、衔接机制的构成要素

犯罪被害人与社会救助的衔接机制由以下几个要素组成:

(一) 目的要素

所有衔接机制都是目的导向的,即是为了特定目的而建立起来的。建立两项救助制度衔接机制的主要目的是为了向犯罪被害人提供良好的救助

---

① 参见李辰星:《行政执法与刑事司法衔接机制研究》,武汉大学 2013 年博士学位论文,第 10 页。

和服务,在执法层面穷尽一切法律手段,向犯罪被害人实施救助,以实现犯罪被害人人权保护的客观要求。否则衔接不顺可能导致犯罪被害人得不到应有的救助。此外,建立衔接机制同时也是为了节约国家财政资源。无论是被害人救助,还是社会救助,基本上都是依赖国家财政支持的,但由于财政资源的有限性,因此在实施救助工作时应保持谨慎,防止救助资源的滥用与浪费。最后,建立衔接机制也是严格执法的要求。犯罪被害人救助和社会救助都是救助,而且目前是由不同主体实施的救助,如果没有合理的衔接机制,可能会造成不同救助主体之间相互推诿等不良执法现象。

(二)主体要素

犯罪被害人救助和社会救助涉及多方主体,除犯罪被害人之外,还涉及刑事案件办案机关、犯罪被害人救助机关与社会救助机关。首先,哪些犯罪被害人可能获得救助,要根据法律的规定来确定。犯罪被害人救助法律规定的是哪些被害人可以得到专项的被害人救助。如2014年《关于建立完善国家司法救助制度的意见(试行)》(以下简称《司法救助意见》)就把救助对象限定在生活困难的几类群体。至于目前犯罪被害人能否以一名普通公民的身份获得社会救助,需要根据《社会救助暂行办法》规定的条件加以确定。其次,刑事办案机关主要是指人民法院、人民检察院和公安机关。这些司法机关在办案过程中掌握了许多犯罪被害人的具体信息,能够了解到犯罪被害人是否需要救助,以及需要哪些救助。再次,犯罪被害人救助机关是指根据犯罪被害人救助法律依法向犯罪被害人提供专项救助的机关。根据《司法救助意见》,目前犯罪被害人救助机关与刑事办案机关基本重合,具体实施救助的机关一般需要根据地方的有关规范性文件而定,既可能是"公检法"三家均可实施犯罪被害人救助,也可能是由一家(如检察机关)负责实施被害人救助。最后,社会救助机关指的是依据社会救助法律向犯罪被害人依法提供有关社会救助的机关。根据《社会救助暂行办法》及目前的社会救助体制,社会救助机关主要指的是民政部门。

(三)客体要素

衔接机制的客体要素,是指犯罪被害人救助,既包括根据专门的犯罪被害人救助法律而提供的专项救助,如《司法救助意见》规定的国家司法救助;也包括由社会救助法律规定的一般救助措施,如《社会救助暂行办法》所规定的最低生活保障、特困人员供养、受灾人员救助、医疗救助、住房救助、就业救助、临时救助等一般社会救助。

（四）衔接规则

衔接机制是一系列衔接规则的总和。目前犯罪被害人救助与社会救助之间的衔接机制尚未建立起来，因此还没有具体的衔接规则可言。从理论上来说，衔接规则包括实体规则和程序规则，并且以程序规则为主。因此在制度构建过程中应当注重程序规则，而程序规则可能包括管辖、案件移送、信息共享、证据使用、联席会议、情况通报等。

第二节 衔接机制构建的基础理论

当前在我国，无论是犯罪被害人救助，还是社会救助法律制度都处在刚刚起步阶段，虽然一些制度比较成熟，但是从整个法律体系来看，仍然还不完善，一些做法未来可能被修改甚至彻底废止。因此在这样一个特殊的历史发展时期探讨犯罪被害人救助与社会救助法律制度的衔接，首先需要明确一些基本规则，归纳一些基本原理，才能以不变应万变，在犯罪被害人救助和社会救助法律制度自身不断发展的同时，不断地调整相应的衔接机制。

一、机制构建的基础：两种制度的关系

"衔接"本身主要属于程序法的概念，但是任何"程序法"都是以实体法为基础的。因此在构建犯罪被害人救助与社会救助的衔接机制时，不能对基础性的实体法问题置之不理。其中，犯罪被害人救助法与社会救助法的关系，是此基础性问题中的核心问题。"两法"的关系决定着衔接机制的具体内容。

目前，犯罪被害人救助法与社会救助法仍然属于两个相互独立的法律部门，因此决定了衔接机制所要解决的是两套独立的救助机制之间的对接问题。由于此种衔接机制必须要解决跨部门、跨领域合作的问题，衔接成本就会"水涨船高"。因此在衔接机制的构建过程中，一方面要保证不同部门、不同领域之间的合作顺畅，另一方面也要尽量控制衔接的行政成本，防止不必要的资源浪费。此外，由不同的部门实施不同的救助——由刑事司法机关负责被害人专项救助，由民政部门等负责普通的社会救助，分工更加细化，衔接规则的重点往往不在于救助内容的衔接，而在于案件的移交，即一

个部门救助完犯罪被害人后,将案件移送给另一个部门,并由后者提供另一种救助。

由于被害人救助的特殊性和专门性,从各国而言,通常也是由司法机关或者专门机构加以救助保护,鲜有以民政部门作为救助主体的立法例。因此,从本书所建议制度的立法建构来看,无论是当下就被害人补偿、司法权益保护、被害援助分别加以立法,还是将来的统一立法,犯罪被害人救助都属于社会救助体系中较为特殊的制度。从制度衔接的重点来看,主要有两方面:其一,确保被害人处境及相关救助信息的共享;其二,确保案件及时移交和转接,从而,保证犯罪被害人能够迅速地得到来自国家和社会的救助,及时从损害状态中恢复过来。

当然,若将犯罪被害人救助制度整体纳入社会救助制度之中,并将民政部门确定为救助主体,则制度衔接的机制就应当侧重于整合现有救助资源、措施,减少犯罪被害人救助中的特殊性,尽量统一适用社会救助的程序、方式以及补偿额度。总之,犯罪被害人救助法与社会救助法的关系,决定着衔接机制的成本、内容。因此,衔接机制是否科学,不仅仅取决于衔接规则的设计,还从根本上取决于"两法"的关系。

二、机制构建的前提:法律竞合的处理

实施犯罪被害人救助的直接法律依据是"犯罪被害人救助法",而对被害人实施社会救助的直接法律依据则是"社会救助法"。在实践中,将犯罪被害人救助与社会救助二者相衔接,首先要解决这两个法律的适用关系,特别是当二者竞合或者发生冲突时。

根据目前的实践情况,由于"犯罪被害人救助法"与"社会救助法"相互独立,彼此的调整对象不重合,因此一般不存在法律竞合的问题。然而,由于两个法律都处在不断发展过程中,未来可能会出现法律竞合的现象。因此有必要予以前瞻性的研究。

首先需要探讨的是,如果制定独立的《犯罪被害人救助法》的情形。从逻辑关系的角度来看,《犯罪被害人救助法》与《社会救助法》是特殊法与普通法、部分与整体的关系。也就是说,《犯罪被害人救助法》实质上属于《社会救助法》的一部分,如果制定相对独立的《犯罪被害人救助法》,其应当属于特殊法。根据特殊法优于普通法的原则,如果《犯罪被害人救助法》与《社

会救助法》的规定有冲突的话,应当优先适用《犯罪被害人救助法》。不过需要注意的是,根据《立法法》的规定,如果《犯罪被害人救助法》制定在先,而《社会救助法》制定在后,且二者发生冲突的话,应由全国人大常委裁决如何适用法律。此外,需要注意的是,如果《犯罪被害人救助法》没有规定的,应适用《社会救助法》,不能因为《犯罪被害人救助法》没有规定,而拒绝向犯罪被害人提供救助。

其次,如果我国制定调整范围较广的《犯罪被害人保护法》,那么其与《社会救助法》的地位平等。如果两个法律就犯罪被害人救助问题有不同规定,处理起来可能会比较困难。一方面,从"新法优于旧法"的原则出发,应当根据法律制定的先后顺序来确定具体的法律适用。另一方面,作为犯罪被害人保护法一部分的犯罪被害人救助法律条文,相对于《社会救助法》而言,也可以理解为"特别法条",应当优先适用。当然最佳的解决方案是在《犯罪被害人保护法》中加入法律适用条款,明确法律竞合或者法律适用规则。

三、机制构建的重点:衔接程序的规则

在目前的法律体制下,社会救助机关一般不会主动介入犯罪被害人社会救助,而是基于犯罪被害人本人或其家属的申请而启动。由于这种"不申请不理"的制度安排,犯罪被害人,特别是受重伤、或者死亡的犯罪被害人及其家属,往往难以及时获得社会救助服务。正因如此,由刑事司法机关主导的犯罪被害人救助制度才在我国应运而生。然而,由刑事司法机关提供的犯罪被害人救助毕竟是短期的、一次性的帮助,难以协助犯罪被害人彻底摆脱困境并回归正常社会生活。这样,就需要在法律制度上使被害人救助和社会救助在维护被害人权益这一共同目的下,实现两者的有效衔接。

就衔接的核心问题来看,无疑是程序问题。刑事司法机关如何将需要对犯罪被害人进行社会救助的案件移送给社会救助机构、社会救助机构如何受理并对案件进行处理等,都是衔接机制所要解决的核心问题。由于刑事司法机关是最直接了解被害人需求的主体,因此无论犯罪被害人专项救助未来由谁来实施,都涉及刑事司法机关与社会救助机关的衔接问题。虽然无论是犯罪被害人救助,还是社会救助,都具有相同的目的,但毕竟衔接涉及两个性质不同的国家机关,因此必须建立严格合理的衔接程序规则,才能保证两个或者两个以上不同部门之间能够为实现同一个目而共同努力。

第三节 程序规则和保障机制

"衔接"从某种意义上来说,就是一种程序,因此程序规则是衔接机制的主要组成部分。此外,在法律构建过程中,还需要重视保障机制的建设,以保证衔接机制能够发挥其最大作用。

一、现有规定

目前衔接机制有关规定涉及的是犯罪被害人国家司法救助与社会救助两项不同救助制度之间的衔接问题。理解目前有关规范性文件的规定,需要特别注意以下两点:第一,犯罪被害人国家司法救助虽然主要是指向被害人支付救助金,但也包括医疗救助、心理治疗、社工帮助等多种救助方式。第二,犯罪被害人国家司法救助实行"属地管辖",即由案件审理地的司法机关等部门实施犯罪被害人救助。至于"社会救助",则一般实行"属人管辖",即由当事人户籍所在地的民政、卫生计生等部门实施社会救助。

关于犯罪被害人国家司法救助与社会救助的衔接问题,《司法救助意见》有两个规定:(1)被害人如果通过社会救助措施已经得到合理补偿、救助的,一般不予以国家司法救助。(2)对于未纳入国家司法救助范围或者实施国家司法救助后仍然面临生活困难的当事人,符合社会救助条件的,办案机关协调其户籍所在地有关部门,纳入社会救助范围。一些地方性规范文件对衔接问题也作出了规定,如《宁夏回族自治区司法救助实施办法(试行)》第7条规定:"司法救助应当以支付救助金为主,与思想疏导、宣传教育、法律援助、诉讼救济、社会救助配套衔接。"

上述规定虽然对犯罪被害人国家司法救助与社会救助的衔接作出了明确要求,但基本上属于原则性规定。仅仅规定"办案机关协调有关部门"的"协调机制"有以下几个方面的缺点:一是由于没有具体的衔接程序,缺乏可操作性;二是因为缺乏规范性,对有关办案机关以及社会救助机关都缺乏强制力;三是缺乏制度化,工作开展起来可能会呈现出临时性、运动性的特点,难以形成长效机制;四是工作效果缺乏监测评估,对有关机关及其工作人员既缺乏监督,也缺乏激励。因此在未来立法中构建具体可行的衔接程序,具有重要的意义。

实践中，一些司法机关区分经济性救助和政策性救助。经济性救助主要是对被害人给予一次性物质补偿，而政策性救助，指的是协助解决城乡低保、农村五保、司法救助、法律援助等。这里的政策性救助，其实就是犯罪被害人救助和社会救助的衔接工作。政策性救助虽然能够解决被害人及其近亲属的后顾之忧或长远困难，但是在操作层面上面临一系列沟通、协调、协商以及审查、审核工作，难度较大。建立合理的衔接机制，则可以解决上述操作上的难题。

二、程序机制

针对目前犯罪被害人救助与社会救助的衔接程序上的制度性阙如，需要从案件的移送、受理和处理、证据材料的转化使用等方面着手，通过构建系统的程序规则，对衔接机制进行完善。

（一）刑事司法机关案件移送程序

案件移送，是指刑事司法机关在办理刑事案件或者实施被害人救助的过程中，如果发现犯罪被害人符合社会救助条件的，将案件移送给社会救助机构，由后者向犯罪被害人提供相应的社会救助。从某种意义上来看，案件移送，是社会救助机关接到"申请"的一种特殊形式。但是，对移送程序和社会救助申请程序之间的关系问题，还需要进一步的探讨。

社会救助一般是依申请而启动的，即社会救助机构一般情况下不会主动向公民提供救助。申请的主体原则上是困难群众本人，但也有例外。如根据《社会救助暂行办法》第 11 条规定，申请最低生活保障，由共同生活的家庭成员向户籍所在地的乡镇人民政府、街道办事处提出书面申请；但是如果家庭成员申请有困难的，可以委托村民委员会、居民委员会代为提出申请。

犯罪被害人依法可以自行申请社会救助，但一些犯罪被害人可能不知道有关信息，或者因为身体受伤而难以申请，因此在法律制度的设置上应当规定特殊的方式予以弥补，以免犯罪被害人受到不公平的社会救助待遇。

构建刑事司法机关案件移送程序，一方面可以将其视为"申请"程序，免去了犯罪被害人本人或者其家属申请的步骤。另一方面，由于刑事司法机关掌握犯罪被害人的许多信息，这些信息如果由犯罪被害人本人提供，则需要花费社会救助机关较长时间去审核其真实性。反之，如果由刑事司法机

第十六章　犯罪被害人救助与社会救助的衔接机制

关移送,再配合下述的证据使用制度,就大大降低了审批的难度,从而有利于提高社会救助工作的效率。

在建立刑事司法机关案件移送程序时,需要考虑以下几个问题:

(1) 案件移送条件。案件移送的条件,根据社会救助法律来确定。即当刑事司法机关办案人员发现依法可能需要向犯罪被害人提供社会救助时,应当启动案件移送程序。

(2) 案件移送的材料。案件移送的材料,首先是犯罪被害人及其家属的社会救助申请书。刑事司法机关应当予以必要的协助,包括告知申请的信息、帮助甚至代为填写申请书等等。其次是刑事司法机关在办案过程中获得的有关信息,主要是可以证明犯罪被害人需要获得社会救助的证据材料。最后还应当包括由刑事司法机关出具的司法建议。

(3) 案件移送的期限和不移送的法律责任。为了强化有关刑事司法机关办案人员的责任意识,需要明确规定案件移送的期限以及故意、过失不移送社会救助案件的法律责任。

(二) 社会救助机关对移送案件的受理程序

与刑事司法机关案件移送程序对接的另一个重要程序性制度,是社会救助机关对移送案件的受理程序。建立明确合理的社会救助机关对移送案件的受理程序,既可以防止司法机关随意移送案件,也可以防止社会救助机关不作为,因此具有重要的意义。

社会救助机关对移送案件的受理程序需要解决的主要问题是:社会救助机关收到由司法机关移送的案件后在什么条件下必须受理以及受理后如何通知原刑事司法机关和犯罪被害人、在什么条件下可以不受理以及不受理后应当如何处理等。此外,还可能涉及管辖的问题,即接收到案件的社会救助机关,如果发现有关申请不属于其管辖范围内,应当如何处理。

(三) 衔接程序中证据的使用

在构建犯罪被害人救助与社会救助相衔接的程序机制时,不能忽视的一个重要问题是证据的使用问题。社会救助机关无论最后是否给予犯罪被害人社会救助,都必须基于事实,而事实是通过证据来证明的。在办理刑事案件或者实施犯罪被害人救助的过程中,刑事司法机关可能会收集到一些与被害人生活状况有关的信息。这些信息往往同时也是证明犯罪被害人是否符合社会救助法定条件的证据。社会救助机关是否需要对这些证据材料进行实质审核、能否直接运用,是法律所需要解决的重要问题。

我们认为,社会救助机关对于刑事司法机关收集的有关证据,只需要进行形式上的审查即可直接使用。因为刑事司法机关收集证据原则上都是严格依照法律规定进行的,具有相当高的权威性;其收集证据的能力一般也较社会救助机关要高。否则,如果要求社会救助机关详细审查刑事司法机关收集的证据,会造成资源的不必要的浪费。

当刑事司法机关收集并移交给社会救助机关的证据足以证明犯罪被害人符合社会救助的法定条件时,社会救助机关应当给予社会救助。但如果这些证据不足以证明时,社会救助机关应当依法进行进一步的调查核实,而不能直接作出不予以社会救助的决定。

三、保障机制

除了具体的衔接程序规则外,立法还应当规定相应的保障机制,以保证衔接机制的运行顺畅。

(一)高级别联席会议制度

高级别联席会议是指由办案机关、犯罪被害人救助机关和社会救助机关中对本部门工作有重要影响的负责人共同参加的会议。该会议一般定期举办,如一年举行一次。其主要职能是:制定具体的衔接机制,确定具体的工作负责人或者承办人,研究并解决实践中出现的重要问题。

(二)指定联络员会议制度

指定联络员会议是指由办案机关、犯罪被害人救助机关和社会救助机关分别指定一名或多名工作人员作为犯罪被害人救助工作的联络员,定期或者不定期举办的工作会议。其主要职责是通报各自的工作情况、遇到的问题以及需要由高级别联席会议解决、协调的事项。

(三)监测和评估制度

未来的立法中应当对犯罪被害人救助机关与社会救助机关的工作制定专门的监测和评估制度。具体的办法可由高级别联席会议来制定。监测和评估制度的目的在于对各有关机关及其工作人员实施的犯罪被害人救助工作实施评估,通过评估提交评估报告,总结分析救助工作及衔接机制的成效、存在的问题以及提出具体的改进建议。

(四) 问责制度

对于工作中出现不作为或者滥用职权的行为,应当制定相应的法律责任条款。据此督促有关机关或者具体的工作人员严格履行自身职责,切实维护犯罪被害人获得国家救助的权利。

四、具体建议

根据上述的讨论,我们提出以下具体的立法建议:

第 1 条 司法机关发现犯罪被害人可能符合获得社会救助的条件时,应当及时告知犯罪被害人、犯罪被害人的家属有申请社会救助的权利。

犯罪被害人及其家属有申请的意愿,司法机关应当予以协助。无法表达其意思时,司法机关应当代为申请。

第 2 条 司法机关应当及时将社会救助的申请材料、犯罪被害人被害情况、判决情况、民事赔偿情况以及收集到的相关信息,移送给有管辖权的社会救助机关。

司法机关应当向社会救助机关出具予以社会救助的司法建议。

第 3 条 司法机关与有管辖权社会救助机关不属于同一行政区域的,可以移送给当地的社会救助机关。当地社会救助机关收到相关材料后,应当在 3 天之内转送给有管辖权的社会救助机关。

第 4 条 社会救助机关收到申请后,应当受理。

社会救助机关认为申请不属于自己管辖的,应当在 3 天之内将申请移送给有管辖权的社会救助机关,并告知司法机关、犯罪被害人。

根据前款规定收到申请的社会救助机关,不能再以没有管辖权为由拒绝受理。确实认为没有管辖权的,应当呈送给其与前款规定的社会救助机关的共同上级主管机关裁决。

第 5 条 司法机关在办案过程中收集到的证据材料,以及人民法院生效裁判中确认有效的证据材料,社会救助机关可以直接使用。

社会救助机关认为移送的材料不足以证明犯罪被害人符合社会救助条件的,应当依照有关规定进一步核实犯罪被害人的情况

第 6 条 司法机关、犯罪被害人救助机关与社会救助机关应当建立联席会议制度。有关机关的主要负责人参加会议。

第 7 条 司法机关、犯罪被害人救助机关和社会救助机关应当至少指

定一名联络员,负责日常犯罪被害人救助和社会救助工作的联络事宜。

第 8 条　司法机关、犯罪被害人救助机关和社会救助机关应当建立评估考核制度,对犯罪被害人救助工作,以及犯罪被害人救助与社会救助之间的衔接工作进行评估。评估结果作为有关机关及其工作人员的考核依据。

第 9 条　司法机关、犯罪被害人救助机关和社会救助机关的工作人员不作为或者滥用职权,损害犯罪被害人合法权益的,给予相应的行政处分,构成犯罪的,依法追究刑事责任。

司法机关、犯罪被害人救助机关和社会救助机关不作为或者滥用职权,损害犯罪被害人合法权益的,由其上级主管机关责令改正。对主管人员和直接负责人员,依照前款的规定处理。

主要参考文献

（以参引先后为序）

一、中文著作类

1. 郑功成:《社会保障学:理念、制度、实践与思辨》,商务印书馆 2000 年版。
2. 时正新主编:《中国社会救助体系研究》,中国社会科学出版社 2002 年版。
3. 曹明睿:《社会救助法律制度研究》,厦门大学出版社 2005 年版。
4. 王卫平、郭强主编:《社会救助学》,群言出版社 2007 年版。
5. 江亮演:《社会救助的理论与实务》,台湾桂冠图书公司 1990 年版。
6. 孙嘉奇:《民生主义意识形态与现行社会救助政策之研究》,台湾正中书局 1992 年版。
7. 杨思斌:《中国社会救助立法研究》,中国工人出版社 2009 年版。
8. 乐章:《社会救助学》,北京大学出版社 2008 年版。
9. 蔡勤禹:《国家、社会与弱势群体——民国时期的社会救济(1927—1949)》,天津人民出版社 2003 年版。
10. 王家福、刘海年主编:《中国人权百科全书》,中国大百科全书出版社 1998 年版。
11. 韩德培主编:《人权的理论与实践》,武汉大学出版社 1995 年版。
12. 吴忠民:《社会公正论》,山东人民出版社 2004 年版。
13. 林莉红、孔繁华:《社会救助法研究》,法律出版社 2008 年版。
14. 廖益光主编:《社会救助概论》,北京大学出版社 2009 年版。
15. 米勇生主编:《社会救助》,中国社会出版社 2009 年版。
16. 王伟奇:《最低生活保障制度的实践》,法律出版社 2008 年版。
17. 姜明安主编:《行政法与行政诉讼法》,北京大学出版社、高等教育出版社 1999 年版。
18. 周汉华主编:《外国政府信息公开制度比较》,中国法制出版社 2003 年版。
19. 张平吾:《被害者学》,台湾三民书局 1996 年版。
20. 李伟主编:《犯罪被害人学》,中国人民公安大学出版社 2010 年版。
21. 赵可主编:《犯罪被害人及其补偿立法》,群众出版社 2009 年版。

22. 杨正万：《犯罪被害人问题研究——从诉讼角度的观察》，中国人民公安大学出版社 2002 年版。

23. 柳建华、李炳烁：《权利视野下的基层司法实践——犯罪被害人救助制度研究》，江苏大学出版社 2010 年版。

24. 麻国安：《被害人援助论》，上海财经大学出版社 2002 年版。

25. 许永强：《刑事法治视野中的被害人》，中国检察出版社 2003 年版。

26. 陈彬、李昌林、薛竑、高峰：《刑事犯罪被害人救济制度研究》，法律出版社 2009 年版。

27. 许福生等：《犯罪被害人保护之政策与法制》，台湾新学林出版公司 2013 年版。

28. 程味秋：《外国刑事诉讼法概论》，中国政法大学出版社 1994 年版。

29. 王牧主编：《新犯罪学》（第二版），高等教育出版社 2010 年版。

30. 吴宗宪：《西方犯罪学》（第二版），法律出版社 2006 年版。

31. 吴宗宪：《西方犯罪学史（第四卷）》（第二版），中国人民公安大学出版社 2010 年版。

32. 郭建安主编：《犯罪被害人学》，北京大学出版社 1997 年版。

33. 陈兴良：《判例刑法学》，中国人民大学出版社 2012 年版。

34. 张明楷：《刑法学》（第四版），法律出版社 2011 年版。

35. 刘家兴、潘剑锋主编：《民事诉讼法学教程》（第四版），北京大学出版社 2013 年版。

36. 史尚宽：《债法总论》，中国政法大学出版社 2000 年版。

37. 卢希起：《刑事被害人国家补偿制度研究》，中国检察出版社 2008 年版。

38. 江国华：《立法：理想与变革》，山东人民出版社 2007 年版。

39. 许福生：《刑事政策学》，台湾三民书局 2005 年版。

40. 韩世远：《合同法总论》（第三版），法律出版社 2011 年版。

41. 董文蕙：《犯罪被害人国家补偿制度基本问题研究》，中国检察出版社 2012 年版。

42. 王瑞君：《刑事被害人国家补偿研究》，山东大学出版社 2011 年版。

43. 曲涛：《刑事被害人国家补偿制度研究》，法律出版社 2008 年版。

44. 莫洪宪主编：《刑事被害救济理论与实务》，武汉大学出版社 2004 年版。

45. 赵可主编：《被害者学》，中国矿业大学出版社 1989 年版。

46. 赵国玲主编：《中国犯罪被害人研究综述》，中国检察出版社 2009 年版。

47. 许启义：《犯罪被害人保护法之实用权益》，台湾永然文化出版公司 2001 年版。

48. 顾肃：《自由主义哲学的基本理念》，中央编译出版社 2005 年版。

49. 李强：《自由主义》，中国社会科学出版社 1998 年版。

50. 谢鹏程:《基本法律价值》,山东人民出版社 2000 年版。

51. 胡水君:《法律的政治分析》,北京大学出版社 2005 年版。

52. 张文显主编:《法理学》(第三版),高等教育出版社、北京大学出版社 2007 年版。

53. 台湾地区"法务部":《犯罪被害人保护研究汇编》,台湾 1998 年版。

54. 宫晓冰主编:《中国法律援助制度研究》,中国方正出版社 2004 年版。

55. 田思源:《犯罪被害人的权利与救济》,法律出版社 2008 年版。

56. 任克勤:《被害人学新论》,广东人民出版社 2012 年版。

57. 张亚林、曹玉萍主编:《家庭暴力现状及干预》,人民卫生出版社 2011 年版。

58. 吕频主编:《中国反家庭暴力行动报告》,中国社会科学出版社 2011 年版。

二、中文论文类

1. 吕昭河:《马尔萨斯"两种抑制"的观点及解脱"人口陷阱"的制度条件》,载《人口学刊》2001 年第 2 期。

2. 陈泉生:《论现代法律重心的推移——保障生存权》,载《云南大学学报》(法学版) 2001 年第 2 期。

3. 尹虹:《近代早期英国流民问题及流民政策》,载《历史研究》2001 年第 2 期。

4. 刘继同:《英国社会救助制度的历史变迁与核心争论》,载《国外社会科学》2003 年第 3 期。

5. 苏琳:《农村社会保障体系正逐步形成》,载《经济日报》2007 年 10 月 11 日。

6. 杨思斌:《论社会救助法中的国家责任原则》,载《山东社会科学》2010 年第 1 期。

7. 任振兴:《社会救助的概念及原则》,载《社会福利》2003 年第 3 期。

8. 喻文光:《德国社会救助法律制度及其启示》,载《行政法学研究》2013 年第 1 期。

9. 吕曰东:《犯罪被害人救助的法经济学分析》,载《广东商学院学报》2010 年第 3 期。

10. 韩东:《人文关怀视野中的犯罪被害人救助制度》,载《民主与法制》2008 年第 4 期。

11. 刘贵萍、许永强:《对被害人的社会援助需进一步完善》,载《重庆工学院学报》2003 年第 2 期。

12. 刘洁辉:《对犯罪被害人诉讼地位的再认识》,载《社会科学》2005 年第 2 期。

13. 赵国玲:《犯罪被害人补偿:国际最新动态与国内制度构建》,载《人民检察》2006 年第 17 期。

14. 姜伟:《完美人权司法保障制度》,载《〈中共中央关于全面深化改革若干重大问题的决定〉辅导读本》,人民出版社 2013 年版。

15. 李科：《犯罪被害人国家救助制度在我国的构建——以无锡、宁夏实践模式为视角》，载《法治研究》2013年第5期。

16. 周世雄、段启俊、王国忠：《犯罪被害人救助机制研究》，载《湖南社会科学》2010年第2期。

17. 占美柏：《论社会救助权》，载《暨南学报》2012年第8期。

18. 王瑞君：《美国犯罪被害人政府补偿制度介评》，载《环球法律评论》2009年第3期。

19. 李扬：《构建被害人补偿制度之我见——以德国补偿制度为范本的借鉴》，载《福建法学》2008年第3期。

20. 宋英辉：《英、美、法、联邦德国四国刑事被害人保护对策之比较》，载《法律科学》1990年第5期。

21. 吴啟铮：《刑事被害人权利保护国际司法准则与跨国法律框架》，载《中国刑事法杂志》2008年第6期。

22. 宋英辉、郭云忠、李哲、罗海敏、何挺、向燕、王贞会、冯诏锋：《公诉案件刑事和解实证研究》，载《法学研究》2009年第3期。

23. 周建军、甘燕、延榆军、杨少华：《当前刑事案件立案不实的表现、原因及对策——关于我区刑事案件立案情况的调查报告》，载《公安大学学报》1996年第3期。

24. 黄锐平、朱丽萍、张世杰：《浅谈公安司法实践中的刑事立案不实问题》，载《公安研究》2010年第1期。

25. 刘学佩：《沉默的羔羊——强奸案被害人瞒案不报现象透视》，载《政府法制》1999年第3期。

26. 杜江平：《被害人报警意愿的诉讼法视角分析》，载《上海公安高等专科学校学报》2009年第2期。

27. 刘青峰：《何以刑事附带民事诉讼判决几乎不能执行》，载《法制资讯》2008年2月29日。

28. 王九川：《关于刑事附带民事诉讼问题的几点看法》，载《法制资讯》2008年2月29日。

29. 李有军、郑娜：《国家救助："法律白条"有望兑现》，载《人民日报（海外版）》2007年1月19日第4版。

30. 田雨：《最高法：积极开展刑事被害人国家救助》，载《新华每日电讯》2007年9月15日第3版。

31. 田单威：《完善司法救助制度：社会和谐的呼唤》，载《人民法院报》2008年6月18日第5版。

32. 卢金增、滕晓海：《司法救助解被害人燃眉之急》，载《检察日报》2009年3月3日第2版。

33. 郭建安：《论刑事被害人国家补偿制度》，载《河南省政法管理干部学院学报》2007年第1期。

34. 孙谦：《构建我国刑事被害人国家补偿制度之思考》，载《法学研究》2007年第2期。

35. 《中国审判》编辑部：《深入学习贯彻〈决定〉推进人民法院事业全面发展——肖扬院长在全国高级法院院长座谈会上发表的重要讲话》，载《中国审判》2006年第6期。

36. 吴迪莱：《我国司法救助制度：现状、缺陷与改革》，载《法学杂志》2012年第9期。

37. 罗书平：《建立执行司法救助基金实现司法为民的宗旨》，载《中国审判》2006年第10期。

38. 余建华：《浙江普遍建立司法救助基金》，载《人民法院报》2006年12月31日第1版。

39. 天津市检察机关联合课题组：《涉诉信访存在的问题与解决途径》，载《法学杂志》2009年第2期。

40. 陈瑞华：《刑事附带民事诉讼的三种模式》，载《法学研究》2009年第1期。

41. 北京市第一中级人民法院刑一庭：《关于刑事附带民事诉讼面临的司法困境及其解决对策的调研报告》，载《法律适用》2007年第7期。

42. 栗峥：《中国民事执行的当下境遇》，载《政法论坛》2012年第3期。

43. 王利明：《民法上的利益位阶及其考量》，载《法学家》2014年第1期。

44. 车浩：《论被害人同意在故意伤害罪中的界限——以我国刑法第234条第2款中段为中心》，载《中外法学》2008年第5期。

45. 卢映洁：《我国犯罪被害人保护法施行成效之研究——以被害补偿排除条款的运用为探讨中心》，载《政大法学评论》2004年第77期。

46. 杨立新：《论不真正连带责任类型的体系与规则》，载《当代法学》2012年第3期。

47. 卢映洁：《论被害人补偿制度中排除条款的适用问题》，载《台大法律论丛》2001年第3期。

48. 孙笑侠：《公案的民意、主题与信息对称》，载《中国法学》2010年第3期。

49. 陈端洪：《立法的民主合法性与立法至上——中国立法批评》，载《中外法学》1998年第6期。

50. 苏力：《法条主义、民意与难办案件》，载《中外法学》2009年第1期。

51. 赵国玲、常磊：《少年司法改革中法官与公众认知之比较》，载《国家检察官学院学报》2010年第1期。

52. 黄华生:《我国刑事被害人国家救济的现状、问题与对策》,载《河南大学学报(社会科学版)》2013年第2期。

53. 江苏省无锡市中级人民法院课题组:《刑事被害人国家救助制度的理性构建》,载《人民司法》2009年第11期。

54. 孟红:《刑事被害人救助制度之救助对象范围略论》,载《东南大学学报(哲学社会科学版)》2011年第6期。

55. 裴丽萍:《论债权让与的若干基本问题》,载《中国法学》1995年第6期。

56. 赵可:《对犯罪被害人补偿立法浅议》,载《中外法学》1990年第2期。

57. 邓晓霞:《试论犯罪被害人补偿制度之价值》,载《法商研究》2002年第4期。

58. 陈彬、李昌林:《论建立刑事被害人救助制度》,载《政法论坛》2008年第4期。

59. 陈彬:《由救助走向补偿——论刑事被害人救济路径的选择》,载《中国法学》2009年第2期。

60. 王瑞君、李亮、陈泊潭:《刑事被害人国家补偿的本土化——被害人国家补偿实践尝试和理念认知的调研》,载《甘肃政法学院学报》2009年第6期。

61. 宋英辉、陈剑虹、王君悦、薛原俊、郭云忠、王贞会、何挺、宋洨沙、滕秀梅:《特困刑事被害人救助实证研究》,载《现代法学》2011年第5期。

62. 江国华:《立法模式及其类型化研究》,载《公法评论》(第四卷),北京大学出版社2007年版。

63. 樊学勇:《关于对刑事被害人建立国家补偿制度的构想》,载《中国人民大学学报》1997年第6期。

64. 郭明政:《德国暴力犯罪被害人补偿制度之研究》,载《政大法学评论》第52期。

65. 金昌俊:《韩国新的被害人保护制度及其启示》,载《河北法学》2011年第11期。

66. 孙笑侠、郭春镇:《法律父爱主义在中国的适用》,载《中国社会科学》2006年第1期。

67. 黄文艺:《作为一种法律干预模式的家长主义》,载《法学研究》2010年第5期。

68. 张翔:《基本权利的受益权功能和国家的给付义务》,载《中国法学》2006年第1期。

69. 吕翰岳:《过错被害人国家补偿问题刍议》,载《犯罪研究》2013年第3期。

70. 尹伊君:《建立适合中国国情的被害人补偿制度》,载《人民检察》2006年第9期。

71. 卢映洁:《论被害人补偿制度中的排除条款的适用问题——以德国法为说明》,载《台大法学论丛》2003年第3期。

72. 罗大华、俞亮、张驰:《论刑事被害人的心理损害及其援助》,载《政法学刊》2001年第5期。

73. 吴茗:《法律援助:情系贫弱群体 撑起正义蓝天》,载《中国合作经济》2004年第10期。

74. 阮萃:《柳州成立妇女儿童心理咨询中心》,载《中国妇女报》2007年11月22日。

75. 李辰星:《行政执法与刑事司法衔接机制研究》,武汉大学2013年博士学位论文。

三、中文译著与译文类

1. 〔英〕马尔萨斯:《人口原理》,子箕等译,商务印书馆2001年版。

2. 〔德〕汉斯·约阿希姆·施奈德:《国际范围内的被害人》,许章润译,中国人民公安大学出版社1992年版。

3. 〔日〕太田达也:《刑事被害人救助与刑事被害人权利在亚洲地区的发展进程》,武小凤译,载《环球法律评论》2009年第3期。

4. 〔日〕大谷实:《犯罪被害人及其补偿》,黎宏译,载《中国刑事法杂志》2000年第2期。

5. 〔日〕川出敏裕:《关于日本犯罪被害人对策的变迁与展望》,载《第五届中日犯罪学学术研讨会论文集》(2012年11月)。

6. 〔日〕佐藤淳:《在日本刑事程序和少年保护程序中的被害人参与》,载《第五届中日犯罪学学术研讨会论文集》(2012年11月)。

7. 〔日〕龙泽依子:《日本警察对犯罪受害人支援的现状和课题》,载《第五届中日犯罪学学术研讨会论文集》(2012年11月)。

8. 〔日〕西原春夫主编:《日本刑事法的形成与特色——日本法学家论日本刑事法》,李海东等译,法律出版社、日本成文堂1997年版。

9. 〔美〕刘易斯·科塞等著:《社会学导论》,杨心恒译,南开大学出版社1990年版。

10. 〔美〕安德鲁·卡曼:《犯罪被害人学导论》(第六版),李伟等译,北京大学出版社2010年版。

11. 〔美〕乔治·B.沃尔德、托马斯·J.伯纳德、杰弗里·B.斯奈普斯:《理论犯罪学》,方鹏译,中国政法大学出版社2005年版。

12. 〔英〕朱利安·罗伯茨、麦克·豪夫:《解读社会公众对刑事司法的态度》,李明琪等译,中国人民公安大学出版社2009年版。

13. 〔德〕克劳斯·罗克辛:《德国刑法学总论》(第一卷),王世洲译,法律出版社2005年版。

14. 〔美〕理查德·A.波斯纳:《法律与文学》,李国庆译,中国政法大学出版社2002年版。

15. 〔美〕桑福德·莱文森:《福利国家》,载〔美〕丹尼斯·帕特森编:《布莱克维尔法哲学和法律理论指南》,汪庆华、魏双娟等译,上海人民出版社 2013 年版。

16. 《日本刑事诉讼法》,宋英辉译,中国大学出版社出版 1990 年版。

17. 〔法〕卢梭:《社会契约论》,何兆武译,商务印书馆 1997 年版。

18. 〔德〕马克思·韦伯:《经济与社会》(下卷),林荣远译,商务印书馆 1997 年版。

19. 〔英〕威廉·葛德文:《政治正义论》(第二、三卷),何穆礼译,商务印书馆 1997 年版。

20. 〔英〕格里·约翰斯通:《恢复性司法:理念、价值与争议》,郝方昉译,中国人民公安大学出版社 2011 年版。

21. 〔美〕霍华德·泽尔:《视角之变:一种犯罪与司法的新焦点》,狄小华、张薇译,温景雄校,中国人民公安大学出版社 2011 年版。

22. 〔英〕边沁:《道德和立法原理导论》,时殷弘译,商务印书馆 2005 年版。

23. 〔英〕米尔恩:《人的权利与人的多样性——人权哲学》,夏勇、张志铭译,中国大百科全书出版社 1995 年版。

24. 〔法〕迪尔凯姆:《社会学方法准则》,狄玉明译,商务印书馆 1995 年版。

25. 〔美〕约翰·罗尔斯:《正义论》,何怀宏等译,中国社会科学出版社 2001 年版。

26. 〔日〕大谷实:《刑事政策学》,黎宏译,中国人民大学出版社 2009 年版。

27. 〔美〕迈克尔·桑德尔:《公正:该如何做是好》,朱慧玲译,中信出版社 2011 年版。

28. 〔英〕庇古:《福利经济学》,朱泱等译,商务印书馆 2006 年版。

29. 〔美〕斯蒂芬·E. 巴坎:《犯罪学:社会学的理解》(第四版),秦晨等译,秦晨、周晓虹校,上海人民出版社 2011 年版。

30. 〔美〕威廉姆·H. 怀特科、罗纳德·C. 费德里科:《当今世界的社会福利》,解俊杰译,郑秉文校,法律出版社 2013 年版。

31. 〔美〕理查德·A. 波斯纳:《法律的经济分析》,蒋兆康译,中国大百科全书出版社 1997 年版。

32. 〔美〕博登海默:《法律学、法哲学及其方法》,邓正来译,中国政法大学出版社 1999 年版。

33. 〔美〕马库斯·德克·达博:《积极的一般预防与法益理论》,杨萌译,载《刑事法评论》2007 年第 2 期。

四、外文著作及论文类

1. OECD, The Battle against Exclusion, Paris: Organization for Economic Cooperation and Development, 1998.

2. Fiona Howell, Social Assistance: Theoretical Background, in Isabel Ortiz (Ed.), *Social Protection in Asia and the Pacific*, Manila: Asian Development Bank, 2001.

3. Joanna Shapland, Victims and Criminal Justice in Europe, In S. G. Shoham, P. Knepper & M. Kett (Eds.), *International Handbook of Victimology*, Boca Raton: Taylor & Francis Group, 2010.

4. J. V. Roberts & M. Manikis, Victim Personal Statements in England and Wales: Latest (and last) Trends from the Witness and Victim Experience Survey, *Criminology and Criminal Justice*, Vol. 13(3), 2013.

5. Marth Wright, *Justice for Victims and Offenders*, U. K.: Open University Press, 1991.

6. B. Bradford, Voice, Neutrality and Respect: Use of Victim Support Services, Procedural Fairness and Confidence in the Criminal Justice System, *Criminology and Criminal Justice*, Vol. 11(4), 2011.

7. F. S. Danis, Domestic Violence and Crime Victim Compensation: A Research Agenda, *Violence Against Women*, Vol. 9(3), 2003.

8. Frank J. Weed, *Certainty of Justice—Reform in the Crime Victim Movement*, NY: Aldine De Gruyter, 1995.

9. M. L. Schuster, A. Propen, Degrees of Emotion: Judicial Responses to Victim Impact Statements, *Law, Culture and the Humanities*, Vol. 6(1), 2010.

10. Matthew Dickman, Should Crime Pay? A Critical Assessment of the Mandatory Victims Restitution Act of 1996, *California Law Review*, Vol. 97(6), 2009.

11. R. Barry Ruback & Jennifer N. Shaffer, The Role of Victim-Related Factors in Victim Restitution: A Multi-Method Analysis of Restitution in Pennsylvania, *Law and Human Behavior*, Vol. 29(6), 2005.

12. R. C. Davis, A. J. Lurigio & W. G. Skogan, Services for Victims: A Market Research Study, *International Review of Victimology*, Vol. 6(2), 1999.

13. Matthias Koller, Mediation of Conflicts and Reparation of Damages in Criminal Law—Practice in Europe, *European Journal of Crime, Criminal Law and Criminal Justice*, Vol. 13(2), 2005.

14. 〔日〕宫泽浩一:《被害人学の三人の父亲》,载《时の法令》1985年第1269期。

15. 〔日〕宫泽浩一编:《犯罪と被害者:日本の被害者学》(第一卷),日本成文堂1970年版。

16. 〔日〕诸泽英道:《被害者学入门》,日本成文堂2001年版。

17. Robert Elias,*Victim of the System*:*Crime Victims and Compensation in American Politics and Criminal Justice*,New Brunswick,NJ:Transaction Books,1983.

18. 〔日〕齐藤诚二:《被害补偿制度的基本问题》,日本风间书局1977年版。

19. 〔日〕大谷实、齐藤正治:《犯罪被害给付制度》,日本有斐阁1982年版。

20. Peggy M. Tobolowsky,*Crime Victim Rights and Remedies*,Carolina Academic Press,2001.

21. R. I. Mawby & S. Walklate,*Critical Victimology*:*International Perspectives*,SAGE Pub.,1994.

22. L. Zedner,Victims,in M. Maguire,R. Morgan & R. Reiner(Eds.),*The Oxford Handbook of Criminology*,Oxford University Press,2002.

23. P. Duff,The Measure of Criminal Injuries Compensation,*Oxford Journal of legal Studies*,Vol.18(1),1998.

24. Tatsuya Ota,The Development of Victim Support and Victim Rights in Asia,Wing-Cheong Chan(Ed.),*Support for Victims of Crime in Asia*,NY:Routledge,2008.

五、网络文献

1. 王劲松、吴妍:《中国城市居民最低生活保障制度的发展》,载《中国城市发展报告2009》,来源为中国城市发展网:http://www.chinacity.org.cn/cstj/fzbg/53188.html。

2. 《关于开展刑事被害人救助工作的若干意见》,来源为湖南省人民检察院网站:http://www.hn.jcy.gov.cn/scqs/scfljx/2012/content_30945.html。

3. 《关于印发〈关于建立完善国家司法救助制度的意见(试行)〉的通知》,来源为:http://www.gzsft.gov.cn/contents/38/4438.html。

4. 联合国秘书处:《犯罪者和受害者:司法程序中的责任和公正问题》,来源为:http://www.un.org/chinese/events/10thCrimeCong/187_8.html。

5. 美国刑事司法信息服务网站:https://www.ncjrs.gov/ovc_archives/reports/intdir2005/alphaindex.html#k。

6. 香港社会福利署官方网站:http://www.swd.gov.hk/sc/index/site_download/page_document/。

7. 香港警务处官方网站:http://www.police.gov.hk/ppp_sc/04_crime_matters/vic_charter.html。

8. 香港律政司官方网站:http://www.doj.gov.hk/eng/public/victimsandwitnesses.html。

9.《暴力及执法伤亡赔偿委员会主席郭栋明发表的第 40 年度报告书》《暴力及执法伤亡赔偿委员会主席郭栋明发表的第 41 年度报告书》,来源为香港社会福利署官方网站:http://www. swd. gov. hk/sc/index/site_download/page_otherinfor/。

10. 香港年报资料库网站:www. yearbook. gov. hk。

11.《香港年报 2012》,来源为香港年报资料库网站:http://www. yearbook. gov. hk/2012/sc/index. html。

12. 台湾法规资料库:http://law. moj. gov. tw/。

13.《〈保护法〉立法沿革说明》,来源为台湾"立法院"法律系统:http://lis. ly. gov. tw/lgcgi/lglaw?@47:1804289383:f:NO%3DE01834 * %20OR%20NO%3DB01834 $ $ 10 $ $ $ NO-PD。

14. 台湾犯罪被害人保护协会网站:http://donation. avs. org. tw/PJ_VPL/21. htm。

15. 台湾"法务部"网站:http://www. moj. gov. tw/。

16. 日本电子政府综合窗口:http://law. e-gov. go. jp/cgi-bin/idxsearch. cgi。

17. 日本警察厅网站:http://www. npa. go. jp/higaisya/higaisya13/H25jyoukyou. pdf。

18. 日本全国被害人支援网:http://www. nnvs. org/network/index. html。

19. 英国立法网站:www. legislation. gov. uk。

20. 英国政府网站:https://www. gov. uk/。

21.《英国刑事伤害补偿管理局历年年度报告》(Criminal Injuries Compensation Authority. Annual Report and Accounts.),来源为英国政府官方网站,https://www. gov. uk/government/publications?keywords=&publication_filter_option=all&topics[]=all&departments[]=criminal-injuries-compensation-authority&official_document_status=all&world_locations[]=all&from_date=&to_date=。

22. 英国国家档案馆官方网站:http://webarchive. nationalarchives. gov. uk/+/http:/www. homeoffice. gov. uk/documents/victims-charter. html。

23. 英国皇家检控服务网站:http://www. cps. gov. uk/thames_chiltern/victim_and_witness_care/witness_care_units/。

24. 英国法务部网站:http://www. cps. gov. uk/legal/v_to_z/victim_personal_statements/。

25.《英国被害人支援协会 2010 年度报告》(Victim Support. 2010. Trustees' Annual Report and Financial Statement for the Year Ended,31 March 2010),来源为:http://www. victimsupport. com/About%20us/Publications/~/media/Files/Publications/AboutOurCharity/TAR%20Acc%20-%20Final%20(041110)。

26. 英国被害人支援协会网站:http://www. victimsupport. com/。

27. 英国强奸紧急援助中心网站：www.rapecrisis.org.uk/。

28. 英国救助所网站：www.refuge.org.uk/。

29. 美国犯罪被害人网站：https://www.victimsofcrime.org/docs/ncvrw2013/2013ncvrw_5_landmarks.pdf?sfvrsn=0。

30. 律商联讯网站：http://www.lexisnexis.com.cn/zh-cn/home.page。

31. 美国犯罪被害人署官方网站：http://www.ovc.gov/。

32. 美国司法部网站：https://www.ncjrs.gov/ovc_archives/reports/intdir2005/unitedstates.html。

33. Lisa Newmark, et al., The National Evaluation of State Victims of Crime Act Compensation and Assistance Programs：Findings and Recommendations From a National Survey of State Administrators, 来源为：http://www.pde.state.pa.us/portal/server.pt/document/1037751/doc18_newmark_2003_pdf。

34. Dr. Marlene Young & John Stein, The History of the Crime Victims' Movement in the United States, 来源为：https://www.ncjrs.gov/ovc_archives/ncvrw/2005/pg4c.html。

35. Susan Herman & Michelle Waul, Preparing the Harm：A New Vision for Crime Victim Compensation in America, 来源为：https://www.victimsofcrime.org/docs/Comp%20Roundtable/Repairing%20the%20Harm%20FINAL.pdf?sfvrsn=0。

36. The National Center for Victims of Crime, The 2010 Victims' Rights Week Resource Guide, 来源为：https://www.ncjrs.gov/ovc_archives/ncvrw/2010/pdf/2010ResourceGuide.pdf。

37. 德国联邦司法/消费者保护部（BMJV）设立的法规电子网站：www.gesetze-im-internet.de/，英文翻译版本：http://www.gesetze-im-internet.de/Teilliste_translations.html。

38. 德国白环协会网站：http://www.weisser-ring.de/internet/index.html。

39.《德国犯罪被害人保护制度与实务》，载台湾"司法部"《犯罪被害人保护政策体检报告》，来源为台湾"司法部"网站：http://www.moj.gov.tw/。

40. 超星读书网站：http://read.chaoxing.com/ebook/detail.jhtml?id=10067482。

41.《法国被害人补偿状况》，来源为美国司法部官方网站：http://www.ojp.usdoj.gov/ovc/publications/inforces/intdir2005/france.html。

42.《法国犯罪被害人保护制度与实务》，载台湾"司法部"《犯罪被害人保护政策体检报告》，来源为台湾"司法部"网站：http://www.moj.gov.tw/。

43. 法国被害人保护协会联盟网站：http://www.inavem.org。

44. 美国联邦调查局(FBI)每年发布的《统一犯罪报告》(UCR),来源为:http://www.fbi.gov/stats-services/crimestats。

45. 北大法意网:http://www.lawyee.net/。

46. 巫昂:《"被害人"与"二次被害"》,来源为:http://www.lifeweek.com.cn/2002/1211/3789.shtml。

47. 刘春雷、张潇扬:《淄博首创经济困难救助制度:政府出资救助刑事被害人》,来源为:http://news.bandao.cn/newsdetail.asp?id=6309。

48. 黄庆锋:《绵竹法院首创司法救助金不打判决"白条"》,来源为:http://www.sc.xinhuanet.com/content/2005-01/01/content_3493623.htm。

49. 北大法宝:http://www.pkulaw.cn/。

50. 《中央政法委关于切实解决人民法院执行难问题的通知》,来源为:http://www.lyc.cn/pufaweiquan/view.asp?id=64。

51. 《关于进一步加强人民法院、人民检察院工作的决定》,来源为:http://www.cz-tnfy.gov.cn/plus/view.php?aid=8407。

52. 《关于依法处理涉法涉诉信访问题的意见》,来源为:http://www.gov.cn/xinwen/2014-03/19/content_2641873.htm。

53. 陈建:《对被害人实施刑事法律援助存在的问题及对策》,来源为:http://www.chinacourt.org/article/detail/2007/07/id/258014.shtml。

后　　记

本课题自 2011 年启动立项以来，历五年而成此书。可以说，本书凝聚了课题组所有成员的努力和贡献，因而在即将付梓之际，我们由衷地感到欣慰和鼓舞。在被害人地位和权利日益受到重视的今天，以犯罪被害人救助制度为内容的研究，恰逢其时，具有极强的理论和实践意义。在课题临近结项之际，中央政法委等六部门出台了《关于建立完善国家司法救助制度的意见（试行）》，在一定程度上突破了传统犯罪被害人补偿的框架，出现了从犯罪被害人补偿到国家救助的转向。我们并没有因为时间的紧迫而忽略这一实践变化，相反，我们对司法救助的概念、内涵及其特点进行了梳理和归纳，尽最大可能确保本书能够及时完整地反映我国当下的救助实践。

尽管在社会科学领域中，实证研究方法被广泛运用，但是在被害人救助制度研究中，实证研究的成果凤毛麟角、寥寥无几。虽然理论界普遍认可实证研究的重要性，然而，与传统思辨研究相比，实证研究存在着"研究周期过长""团队合作性强""研究成本高昂"等特点，因此往往是"言者众而行者少""雷声大而雨点小"。课题组为之投入了大量的人力、物力、财力，从而使本书当得起"国内少有之实证研究"的声名——以此规模和范围展开的被害人救助实证研究，尚属首次。

从实证研究计划的制订和调查问卷的设计，到判决书样本的选择及信息的收集，再到问卷投放回收以及非结构式访谈的开展，直到最后利用 SPSS 软件将前述所得之信息加以录入，整个过程前后耗费了两年的时间。为了保证相关信息的代表性和可靠性，我们严格遵循实证研究的方法，按照等距抽样的方式获得了万余份判决书，同时确保调查问卷的受访者之地域在我国 31 个省、自治区、直辖市均有分布。尽管我们信誓旦旦、言之凿凿，但我们知道，本书的研究成果最终还需要接受理论和实践两方面的检验。另外，由于我们研究能力有限，书中的疏漏和错误在所难免，观点和立场不免有值得商榷之处，因此，并非基于自谦或修辞上的考虑，我们恳请方家同仁、读者朋友不吝赐教、多多指正。

后 记

本课题为国家社科基金项目,课题的主体部分(如调研设计、实证分析、制度建构、全书三分之二文稿的撰写及修订统稿等)由赵国玲、徐然负责,其他参与课题调研、撰写有关章节初稿部分内容的人员还有:刘灿华(第1、3、16章)、李伟(第2、7、15章)、林毓敏(第4、5、6章)、王海涛(第7章)、于小川(第13章)、刘东根(第14章)。此外,在案例收集以及数据录入中,北京大学法学院博士研究生韩啸、硕士研究生王璟、刘雅星、孙智超等也先后参与,助益良多。

最后,我们要向下列机构和个人表示诚挚的感谢:感谢北京大学社会科学部和北京大学出版社对本书出版的支持,感谢参加了2013年5月最高人民检察院刑事申诉检察厅举办的"全国检察机关国家赔偿暨刑事被害人救助业务培训班"的全体检察官、感谢抽出时间填写调查问卷的那些不具名的人们,正是因为你们的无私帮助与支持,才有了这本书的如期面世。

赵国玲、徐然
2016年9月8日